Nördlicher Polarkreis
ASIEN
START/ZIEL
Oldenburg
EUROPA
urch die Kanäle
ch Hause
PAZIFISCHER
OZEAN
Suez-
kanal
Salalah
im Oman
Nördlicher Wendekreis
Schwerer
Sturm
AFRIKA
Milch-
see
Schild-
kröten
in Not
Sri
Lanka
Malediven
Äquator
36 Tage
auf See
Flaute
Port Moresby
West-Samoa
Bali
Amerikanisch-
Samoa
NAMIBIA
INDISCHER
OZEAN
Vanuatu
SÜD-
AFRIKA
AUSTRALIEN
NEUSEELAND
Südlicher Polarkreis
ANTARKTIS

DELIUS KLASING

Bernd und Daniel Mansholt

WIR HAUEN AB!

Eine Familie unter Segeln

Delius Klasing Verlag

Bibliografische Information der Deutschen Nationalbibliothek
Die Deutsche Nationalbibliothek verzeichnet diese Publikation in der Deutschen Nationalbibliografie; detaillierte bibliografische Daten sind im Internet über http://dnb.d-nb.de abrufbar.

2. Auflage
ISBN 978-3-7688-1984-8

Die Fotos auf dem Schutzumschlag stammen von Daniel Mansholt (Vorderseite) und Tom Bennett (Rückseite), die im Farbteil, wenn nicht anders angegeben, von den Autoren.
Karte: Inch 3, Bielefeld
Schutzumschlaggestaltung: Buchholz/Hinsch/Hensinger, Hamburg
Satz: Fotosatz Habeck, Hiddenhausen
Druck: GGP Media GmbH, Pößneck
Printed in Germany 2008

Delius Klasing Verlag, Siekerwall 21, D-33602 Bielefeld
Tel.: 0521/559-0, Fax: 0521/559-115
E-Mail: info@delius-klasing.de
www.delius-klasing.de

Für Susanne.

Ohne dich gäbe es keinen Anfang und kein Ende.

Inhalt

Erster Teil

Zweiter Teil

Prolog

Für Susanne waren es der Große Teich und die lebenslustige Karibik, für Maria die abgeschiedenen Galapagosinseln und die Riesenschildkröten, für Daniel Weltreligionen, Indonesien und die Vision vom undurchdringlichen Dschungel, und Mike wollte sich einfach selbst überzeugen, dass es auch heute noch echte Indianer gibt, und für die Größe eines Wales reichte seine Vorstellungskraft nicht aus. Und ich – ich wollte alles sehen und vielleicht sogar noch mehr.

Jedes Mitglied unserer Familie hatte eine andere Vorstellung von dem, was ihm eine 2-jährige Weltumseglung bringen sollte. Jeder von uns hatte ein gewisses Bild der Welt vor Augen, das er sich gern näher ansehen wollte. Damals waren wir eine 5-köpfige Durchschnittsfamilie: Vater, Mutter, drei Kinder, Haus, Garten, Auto, eine kleine Goldschmiede in der Innenstadt von Oldenburg. Wir waren nicht reich, aber es ging uns ganz gut, irgendwie. Dann, als die Gelegenheit sich bot, griffen wir zu. Hatten wir nicht schon lange darüber gesprochen, aber bisher keine Möglichkeiten gesehen? Es sollte keine Flucht vor dem Alltag werden, der uns im Grunde nicht schlecht gefiel, kein Hinschmeißen, sondern ein kontrollierter Ausstieg auf Zeit. Ein verlängerter Urlaub. Zwei Jahre gaben wir uns, zwei Jahre, in denen die Karten neu gemischt werden sollten. Wir waren noch jung und wollten nicht warten, bis es zu spät ist, um Träume zu erfüllen. Also kauften wir ein Boot, lernten Segeln, lasen Bücher, besuchten Vorträge – konditionierten uns auf Abenteuer.

Es wurde auf See und in einigen Ländern oft schwieriger und härter als erwartet, gleichzeitig aber auch viel schöner, als wir je zu hoffen gewagt hatten. Unsere Pläne über den Verlauf der Reise änderten wir fast täglich oder entwarfen sie neu. Unsere Grenzen erreichten wir oft, und ebenso oft überschritten wir sie. Freud und Leid waren unsere ständigen Begleiter, Mittelmaß gab es nicht. Wir wollten ein großes Abenteuer erleben und bekamen schließlich mehr als 750 – jeden Tag mindestens eins.

Game over *oder:* *Das Abenteuer soll beginnen*

Schwierigkeitsstufe vier. Nordwest Stärke neun. Seegang um zwei Meter mit vereinzelten Brechern. 10-Meter-Regattaboot, hoch am Wind und verdammt schnell. Kein Name am Heck, kein Heimathafen, keine Nationale. Ich befand mich irgendwo zwischen den Riffen eines mir unbekannten Landes und versuchte, mich aus einer Legerwallsituation zu befreien – das konnte man alles vorher in den Optionen meines Computerspiels einstellen. Die Orientierung hatte ich schon kurz nach dem Start verloren, leichte Panik breitete sich aus, meine Hand auf der Maus wurde feucht. Dann passierte, was mir schon so oft an diesem Punkt geschehen war: Grundberührung. Das Boot schlug schwer auf die Riffkante. Mit jeder heranrollenden Welle wurde es weiter auf das Riff getragen, schlug immer härter auf die Felsen. Gestrandet! Nur wenige Augenblicke später fiel der Mast, Wasser drang in den Rumpf, das Boot war nicht mehr zu halten. Nerviger Computersound drang aus den kleinen Lautsprechern meines Laptops, begleitet von der Mitteilung auf dem Display: *Game over.* Das Spiel war vorbei.

Zum Glück hatte mich niemand beobachtet, denn ich war allein in unserem Haus. Wie hätte das auch ausgesehen: Bernd, der große Möchtegern-Weltumsegler, übt noch schnell ein wenig an einem mittelmäßigen Simulationsprogramm ... Ich hockte im Schneidersitz vor dem Laptop auf dem Fußboden, schaute mich in dem leeren Wohnzimmer um und mir fiel auf, wie viel größer es ohne Möbel aussah. Wir lebten damals schon einige Zeit »teilmöbliert«, den Hausrat hatten wir größtenteils verschenkt, entsorgt oder verkauft. Eine reinigende Prozedur, die nach 20 Jahren befreiend wirkte. Lediglich einige Dinge, von denen wir uns nicht trennen wollten, lagerten jetzt bei Freunden in Kellern und auf Dachböden.

Ich ließ noch einmal in Gedanken die vergangenen zweieinhalb Jahre Revue passieren, durchlief die Zeit, in der wir uns vorbereitet hatten auf das Unternehmen Weltumseglung im Familienpack. Ich dachte an die Zeit zurück, die aus Unsicherheiten, Ängsten und Zweifeln bestand. Aber auch aus Hoffnungen, Plänen und Träumen. Viele Fragen hatten sich in der Anfangszeit aufgetan: Welche Risiken wird die Zukunft bringen? Werden wir je nach Deutschland zurückkehren? Können wir den Kontakt mit unseren Freunden, mit dem Rest der Familie halten? Schaffen wir es, die Probleme, die uns erwarten, zu überwinden? Wie lange wird das Geld reichen? Können wir unseren drei Kindern gerecht werden? Machen wir das Richtige?

Wir erkannten aber auch, dass hinter den Gefahren viele Chancen steckten. Und diese wollten wir nutzen. Wie fühlt es sich an, woanders zu leben, fragten wir uns und waren bereit, Entbehrungen auf uns zu nehmen, um den Kindern zu zeigen, dass auf der Welt nicht alles so ist wie in Deutschland. Das fängt beim sparsamen Wasser- und Stromverbrauch an und hört bei Fremdenfeindlichkeit und einem Alltag in und mit der Natur noch lange nicht auf.

Im Laufe der Vorbereitungen hatten wir Stück für Stück unserer bisherigen Lebensgestaltung aufgegeben und fast alle bestehenden Verträge gekündigt, hatten unserer Weltumseglung alles untergeordnet. Was wir auf unserem Boot nicht brauchten, musste weg. Radikal. Nur die Haftpflichtversicherung für die NIS RANDERS behielten wir und kümmerten uns vorwiegend um den geplanten Start im Juli 2004. Das gesamte Privatleben drehte sich nur noch ums Segeln, je näher der Abreisetermin rückte.

»Was wünschst du dir zu Weihnachten, Schatz?«

»Oh, über eine Hepatitis-Impfung würde ich mich sehr freuen.«

»Und ich wünsche mir einen Sextanten. Und außerdem geht mir diese hübsche Rettungsweste, die wir auf der Messe sahen, nicht aus dem Kopf.«

Zu den Geburtstagen hatte es dann beispielsweise den Gutschein für einen Medizin-auf-See-Kurs des Deutschen Seglerverbandes und ein paar Seekarten in Geschenkpapier mit Schleife gegeben.

Das alles war nun Vergangenheit, seit zwei Tagen wohnten wir an Bord. Nach den letzten Arbeiten am Haus mussten nur noch die Schlüssel an die Mieter übergeben werden, denn obwohl wir unser Haus in Oldenburg weit unter Wert zum Kauf angeboten hatten, war es uns nicht gelungen, diese letzte Fessel komplett abzustreifen. Entschlossen beendete ich das Segelspiel, klappte den Laptop zu, packte meine letzten Sachen und zog die Haustür ins Schloss. Wehmut? Ja, ein wenig. Aber auch Hochstimmung. Ein neues Lebenskapitel begann.

Meine Frau Susanne und zwei unserer Kinder, Mike und Maria, warteten bereits an Bord unserer NIS RANDERS in Hooksiel an der Jademündung auf mich. Da einige kleinere Arbeiten noch nicht abgeschlossen waren, lagen wir in dem Yachthafen der Werft, obwohl wir unser Boot bereits vor zwei Tagen mit Sack und Pack bezogen hatten, um einen Monat lang an Bord auf Probe zu wohnen. Im Ärmelkanal oder in der Biskaya würde es uns sicherlich schwerer fallen, notwendige Korrekturen vorzunehmen. Nur Daniel, unser ältester Sohn, blieb noch an Land bei einem Freund und konnte sich nicht entscheiden, ob und wann er sich uns anschließen sollte, denn mit seinen 17 Jahren fand er eine Urlaubsreise mit den Eltern und jüngeren Geschwistern außerordentlich uncool.

Rückblende: Unser Boot hatten wir drei Jahre zuvor von einem älteren Ehepaar aus Lübeck gekauft. Zu dieser Zeit war unser Plan, die Welt zu umsegeln, noch recht vage. Susanne sprach manchmal davon, dass sie mal ein Jahr »raus« wollte. Bisschen die Welt angucken, Länder und Leute kennenlernen. Über den Atlantik in die Karibik und wieder zurück vielleicht. Danach einen beruflichen und privaten Neubeginn starten. Für den Anfang nicht schlecht, dachte auch ich. Andererseits konnte ich mir nicht vorstellen, an die Schleusentore des Panamakanals zu klopfen und dann wieder umzudrehen. Nur noch ein Stückchen weiter ist man schließlich bereits in der Südsee, im Paradies! Auch die Galapagosinseln und wilde Tiere wären zu bestaunen, die es sonst nirgends auf der Welt gibt ...

Doch zurück zum Bootskauf. Es war ein sonniger Sonntagnachmittag, nach stundenlanger Fahrt erreichten Susanne und ich den Lübecker Yachthafen an der Trave, die beiden Kleinen hatten wir bei einem Babysitter gelassen – ein Tag Freizeit nur für uns, es war unser erster Besichtigungstermin. Unsere verschwommenen Vorstellungen, wie ein geeignetes Boot aussehen könnte, hatten wir aus Büchern. Aus Stahl sollte es sein und ein Langkieler. Der ist stabil und bricht nicht so schnell aus, glaubten wir zu wissen. Länge so um die zehn Meter und Stehhöhe in der Pantry und im Salon wären schön. Der Preis war uns relativ egal, wir hatten zu diesem Zeitpunkt ohnehin kein Geld, um ein Boot dieser Größe zu bezahlen.

Hand in Hand schlenderten wir also über den staubigen Platz der Marina. Dann sahen wir sie! Stolz und ruhig lag sie vertäut im Hafenbecken. Und wir verliebten uns in unsere NIS RANDERS in diesem Moment, kauften sie sozusagen aus dem Bauch heraus, mit dem guten Gefühl, das man bei Liebe auf den ersten Blick eben hat. Susanne und ich waren uns augenblicklich einig, es stimmte einfach alles: solider Hamburger Feltz-Werft-Bau aus Stahl, der uns sofort ein Gefühl der Sicherheit gab; die Bauweise als Knickspanter schuf einen geräumigen Innenraum, der unsere 5-köpfige Familie bequem aufnehmen könnte; als gemäßigter Langkieler mit hohem Freibord gebaut. Die Aufteilung der Kabinen, das Alter, die Pflege, das Zubehör – es stimmte einfach alles.

»Schiffig, sehr schiffig!«, war unser Urteil. Was immer das heißen mochte. Das Boot hieß damals noch NIS RANDERS II. Später änderten wir den Namen auf NIS RANDERS, nach dem gleichnamigen Gedicht von Otto Ernst.

Nach einer netten Unterhaltung mit den Eignern, die mit Sicherheit sofort gemerkt haben, dass wir keinen blassen Schimmer von Booten hatten, fuhren wir wieder nach Hause. Den Preis erwähnten wir mit keinem Wort. In der folgenden Woche aber drehten sich unsere Gespräche nur noch um unsere zukünftige NIS RANDERS, und so, wie wir sie wollten, wollte sie uns auch, so was spürt man einfach. Nicht der Eigner sucht sich das Boot aus, sondern das Boot wählt den Eigner, sagt man doch.

Also vereinbarten wir einen weiteren Termin und nahmen die Kinder mit. Auch ihnen gefiel unsere Schöne auf Anhieb, und Mike und Maria teilten bereits kurz nach der Ankunft die Betten, Verzeihung, Kojen ein, um anschließend über das Deck zu toben.

»Hier unser Angebot: 20 000 Deutsche Mark. Anzahlung. Restzahlung und Übergabe in zwölf Monaten. Sollten wir die NIS RANDERS dann nicht abnehmen, also nicht zahlen können, gehört die Anzahlung Ihnen.«

Die Eigner willigten sofort ein, wir waren uns alle sympathisch, und es gefiel ihnen, dass wir mit unseren Kindern segeln wollten. Wir könnten mit diesem Schiff auch ein klein wenig ihren lange gehegten Traum verwirklichen, denn auch sie segelten oft mit Kindern auf der Ostsee und planten schon seit geraumer Zeit auf große Fahrt zu gehen. Leider machte ihnen dann eine Krankheit einen Strich durch die Rechnung, sagten sie. Viele Worte waren nicht nötig – kurze Probefahrt mit Kaffee und Kuchen die Trave runter, das war's. Den Kaufvertrag schrieben wir mit Kugelschreiber im Salon des Schiffes auf einen Skizzenblock, aber ein Handschlag hätte es wohl auch getan. Für beide Parteien war es eine akzeptable Vereinbarung: Die Eigner konnten sich noch eine Saison lang von ihrem Schiff verabschieden, während wir ein Jahr Zeit hatten, um den Restbetrag aufzutreiben.

Auf der Rückfahrt im Auto hing jedes Familienmitglied seinen eigenen Gedanken nach. Jetzt hieß es Butter bei die Fische – und uns wurde langsam klar, dass wir den ersten Schritt zu etwas Großartigem gewagt hatten. Wir wussten zwar noch nicht genau, was auf uns zukommen würde, aber wir fühlten genau, dass dieser Tag unser Leben veränderte.

Zunächst mussten wir jedenfalls ein Boot bezahlen. In jungen Jahren, Daniel war gerade geboren, hatten Susanne und ich ein altes, kleines Reihenhaus in Bremen gekauft, das mittlerweile abbezahlt war, und so verkauften wir es an die ersten Interessenten, die sich endlich auf die Anzeige meldeten. Damit hatten wir nicht nur den Bootspreis, sondern sogar noch einen Teil der Reisekasse zusammen.

Kurz vor der geplanten Übergabe des Bootes erhielten wir plötzlich einen Anruf von der Eignerin. Ihr Mann hatte einen Schlaganfall erlitten und war kurz darauf verstorben, also mussten wir die NIS RANDERS ohne technische Einweisung übernehmen. Der Mast befand sich noch im Mastenlager, und das Boot stand auf dem Bock im Yachthafen. Überall im Schiff lagen bedeutend aussehende Schrauben, Bolzen und elektronische Geräte herum, deren Funktion wir nicht im Mindesten einschätzen konnten, denn unsere Erfahrung mit Schiffen beschränkte sich auf zwei 10-tägige Ausbildungstörns im Mittelmeer. Der Rest war angelesene Theorie.

Also machten wir einen einfachen Plan: Im ersten Jahr zum Üben auf die Ostsee. Rund Fünen. Seeluft schnuppern, segeln lernen und Praxis erfahren. Im zweiten Jahr wollten wir zu den Shetlands, den Färöerinseln und bis nach Island segeln. Falls wir das schafften, so unsere Überlegung damals, würden wir auch um die Welt segeln können.

Schließlich kam der große Tag. Alles montiert, Seeventile geschlossen? Unser neues Familienmitglied wurde langsam mit einem Kran ins Wasser der Trave gehoben. Endlich kamen wir auf See! Wir tasteten uns in der Lübecker Bucht von Marina zu Marina, landeten an Orten an, deren Namen wir erst am Kiosk erfuhren, und versuchten, auf zehn Metern Schlick mit acht Meter Kette zu ankern. Wir fuhren auf Sandbänke, drehten uns in der Schleuse im Nord-Ostsee-Kanal um 180 Grad, sodass wir verkehrt herum geschleust werden mussten, und führten die Deutschlandflagge so lange Gold oben, bis uns ein Segler in einem vollen Hafen zurief: »Hey, Skipper, in Deutschland fährt man den Trauerflor oben!« Wir ließen keine Peinlichkeit aus, kein Fettnapf war uns zu klein. Dennoch, die Saat mit Namen »Es gibt noch etwas anderes auf dieser Welt als den Alltagstrott« war ausgebracht und keimte in unseren Herzen. Es war eine wunderbar abenteuerliche und aufregende Zeit.

Dann begannen wir mit den Umbauarbeiten, die unserer Bequemlichkeit an Bord dienen sollten, und auch die zunächst heimatlosen Schrauben und Bolzen fanden schließlich durch viel Geduld an ihren Bestimmungsort. Versuch und Irrtum hieß unsere bevorzugte Arbeitsmethode. Die Chemietoilette wurde durch ein Pumpklo ersetzt, und den festen Tisch im Salon senkten wir ab, um weitere Kojenplätze zu schaffen, aber mit vielen Aufgaben ging es nur langsam voran. Außerdem hatten wir natürlich immer noch unser Geschäft zu führen, drei Kinder zu erziehen und unsere Lehrlinge auszubilden. Und Funkscheine zu machen. Und den Haushalt aufzulösen. Und französische und englische Fachausdrücke zu lernen. Und Bootsmessen zu besuchen. Das Boot stand während dieser Zeit wieder an Land in Hooksiel.

Zurückblickend würde ich sagen, das Abenteuer Weltumseglung hat schon in dieser Zeit der Vorbereitung begonnen. Wir lernten, stritten und diskutierten viel. Später trafen wir uns mit anderen »Kinderseglern« – gemeint sind Segler, die mit ihren Kindern unterwegs sind –, die sich, ebenso wie wir, noch in der Planungsphase befanden. Die hatten wir über das Internet kennengelernt, und so merkten wir schnell, dass wir nicht allein waren mit unseren Sorgen, Ängsten und Fragen. Das Internet war uns überhaupt eine wichtige Informationsquelle zu dieser Zeit, und obwohl viele Details widersprüchlich und lückenhaft waren, konnten wir uns bald ein grobes Bild von der Szene der Langzeitsegler, Weltumsegler und Eltern mit Kindern an Bord machen. Wir beschlossen, auch selbst eine Website ins Internet zu stellen, um während unserer Abwesenheit die Freunde und Familie auf dem Laufenden zu halten, und mit Seglern, die ähnliche Probleme hatten, in Kontakt zu kommen.

Im Jahre 2003 nahmen wir dann mit der NIS RANDERS über Nordsee und Nordatlantik Kurs auf Island. Ich hatte irgendwann mal etwas von einer Blue Lagoon gehört, einer Thermalquelle bei Reykjavik, und nun machte ich die ganze Familie heiß auf diesen magischen Ort. Damals wurde Daniel 16 Jahre alt, und zwischen Vater und Sohn lief es nicht besonders gut in der letzten Zeit – wenn ich ehrlich bin, lief es schon seit mehr als zwei Jahren überhaupt nicht gut zwischen uns. Gemäßigte Midlife-Crisis auf meiner, Pubertätsallüren auf seiner Seite. Susanne schlichtete nach Kräften, doch auf unserem ersten Ostseetörn hatte Daniel das Boot schon nach ein paar Tagen verlassen, um für den Rest der Ferien bei einem Freund zu wohnen. An Bord, ohne seine Freunde, Fernsehen und Computerspiele, langweilte er sich zu Tode.

Dieses zweite Lehrjahr auf der NIS RANDERS sollte für uns eine letzte Test- und Übungsreise sein und unsere Zweifel, ob wir stark genug sein würden, der See zu trotzen, entweder ausräumen oder bestätigen. Damals waren wir noch recht unsicher, ob es uns gelingen könnte, wirklich um die Welt zu segeln. Vielleicht hatten wir uns ja auch zu viel auf den Teller geladen? Andererseits gab es natürlich auch die Möglichkeit, alles abzubrechen und nur über den Atlantik und zurück zu gondeln.

Richtung Island, Kurs Nord, wo soll ich anfangen, die Scherereien zu schildern? Energie-Totalausfall auf See, Motorprobleme in einem Fjord in Island, heftiger Wind mit sehr grober See auf dem Nordatlantik und Navigationsfehler zwischen den Färöerinseln ... Obwohl es rein technisch gar nicht möglich schien, passierten uns noch mehr Missgeschicke als auf dem Ostseetörn des vergangenen Jahres. Bald aber merkten wir, dass uns diese Probleme auch irgendwie voranbrachten. Keinen Fehler zweimal machen, lautete unsere Devise, und obwohl der Törn aus seglerischer Sicht ein Fiasko war, schweißte er unsere Familie zusammen, und in Gesprächen stellten wir später fest, dass die meisten Segler am Anfang die gleiche Malaise durchmachen.

Trotz anfänglicher Seekrankheit tauchten wir auf der Islandreise in eine Welt, die uns faszinierte, und auch die NIS RANDERS machte ihre Sache gut und verzieh uns alle Fehler, sodass wir schließlich den sicheren Hafen in Seydisfjördur, im Osten Islands erreichten und uns mit einem Leihwagen aufmachen konnten, um in dem heißen Thermalwasser der Blue Lagoon zu baden.

»Weinst du etwa?«

»Nein, nein, ich hab' nur etwas im Auge.«

Wir fühlten es alle, es schlich sich auf rauer, stürmischer See behutsam ein, beseelte uns und wurde als sechstes Besatzungsmitglied einvernehmlich aufgenommen: das Glücksgefühl, ein unmöglich scheinendes Ziel auf eigenem Kiel im Team zu erreichen. Sogar Daniel blieb bis zum Schluss an Bord, unsere Spannungen hatten sich deutlich gelöst.

Nach Island gab es für uns kein Halten. Die NIS RANDERS kam wieder auf den Bock in Hooksiel und wartete auf ihre Fertigstellung zum Törn der Törns. In zehn Monaten wollten wir die Leinen loswerfen, und neben der Arbeit in der Goldschmiede liefen die Planungen und Vorbereitungen auf Hochtouren. Je härter wir arbeiteten, desto länger wurden die Erledigungslisten: Impfungen gegen Gelbfieber und Hepatitis A + B, Schwimmkurs für Mike, Ladenschließung, Haushaltauflösung, Zahnarzt und und und ... Damals lernten wir: Wer um die Welt segeln möchte, muss vor dem Start sehr hart schuften. Gefällte Entscheidungen wurden immer wieder revidiert, Planungen umgestellt, wir durchlebten eine aufregende Zeit und Wechselbäder der Gefühle. Jeder Pfennig wurde gespart, und alles, was sich zu Geld machen ließ, versilbert.

Daniel distanzierte sich zeitweise vorsichtig von dem Unternehmen. In einer Clique fest eingebunden, war er sehr gut etabliert und hatte viele Freunde. Die Vorstellung mit kleinen Geschwistern und Eltern auf einem nur zehn Meter langen Segelschiffchen zwei Jahre Urlaub zu machen, befand sich auf der Bedürfnispyramide des beliebten Sängers in einer Punkband nicht immer an wichtigster Stelle. In seinen Gefühlen hin und her gerissen, wäre es ihm am liebsten gewesen, alles bliebe so, wie es war. Daniels schulische Leistungen waren zu dieser Zeit mäßig, alle Energie steckte er in seine Musik und Computerspiele. Susanne und mir war schleierhaft, wie Daniel bis zum Start seinen Schulabschluss erreichen könnte. Doch wollte er das überhaupt? Wir wussten es nicht.

Unser Nesthäkchen Maria hatte natürlich gar keine Vorstellungen von dem, was sie erwartete. Immer lebenslustig und interessiert flatterte sie wie ein fröhlicher Schmetterling durch den Tag. Kinder in diesem Alter leben für den Augenblick, sie brauchen Sicherheit und Bezugspersonen, die sie ihnen geben, und Maria interessierte es nicht, dass sie ihr Zimmer gegen eine kleine Koje auf einem Segelboot tauschen sollte. Die Größe des zur Verfügung stehenden Lebensraumes spielt nur in der Vorstellung von Erwachsenen eine Rolle. Maria brauchte nur ihre Eltern und ihre Barbies.

Ganz anders Mike, der 15 Monate älter war als Maria. Und ein stilles Wasser. Er hinterfragte alle Dinge und erfasste sensibel ihre Zusammenhänge. Mit diesen feinen Antennen registrierte er Stimmungen und Unsicherheiten, und so konnten wir ihm nichts vormachen. Also sagten wir ihm: »Junge, was wir planen, ist äußerst ungewöhnlich, und auch wir haben unsere Zweifel. Aber wir werden immer für dich da sein und auf dich aufpassen.«

Insgesamt entwickelten die beiden sich prächtig, sogen neue Informationen auf wie ein trockener Schwamm das Wasser und würden auf der Reise viel entdecken und fürs Leben lernen. Wir wollten sie über den Horizont führen, damit sie mit neuen Erfahrungen auf die Welt blicken konnten. Wir sahen sie als kleine Edelsteine, die gut in eine Goldschmiedfamilie passten. Um sie machten wir uns keine Sorgen.

Susannes Abschied von ihrem bisherigen Leben aber war lang und nicht immer ohne Dornen. Ihr ging es nicht so sehr um die seglerische Herausforderung, sondern mehr um das Erkunden ferner Länder mit den dort lebenden Menschen und ihrer Kultur. Eine aufgeschlossene, unvoreingenommene Neugierde dämpfte jedoch viele ihrer Zweifel, und eigentlich sorgte sie sich in erster Linie um die tiefen Freundschaften, die sie in Deutschland pflegte. Ein Jahr in der Ferne hielt sie für angemessen, und so war es nicht Susanne, die die Idee zu einer Weltumseglung als Erste aussprach. Denn diese schafft man nicht in zwölf Monaten, und das wusste sie. Ein Kompromiss musste her.

»Maximal zwei Jahre, und wenn einer von uns der Meinung ist, dass das Unternehmen nicht mehr allen gut tut, dann brechen wir ab oder ändern die Pläne, versprich mir das«, waren ihre Worte, ihre Bedingung, ihre Rückversicherung.

Ich willigte ein.

Ich erzähle gern, dass es die Lektüre eines Weltumseglerbuches war, das in mir den Wunsch geweckt hatte, die Welt auf einem Segelboot zu umrunden. Es stellt sich aber die Frage, warum ich gerade dieses Buch im Antiquariat kaufte. Warum kein Buch übers Bergsteigen oder Ballonfliegen? Oder über Joga? Zufall? Oder lag es an meinem Vater, der in seiner Jugend als Steward die Welt auf Frachtschiffen bereiste und mir später Geschichten über das Meer erzählte? Lag es vielleicht sogar an meinen Lehrern, die mir schon in der Grundschule im Werkunterricht erlaubten, kleine Holzsegelboote zu schnitzen, während der Rest der Klasse hölzerne Kästchen für ihre Milchzähne anfertigen musste? Oder lag es an unserem Wohnort, der ziemlich nah an der Nordsee liegt?

Wie auch immer: Träume wollen irgendwann gelebt werden, und für uns war die Gelegenheit günstig. Daniel war mit der Schule (fast) fertig, die beiden Kleinen waren noch nicht schulpflichtig, der Mietvertrag vom Laden lief aus, und unsere Lehrlinge würden bald ihre Gesellenprüfung machen. Also: jetzt oder nie!

Als ich dann an jenem Abend, meinem letzten Abend, den ich an Land in unserem alten Haus verbrachte, wieder in Hooksiel an Bord ging, erwartete mich ein Chaos. Was hatte ich erwartet? Dass sich die Utensilien, die wir zum Leben und Segeln brauchten, innerhalb weniger Stunden ihren Platz im Boot von selbst suchten? Unglaublich, was alles in ein zehn Meter langes Schiff passt oder passen musste. Spielsachen, Werkzeuge, Schwimmwesten, Lebensmittel, Bücher, Rettungsmittel, Leinen, Kleidung, Ersatzteile, Gummistiefel, ein großer Bodenstaubsauger, Geschirr, Seekarten, Segel, Fender lagen herum und ... Leiber. Viele Ausrüstungsgegenstände fanden ihren Platz in der Vorschiffkoje, sodass Mike und Maria vorerst im Mittelgang in Decken gehüllt im Salon schliefen, weswegen ich jetzt über sie hinwegsteigen musste. Es machte ihnen nichts aus, im Gegenteil – sie genossen die Nähe zu ihren Eltern, die ebenfalls im Salon ihr Nachtlager fanden. In vier Wochen sollte das private Abschiedsfest von Freunden und Bekannten in Hooksiel stattfinden, in fünf Wochen war der offizielle Starttermin in Oldenburg geplant, und es stand noch nicht mal der Mast auf Deck! Für uns Grund genug nervös zu werden. Susanne und ich stritten um Kleinigkeiten und ergingen uns in Kompetenzgerangel. Mein Bereich, dein Bereich. Wir würden uns irgendwie einigen müssen.

Daniel wohnte damals bei einer befreundeten Familie in Oldenburg und hatte beschlossen, irgendwann später zu uns an Bord zu kommen. Irgendwo, wo es wärmer, schöner und exotischer war als an der regnerischen Nordseeküste. In der Zwischenzeit war er gut aufgehoben, das wussten wir. Wir glaubten aber auch zu wissen, dass er schon bald nachkommen würde, um diese Reise mit uns gemeinsam zu erleben. Das hofften wir zumindest. Also gaben wir ihm die Freiheit, die er brauchte. Er wollte ausprobieren, provozieren, erste selbstständige Schritte tun – und das alles gleichzeitig. Für Susanne und mich war seine Entscheidung natürlich trotzdem ein schwerer Schlag gewesen. Was waren wir nur für Eltern? Wir ließen unseren Sohn zurück, nahmen ihm praktisch Heim und Familie. Er aber fühlte sich bei seinem Freund ausgesprochen wohl, ihm tat der räumliche Abstand zu uns gut. Und auch hier galt die Regel: Es muss für alle gut sein, sonst ändern wir den Ablauf.

Abgelegt

Am Sonntag, am 4. Juli 2004, schrieben wir an Bord den ersten Tagesbericht für das Internet nach dem Ablegen:

Start

> Was sollen wir sagen? Wir bedankten uns mit Abschiedstränen für die netten Worte, die Geschenke und die Glückwünsche. Noch eine halbe Stunde länger und wir hätten gar nicht mehr abgelegt, denn wir hatten uns doch vorgenommen: »Da, wo man uns mag, werden wir bleiben.« Wir werden alle vermissen, und im nächsten Hafen müssen wir wohl erst einmal den Vorrat an Taschentüchern auffüllen.
> Nach dem Auslaufen mussten wir noch eine dreiviertel Stunde auf die Öffnung der Eisenbahnbrücke warten (ups, die haben wir auf der falschen Fahrwasserseite passiert, und das brachte uns einen Anschnauzer über Funk vom Brückenwärter ein) und sind dann ohne weitere Probleme gemütlich nach Elsfleth an den Gemeindeanleger motort. Unterwegs hat es pausenlos geregnet, und so habe ich Fotos von den Wolken geschossen und von dem Regen und von Su, während sie pudelnass im Cockpit an der Pinne stand. Sollte irgendwann einmal Heimweh aufkommen, dann werden wir uns nach den hier lebenden Menschen sehnen, dabei aber unser typisch norddeutsches Schmuddelwetter nicht vergessen!

Daniel war an Bord, als wir im Oldenburger Stadthafen ablegten. Durch die Ankündigung auf unserer Website und einen großen Artikel in der Oldenburger NORDWEST-ZEITUNG hatten sich neben unseren Freunden und Bekannten eine Menge Schaulustige eingefunden, die uns viel Glück und eine gute Reise wünschten. Die Hunte ist bis Oldenburg ein Tidengewässer, verbindet die Stadt über die Weser mit der Nordsee, und ein Segelschiff kann mit stehendem Mast bis fast in die City vordringen. So konnten wir nur wenige Kilometer von unserem Haus entfernt unser neues Zuhause besteigen.

Das Kamerateam der Filmgesellschaft Wendländische Filmkooperative befand sich ebenfalls an Bord der NIS RANDERS und begleitete uns bis nach Elsfleth an der Weser, um eine Dokumentation zum Thema »Eine Familie plant eine Weltumseglung« zu drehen.

Als wir am Steg festmachten, fragte unser ältester Sohn die Männer mit den Kameras: »Könnt ihr mich zurück nach Oldenburg bringen?«

»Klar, kein Problem«, sagten sie, und weg war er.

Mit uns war er so verblieben: Die Ferien wollte er mit seinen Freunden in Oldenburg verbringen, aber anschließend an Bord kommen, denn er wurde in diesem Jahr nicht versetzt. Zu viele Fünfen. Dieses Ergebnis seiner schulischen Leistungen kannten wir bereits seit einigen Tagen und hatten schwer daran gekaut, dass er sich gegen ein weiteres Jahr in der Schule entschied und ohne einen Abschluss abgehen wollte. Natürlich war auch er enttäuscht. Wir mussten ihn nicht daran erinnern, dass dieses Zeugnis das Resultat mangelhaften Fleißes und nicht mangelhafter Intelligenz war. Also sprachen wir ihm Mut zu.

Am folgenden Tag motorten wir bis Bremerhaven und machten an einem Steg an der Geeste fest. Hier warteten wir wieder auf Daniel und das Kamerateam, die mit uns nach Helgoland segeln wollten, um noch Material von der ganzen Familie auf offener See ohne sichtbare Küstenlinie zu drehen. An Bord hatten wir – ich, Susanne, Mike und Maria – uns einigermaßen eingelebt, der ganze Krimskrams hatte seinen Platz in den Schapps und Backskisten gefunden, und alle Aufgaben waren verteilt. Beim Ablegen in Richtung Helgoland unterschätzten wir dann allerdings die Strömung der Geeste, die an diesem Tag etwa zwei Knoten betrug, und vor laufender Kamera kratzten wir einer vor uns liegenden Hallberg-Rassy die Positionslaternen sauber von der Bugreling. Susanne an der Pinne trieb es vor Scham die Tränen in die Augen. Wie peinlich, wie unendlich peinlich! Doch die Leute von der Hallberg nahmen es locker.

»Kein Problem«, versicherten sie uns, »ist nicht tragisch, fahrt nur weiter. Nein, bitte nicht wieder anlegen. Fahrt einfach nur weiter!«

So verließen wir bei Sonnenschein und schwachen Winden die Wesermündung, etwas über 40 Seemeilen bis nach Helgoland lagen vor uns. Die Filmleute freuten sich auf die steife Brise, die aus Südost vorhergesagt wurde, doch mit den tollen Aufnahmen ist es bei Windstärke zwei nicht viel geworden. Ein bisschen an den Schoten ziehen und ein wichtiges Gesicht machen, das war alles, was wir als Filmstars zustande brachten. Dann warfen wir den Motor wieder an.

Helgoland erreicht man besser früh am Tag, solange noch Plätze frei sind, jedenfalls wenn man ein tonnenschweres Stahlboot sein Eigen nennt, auf dem ein Windgenerator steht und zu allem Überfluss auch noch kleine Kinder auf dem Deck herumhüpfen. Sind alle Stegplätze belegt, pflegen nämlich die Skipper der anderen Boote den Neuankömmling nicht überschwänglich zu sich zu winken, damit man bei ihnen festmachen kann. Jedenfalls drehten wir eine Runde nach der anderen und versuchten mit dem Festmacher in der Hand Kontakt zu den Besatzungen zu bekommen.

»Dürfen wir ... bei euch ... ?«

Als Antwort erhielten wir mehr als einmal einen Blick, auf den jeder talentierte Kellner eines überfüllten Gartenlokals selbst nach jahrelangem Training neidisch gewesen wäre – man sah einfach durch uns hindurch.

Die weniger blasierten Skipper machten auch recht deutlich, dass sie von uns nicht belästigt werden wollten: »Fahrt doch mal da vorn hin, da liegt auch ein Stahlboot.«

Trotzdem kam die NIS RANDERS endlich gut vertäut neben einem Boot aus Kunststoff zur Ruhe. Die Filmleute verabschiedeten sich erneut und verließen die Insel mit der Nachmittagsfähre, wir wurden wieder eine Familie, konnten uns weiter einrichten und hatten damit die erste Hochsee-Etappe, die ersten 40 Seemeilen, ohne weltbewegende Ereignisse hinter uns gebracht.

Helgoland ist ein logischer Stopp für alle Boote, die sich vom deutschen Festland aus auf große Fahrt begeben. Hier werden – teilweise zollfrei – Diesel und Proviant gefasst. Hier wird Pause gemacht, mit anderen Seglern über Routen und Segeltaktiken und legale und doch günstige Einkaufsmöglichkeiten geschnackt und auf das passende Wetterfenster für eine Weiterfahrt gewartet. Die Vorhersage liefert der Mann vom Deutschen Wetterdienst, dessen Station sich im Gebäude des Hafenmeisters befindet. In den folgenden Tagen wurden wir Stammgast bei ihm, und er erklärte uns seine meteorologischen Messgeräte und erzählte ein wenig über seine Arbeit auf dem roten Eiland. Von ihm erfuhren wir auch einiges über die Härte und die Gnadenlosigkeit der flachen Nordsee, die im Zusammenspiel von Wind und Gezeiten die berüchtigten Grundseen mit ihren steilen Wellenkämmen erzeugt. Damit wollten wir nichts zu tun haben. Wir wollten so lange Mittel- und Oberland, Lummenfelsen und Lange Anna besichtigen, bis der Wind günstig stand, um in Richtung West auszulaufen. Lippenbekenntnisse. Theorie. In der Praxis scharrten wir bald mit den Hufen, konnten es nicht erwarten, unsere Weltumseglung fortzusetzen. Helgoland mag ja der jod- und sauerstoffreichste Ort in Deutschland sein und zur Linderung vieler Krankheitssymptome beitragen, aber ...

Den Ausbruch wagten wir dann bereits nach wenigen Tagen, bei mittlerem Wind aus der falschen Richtung. Mit gerefftem Groß und Arbeitsfock gingen wir am frühen Morgen in See. Die Vorhersagen irren sich so häufig, dachten wir, dass sie heute mal zu unseren Gunsten vom tatsächlichen Wettergeschehen abweichen werden. Der Wetterfrosch wünschte uns viel Glück, der Hafenmeister verabschiedete uns mit einem »Bis nachher«. Etwas verschobenes Zeitgefühl hat der Gute, sagten wir uns, denn wir planten ja, erst in zwei Jahren zurückzukehren.

»Na, da seid ihr ja wieder, welkoam iip Lun!« Der Hafenmeister begrüßte uns auf Helgoländisch.

Einen Streit, drei überkommende Brecher und eine aufkommende Seekrankheit später liefen wir nämlich wieder in den Südhafen ein. Aus den geplanten zwei Jahren wurden nur drei Stunden, dann waren wir von Ausbruchsversuchen für die kommenden Tage kuriert. Denn der Hafenmeister hatte Recht, es gab kein Durchkommen in Richtung West. Außerhalb der Landabdeckung frischte der Wind deutlich auf, während die See zu grob wurde, um gegenan zu segeln. Es ging einfach nicht.

»Macht euch nichts draus, ihr seid nicht die Ersten, die umkehren.«

Schon von einfühlsameren Worten waren wir ungetröstet geblieben – und außerdem waren wir bitter enttäuscht von unserer Leistung.

Also schrieben wir an diesem Sonntag in unserem Tagesbericht:

Auf die Nase

Ein Tag ohne Foto. Keine Frage, tolle Motive tauchten auf – doch es fehlte die wasserfeste Kamera.

06.30 Uhr. Wind 6 bis 7 Bft. Im Vorhafen bereiten wir die Nis Randers vor. In das Großsegel binden wir zwei Reffs, und die Fock soll als Vorsegel reichen. Unter Segeln verlassen wir den Hafen und steuern die Bojenreihe entlang. Der Seegang ist bereits hier sehr hoch, und unsere schlafenden Kinderchen werden von der Schaukelei geweckt. Fröhlich beginnen sie sofort das Toben. Schon bald nehmen Wind und Seegang weiter zu, und unser Ziel Norderney ist unter diesen Bedingungen nicht zu erreichen. Ich kann es kaum glauben, aber mehr als 90 Grad zum Wind sind nicht drin. Kurs höchstens Süd, das heißt: Wangerooge. Wellen waschen über das Deck.

Mikey wird seekrank, und Maria klammert sich am Tisch fest, damit sie nicht durch den Salon rutscht. Der Wind heult, und die ersten Wellen steigen ins Cockpit. Zeit zum Umkehren. Wir fahren eine Wende und erreichen den Hafen wieder unter

Segeln. Drei Stunden nach dem Auslaufen machen wir bei strömendem Regen an einem Segler aus Polen fest.
Den Rest des Tages streiten Su und ich. Wir hätten dieses und jenes besser oder anders machen müssen/sollen. Die Stimmung ist noch mieser als das Wetter (falls das überhaupt möglich ist). Und das Wetter soll noch einige Tage so bleiben ...
Daniel schnappt sich die nächste Fähre, verlässt die Insel, das Boot, die Familie und reist wieder nach Oldenburg zu seinen Freunden. Er will erst nach den Sommerferien wieder an Bord kommen. Dann sind wir hoffentlich in einer wärmeren Gegend.

Um die Menschen mit Informationen und Unterhaltung zu versorgen, umspannt das World Wide Web seit einigen Jahren den gesamten Planeten Erde. Den gesamten Planeten? Nein! Eine kleine Enklave wehrt sich erfolgreich gegen die neue Technik: Helgoland. Auf der Insel gab es damals nur einen einzigen öffentlichen Internetzugang. Teuer, langsam und ohne Möglichkeit, ein Speichermedium in den Rechner zu stecken. Während wirelessLAN, DSL und schnelle Prozessoren die Welt bereits erobert hatten, wurde der Rechner auf der Insel in einem Schrank versteckt, dessen Türen mit einem Vorhängeschloss gesichert waren. Seit unserem Aufenthalt auf der Insel wurde deshalb unsere Website, deren tägliche Aktualisierung wir nach dem Auslaufen versprochen hatten, nicht mehr gepflegt. Die ersten Stammleser begannen nachzufragen, wo denn die angekündigten Tagesberichte blieben.

Wir hatten uns für eine Berichterstattung entschieden, die es uns ermöglichen sollte, auch von hoher See aktuell zu senden. Unser Anspruch war hoch, die Technik jedoch für uns relativ neu. An Bord befand sich ein handelsüblicher Computer, ein Laptop der Marke Toshiba, der in der Navi-Ecke einen spritzwassergeschützten Platz einnahm. Obwohl in der Bedienungsanleitung ausdrücklich davon abgeraten wurde, betrieben wir ihn einfach und ohne Probleme zwei Jahre lang direkt über das 12-Volt-Bordnetz. An ihm schrieben wir die Tagesberichte der gesamten Reise als Text und konvertierten diese in eine html-Datei. Fotos schossen wir mit einer Digitalen Spiegelreflexkamera der neuesten Generation, der Canon EOS 300D. Nachdem wir diese Fotos auf den Computer heruntergeladen und bearbeitet hatten (Wasser blauer, Fische größer und Bäuche flacher), fügten wir sie in die html-Datei ein. Mit dem Programm AIRMAIL (kostenlos aus dem Internet) versendeten wir die Textdatei samt Foto dann über einen PACTOR-Controller der Firma SCS und einem für Blauwasserfahrten modifizierten Kurzwellenfunkgerät (Yaesu-FT897) an Winlink. Winlink ist eine weltumspannende Organisation von Funkamateuren, den sogenannten PMBOs – Pactor Mailbox Operators –, die zu bestimmten Zeiten definierte Frequenzen abhören, um Nachrichten von am System teilnehmenden Funkamateuren aufzunehmen und an den E-Mail-Adressaten weiterzuleiten. Diese Aufgabe übernahmen die PMBOs ehrenamtlich und für uns als Inhaber einer Funklizenz kostenlos. Mit den unverwüstlichen PACTORII- und III-Modems von der Firma SCS aus Hanau sind heute die meisten Langfahrtsegler ausgestattet und vertraut. Die vom Funkwellensender austretenden, binär verschlüsselten Informationen sendeten wir anfangs über eine spezielle Kurzwellenantenne, die auf dem Heck der NIS RANDERS montiert war. Erst viel später merkten wir, dass das isolierte Achterstag eine ausreichende, ja, in vielen Situationen viel bessere Lösung zum Versenden der Funkwellen war. Wenn zu guter Letzt der Adressat unseren Bericht per E-Mail erhielt, konnte er ihn an den Server unserer Website www.wirhauenab.de senden. Nur auf diesem, anfangs scheinbar komplizierten Weg war es möglich, zeitnah Berichte und Bilder auch von hoher See zu senden. Mögliche Alternativen zu diesem System gab es keine. Jedenfalls keine, die mit unseren Ankündigungen im Einklang standen. Wir bemühten uns redlich, aber mit dieser Technik Texte und Bilddateien via Pactor und Kurzwelle von Bord der NIS RANDERS zu versenden, waren wir auf Helgoland noch nicht vertraut. Irgendwo fehlte ein wichtiges Häkchen in einem wichtigen Kästchen eines wichtigen Computerprogramms – Skippersorgen, um die wir uns bei Gelegenheit kümmern wollten.

Unsere Kinderchen focht das alles freilich nicht an. Mike und Maria knüpften erste Kontakte mit dem Nachwuchs von den anderen Booten. Gemeinsam tobten sie über die Stege, stellten Krebs- und Schalentieren nach, beobachteten Quallen, sammelten Muscheln. Das Wetter war ihnen egal, in ihren Segelklamotten trotzten sie gut verpackt dem norddeutschen Regen, der von einer steifen Brise über die Insel gejagt wurde. Mike hatte noch kurz vor dem Start das Schwimmen gelernt und sein Seepferdchenabzeichen erworben. Wir hielten das für einen gewissen Schutz, damit er sich wenigstens im Hafen im Notfall selbst helfen könnte. Immerhin war er bereits zweimal vom Steg an unserem Liegeplatz in Hooksiel gefallen und musste sich an der Schwimmweste herausziehen lassen. Maria war allerdings noch zu jung für eine Schwimmausbildung. Die für die entscheidenden Schwimmbewegungen benötigten Muskeln waren bei der 4-Jährigen noch nicht hinreichend ausgeprägt. Beide Kinder trugen außerhalb des Cockpits an Bord immer eine Schwimmweste. Auf unserem Testtörn im vergangenen Jahr hatten wir zwar einen Seezaun an der Reling befestigt, diesen jedoch im Anschluss wieder demontiert, weil er uns bei den Arbeiten an den Segeln und beim An- und Ablegen mehr behindert als genutzt hatte. Außerdem blieben Mike und Maria, sobald wir auf See waren, ohnehin fast nur im Salon oder im Cockpit, und so wanderte das unpraktische Ding mit anderen unbenötigten Ausrüstungsgegenständen in die Backskiste. Sollte sich das Verhalten der Kinder später ändern, könnten wir ihn ja wieder montieren.

Dann drehte der Wind, und wir verließen Helgoland nach sieben Tagen Aufenthalt mit den besten Wünschen vom Wetterfrosch und vom Hafenmeister. Unsere langfristigen Pläne hatten sich mittlerweile auf der Insel herumgesprochen und zumindest einen Zaungast angelockt: den Mann vom Zoll. Täglich tauchte er mit seinem Fahrrad an der Mole auf, hielt in Höhe der NIS RANDERS, schaute zu uns herüber, machte sich Notizen in seinem kleinen, schwarzen Notizbuch und verschwand wieder. Hm.

Das Auslaufen gelang dieses Mal ohne Probleme, das Wetter war auf unserer Seite, und das nächste Ziel, Norderney, wollten wir am Abend erreichen. Freunde von uns leben auf der Insel, wir wollten sie besuchen und uns persönlich von ihnen verabschieden.

Mitten in der Nacht und viel später als erwartet kamen wir zur Ansteuerung vor das berüchtigte Norderneyer Riffgat. Ich würde gern berichten, dass der in Strömen fallende Regen erfrischend war und nicht eiskalt. Für die deutsche Nordseeküste hatten wir die neusten Seekarten an Bord, dennoch konnten wir die Ansteuerungstonnen an den angegebenen Positionen nicht ausmachen. Also drehten wir immer wieder in der Finsternis eine Runde nach der anderen und leuchteten mit dem Suchscheinwerfer über die Wasserfläche. Auf den Gedanken, unser neu installiertes, sauteures Radargerät für die Ortung der Tonnen zu verwenden, kamen wir erst am nächsten Tag. Doch gerade als Susanne und ich beschlossen, abzudrehen und die Nacht auf See zu verbringen, marschierte ein Fischkutter an uns vorbei und beleuchtete mit seinem ungleich stärkeren Suchscheinwerfer die in den Hafen führende Bojenreihe. Anschließend führte er uns sicher in den Hafen.

Norderney. Weißer, langer Sandstrand. Tourismus, die Erinnerung an Poppe Folkerts' berühmte Bilder von den Inseln und dem Meer. Oder einfach »He!«, das typische örtliche Grußwort. Noch bevor wir uns beim Hafenmeister melden konnten, klopfte der Zoll an den Rumpf. Ließ da etwa der Notizbuchschreiber von Helgoland grüßen?

»Kann ich mal an Bord kommen?«

Nicht vor dem Frühstück, dachten wir und antworteten: »Gern, aber seien Sie bitte vorsichtig wegen des Kinderspielzeugs, das überall herumliegt.«

Nett, freundlich, mit ein wenig Smalltalk garniert und ein bisschen in die Schapps guckend, begann die Inspektion. »Zigaretten?«

»Nein.«

»Alkohol?«

»Nein.«

Su und ich waren uns von Anfang an darüber einig gewesen, den Menschen in den besuchten Ländern keinen Ärger zu bereiten. Nicht durch Waffen, nicht durch Drogen und nicht durch Schmuggelware. An den üblicherweise unter Seglern endlos geführten Diskussionen über Waffen an Bord beteiligten wir uns gar nicht erst.

Legerwall

Nach kurzem, wunderbarem Aufenthalt ließen wir schließlich Norderney achteraus und nahmen bei bestem Wetter Kurs West mit einem Schuss Süd. Vorbei ging es an Juist und Borkum, den letzten deutschen Bastionen unserer Reise. Unterwegs begegneten uns viele Freizeitsegler, die, ebenso wie wir, die günstigen Bedingungen bei ruhiger See und Sonnenschein genossen. Picknick auf dem Deck, ausgebaumte Vorsegel, gute Laune bei blauem Himmel und ... Eine rabenschwarze Gewitterfront aus Nordwest raste auf uns zu. Innerhalb weniger Minuten verfinsterte sich der Nachmittagshimmel, und die Böenwalze, die die Front vor sich herschob, war deutlich auf der Wasseroberfläche zu erkennen. Obwohl wir die Wettervorhersagen abgehört hatten, erwischte uns dieser Wetterumschwung kalt, jetzt mussten wir handeln. Die Lage: flache Küste an Backbord, fieses Wetter an Steuerbord, wir dazwischen. Legerwall. Dass wir diese Standardsituation im Verlauf der Reise noch öfter erleben würden, wäre uns damals kein Trost gewesen, selbst wenn wir es gewusst hätten. Segel runter! Jetzt hieß es Lage peilen und in die Seekarte stechen! Standort bestimmen, Kurs und Geschwindigkeit aufnehmen. Als uns die ersten Böen erreichten, lagen die Segel bereits an Deck. Um unter Topp und Takel bei dem heftig zunehmenden Wind abzulaufen, stand definitiv zu wenig Seeraum zur Verfügung. Deshalb wollten wir versuchen, mit gerefftem Großsegel und Sturmfock entlang der Küste zu segeln, vielleicht sogar gegenan etwas Seeraum zu gewinnen. Die Arbeit an Deck wurde durch den sich schnell aufbauenden Seegang mit kleiner, hackiger Welle nicht einfacher. Dazu kam der Zeitdruck, denn immer weiter wurde die NIS RANDERS an die Küste gedrückt. Einsetzender Regen und zunehmende Dunkelheit erschwerten unsere Situation. Die Kinder aber blieben ganz gelassen, verholten sich in den Salon und widmeten sich dem allseits beliebten Spiel »Schwerelosigkeit« in der Vorschiffkoje. Gerade als die Sturmsegel standen und der Kurs parallel zur Küste verlief, erfasste uns von Backbord der starke Suchscheinwerfer eines Seenotrettungsschiffs der holländischen Küstenwache. Man hatte uns auf dem Radar entdeckt und wollte für den Fall eines Falles zur Stelle sein.

»Braucht ihr Hilfe? Wie viele Personen sind an Bord?«

Ein Retter stand mit Lifebelts und fest verzurrt an einem der großen, extra für diesen Zweck montierten Haltebügel mittschiffs auf dem Bug. Während der Skipper aus dem Führerhaus unser Boot nach Schäden ableuchtete, wechselten Susanne und ich beredte Blicke: Haben wir die Situation im Griff? Brauchen wir Hilfe? Wie hoch ist die Abdrift? Ich signalisierte dem Retter mit einem Handzeichen, kurz zu warten, während ich in die Seekarte schaute. Unser Kurs verlief noch immer parallel zur Küste, und in weniger als einer Meile bekämen wir zusätzlichen Seeraum durch eine Änderung der Küstenlinie. Wir konnten es also auch weiterhin allein schaffen.

»Danke für das Angebot, aber wir haben die Situation im Griff«, rief ich durch den Wind.

»Seid ihr sicher? Wir erwarten Böen bis Stärke 9!«

Starker Wind ist okay, nur die Küste muss weg, dachte ich. Hoch am Wind versuchten wir die Geschwindigkeit zu halten, was nicht ganz einfach war bei der kleinen, steilen Welle und dem hohen Freibord der NIS RANDERS. Jedenfalls war es keine Arbeit für die Windfahnensteuerung, Pinne gehen war angesagt.

Die Holländer blieben noch einige Minuten in Sichtweite, beobachteten unseren Kurs, und als sie sich überzeugt hatten, dass es sich bei uns nicht um sich selbst überschätzende Greenhorns handelte, kamen sie nur noch einmal kurz und forsch längsseits, deckten mich dabei mit einem eiskalten, salzigen Schwall Nordseewasser ein und wünschten eine gute Reise.

Dann waren wir wieder allein in völliger Dunkelheit unterwegs. Der Regen ließ bald nach, auch der Wind flaute etwas ab, die Front war durchgezogen. Freier Seeraum voraus. Durchatmen. Unsere Karriere als Seehelden würden wir noch mit grobem Keil bearbeiten müssen, so viel stand fest. Die Kinder schliefen schon lange in ihren Kojen und hatten von der kniffligen Situation nichts mitbekommen. Angst oder Panik überfiel damals keinen von uns, im Gegenteil. Eine seglerische Aufgabe war gemeistert worden – ein Job, bei dem Adrenalin floss. Rückblickend würde ich uns als noch nicht ausreichend sensibilisiert für derartige Situationen bezeichnen. LEGERWALL aber war seit diesem Tag ein Begriff, der zwar nicht aus unserem Wortschatz gestrichen wurde, aber als NOT MUST in Großbuchstaben in der Navi-Ecke mit wasserfester Tinte auf wasserfestem Papier allgegenwärtig und unvergessen sein Dasein fristete.

Ameland, Vlieland, Terschelling: Diese Nordseeinseln ließen wir sozusagen links liegen. Nach den Ereignissen der vergangenen Stunden waren wir nicht an Häfen interessiert, die unserem Schiff nicht jederzeit ausreichend sicheren Tiefgang garantierten. Der Yachthafen in Den Helder war unser nächstes Ziel, und wir meldeten uns in der

Nacht per E-Mail von Bord bei Daniel: »Uns geht es gut, der Leuchtturm von Texel liegt bald querab. Nur noch wenige Meilen, dann legen wir in Den Helder in Holland an. Wir vermissen dich und freuen uns auf unser Wiedersehen.« Wir vermissten ihn wirklich.

Halluzinationen

Immer noch auf der Nordsee, immer noch auf dem Weg nach Den Helder. Den ersten Teil der Nachtwache übernahm ich. Den zweiten auch, denn Susanne hatte sich bei den Kleinen mit Kissen und Decken in der Vorschiffkoje verkeilt, und ich brachte es einfach nicht übers Herz, sie zu wecken. Diese Nacht hatte wie alle Nächte auf See etwas Faszinierendes. Wenn an Bord alles schläft und man seinen Gedanken nachhängen kann, wenn die Geräusche der Nacht versuchen, einen einzulullen, wenn die Gerüche der nahen Küste sich mit der salzigen Luft des Meeres mischen, wenn Backbord voraus das Leuchtfeuer mit der Position in der Seekarte übereinstimmt ... dann beginnt man zu ahnen, was Frieden sein könnte.

Die Windfahnensteuerung hielt uns, wie von Geisterhand geführt, auf Kurs. Die Sterne leuchteten am Himmel, in der Ferne leuchtete das Licht eines Frachtschiffes, das langsam über den Horizont wanderte. Der Kurs war gesteckt, die Segel waren voll Wind. Nur noch wenige Meilen trennten uns vom Ziel – was sollte jetzt noch schief gehen?

In dieser ruhigen Nacht vor der holländischen Küste ereignete sich ein Zwischenfall, über den ich bisher nur mit ganz besonderen Menschen gesprochen habe. Jetzt, mit einigem Abstand, möchte ich aber doch darüber berichten.

Wir hatten also die überraschende Front abgewettert und segelten seit Stunden entlang der Küste auf Den Helder zu. Einzige Lichtquelle im dunklen Cockpit war die schwache, rötliche Kompassbeleuchtung. Durch den Regen und die Salzwasserdusche der Seenotretter fühlten sich meine Klamotten klamm und feucht an. Ich fror. Während ich Ausschau hielt, hing ich meinen Gedanken nach. Die vergangenen Tage waren hart gewesen. Tage? Es waren harte Wochen, harte Monate! Die lange und intensive Vorbereitung, der Countdown zum Start, der Ausbruchversuch vor Helgoland, das Kommt-er-oder-kommt-er-nicht-Pokern mit Daniel, die Legerwallsituation vor Holland, das alles zehrte an den Nerven. Dann plötzlich sah ich sie: zwei Gestalten. Eine, die sich aus dem Kompass formte, und eine, die sich hinter einem Unterwant zu verstecken suchte und hin und wieder kurz zu mir rüberlugte. Glotzäugige Fabelwesen mit lippenlosen Mündern und übergroßen, nach oben spitz verlaufenden Ohren. Auf den Schädeln standen wirre Haarbüschel in alle Richtungen. War ich etwa eingeschlafen und träumte ich? Nein, ich war sicher, wach zu sein. Ich sah die beiden vor mir und wusste gleichzeitig, dass ich einer Täuschung zum Opfer fiel. Bewegungslos wie ein Dodo – ein Vogel, der bei Gefahr nicht flüchtet – und mit durchgedrücktem Rücken verharrte ich auf der harten Cockpitbank und nahm deutlich wahr, wie der Kompass sich vor meinen Augen langsam zu einer grinsenden Fratze verwandelte und ein oder zwei Sekunden so blieb, um sich dann zurück in einen Kompass zu transformieren. Mein Blick wanderte über das Deck. Hinter einem Want schaute der Kumpan hervor. Kaum auszumachen in der Dunkelheit, aber trotzdem unverkennbar. Einen halben Meter groß, hässlich, eine Art Gremlin, der trotz aller Warnungen nach Mitternacht gefüttert worden war. Als er merkte, dass ich ihn beobachtete, verzog er sich blitzschnell wieder hinter das nur sechs Millimeter dünne Stahlseil und konnte sich völlig dahinter verbergen. Gleich meldete sich auch erneut der Kompasskobold, grinste mich scheel an – nicht bedrohlich oder böse, er zeigte mir einfach nur seine Fratze – und wurde wieder zum Kompass.

Dieser Vorgang dauerte nicht länger als zwei Minuten, und obwohl ich wusste, dass die Gestalten nicht real waren, erschienen sie mir doch so wirklich, wie nur etwas wirklich sein kann. Ich hatte Halluzinationen. Fantasievorstellungen. Hirngespinste. Etwas Vergleichbares hatte ich noch nie erlebt und war dementsprechend schockiert. War ich krank? Oder nur müde, überfordert und/oder überlastet? Wahrscheinlich alles zusammen. Aber wovon? Von einer kleiner Front mit Starkwind? Was werde ich erst sehen, wenn wir mal in einen richtigen Sturm kommen, fragte ich mich beunruhigt.

Später lernte ich, dass man solche Phänomene optische Pseudohalluzinationen nennt. Im Gegensatz zu echten Halluzinationen, bei denen man zwischen Wirklichkeit und Trugbild nicht mehr unterscheiden kann, werden Pseudohalluzinationen durch Schlafmangel hervorgerufen. Doch obwohl wir im Verlauf dieser Reise noch einige wirklich schwierige und Kräfte raubende Situationen ohne ausreichenden Schlaf zu bestehen hatten, kamen außer Kakerlaken keine ungebetenen Besucher mehr an Bord. Jedenfalls nicht in Form von lippenlosen Koboldgestalten, die aus dem Kompass wachsen und sich hinter Stahlseilen verstecken können.

Einige Segler, die wir unterwegs trafen, berichteten zwar nicht über Trugbilder, wohl aber über Stimmen, die sie bei Nachtfahrten vernahmen. Plötzliche Rufe von einem Crewmitglied etwa oder lautes Stimmengewirr, das sich aus dem Geräusch der sich brechenden Wellenkämme formt ... Derartige akustische Wahrnehmungen treffen einen offenbar immer in der Nacht und nur wenn man allein Wache hat.

Daniel kommt

Den Yachthafen in der nordwestlichen Ecke der holländischen Naval Base in Den Helder erwähne ich nur, weil wir vier Stunden nach dem Festmachen eine wunderbare Mail erhielten: »Bleibt, wo ihr seid, ich komme noch heute an Bord!« Auch wenn Daniel und ich damals unsere regelmäßigen Differenzen hatten, keine andere Meldung hätte mir eine größere Freude bereiten können.

»War es Fernweh oder Sehnsucht nach deiner Familie?«, fragte ich ihn nach seiner Ankunft.

»Von beidem ein bisschen, Pa«, antwortete er cool.

Ursprünglich war geplant gewesen, dass unser Großer irgendwo zwischen Spanien und Portugal zu uns stoßen sollte. An seine Entscheidung, gerade in Den Helder an Bord zu kommen, würden Daniel und ich zwei Jahre später noch denken. Denn gerade die Position des Liegeplatzes in Den Helder auf 52°57'N und 004°46'O würde Daniel zwei Jahre später durch eine kleine westliche Schleife der Rhône zum Weltumsegler machen. Wäre er weiter westlich zugestiegen, hätte er nicht auf der NIS RANDERS alle 360 Meridiane unseres Planeten überquert.

Damals sagte ich: »*Welcome on board,* Junge. Willkommen bei deiner Familie und in deinem Zuhause«, als er mit seinem prall gefüllten Seesack und seiner Gitarre unterm Arm in der Dunkelheit auf dem Steg stand.

Julia, Nils, Annette und Udo Biedermann plus Hund, seine Gastfamilie, hatten ihn mit dem Auto gebracht, und so saßen wir an diesem Abend zu neunt unter der Kuchenbude im Cockpit, um ein weiteres Mal Abschied zu nehmen. Als ich Udo fragte, ob er meine Tagesberichte und Bilder von der Reise ins Internet stellen würde, wenn wir ihm täglich das Material per E-Mail schickten, damit Freunde und Interessierte an unseren Erlebnissen teilhaben könnten, sagte er sofort zu. Natürlich hatte er keine Ahnung, worauf er sich einließ, aber seiner Zuverlässigkeit, seinem Einsatz und seiner Disziplin war es maßgeblich zu verdanken, dass die Website www.wirhauenab.de in den kommenden 19 Monaten laut www.top100sail.com zu der erfolgreichsten privaten Segler-Website Deutschlands mit bis zu 2500 Lesern täglich wurde.

Den Helder verließen wir am Abend des folgenden Tages und nahmen Kurs auf Calais in Frankreich. Nachtfahrten gefielen uns, die

Dunkelheit legte sich dann behutsam wie ein schützendes Tuch über das Boot und seine Besatzung. Mit Daniel an Bord konnten wir die Wachen neu einteilen: Daniel von 22.00 Uhr bis 02.00 Uhr, Bernd von 02.00 Uhr bis 06.00 Uhr, Susanne von 06.00 Uhr bis 10.00 Uhr, in der Zeit von 10.00 Uhr bis 22.00 Uhr gehörte das Boot uns allen. Kurse und Beobachtungen wurden vor jeder Wachablösung kurz besprochen. Wir machten uns gewissenhaft auf Schiffbewegungen und besondere Vorkommnisse aufmerksam und übergaben das Boot. Mit dieser Regelung konnten wir so gut leben, dass wir damit um die halbe Welt segelten, ohne etwas daran zu ändern.

Aber am Anfang fragten wir uns natürlich: Kann man einem 16-jährigen Bengel eine Nachtwache anvertrauen? Kann man sich dabei beruhigt schlafen legen? Wir jedenfalls konnten. Daniel hatte seine Fähigkeiten bereits auf dem Törn nach Island unter Beweis gestellt. Mangelnde Zuverlässigkeit, Selbstüberschätzung oder Verantwortungslosigkeit wären keine Kriterien, wenn wir ihm ein Zeugnis ausstellen müssten. Er stand immer voll seinen Mann, wenn es darum ging, anzupacken oder Verantwortung zu übernehmen.

Calais. Nach Dover zweitgrößter Passagierhafen Europas. Nördliche Einfahrt zum Ärmelkanal und jede Menge Schnellfähren, 60 pro Tag. Dieser Hafen war der Ausgangspunkt, der uns zu unserem ersten Angstgegner führen sollte – dem Ärmelkanal. Was hatten wir nicht schon alles darüber gehört und gelesen. Starke Strömungen, schnell aufkommender, dichter Nebel, ständige Radarüberwachung durch die Küstenwache mit empfindlichen Geldbußen bei Verstößen im Verkehrstrennungsgebiet ... Speedferries, die englische Einkaufstouristen übersetzen, runden das Gefahrenspektrum ab.

Bereits auf Helgoland erhielten wir gut gemeinte Ratschläge von erfahrenen Kanalfahrern: »Wenn du im dichten Nebel den sich schnell nähernden Motorenlärm einer Kanalfähre vernimmst, ändere auf keinen Fall deinen Kurs. Du wirst sie nicht sehen, aber auf ihrer Brücke sieht man dich auf dem Radarschirm, hoffentlich. Also musst du Kurs und Geschwindigkeit halten und ... beten.«

Wir näherten uns also dem Hafen von Calais an einem sonnigen Vormittag, bei den steigenden Temperaturen breitete sich an Bord der NIS RANDERS das erste Sommergefühl aus, und wir konnten schon den Nordstrand sehen, an dem sich die Menschen im Sand wälzten. Bei der – mit einer Ampelanlage versehenen – Einfahrt von Calais ist vieles erlaubt, nur keine Zaghaftigkeit. Wir aber näherten uns zaghaft. Zu fünft standen wir im Cockpit und starrten auf das Rot der übergroßen Lichtanlage. Eine riesige Fähre der P&O-Line verließ den Hafen. Die Anlage wechselte auf Grün: einfahren, bitte. Nach einigen Sekunden, wir hatten gerade vom Leerlauf auf langsam vorwärts gewechselt, schrien Mike und Maria aus vollem Hals: »Roooooot!«

Das ging ja flott. Folgsam drehten wir noch eine Runde, verholten nahe an den Strand, um einer einlaufenden Fähre nicht den Weg zu versperren. Kurz danach war es wieder grün. Zwei Sekunden lang. Dann sprang das Signal wieder auf rot. Sollte das ein Witz sein? So schnell konnte gar kein Segelboot in einen Hafen einlaufen. Natürlich wollten wir den Dicken nicht den Kurs vermasseln, aber wie sollten wir unter diesen Bedingungen jemals reinkommen? Das Spiel wiederholte sich ein weiteres Mal.

Für die Kinder war es ein Riesenspaß: »Grüüün! Nein, rooot!«, brüllten sie aus Leibeskräften.

Ein UKW-Funkruf an die Hafenbehörde brachte die vermeintliche Klärung: »*What's up,* Freunde, wann können wir in den Hafen einlaufen?«

»Wenn wir Grün geben«, lautete die barsche Antwort.

Um den Fähren aus dem Weg zu gehen, gleichzeitig aber näher an die Hafenmole zu gelangen, schlichen wir uns immer dichter unter Land. Es gab Besatzungsmitglieder an Bord der NIS RANDERS, die durch ihr Fernglas bereits die Eissorten in den Verkaufswägelchen am Badestrand erkennen konnten. Das nächste Grün der Ampelanlage ist unser, beschloss ich.

Kippschalter! Jetzt oder nie! Hebel *on the table!*

Unter Vollgas schlüpften wir zwischen zwei Fähren in den Hafen und ... wussten erst einmal nicht wohin. Wir hatten nur noch wenig Wasser unterm Kiel, und die Ebbe würde noch anhalten – soweit man meinen Berechnungen Glauben schenken konnte. Durch die vermeintlichen Zeitverschiebungen waren nämlich einige meiner Kalkulationen, die Tide betreffend, nun, sagen wir mal: etwas ungenau geworden. Denn tatsächlich gab es zu der deutschen Sommerzeit keinen Zeitunterschied. Das erfuhren wir aber erst am nächsten Tag, als wir zum wiederholten Male vor verschlossenen Ladentüren standen. Kurz: Wir konnten bei der Einfahrt nicht einmal mit annähender Genauigkeit den Wasserstand der nächsten Stunden vorhersagen und hielten deshalb Ausschau nach anderen Seglern, die es hier in ausreichend großer Zahl geben sollte. Es gab aber keine, jedenfalls konnten wir sie nicht entdecken. Aber wozu hat man Bücher an Bord? Inklusive Luftaufnahmen, die wir für horrendes Geld von einem Spezialverlag in einem Spezialgeschäft erworben hatten, um mit ihrer Hilfe, in Verbindung mit Seekarten, jeden Hafen spielend anlaufen zu können, weil sie alle relevanten Informationen zeigen? Unser Segelführer erwähnte zwar die übergroße Ampelanlage und die Gefahren durch die Schnellfähren, aber er gab sich nicht mit Einzelheiten über die Einfahrt in den Yachthafen ab. Vorsichtig manövrierten wir deshalb in eine ruhige Ecke, und niemand schien sich an unserem Aufenthalt in dem Seitenarm, dicht vor einem Schleusentor und einer Brücke, zu stören.

Kurz nachdem wir den Anker in vier Meter tiefes Wasser gesetzt hatten, gesellte sich ein holländischer Segler zu uns. Die Frage war: Kam er zu uns, weil wir hier schon lagen, oder lagen wir hier richtig, weil auch er jetzt hier lag?

»Heute wieder viel Betrieb vorm Hafen, war schwierig einzulaufen«, eröffneten wir den Relingsfunk.

»Ooch, ja, es ging so. Jetzt heißt es warten ...«

»Jaaaaaa ...«

Pause.

»Meine Uhr ist gerade stehen geblieben. Da fragt man sich, wann wird wohl Niedrigwasser sein?«, versuchten wir es erneut. Es musste doch etwas zu erfahren geben.

»Die Schleuse öffnet eine Stunde vor Hochwasser, es müsste jetzt also ungefähr halb drei sein.«

Hochwasser, aha! Ein Blick zurück, die Schleusentore öffneten sich, es ist also 14.30 Uhr. Zeitzeichen nach Segler-Art.

Calais war mit seinen hohen Liegegebühren ein teurer Aufenthaltsort. Zu teuer, um uns so einen Reisestil auf Dauer leisten zu können. 35 Euro für zwei Nächte in der Marina war der bisherige Rekord auf unserem noch sehr jungen *Round-the-World*-Törn. Mit Calais lagen unsere Ausgaben nun im Schnitt bei rund 50 Euro pro Tag, einschließlich aller Liegekosten, Diesel, Internet, Verpflegung, Seekarten und Führer. Falls das so weiterging, müssten wir in ungefähr einem Jahr das empfindliche Pflänzchen Reisekasse heftig düngen. Aber wie?

Pflichtbewusst schmiedeten Susanne und ich Pläne über das Geldverdienen. Bei den Vorbereitungen war eine Rückkehr nach Deutschland nicht immer ausdrücklich eingeschlossen gewesen, denn wir standen der Suche nach einem anderen, besseren und einfacheren Leben an irgendeinem schönen Fleckchen auf dieser Erde durchaus aufgeschlossen gegenüber. Deshalb hatten wir fast unsere komplette Goldschmiedeausrüstung mit an Bord geschleppt. In einer Ecke des Motorraumes, weit hinten, in einem dunklen Schapp, lagerten Feilen, Ringriegel, Edelsteine, Feingold und Silber, Brenner, Perlseiden, Schmelzschalen, Pinzetten, Kugelanken, Punzen, Feingehaltsstempel, eine Draht- und Blechwalze, Aushauer, Feilungssiebe, Lehren, Mikroschweißgerät, Lötbrenner, Ziselierhämmer und sogar ein kleiner Amboss. Echte Handwerker, die ihren Beruf lieben, werden immer einen Grund finden, warum sie gerade auf dieses oder jenes Werkzeug absolut nicht verzichten können. Da zog ich den Wasserpass doch gern den einen oder anderen Zentimeter höher. Und die Diskussionen über das liebe Geld waren vor und zu Beginn einer Reise dieser Größenordnung ein *Never-ending*-Thema, das bestätigten uns unsere eigenen Erfahrungen und die vielen Fragen in den E-Mails, die wir während der nächsten zwei Jahre immer wieder erhielten.

Die Hitliste lautete: Habt ihr geerbt? Wie viele Euros braucht ihr pro Tag? Was wird euch die Reise kosten? Und nach der Veröffentlichung unserer Stauliste: Ist ein großer Bodenstaubsauger wirklich erforderlich an Bord einer Hochseeyacht?

Wir antworteten: Nein. Ungefähr 50 Euro. Wahrscheinlich alles, was wir haben. Und: Tja, beim Bodenstaubsauger gehen unsere Meinungen noch immer deutlich auseinander.

Die aufregenden Ereignisse in der Nordsee waren nach zwei Nächten in Calais bald vergessen, oder sollte man besser sagen: verdrängt? Neue Törns mit neuen Aufgaben warteten darauf gemeistert zu werden. Zumindest den ersten Teil unserer Passage durch den Ärmelkanal würden wir so schnell nicht vergessen. Nachdem wir in Calais nach einem Badetag am Strand und feuchtfröhlicher Nacht gemeinsam mit den holländischen Seglern ablegten (die Ausfahrt bereitete uns keinerlei Probleme – die Anlage zeigte Dauergrün), richteten wir den Bug des Schiffes Richtung Cherbourg. Kleine Etappen für unsere ungeübte Mannschaft hieß die Devise. Immer schön langsam von A nach B, kurzer Stopp, umschauen, umhören, umlernen und dann weitersehen unter dem Gebot der Stunde. Schon der Kinder wegen waren wir mehr als vorsichtig und außerdem: Hasardeure sind doch immer nur die anderen.

Unter der französischen oder unter der englische Küste durch den Kanal, das war nun die Gretchenfrage. Bis heute haben wir die Argumente der Segler nicht verstanden, die sich auf ihrem Weg durch den Ärmelkanal gegen Frankreich entschieden haben, denn der nördliche – »englische« – Kurs in die Biskaya ist mindestens 80 Seemeilen länger und durch die stellenweise horrenden Liegegebühren in den Marinas auch um ein Vielfaches teurer. Welcher vernünftige Grund – außer dem Wetter – sollte uns also zu der englischen Küste verschlagen? Schließlich hatten wir Zeit und entschieden uns für den direkten Kurs nach Cherbourg. Der Wind war dann tatsächlich sehr schwach; er kam zwar aus der richtigen Richtung, war aber eben sehr, sehr schwach, und unser Schiffsdiesel schob die NIS RANDERS mit geringer Umdrehung durch das 16 Grad Celsius kalte Wasser. Die endlose Lichterkette nach der langen Nachtfahrt bei der Ansteuerung von Cherbourg ist mir noch heute, knapp zwei Jahre später, in eindringlichster Erinnerung.

Die im Ärmelkanal von der Tide erzeugte Gegenströmung brauchte man ja eigentlich nur abzuwarten, bis sie stillhält, umschlägt und mit einem läuft. Aber Geduld gegenüber der Natur war etwas, was wir zu diesem Zeitpunkt noch nicht gelernt hatten. Das sollte erst viel später kommen. Und so motorten wir durch die Nacht um im Ich-zähl-die-hunderstel-Knoten-Tempo durch den ersten Teil des Kanals in den großen Schutzhafen von Cherbourg zu gelangen.

So notierten wir in unserem Tagesbericht:

Waschtag

01.00 Uhr. Wieder einmal Nachtschicht. Daniel, der den Tag über geschlafen hat, übernimmt mit mir zusammen die Wache. Wir fahren unter Maschine, um Cherbourg zu erreichen. Wind und Strömung sind gegen uns, es ist kalt, und der Westwind wäscht Gischt übers Deck. Wir machen 1,2 Knoten – es geht nicht voran. Su versucht, im Salon neben Mikey etwas Schlaf zu finden, und wie Maria im Vorschiff schlafen kann, ist uns allen ein Rätsel. Wir sehen bereits das Leuchtfeuer von Cap Levi – nur noch vier Stunden ...

Aus den vier Stunden wurden sechs. Gegen sieben Uhr laufen wir ein. Endlich! Su findet eine freie Box im Yachthafen, durchgefroren und übermüdet machen wir fest. Wir wollen nur noch eins: schlafen, schlafen, schlafen. Das aber ist ein Luxus, der uns bei zwei temperamentvollen Kindern vorenthalten bleibt. Dann schlafen wir eben am Ende des Monats.

Waschtag. Ein Münzcenter ist schnell gefunden, und nach zwei Stunden sind wir wieder *shipshape.* Dann endlich konnten wir ins Internet. Seit mehr als einer Woche waren wir nicht im Netz und erleben jetzt eine Überraschung. Nach einem Fernsehbericht von Radio Bremen hatten wir über 90 E-Mails zu beantworten.

Bei diesem Landaufenthalt in Cherbourg war für uns wichtig: Im Supermarkt einkaufen, im Internetcafé unsere neuesten Bilder und Berichte ins Netz stellen, um den Webmaster in Oldenburg etwas zu entlasten; die Bordbatterien am »schwarzen Festmacher« – dem

Stromkabel – laden. Daniel saß im Cockpit und spielte Gitarre. Laut. Er übte Stücke, die er noch nicht beherrschte. Dementsprechend klang es dann auch. Die Kinderchen bastelten und malten am Salontisch Mobiles, natürlich Fische. Und Schiffe. Unsere täglichen Reibereien hielten wir für normal. Pack schlägt sich, Pack verträgt sich, so war es eben. Trotzdem hatten wir uns lieb, und genau deshalb vertrugen wir uns auch immer wieder ganz schnell.

Wie gemütlich es an Bord eines Schiffes ist, hat viel mit den Kleinigkeiten zu tun, von denen man in den meisten Büchern nie eine Zeile lesen kann. Es nervt einfach, wenn überall Sachen herumliegen, weil sie keinen festen Platz haben. Oder wenn man einen halben Tag lang die Navigationszirkel suchen muss, weil die Halterung für das Navi-Besteck in Griffhöhe von Kleinkindern liegt. Noch kurz vor der Abreise hatten wir im Eiltempo an allen Ecken und Kanten Regale und Kästchen für die Dinge montiert, die jetzt trotzdem manchmal im Weg herumlagen: Walkman, Tauchermesser, Tuschkästen, Taschenrechner, Benjamin-Blümchen-Kassetten, Buntstifte samt Spitzer, Batterien, LED-Taschenlampen und Glasmurmeln. Große Bücherregale an Backbord, Steuerbord und mittschiffs sollten eigentlich Segelführer, Romane und Zeitschriften aufnehmen, und ein unter die Decke im Salon gespanntes Netz diente Keksen, Kartoffelchips und Cracker als Lagerplatz. Für Daniels Klamotten hatten wir sogar ein unter die Decke montiertes Schubfach gebaut. Ob das dem Gesamteindruck einer stäbigen Hochseeyacht entspricht, war uns egal. Schließlich segelten wir keine Regatten, sondern dieses Schiff war unser Zuhause, und unser Ziel war ein friedliches Miteinander.

Behördenkrams gehört dazu

Im Jahre 2000 war Maria geboren worden, und also befand sie sich während unserer 2-jährigen Reise im Kindergarten- und Vorschulalter, während Mikey, Ende August 1998 geboren, im Jahr unserer Abreise ein »schulisches Kann-Kind« war, das aber schon innerhalb eines Jahres zum Unterricht würde erscheinen müssen. Anfragen bei den zuständigen Behörden ergaben Widersprüchliches hinsichtlich seiner Schulpflicht. Was konnte passieren, falls wir ihn nicht zur Schule schickten? Dürften wir ihn selbst unterrichten? Immer wenn wir einem Beamten der Schulbehörde telefonisch unsere Lage schilderten, entstand erst einmal eine kurze Pause am anderen Ende der Leitung.

»Tja, also, wenn Ihr Kind hier gemeldet ist, dann muss es auch zur Schule kommen. Andernfalls droht ein Bußgeld«, bekamen wir zu hören. Und: »Herr Mansholt, ich kann doch nicht überprüfen, ob Sie Ihr Kind im Ausland zur Schule schicken.« Und: »Vielleicht sind Sie ja sogar selbst Lehrer!?« Auch: »Segeln Sie mal los und melden Sie sich, wenn Sie wieder zurück sind.« Insgesamt hörten wir fünf verschiedene Auffassungen über korrektes Verhalten in unserer Situation.

Als wir 2004 die Leinen dann tatsächlich loswarfen, war Mikeys schulische Situation immer noch ungeklärt, aber die widersprüchlichen Aussagen der Behörden waren uns am Ende relativ egal geworden. Uns ging es hauptsächlich um den besonderen Erfahrungshorizont unserer Familie und erst in zweiter Linie um Erlasse und Bestimmungen. In der Zwischenzeit sollte unser Sohn bei uns das Lesen und Schreiben lernen. Susanne unterrichtete ihn deshalb an Bord mit dem mini-Lük-System. Mit diesem pädagogischen Lernsystem für Vorschulkinder erhofften wir durch Gehirnjogging die Grundlage für spätere Aufgaben zu bereiten. Mike entwickelte dabei großen Spaß am Lernen und konnte schon bald seine ersten Buchstaben zu Papier bringen.

Vorher mussten wir uns noch durch weiteren Behördendschungel kämpfen. Irgendwann hatten wir sogar in Erwägung gezogen, uns in Deutschland ganz abzumelden, um Schwierigkeiten mit der Schulpflicht zu vermeiden. Die Crux war nur: Wer in Deutschland nicht gemeldet ist, bekommt auch kein Kindergeld. Das Kindergeld aber war ein wichtiger Faktor für unsere Reisekasse.

»Wir möchten in den Urlaub fahren. Müssen wir uns dann bei Ihnen abmelden?«

Die Mitarbeiterin vom Einwohnermeldeamt hat sich damals bei meinem Anruf ganz offensichtlich gefragt, warum ausgerechnet alle Spinner in ihrer Leitung landeten, ehe sie antwortete: »Sie brauchen sich natürlich nicht abzumelden, wenn Sie in den Urlaub fahren, Herr Mansholt. Sie werden ja wohl nicht ein ganzes Jahr wegbleiben wollen, oder?«

»Nein, zwei.«

Pause. Dann erklärte mir die Dame, zwei Jahre seien kein Urlaub, sondern eine, äh, Auswanderung. Wir hätten uns in Oldenburg abzumelden und an unserem nächsten Aufenthaltsort neu anzumelden.

»Unser neues Zuhause ist ein Schiff«, versuchte ich ihr zu erläutern, »das zwar eine deutsche Flagge führt und auch in Deutschland gemeldet ist, aber es ist natürlich ständig unterwegs.«

Eine Anmeldung auf einem Schiff schien in Deutschland jedoch rechtlich nicht zulässig.

Ob wir uns denn an einem Briefkasten anmelden dürften, fragte ich sie, schließlich würden wir auch weiterhin Post erhalten, und das Kreiswehrersatzamt würde sich auch bald bei Daniel melden.

So ginge es jedenfalls nicht, erklärte sie.

Gemäß dieser Ausführungen hätten wir uns also in Deutschland abmelden müssen und nirgends anmelden können. Wie sollten wir dann aber mit dem Problem der Reisepässe verfahren? Würden wir so nicht zu Staatenlosen?

Das beunruhigte meine Gesprächspartnerin dann doch etwas. Vielleicht will der Typ die Auskünfte auch noch schriftlich haben, schien sie zu denken und schnappte: »Bleiben Sie mal kurz dran.« Zugehaltene Sprechmuschel, Stimmengewirr. Drei Minuten später sagte sie mir, dass wir uns unter der Adresse des Briefkastens an einem Haus unserer Wahl anmelden sollten. Auf Schriftliches habe ich damals verzichtet.

Der erste Kontakt

Im Hafen von Cherbourg knüpften wir den ersten richtigen Kontakt zu Fahrtenseglern, die entweder schon lange auf ihrem Boot lebten oder wie wir am Beginn eines großen Törns standen. So lernten wir auch Lothar und Reinhard kennen, die hier Anker geworfen hatten, nachdem sie mit ihrem Katamaran von den Azoren eingetroffen waren. 1300 Seemeilen am Stück, wir waren beeindruckt.

Gespannt lauschten wir besonders ihrem Bericht von einer Kollision auf hoher See, bei der sie um ein Haar den Kat verloren hätten. Es war nachts passiert, vor fünf Tagen. Kaum Wind. Durch den dichten Nebel hatten sie den Motorenlärm eines Frachtschiffes vernommen, und auch ihr Radar präsentierte ein starkes Echo, weniger als eine Seemeile entfernt, schnell näher kommend, Kollisionskurs. Frachtschiffe fahren mit einer Geschwindigkeit bis zu 25 Knoten, und bei einem Abstand von etwa einer Meile würde das Schiff in zwei Minuten gleichauf sein ... Die Segler versuchten, die Positionslichter des Dicken auszumachen – keine Chance bei dem Nebel. Wohin sollten sie ausweichen? Jeder neue Kurs konnte der falsche sein. Also starteten sie die Maschine und warteten mit laufendem Motor, um einen eventuellen Zusammenstoß durch ein Manöver des letzten Augenblicks abwenden zu können. Einige Sekunden später brach dicht neben ihnen der Bug des Frachters aus der grauen Suppe, und sie wurden von dem Dicken am Heck erwischt. Durch die Wucht der Ramming und die Bugwelle machte ihr Katamaran einen Satz zur Seite, und kaum war dieser Schreck überstanden, hörten sie bereits erneut ein sich näherndes Motorengeräusch. Ein zweites Schiff kam im Kielwasser des Frachters auf sie zu und verfehlte den Kat nur um wenige Zentimeter. Dieser Verfolger war nämlich radarmäßig vom ersten abgedeckt worden und deshalb auf dem Schirm nicht zu sehen gewesen. Alle Hilferufe, die die Segler über Funk absetzten, blieben unbeantwortet, und durch die Leckage am Heck drang schnell Wasser ein. Zum Glück aber war die Stelle gut zugänglich, so konnten die beiden den Wassereinbruch mit Bordmitteln verhältnismäßig rasch selbst stoppen und ihre Fahrt nach Cherbourg fortsetzen.

Wir waren erstaunt, wie ruhig und emotionslos sie uns das Ganze erzählten, während sie sich den notwendigen Reparaturen widmeten, und natürlich gab uns der Vorfall zu denken. Klar, wir hatten schon von solchen Erlebnissen gelesen und hatten auch von Kollisionen auf hoher See gehört, was wohl neben Feuer an Bord zu dem Schlimmsten gehört, was einem zustoßen kann. Aber es nun selbst und aus berufenem Munde zu hören, war doch eine wesentlich eindringlichere Warnung.

Wie schon erwähnt, war Geld immer ein Thema bei uns. Wir mussten sparsam sein. So stand uns beispielsweise nicht einmal genug Geld zur Verfügung, um uns im Vorfeld mit allen notwendigen Seekarten und Revierführern einzudecken. Unser Plan zielte deshalb auf ein Tauschgeschäft mit den Seglern, die uns entgegenkamen: Wir geben euch unser Material aus dem Norden, und ihr gebt uns die Karten und Bücher aus dem Süden. Sollten wir mit dieser Methode mal kein Glück haben, würden wir die paar Seekarten eben an Ort und Stelle bei einem Händler kaufen müssen. Diese Vorgehensweise schien uns deshalb so besonders sinnvoll, weil sich der konkrete Verlauf unserer Reiseroute ja ständig ändern konnte. Hatten wir am Tag zuvor noch von einem Kurs durch die Straße von Gibraltar gesprochen, um den Balearen einen Besuch abzustatten, konnten wir uns vielleicht zwei Tage später »diesen Umweg« bereits nicht mehr vorstellen. Nur an übergeordneten Zielvorgaben wollten wir festhalten, wie zum Beispiel »das Mittelmeer«, aber im Detail wollten wir flexibel bleiben. Weder Su noch ich hatten Europa je verlassen, und Namen von Inselstaaten im Südpazifik wie Vanuatu hatten wir noch nie gehört, also sollte es stets der konkreten Anschauung überlassen bleiben, wo wir unseren Fuß an Land setzten.

Auch an der »Barfußroute« wollten wir uns orientieren, die hatten schon Tausende vor uns gewählt. Von den Kanaren über den Großen Teich in die Karibik, durch den Panamakanal in den Pazifik, von dort nach Französisch-Polynesien, Indonesien, zum Indischen Ozean, Roten Meer, Suezkanal, Mittelmeer – zack, das war's, stellte ich mir vor. Doch seit wir uns mit den großen Entfernungen konkret auseinandersetzen mussten, bekamen wir eine Ahnung von dem, was wirklich vor uns lag. Immer wieder drehten sich die Gespräche um die Überquerung des Atlantiks. Tausende von Seemeilen nichts als Wasser, wochenlang auf See, das jagte uns jetzt Respekt ein. Unser längster Törn hatte vor einem Jahr von Helgoland zu den Shetlands nicht mehr als fünf Tage gedauert ...

Vorbeugende Sicherheit wurde deshalb von Anfang an groß geschrieben. Betonung auf vorbeugend. Wir wollten Rettungsmittel wie Seenotfunkboje und Rettungsinsel nach Möglichkeit überhaupt nicht einsetzen müssen und begannen deshalb mit einem Training zur Verbesserung von Alltagssituationen. Mann über Bord war ein

Albtraum, den wir niemals zu erleben hofften, denn es war uns klar, dass die vermeintliche Sicherheit einer einsatzbereiten Schwimmweste beim Überbordgehen in der Nacht gar nichts nützt. Nur wer sich anleint, hat eine Chance, deshalb hieß unsere Regel klar und unmissverständlich: Wer sich in der Nacht an Deck aufhält, ohne die Sicherheitsleine eingepickt zu haben, verlässt im nächsten Hafen das Schiff. Aber ob der Törn wirklich ohne Su, ohne Daniel oder mich von der restlichen Crew fortgesetzt worden wäre?

Die NIS RANDERS verfügte weder über eine Rollfock noch über ein Rollgroß. Das Bindereff verlangte also immer nach einer Person an Mast und Großbaum, und der Vorsegelwechsel war je nach Seegang unter Umständen harte Arbeit. In den ersten Monaten setzten wir Strecktaue ein, die an Backbord und Steuerbord über die gesamte Decklänge vom Bug zum Heck verliefen. Daran pickten wir die Leinen der automatischen Offshore-Rettungswesten ein. Aber bei allem guten Willen – wir konnten uns einfach nicht daran gewöhnen, so gefesselt zu sein, und mehr als einmal verhedderten wir uns bei dem Versuch, das Vorsegel oder die Seite zu wechseln, um ein Reff einzubinden. Später knoteten wir einfach zwei Taue an den Mast, die bis ins Cockpit reichten, und bevor wir das Cockpit verließen, schäkelten wir uns immer in das Auge am Ende. So konnten wir uns recht frei bewegen, und im Falle eines Überbordgehens konnten wir nicht weit abtreiben. Mike und Maria waren nur in unserer Begleitung und natürlich mit Rettungswesten an Deck. Für die beiden sahen wir, da sie auf unruhiger See ohnehin nicht gern oben blieben, die Probleme mehr im Hafen und am Ankerplatz. Weil Maria ja noch nicht schwimmen konnte, war sie natürlich stets besonders gefährdet, und wir hatten uns für Feststoffwesten mit Schrittgurt für die Kleinen entschieden, da sich automatische Westen bei Wasserkontakt nicht sofort, sondern erst mit einer gewissen Verzögerung aufblasen. Ein Bekannter hatte uns einmal von seinen Beobachtungen erzählt, als ein Kind vom Bootssteg ins Hafenbecken gefallen war, und das war schon kein Spaß gewesen. Der kleine Junge war zunächst untergetaucht, aber nachdem die Weste sich einige Sekunden später aufgeblasen hatte, regelrecht aus dem Wasser geschossen. Anfangs waren unsere Westen zwar etwas sperrig und steif, die Kinder gewöhnten sich jedoch schnell daran. Mike fiel auf der Reise insgesamt dreimal vom Steg ins Wasser, und dreimal zogen wir ihn mit einiger Gelassenheit und relativ ruhig wieder raus. Lästig wurden die Westen nur manchmal bei Ausflügen. Da sie sinnvollerweise am Steg oder vor dem Sprung ins Dingi angelegt werden mussten, behielten die Kleinen sie oft auch während der Landgänge an. Das war praktischer, als die unhandlichen

Dinger in eine Tasche zu stopfen, und so wunderten sich dann beispielsweise amüsierte Passanten in einem Kaufhaus in der Innenstadt von Lissabon, wie unsere Kinder mit Schwimmweste ausgerüstet an einem Springbrunnen spielten, in dem das Wasser gerade mal fünf Zentimeter hoch stand.

»*Por segurança*«, erklärten wir den Umstehenden ernst, sicher ist sicher.

Auf unserem weiteren Weg durch Europa wurden wir immer vertrauter im Umgang mit Boot und Ausrüstung, und die einsetzende Routine ließ uns die Tage auf See und während der Besichtigungstouren an Land bald viel intensiver genießen. Nach Cherbourg besuchten wir die englische Kanalinsel Guernsey und legten dann noch einen Stopp in Brest ein, das uns als Absprung in die Biskaya dienen sollte. Die Entfernungen zwischen den einzelnen Häfen wurden also mit jeder Station größer, unsere Selbstsicherheit folgte dieser Entwicklung. Außerdem benötigten wir immer weniger Zeit, um lästige Arbeiten an Land zu erledigen, wie beispielsweise die Wäsche zu waschen, den Papierkram beim Ein- und Ausklarieren abzuwickeln, Ersatz- und Verschleißteile zu besorgen. Wir nahmen uns auch vor, zukünftig öfter in geschützten Buchten zu ankern, um so die teuren Marinakosten zu sparen. Parallel etablierte sich das neue Familienleben in einer Form, wie wir es noch nicht kannten. In den vergangenen Jahren hatten wir nicht sehr viel Zeit miteinander verbringen können, denn die stressige Arbeit in der Goldschmiede beanspruchte mich außerordentlich. Beruflichen Erfolg gibt es schließlich nicht zum Nulltarif. Susanne hatte also die Kinder während dieser Zeit praktisch allein aufziehen müssen, man kann fast sagen, dass wir mehr oder weniger getrennte Leben führten.

Das war jetzt ganz anders. Seit Wochen verbrachten wir täglich 24 Stunden zusammen, als Team beherrschten Su und ich das Seemännische etwa gleich gut und verfügten über das gleiche Maß an praktischer Erfahrung. Reibungspunkte gab es zunächst vor allem in der Haushaltsführung und bei den Einkäufen. Man kennt das: Irgendwann passiert es eben, dass man im Supermarkt die angedetschten Bananen erwischt und die leicht überreifen Tomaten zum vollen Preis. Genau genommen: Es passierte immer mir. So große Mühe ich mir auch gab, die wertvollen Vitaminträger auf Schäden und Makel zu untersuchen, so wenig gelang es mir, ausschließlich einwandfreie und unbeschädigte Ware einzukaufen. Warum waren wir zu unserer Weltumseglung aufgebrochen? Um den Horizont zu erweitern, den Kindern die Welt zu zeigen! Während ich also das große Ganze im Auge hatte, übersah ich anfangs oft so kleine Probleme wie Ordnung, Sauberkeit, ausgewogenes Essen, geregelten Schlaf ... Susanne hatte ihre liebe Mühe, mir die Bedeutung dieser Dinge im Hinblick auf die Erziehung von Mikey und Maria begreiflich zu machen. Auch wenn's gelegentlich Streit gab, weil ich mich mal wieder bockig zeigte – sie ließ nicht locker, bis wir uns auf eine gemeinsame Sicht der Probleme geeinigt hatten. Also rauften wir uns zusammen, die Spannungen ebbten ab, und wir begannen die Reise zu genießen, wie wir es geplant hatten: einig und gemeinsam. Endlich konnten wir uns ungetrübt am Leben erfreuen und spannten auch die Kinder bei den Alltagsarbeiten in unserem schwimmenden Zuhause ein. Fenderdienst und Leinen aufschnecken waren beliebte Tätigkeiten, die auch schon die Kleinen übernehmen konnten.

Anfang August warfen wir wieder die Leinen los, um die Biskaya zu durchqueren. Ziel Nordspanien, 400 Seemeilen, geschätzte vier oder fünf Tage. Brest verließen wir halb segelnd, halb motorend im Schein der untergehenden Sonne, während das Plankton wunderschön im Kielwasser leuchtete.

Die Biskaya

»Biskaya, die; kurz für Golf von Biskaya; Bucht des Atlantiks; berüchtigtes Seegebiet mit vielen schweren Stürmen. An den relativ flachen Küsten entlädt sich die Atlantikdünung in gewaltigen Brechern.« So hatten wir es im Lexikon gelesen.

Doch die Jahreszeit war günstig für uns, Sturm hatten wir nur mit sehr geringer Wahrscheinlichkeit zu erwarten, und von der Küste hielten wir respektvollen Abstand. Allerdings traf uns das, was wir im Ärmelkanal erwartet hatten, nun in unserer ersten Nacht in der Biskaya: dichter Nebel. Obwohl die Lufttemperatur am Tage langsam kletterte, war es während der Nacht auf See kalt und feucht, die Wassertemperatur stieg nicht über 16 Grad, und im Cockpit kroch während der ersten Nachtwache mit der Müdigkeit auch die Kälte in meinen Körper. Die NIS RANDERS segelte bei schwachem Wind mit geringer Geschwindigkeit durch das dunkle Wasser, die Wettervorhersagen waren unzutreffend, den gewünschten direkten Kurs konnten wir nicht halten.

Während ich noch darüber nachdachte, dass das die Rahmenbedingungen für die Kollision auf See von Lothar und Reinhard gewesen waren, meinte ich von achtern ein Motorengeräusch zu vernehmen. Quatsch! Einbildung! Um ganz sicher zu sein, eilte ich nach unten zur Navi-Ecke und schaltete das Radar ein. Kein Echo. Doch dann hörte ich es wieder! Dieses Motorengeräusch war keine Sinnestäuschung! Es kam von einer starken, langsam laufenden Maschine. Lauter werdend, näher kommend. Dann erfüllte das Hupen einer Schiffssirene mein Universum.

»Alles in Ordnung da draußen, Schatz?«, Susanne hatte immer einen leichten Schlaf.

»Im Prinzip schon, ich muss nur kurz was checken.«

»Was genau musst du checken?«, Susanne hörte auch meisterlich gut zwischen den Zeilen versteckte Botschaften.

Sie stand auf, sah mir über die Schulter, und zusammen versuchten wir, das Radarbild zu interpretieren, bis Su entdeckte, dass die Entfernungen falsch eingestellt waren. In den vergangenen Wochen hatten wir nämlich immer wieder Ansteuerungen unter Radar geübt, waren dicht an Bojen herangefahren und hatten versucht, die Echos auf dem Display mit den Testhindernissen in Deckung zu bekommen. Geübt hatten wir bei Tageslicht und mit den Objekten der näheren

Umgebung, so konnten wir mit bloßem Auge erkennen und überprüfen, worum es sich bei den Echos in der Realität handelte. Aber nach der letzten Übung hatten wir anscheinend vergessen, die Entfernung wieder auf die üblichen sechs Meilen zu korrigieren. Das holte Susanne jetzt nach, und was wir entdeckten, ließ uns augenblicklich in Panik fallen. In weniger als zwei Meilen Entfernung registrierten wir achteraus etwas, das sich über die gesamte untere Hälfte des Displays verteilte! Groß, schnell! Hupend. Susanne übersprang in einem Satz alle Stufen des Niedergangs und starrte in das graue Nichts, ich aktivierte die Blitzlampe im Masttopp. Der Dicke wollte uns offensichtlich an Backbord passieren, und dass er Nebelsignale gab, zeigte uns, dass er uns auf dem Schirm hatte. Also hielten wir Kurs und Geschwindigkeit, und über UKW rief ich immer wieder unsere Position ins Ungewisse hinaus – ohne Antwort. Doch irgendwann war die Gefahr vorbei. Wir atmeten auf.

Den Rest der Nacht verbrachten Susanne und ich gemeinsam, sahen erst nach den Kindern, saßen dann im Cockpit, tranken heißen Tee und redeten uns die Angst weg. Nie wieder blieb die Entfernung bei unserem Radar falsch eingestellt.

Ein neuer Tag auf See. Immer noch Biskaya, wir warteten auf Wind. Nun kam er zur Abwechslung nicht mehr aus der falschen Richtung, er kam gar nicht. Also gammelten wir rum, schwammen, hämmerten unsere Tagesberichte in den Computer, beantworteten E-Mails und werkelten herum. Unser Kocher hielt uns besonders auf Trab, denn immer wieder verstopften die feinen Düsen, durch die das Petroleum in den Brenner gespritzt wurde, und das ständige Reinigen war ziemlich lästig, zumal wir immer auch etwas von dem stinkenden Petroleum verschütteten. Unser Kocher war damals schon über 20 Jahre alt, doch Ersatzbrenner und Düsen hatten wir natürlich an Bord. Trotzdem suchte ich immer wieder nach der Ursache des Problems, und erst viel später kam ich darauf, dass es an den alten Bleidichtungen in den Ventilen lag, davon lösten sich kleinste Partikel und legten sich in den Düsen ab. Ich ersetzte also die alten, porösen Dichtungen, und schon hatten wir Ruhe.

Petroleum oder Gas? Gas oder Petroleum? Nach langen Diskussionen hatten wir uns gegen Gasflaschen an Bord entschieden und stattdessen einen 50-Liter-Tank für das Petroleum eingebaut. Mit einer Handpumpe füllten wir den Brennstoff literweise in den Tank des Kochers um, tanken wollten wir einmal pro Woche, soweit auf unserem Weg rund um die Erde möglich. Kochen mit Petroleum schien uns sparsam im Energieverbrauch und billiger und ungefährlicher als der Einsatz von Propangasflaschen. Auch rückblickend würden wir uns immer wieder dafür entscheiden.

Immer noch Flaute in der Biskaya. Die Segel waren gestrichen. Sonnenschein, messerscharfer Horizont. Wir ließen uns treiben, veranstalteten dann ein Picknick auf dem Deck und erzählten uns anschließend im Cockpit Geschichten. Angelten ein bisschen. Bis zum späten Nachmittag. Bis ein kurzes Gewitter mäßigen Regen und Wind brachte. In der sternenklaren Nacht stellten wir bei ruhiger See unseren ersten Meilenrekord auf, und im Morgengrauen, nach einer ereignislosen Nachtwache, bekamen wir sogar Besuch von einem Orca.

»Maria, Mikey, Daniel! Willy kommt uns besuchen«, rief ich aufgeregt, in Erinnerung an den Film »Free Willy«.

Wir hatten nicht damit gerechnet, schon in der Biskaya, praktisch vor der Haustür, einen Wal zu erblicken, und das wunderbare Tier begleitete uns eine ganze Weile, während wir seine Größe bestaunten. Immer wieder tauchte es neben dem Schiff auf und kam bisweilen sogar bis auf wenige Meter an die NIS RANDERS heran. Der ziemlich penetrante Fischgeruch war zwar nicht jedermanns Sache, doch Mikey und Maria bastelten während des Tages begeistert am Salontisch mehrere Walmobiles.

Der Mix aus Flaute, Gegenwind, Regen, Glück und manchmal auch ein bisschen Pech hielt eine Weile an. La Coruña in Nordspanien hatten wir ursprünglich nur passieren wollen, aber das Wetter war so ungemütlich, dass wir vorsichtig in den großen Hafen einliefen, ehe wir das Kap zu runden hatten. Natürlich hätten wir lieber Meilen gemacht, um etwas mehr Zeit für die schönen Buchten an der portugiesischen Küste zu haben, doch nun mussten wir eben unsere Pläne ändern, denn viel zu oft hatten wir mit starkem Südwest zu kämpfen.

Einige Segler im Hafen diskutierten bereits über ein beginnendes europäisches El-Niño-Phänomen. Ein erfahrener Salzbuckel, der schon öfter den Törn von der Nordsee ins Mittelmeer zurückgelegt hatte, definierte es weniger subtil: »Das Wetter ist völlig kaputt. Vor 20 Jahren sind wir zu dieser Jahreszeit mit ausgebaumten Vorsegeln in 10 Tagen hier durchgerauscht. Heute brauchen wir 3 Wochen, gute Nerven und 600 Euro für Diesel.«

Dann überraschte uns ein Funkspruch: »NIS RANDERS, NIS RANDERS, *this is* BALU. NIS RANDERS, NIS RANDERS, this is BALU, *over.*«

Wir trauten unseren Ohren kaum, Marion und James Steward hatten offenbar unsere E-Mail, die wir vor einigen Tagen von hoher See schrieben, erhalten. Ganz locker hatten wir ein Treffen vereinbart, als wir die Iren aus Carrickfergus im vergangenen Jahr in einem Hafen der Färöerinseln kennenlernten, unser Kontakt war seitdem nicht mehr abgerissen, und nun hatten sie offensichtlich unsere Ankunft beobachtet. Eine herzliche Wiedersehensfeier folgte, irischer Whiskey und deutsches Bier wurden als Willkommensgeschenke ausgetauscht, und als wir uns bereits am nächsten Morgen wieder voneinander verabschieden mussten, begriffen wir, dass während der nächsten zwei Jahre das Abschiednehmen noch eine große Rolle spielen würde.

Unsere nächste Station hieß Laxe. Dort lernten wir Anton aus Deutschland kennen, der vor wenigen Tagen nur knapp dem Tod entronnen war. Das Segelboot des erfahrenen Einhandseglers lag fest vertäut an der Pier der einheimischen Fischer, denn Sprayhood, Steuerrad und die Heckreling waren stark beschädigt. Von einem Boot konnte man eigentlich gar nicht mehr reden – auf dem Deck stand nur noch der etwa 30 Zentimeter lange Stummel des Mastes.

Das Unglück war kurz vor der nordspanischen Küste geschehen. Anton wollte sein Schiff ins Mittelmeer überführen und sich dort mit seiner Frau für einen gemeinsamen Urlaub treffen, doch dann drehte der Wind, kam erst direkt von vorn, nahm schließlich immer weiter ab, und eine Kreuzsee ließ seine Yacht in den Wellen tanzen. Also hatte Anton sich entschlossen, die letzten Meilen unter Motor zurückzulegen, was gegen die Wellen alles andere als ein Vergnügen war, doch er hackte sich tapfer vorwärts. Als plötzlich eine besonders hohe Welle das Schiff voll traf, ertönte ein Höllenlärm, der vom Vordeck zu kommen schien. Nur wenige Sekunden später brach der Mast, krachte aufs Heck herunter und zerstörte dabei die Aufbauten. Das Steuerrad wurde genau an der Stelle getroffen, wo der Skipper vor einer Sekunde noch gestanden hatte, und Hilfe konnte Anton nicht mehr herbeirufen, da mit dem Mast auch die UKW-Antenne heruntergekommen war. Doch obwohl er unter Schock stand, schaffte er es, aus eigener Kraft den Hafen anzulaufen.

Uns hielt ein aufziehender Sturm auch noch einige Tage dort fest, und wir verholten von der unruhigen und lauten Fischerpier in die Mitte des Hafenbeckens, wo wir an 30 Metern Kette bei 10 Metern Wassertiefe ankerten. Obwohl die Wassertemperaturen noch nicht sehr einladend waren, suchten wir mehrmals einen nahe gelegenen Badestrand auf – die mächtigen Brecher konnten wir uns nicht entgehen lassen. Wellenspringen für die Kleinen, Bodysurfing für die Großen. Susanne und ich begaben uns außerdem auf ausgedehnte Spaziergänge, während Daniel sich um seine Geschwister kümmerte. So entdeckten wir schließlich eine Bucht, wo sich an gewaltigen Klippen die anrollenden Wellen der sturmgepeitschten See tosend brachen. Mit Stativ und Kameraausrüstung marschierte ich mit Daniel am nächsten Tag nochmals dorthin: zum Fotografieren, Sturm auf See.

Deshalb schrieb ich am 18. August 2004 in unserem Tagesbericht:

> Gestern war Sturm, aber heute ist stürmer! Als Segler wollen wir damit außerhalb des Hafens nichts zu tun haben. Dafür werden Daniel und ich den Weg zur Fotosafari genießen. Wir wollen Wellen knipsen.
>
> Die Batterien der NIS RANDERS sind übervoll. Der Windgenerator liefert den Strom zum Kühlen, zum Funken, fürs Licht, fürs Radio, fürs Navtex und für die Kinderfilme auf dem Laptop.
>
> Unser Ankerplatz wird ungemütlich. Eine gewaltige Dünung findet ihren Weg in den Hafen und schaukelt sich auf. Obwohl es abends noch kühl ist, weigert sich Daniel, etwas Wärmeres als eine Hose und ein T-Shirt als Oberbekleidung zu tragen. »Ich rebelliere ab sofort gegen die Naturgewalten. Wir sind schließlich in Spanien«, erklärt er schlotternd immer wieder und bittet um heißen Tee.

Dokumentationen

Von Anfang an war geplant, diese Reise im Detail per Bild zu dokumentieren, und so hatten wir zu diesem Zweck eine Videokamera und eine Digitale Spiegelreflexkamera gekauft. Ich fotografiere bereits seit meinem zehnten Lebensjahr, ein Schulprojekt war der Auslöser für mein Hobby, das irgendwann zur Passion wurde. Nach den unvermeidlichen Porträt- und Landschaftsaufnahmen der ersten Jahre habe ich mit der experimentellen Fotografie begonnen, denn ich erkannte, dass Szenen anders auf mich wirken, wenn ich sie durch den Sucher einer Kamera betrachte. Ich nehme sie intensiver auf, bin aufmerksamer für die Einzelheiten und wähle den Bildausschnitt sorgfältiger. Meine Aufnahmen mit einer ganz einfachen Kamera von den zum Teil tagelangen Fotosafaris durch die norddeutsche Tiefebene entwickelte ich alle selbst im eigenen Labor. Später leistete ich mir eine der ersten digitalen Kameras, die Anfang 1990 zu vernünftigen Preisen auf den Markt kamen. Welch ein Hexenwerk!

Ganz anders läuft das Filmen auf Video. Wir hatten uns für eine semiprofessionelle 3-Chip-Kamera entschieden. Sie war sauteuer, und später merkten wir, dass sie für unsere Ansprüche viel zu hochempfindlich und viel zu kompliziert war. Vage hatte ich mir vorgestellt, einzelne Etappen unserer Reise zu filmen und das Material dann selbst zu bearbeiten, um es einem Fernsehsender anzubieten. Mit den Einnahmen hoffte ich, das investierte Kapital für die Kamera wieder einzuspielen. Also setzten wir sie zum Üben während des Islandtörns ein, und dabei lernten wir vor allem: Segeln, Urlaub, Familie und Filmen – das passt nicht zueinander. Jedenfalls nicht bei uns. Entweder machen wir Urlaub oder wir filmen. Am Computer sahen wir zu Hause überdeutlich die Mängel unserer Arbeit, schließlich ist es ungleich schwieriger, einen Film zu drehen als zu fotografieren. Dazu kam unsere mangelhafte Beherrschung der technisch anspruchsvollen Kamera. Wir würden professionelle Hilfe brauchen, sollte der Plan aufgehen. Also schrieb ich eine E-Mail an den NDR, doch dort ließ man sich auf ein Gespräch mit einem Amateur wie mir gar nicht erst ein.

Ich wandte mich ans Internetforum von regie.de: »Brauche dringend Hilfe. Ich möchte mit der Sony DCR-VX2000E eine Dokumentation aufnehmen. Zurzeit bearbeite ich bereits gefilmte Sequenzen am Computer. Bitte, was bedeutet ›sendefähige Farben‹ in dem Video-Bearbeitungsprogramm Premiere? Und überhaupt: Wo ist an meiner Kamera hinten und vorn?«

Ich wollte nicht jahrelang filmen, um im Nachhinein zu erfahren, dass ich vielleicht einen versteckten Knopf an der Kamera falsch eingestellt hatte und deshalb das gesamte Material unbrauchbar war. Nach und nach sickerte auf diesem Weg natürlich auch durch, was wir vorhatten. Durch diesen Beitrag, der viel Beachtung fand, wurde der Scout einer Fernsehproduktionsfirma, die angeblich für RTL, Sat1 und andere Sender arbeitet, auf uns aufmerksam. Weltumseglung im Familienpack, kleine Kinder, kleines Boot, große Pläne, schwierige Vorbereitung und Eigenmaterial der Protagonisten inklusive – das würde sich verkaufen lassen und gut in das Format »Magazinsendung« passen.

»Sie sind unser Mann, kommen Sie nach Köln und holen Sie sich einen Vorschuss ab, wir machen was mit Ihnen«, der Mann vom Studio klang sehr aufgeregt und schien einen dicken Fisch zu wittern.

Mir kam das alles ein bisschen unseriös vor, wir wollten schließlich nicht eines Tages mit unseren Kindern auf dem Sofa einer dieser unsäglichen Talkshows im Vormittagsprogramm landen und hochpeinliche Fragen beantworten. Also sagten wir ab.

Dann traf die Anfrage von der Wendländischen Filmkooperative ein: preisgekrönte Dokumentarfilme, anspruchsvolle Arbeiten, keine dusseligen Fragen. Ein vierköpfiges Team um Roswitha Ziegler wollte die Reise filmisch dokumentieren und unsere eigenen Aufnahmen in den Beitrag einfließen lassen. Zurückhaltend, unaufdringlich und ohne reißerisches Getue filmten sie dann bei uns an Bord und hinterfragten immer wieder sensibel die Einzelheiten. Michel, der Kameramann, begleitete uns beispielsweise durch die Biskaya, machte Interviews zum Tagesgeschehen und dokumentierte einen Teil unseres Alltags. Am Ende der Reise erhielten wir ein professionell erstelltes Video, das zu guter Letzt doch noch vom NDR in Mare TV unter dem Titel »Die Mansholts hauen ab!« ausgestrahlt wurde. Unsere Kamera konnten wir zwar nicht vom Honorar bezahlen, hatten aber eine Menge Spaß und haben neue Freunde kennengelernt.

Heimweh

Noch immer Laxe, Nordspanien. Die Sturmbilder der Biskaya waren im Kasten. Um die Kameras vor fliegendem Salzwasser zu schützen, hatte Daniel sie in Plastiktüten gehüllt und die Objektive sorgfältig abgeklebt. Ein Unterwassergehäuse für die Spiegelreflexkamera wäre natürlich eine adäquate »Spritzwasserlösung« gewesen und erklomm somit einen der führenden Plätze auf unserer Wunschhitliste. Außerdem wünschten wir uns damals: Solarzellen samt Regler für die Verbraucherbatterien; eine Badeplattform, die es Kindern erleichtert, an Bord zu klettern; PactorIII – um schneller E-Mails senden und empfangen zu können; ein kleines Schlauchboot, das aufgeblasen an Deck gefahren werden kann; und Geld, um das alles zu bezahlen. Irgendwas fehlt eben immer ...

Eines Tages ging es natürlich wieder ankerauf und weiter nach Süden, die portugiesische Küste wartete auf uns. Etwas wehmütig verabschiedeten wir uns von Anton, der vermutlich noch geraume Zeit in Laxe hängen würde, denn ein neuer Mast und Vorsegel waren zwar in Skandinavien bestellt, aber allein der Transport sollte noch über eine Woche dauern. Später trafen wir Anton in einer Ankerbucht bei den Islas Cíes wieder, einer kleinen, sehr malerischen Inselgruppe vor der spanischen Küste, denn als er nicht mehr länger in dem unwirtlichen Hafen warten wollte, brach auch er auf, um bei gutem Wetter ausschließlich unter Motor bis zum Mittelmeer zu kommen.

Dass für uns das Thema Abschied und Heimweh zu diesem Zeitpunkt noch ganz und gar nicht abgeschlossen war, zeigte sich spätestens, nachdem wir das Cabo de São Vincente gerundet und in einer sehr hübschen portugiesischen Bucht den Anker geworfen hatten. Daniel kümmerte sich um Mikey und Maria, sie suchten zusammen Muscheln und bauten Sandburgen am Strand, während Susanne und ich einen Spaziergang durch den kleinen Ort unternahmen, den wir schon seit einer Autotour vor rund 13 Jahren kannten. Dort entdeckte Su eine Telefonzelle, die Rufnummern der Lieben in der Heimat trug sie natürlich ganz zufällig bei sich, und so ließ sie es sich nicht nehmen, sich ein paar Anrufe zu gönnen. Während sie sprach, fütterte ich den gierigen Automaten mit Kleingeld, und als die letzte Münze in seinem Schlund verschwunden war, kamen die Tränen. Susanne litt wirklich sehr unter der Trennung von den Verwandten und Freunden, und ich tröstete sie, so gut ich konnte; ersetzen konnte ich ihr die vertrauten Menschen jedoch nicht. Ein Gutes brachten die Tränen allerdings mit sich: Obwohl Su bisher den Umgang mit dem »Funk- und Computerkram« im Wesentlichen mir überlassen hatte, begann sie nun selbst, E-Mails in die Heimat zu schicken, um wenigstens über dieses Medium Kontakt mit ihren Lieben zu halten.

Allmählich wurden wir auch Weltmeister im Sparen. Sowohl beim Geldausgeben wie auch beim Wasser- und Energieverbrauch. Trotzdem leerte sich unser Wassertank beängstigend schnell, bis in der Bucht ein Großsegler namens JOHANN SMIDT aus Bremen eintraf. Der Skipper hatte zwei Tage zuvor tonnenweise Wasser gebunkert und bot freundlicherweise an, uns 150 Liter abzugeben. Also gingen wir dankbar längsseits, um den Schlauch entgegenzunehmen. Erst mit einer Seewasserentsalzungsanlage würden wir unabhängiger sein, und so beschlossen wir eine Investition in einen Wassermacher der Marke LIVOL 30. Laut Herstellerangaben produzierte das Gerät 30 Liter Wasser in der Stunde bei nur acht Ampere Strom. Das Ding bestellten wir von Bord aus per Funk-E-Mail bei einem deutschen Händler, die Lieferung erwarteten wir in Gibraltar.

Die Kinder wurden zur Schiffsbesichtigung auf die JOHANN SMIDT eingeladen, und besonders Daniel war mächtig beeindruckt von der großzügigen Kombüse und dem Steuerstand. Ich versuchte, mit dem Skipper zu fachsimpeln und dabei so viele Tipps wie möglich abzustauben, denn die JOHANN SMIDT war in diesem Revier so gut wie zu Hause, und die Besatzung kannte jede Welle persönlich. Bis zur spanischen Südküste lagen noch ein paar Tage vor uns, deshalb hieß es wassermäßig sparsam zu bleiben, trotz der wunderbaren Spende, und an Bord der NIS RANDERS kam das Duschwasser weiterhin aus der Colaflasche. Dagegen war im Prinzip natürlich auch nichts einzuwenden, solange es bei der Knauserei um Strom, Diesel und Geld ging.

Beim Essen aber wurde die Sache kritisch. Sicher, darüber waren wir uns einig: Restaurantbesuche konnten und wollten wir uns nicht leisten. Aber beim Einkaufen haben wir auf nichts verzichtet, denn wir lieben guten Käse – Su und ich sind auch demWein aus der Region nie abgeneigt –: Meeresfrüchte, Obst, Gemüse, frisches Brot (zu Beginn des Törns backten wir nur selten selbst), guten Schinken, Geflügel und Fleisch. Sollte das einmal nicht mehr drin sein, würden wir umgehend den Spaß an der Segelei verlieren, das war uns klar. Auf alten Kräckern rumzulutschen, war unsere Sache nicht. Also peppten wir den Speiseplan seit einiger Zeit mit frischem Fisch auf, den wir hin und wieder mehr oder weniger geschickt aus seinem Element zogen, und Hornhechte mit ihren blauen Gräten und Makrelen lagen immer öfter auf unseren Tellern.

Der Affenfelsen

Kurz vor dem Einlaufen in den Hafen von Gibraltar wartete typisch britisches Wetter auf uns: dichter Nebel, der in Nieselregen überging, je näher wir unserem Ziel kamen, denn offensichtlich braut der Affenfelsen auf der Leeseite sein eigenes Schmuddelwetter. Klar, dass die Engländer sich hier wohl fühlen. Gewaltige Ozeanriesen, die man erst im letzten Moment ausmachen konnte, lagen im Naturhafen auf Reede, weshalb wir uns nur ganz langsam zwischen den hell erleuchteten Stahlgiganten hindurchschoben. Nebelhörner röhrten ununterbrochen von allen Seiten, und während wir ebenso beeindruckt von der Größe des Hafens wie von der Geschäftigkeit kleinerer Versorgungsboote vorsichtig manövrierten, gingen sie unbeeindruckt eilig ihren Aufgaben nach.

Kaum hatten wir die Leinen in der modernen Queensway Quay Marina ausgebracht und unsere Besichtigungstour begonnen, zausten uns die Berbermakaken, das sind Affen, die als Wahrzeichen geschützt auf dem Felsen leben, ohne jede Scheu die Haare. Museum, Internetcafé, Supermarkt – nach drei Tagen kannten wir jede Ecke der Stadt. Auch Europa Point und natürlich die bekannte Sheppard's Marina. Dort trafen wir sogar auf deutsche Kindersegler, die ebenfalls auf dem ganz großen Törn waren, Aussteiger, die eine unbestimmte Zeit lang ausschließlich auf ihrem Boot leben wollten und ohne konkretes Ziel unterwegs waren. Für Mikey und Maria ein Glücksfall. Endlich konnten sie mit anderen Kindern in ihrer Muttersprache toben und spielen, denn auch wenn die Kommunikation unter Kindern ziemlich international ist und überall auf der Welt verstanden wird, war es schon sehr anheimelnd für unsere Kids, als sie nach langer Zeit endlich jemand wieder richtig verstehen konnte, der nicht zur Familie gehörte.

Mit Ausnahme von Diesel, Zigaretten und Luxusgütern sind die Preise in Gibraltar ziemlich ruinös. In einem Shop der Sheppard's Marina erkundigen wir uns nach Solarzellen, denn die Funkerei war nicht gerade förderlich für eine ausgewogene Input-Output-Situation unserer Bordbatterien. Wir staunten nicht schlecht. Die Kosten für Solarzellen lagen ganz erheblich über denen in Deutschland. Trotz der Steuerbefreiung hier? An der Kasse standen die Leute jedenfalls Schlange. Wie können sich die Yachties das leisten, fragten wir uns? Eine Alternative zu diesem Geschäft gab es damals weit und breit nicht, was vielleicht auch das Erfolgsgeheimnis und der Grund für die überhöhten Preise waren. Wir kauften nichts. Vorerst.

Trotzdem ist Sheppard's Marina immer einen Besuch wert, denn dieser traditionsreiche Yachthafen beherbergt millionenschwere Superyachten ebenso wie heruntergekommene Seelenverkäufer. Einige Boote liegen hier nur wenige Tage, andere für immer, und viele Eigner leben auf ihren Schiffchen und denken scheinbar nicht im Traum daran, sie in absehbarer Zeit seeklar zu bekommen. Hier trifft man viele liebenswerte Spinner, die in keine Schablone passen; Träumer, denen die Träume noch nicht ausgegangen sind; moderne Abenteurer und Zigeuner der Meere, die Wind und Wellen vielleicht irgendwann sogar an entlegene Küsten geführt hatten oder noch führen würden. Einige Skipper vom harten Kern der Exzentriker hatten ihren Dieselmotor ausgebaut, um mehr Platz im Inneren des Bootes zur Verfügung zu haben, und die Boote, die ihren Besitzern als ständige Behausung dienen, erkennt man schon von Weitem: liebevoll dekorierte und geschmückte Unikate, bezaubernde Kunstwerke und ebenso charmant anzusehen wie ihre kosmopolitischen Besitzer.

Unser Reiseplan sah damals vor, die Nis Randers in Gibraltar noch einer Schönheitskur zu unterziehen, weil diverse Farbarbeiten in der Hektik der Abreise vor mehr als zwei Monaten nicht mehr erledigt wurden und jetzt nachgeholt werden sollten. Außerdem mussten wir unbedingt noch eine zusätzliche Bilgepumpe montieren. Der Shipchandler verdiente dabei an uns nur mäßig, und für den Mini-Refit benötigten wir lediglich eine Kartusche Silikon. Pinsel und Rollen hatten wir dabei, mehrere Lackdosen warteten seit Deutschland gut verschlossen in der Bilge, und so klebten wir eines Morgens gemeinsam die Flächen ab, um die Lackierung vorzubereiten. Bei einer kleineren Holzarbeit an der Verkleidung eines Bullaugenrahmens schnitt ich mir tief in den Daumen. Die Verletzung war nicht wirklich schlimm, aber unbehindert werkeln konnte ich erst am nächsten Tag wieder, Glück im Unglück. So fuhr ich mit unserem Nachwuchs in die Stadt, um die noch ausstehenden Kleineinkäufe zu erledigen. Gegen Abend kamen wir wieder an Bord, und gerade als ich meinen Fuß ins Cockpit setzen wollte, schreckte ich im letzten Moment zurück.

»Warum ist es so nass hier?«, rief ich. »Hat es denn über dem Hafengebiet geregnet?«

»Nein, hier wurde lackiert«, erklärte Susanne sichtlich stolz auf ihr Werk, und das Cockpit sah tatsächlich aus wie neu.

Ich stieg über den Niedergang hinunter zum Salon und fragte verwundert: »Und was hast du mit den Lampen gemacht, sind die neu?«

Die alten Messinglampen sahen aus wie die Oberflächen der Endprodukte unserer Goldschmiedewerkstatt – sie glänzten tatsächlich wie Gold.

»Die hab' ich nur ein bisschen poliert.«

Mit ein wenig Polierpaste hatte sie die vormals dunkel angelaufenen Lampen im Salon wieder auf Hochganz gebracht. Kleine Ursache, große Wirkung, wir alle fühlten uns in der scheinbar neuen Umgebung deutlich wohler. Von diesem Zeitpunkt an achteten wir sehr auf den Bootslack und besserten kleinere Schadstellen sofort aus.

Entführt ins Morgenland

Während unseres Besuchs auf dem Affenfelsen hatte uns der wolkenlose Himmel mit klarer Sicht verwöhnt, sodass stets am Horizont das nur knapp 13 Seemeilen entfernte afrikanische Festland lockte. Marokko! Fremdländisch, geheimnisvoll. Tausend verführerische Fantasien gingen uns nicht mehr aus dem Kopf. So wie es aussah, mussten wir ohnehin noch einige Tage auf den bestellten Wassermacher warten und hatten Muße. Sollten wir ...?

Marokko direkt anzulaufen, ist für europäische Segler nicht unproblematisch – wir hatten gehört, dass viel Papierkram nötig wäre. Aber da gibt es ja die kleine spanische Exklave namens Ceuta, eine europäische Bastion auf dem afrikanischen Festland. Also wollten wir in diesen Hafen, denn dort gelten die vereinfachten Einklarierungsbedingungen wie auf dem europäischen Festland.

Gesagt, getan. Leinen los, am Nachmittag liefen wir aus und erlebten die Straße von Gibraltar von ihrer angenehmsten Seite: ruhiges Wasser, leichter Wind und kaum Schiffsverkehr. Dicht unter Land stoppten wir sogar kurz auf, um mit einer Delfinschule schwimmen zu gehen.

»*As-salamu 'alaykum*, lasst euch verzaubern vom Morgenland, herzlich willkommen in meinem Zuhause. Ich werde euch die Wunder meiner Heimat vorführen. Mein Name ist Achmed, für 150 Dollar zeige ich euch meine Stadt.« Achmed legte sich tüchtig ins Zeug.

Dass Ceuta aus unserer Perspektive ziemlich abendländisch und spanisch aussah, kümmerte ihn nicht. Ebenso wenig schien ihn zu stören, dass wir noch nicht einmal richtig an der Pier des kleinen Hafens festgemacht hatten.

Unsere Leine nahm er leider nicht an, während er weiter auf uns einredete: »Ich spreche fünf Sprachen und bin jetzt euer Fremdenführer, hier ist mein Ausweis.« Eilfertig zog er ein Stück Papier aus der Hosentasche, strich es auf dem Oberschenkel glatt und hielt es uns für den Bruchteil einer Sekunde vor die Nase, ehe er es sofort und ungelesen wieder verschwinden ließ.

»Erst müssen wir einklarieren, Achmed, dann sehen wir weiter«, versuchten wir eine matte Gegenwehr.

Die Behördenvertreter saßen 15 Meter entfernt in einer umgebauten Telefonzelle mit Sitzgelegenheit, einer Art Dixi-Klo mit Fenstern.

Achmed, Mitte 50, untersetzt, freundliches Gesicht, tiefschwarzes Haar, Straßenanzug, abgetragene schwarze Schuhe, sympathisch, ließ sich so einfach nicht abwimmeln. »Achmed macht den Papierkram für euch. Gebt mir eure Ausweise. Ich spreche sechs Sprachen, jeder kennt mich hier.«

Doch ich bestand darauf, den Papierkram selbst zu erledigen und machte mich zusammen mit Maria auf den Weg. Es kam zu dem in jedem Hafen üblichen »Woher kommt ihr? Wohin wollt ihr?«, nichts Unangenehmes, mehr ein nettes Gespräch. Achmed gesellte sich zu uns, übersetzte ein wenig, nach ein paar Minuten hatten wir die Hafengebühren bezahlt und waren frei, die Stadt, nein, den Kontinent zu entdecken.

»Ich rufe jetzt den Wagen, ihr kommt mit mir. Ich bin euer Führer, ich zeige euch jetzt meine Stadt.«

Hatten wir irgendwas getan, das in Achmed solche Hoffungen auf einen Job auslösen konnte? Es war bereits später Nachmittag, und wir hatten noch nichts gegessen.

»Achmed, wir sind gerade erst angekommen und außerdem hungrig. Also werden wir jetzt an Bord bleiben und kochen. Können wir nicht morgen über deine Dienste reden?«

»Morgen geht nicht. Heute Sonderpreis. Für 100 Dollar fahren wir zu mir nach Hause nach Tétouan. Da lade ich euch alle zum Essen ein.« Er grinste über das ganze Gesicht, zückte ein Handy und sprach kurz hinein.

»Achmed, wir möchten das heute nicht. Morgen vielleicht. Was für einen Wagen hast du überhaupt? Passen wir da alle rein?«

»Fahrer kommt mit Bus, groß. Klima und alles. Ihr werdet alles sehen, die ganze Stadt. Tétouan ist wunderbar, ich spreche sieben Sprachen, ihr werdet sehen, es wird euch gefallen.«

Wir einigten uns auf 80 Dollar, zehn Minuten später öffneten sich die Tore vom Absperrzaum, ein uralter Mercedes 200D fuhr auf das Hafengelände und blieb vor unserer Anlegestelle stehen.

»Mit einem solchen Wagen sollen wir fahren, Achmed?« Ich wollte nicht glauben, was ich da sah.

»Wagen da.« Mit ausladender Geste und entwaffnendem Lächeln wies er auf den surreal anmutenden Schrotthaufen, der aus Emissionsgründen in den meisten Ländern Europas nicht einmal für eine Minute angelassen werden dürfte. »Klima und alles«, damit waren offensichtlich die Fenster gemeint, die man nicht mehr schließen konnte.

Wahrscheinlich lag es an meinem eindeutigen Gesichtsausdruck, dass Achmed ausschließlich Susanne und Daniel zu überzeugen versuchte, in diese Karre zu steigen und Sardine in der Büchse zu spielen: eine fünfköpfige Familie, ein Führer, der zu diesem Zeitpunkt bereits 20 Sprachen beherrschte, plus Fahrer, alle fanden schließlich ihr Plätzchen. Dann machten wir uns auf den Weg zur spanisch-marokkanischen Grenze.

Den Ausflug haben wir nie wieder vergessen, denn er war einer der zauberhaftesten Höhepunkte unserer gesamten Reise. Er lehrte uns offener und respektvoller mit der ungewohnten Art der offerierten Angebote der Einheimischen fremder Länder umzugehen. Unser Führer Achmed entpuppte sich als intimer Kenner der hiesigen Kultur. Ihm war es zu verdanken, dass sich uns Türen öffneten, denen wir als normale Touristen keine weitere Beachtung geschenkt hätten. Kaum eine andere Stadt hat uns mehr verzaubert als die Altstadt von Tétouan. Wir bekamen kleine und kleinste Gassen und Gässchen zu sehen, durchschritten regelrechte Tunnelsysteme, in denen wir uns ohne Führer hoffnungslos verfranzt hätten; wir sahen Fliegende Händler an jeder Ecke, die neben jeder Art von Krimskrams auch allerlei bedauernswerte Lebendware feilboten; wir besichtigten stinkende Hinterhofgerbereien, in denen Tierhäute ausschließlich durch Handarbeit bearbeitet wurden, und freundliche Menschen offerierten uns fremdländische Gaumenfreuden. Achmed hatte uns belogen: Seine Heimatstadt war in Wirklichkeit noch viel schöner, als er es mit Worten beschrieben hatte. Ihn schien hier wirklich jeder zu kennen. Wir konnten nicht umhin zu bemerken, dass er ständig Zigaretten und Kleingeld an Einheimische verteilte. An einem Stand kaufte er Nüsse und Bonbons, und auf dem weiteren Weg gab er sie unauffällig wieder weiter. Er lud uns zu seinen Freunden ein, mit denen wir ein gemeinsames Essen einnahmen. Es wurde spät. Am Abend setzte uns Achmed gesund und munter wieder vor dem Schiff ab, und wir erhöhten seinen Führerlohn freiwillig auf 150 Dollar. An Bord der NIS RANDERS würde er immer willkommen sein, versicherten wir ihm, und er verabschiedete sich von uns in sieben Sprachen. Später erfuhren wir vom Hafenmeister, dass er tatsächlich seit Jahren Sprachen an der Hochschule studiert, als Dolmetscher bei den Behörden eingesetzt wird und als einziger lizenzierter Fremdenführer in dem ansonsten gesperrten Bereich des Hafens arbeiten darf.

Von Achmed hatten wir auch interessante Geschichten über die Kriminalität zu hören bekommen. Im Hafen von Ceuta waren nämlich in jenen Tagen zwei Schnellboote der spanischen Küstenwache stationiert, die nachts ausliefen, um mit Drogen vollgeladene Speedboote zu jagen, die nach Europa überzusetzen versuchten. Diese Schmugglerboote entsprachen in etwa der Form von aufblasbaren, quietschgelben Banana-Booten, auf denen normalerweise kreischende Badetouristen zu ihrer Belustigung von Motorbooten durch die Bucht gezogen und in der letzten Runde abgeworfen werden. Hola! Die Verbrecherkähne waren allerdings nicht gelb, sondern mattschwarz, wurden von zwei 250-PS-Außenbordern bewegt und versuchten, mit mehreren Kurieren und tonnenweise Gift an Bord die Straße von Gibraltar mit Höchstgeschwindigkeit zu überqueren. Am europäischen Festland angekommen, nahmen ihre Skipper nicht etwa das Gas zurück, sondern bretterten mit Vollgas über den Strand bis zu einem kleinen Waldstück, wo sie von einem Lieferwagen der Drogenmafia erwartet wurden. Bis die Polizei auftauchte, waren die Ganoven dann regelmäßig über alle Berge, ihre Boote ließen sie einfach am Strand zurück. Wurden die Gangster jedoch bereits auf See vom Zoll abgefangen, gab es nicht selten dramatische Verfolgungsjagden mit wüsten Schießereien.

»Wir haben eine 50-prozentige Erfolgsquote. Nicht selten gibt es Tote da draußen«, berichtete uns ein Mann der Besatzung vom Einsatzboot der Polizei, den wir bei einem Spaziergang in der kleinen Hafenbucht kennenlernten. Einige der beschlagnahmten Speedboote wurden von den Einsatzkräften zurückgeschleppt und waren zerschossen und aufgeschlitzt im Hafen von Ceuta zu besichtigen, während sie von ihrem schweren Außenborder unter Wasser gezogen wurden und halb abgesoffen vor sich hin dümpelten.

Da wir nach mehreren telefonischen Nachfragen beim Spediteur in Gibraltar immer noch keine positive Prognose im Hinblick auf das Eintreffen unseres Wassermachers erhielten, machten wir uns auf den Rückweg und begannen auf eigene Faust die Recherche nach dem sehnlichst erwarteten Paket.

»Es ist bereits bei uns in Malaga, müsste morgen bei Ihnen eintreffen«, erklärte uns ein Mitarbeiter der dortigen Speditionsfiliale am Telefon.

Diese Reden hörten wir fast drei Wochen lang, bis wir die Nase voll hatten.

»Wir haben lange genug gewartet«, schimpften wir schließlich, »und kommen nach Malaga, um das Paket selbst dort abzuholen. Die genaue Adresse bitte.«

»Wann würden Sie denn kommen wollen?«

»Jetzt, sofort fahren wir los, per Mietwagen, Bus, Anhalter, Taxi, ganz gleich.« Irgendwie würden wir an das Paket mit der Seewasserentsalzungsanlage kommen – und zwar noch am selben Tag.

»Moment, ich schau' noch mal kurz in die Unterlagen«, tönte es an mein Ohr.

So stellte sich plötzlich heraus, dass die Lieferung keine drei Kilometer von uns entfernt seit Wochen in der Lagerhalle einer Spedition herumlag und nur deshalb nicht ausgeliefert wurde, weil der Mann vom Zoll keine Zeit oder keine Lust hatte, seinen Stempel auf den Karton zu drücken. 20 Minuten später überquerten wir die Grenze nach Spanien und fuhren mit dem Bus in das Gewerbegebiet. Eine Mitarbeiterin der Firma sprach perfekt deutsch und ließ unser Paket aus einem Hochregallager herunterangeln. Zack, das war's! Stempel oder nicht, Wochenende hin oder her – der Chef erklärte uns mit leichtem Hohn in der Stimme, dass für uns als Privatleute die Chancen vielleicht besser stünden, das Ding einfach über die Grenze zu bekommen. Das wäre kein Schmuggel, denn Zoll wurde nicht fällig, aber für seine Firma wäre es eine Ordnungswidrigkeit. Endgültig entnervt, schnappte ich mir einen beliebigen Stempel vom Schreibtisch und drückte ihn auf das Paket.

»So, jetzt haben wir einen Stempel, auf geht's.«

»Die Engländer kontrollieren jeden Fußgänger am Checkpoint. Falls ihr abgewiesen werdet, müsst ihr wieder hierher zurückkommen«, rief er uns nach.

Abwarten.

Susanne, Daniel und ich schleppten dann den höllisch schweren Karton aus einem spanischen Taxi zur englischen Grenze. Mikey und Maria trabten nebenher, kurz vorher waren wir noch im Supermarkt einkaufen gewesen, und auch diese Errungenschaften waren eine schwere Last.

Natürlich wurden dann ausgerechnet wir aus der Schlange der Grenzgänger gefischt und zur Seite genommen. Der Karton musste auf einen Packtisch.

»*What is in the parcel?*«

»*You mean ... this parcel?*« Mit fragendem Blick deutete ich auf den Karton, der so groß war, dass Mikey und Maria darin ihren Mittagsschlaf hätten halten können. »Tja, drin sind Kartoffelchips, Konservierungsmittel, Schläuche, Wurst, eine kleine Wasserpumpe, Milch, Absperrventile, Weihnachtsgeschenke und dann noch so ein ... äh, Wassermacher – was man halt so braucht übers Wochenende.« Ich wurde so rot wie der Union Jack.

Der Beamte warf einen Blick auf den Inhalt, und er ließ sich Zeit. Wir jedenfalls hatten alles deklariert, jetzt war er dran – die Minuten dehnten sich wie Kaugummi.

»*Have a nice weekend and enjoy your stay in Gib*«, er winkte uns weiter.

Und wir hatten ein schönes Wochenende, denn wir machten was

draus. 20 Stunden, nachdem wir das Paket in Empfang genommen hatten, segelten wir endlich bei stürmischen Wind auf den Atlantik hinaus. Kanarische Inseln, wir kommen!

Die Meerenge von Gibraltar wirkt wie eine Düse, in der die Winde leicht Sturmstärke erreichen können. Unter dreifach gerefftem Groß und Sturmfock flogen wir über die Wellen, alles war gut, denn die knapp 600 Seemeilen bis zu den Kanaren lagen direkt vor uns. Unser bisher größter Abschnitt an einem Stück. Konzentriert gingen wir unserer Arbeit nach, alle an Bord freuten sich auf die Inseln, Angst spürten wir nicht. Als der Wind langsam nachließ und die Höhe und Länge der Wellen abnahm, begann das Boot auf einer scheinbar unendlich langen Dünung zu rollen. Von diesem Phänomen hatten wir schon viel gehört und gelesen. Wir fühlten uns wie auf dem Rücken eines ruhig atmenden, schlafenden Tieres, wurden in diesem Moment eins mit der Natur, wurden zu einem Teil von ihr. Sachte ließ sich die Nis Randers von einem Wellenberg zum nächsten tragen, während ihr Kielwasser lange sichtbar blieb.

Am 4. Oktober 2004 notierte ich deshalb in unserem Tagesbericht:

Lunch für fünf

Das Blau ist unbeschreiblich und viel schöner, als wir es uns vorgestellt haben. Lange stehen Su und ich an der Reling, starren ins Wasser des Atlantischen Ozeans und beobachten, wie die Strahlen der Morgensonne sich in der Tiefe verlieren. Eine lange Dünung aus West hebt und senkt das Boot sanft. Wie romantisch ... Doch als die Kinder an Deck kommen, ist Schluss mit unserem Geturtel. Frühstück, Schule, Basteln und so weiter, das ganze Programm steht an.

Später kommt ein Thunfisch vorbei und schmeckt uns ausgezeichnet. Und dann ist da noch der übergroße Fisch. Leider kann uns unsere Bordbibliothek nicht über die Bewohner dieser Gegend informieren, und so verpassen wir ihm unseren, biologisch wohl nicht ganz einwandfreien Namen »Lunch für fünf Personen am Dienstag«.

Der Tagesablauf beginnt sich einzuspielen. Wir sind relaxt und erledigen fröhlich unsere Arbeit. Die Nachtwachen setzen uns nicht mehr so zu wie zu Beginn der Reise, und alles könnte so schön sein. Könnte! Wenn SIE nicht wären! Am Tage verstecken SIE sich, aber nachts kommen sie heraus und quälen uns.

Sie rauben uns den Schlaf. Sie sind listig und verändern sich jeden Tag. Aber ab heute geben wir auf. Jetzt haben sie gewonnen. Morgen werde ich genauer über diese unheimlichen Geräusche an Bord berichten.

Die Geräusche an Bord eines sich auf See befindlichen Segelschiffes sind vielfältig. Durch die Wellenbewegungen wird das gesamte Rigg ständig be- und wieder entlastet. Das stehende und laufende Gut sowie die Spieren geben auf See Geräusche von sich. Es knackt und klappert, es knirscht und poltert. Besonders in der Nacht dringen die Töne scheinbar besonders verstärkt an das Ohr des Wachenden. Da wir noch nicht ausreichend lange mit den verschiedenen – zum Teil neu installierten – Ausrüstungsgegenständen vertraut waren, kannten wir die charakteristischen Geräusche der einzelnen Komponenten noch nicht. So können wir von Entspannung auf der Nachtwache, zumindest in dieser Phase der Weltumseglung, nur bedingt berichten.

Bei besten Wetterbedingungen experimentierten wir mit verschiedenen Segelstellungen, um einen guten Kompromiss zwischen Geschwindigkeit, Kurs und angenehmer Lage zu finden. Um die zeitweise starke Rollbewegung abzuschwächen, änderten wir immer wieder leicht den Kurs. Diese Annehmlichkeit war uns sogar einen kleinen Umweg wert, und die Wasser- und Lufttemperaturen stiegen auch schon nach wenigen Meilen auf See deutlich an. So hatten wir uns das Segeln vorgestellt.

Eines Nachts überraschte uns ein Gewitter. Es war Susannes Wache, sie saß im Cockpit und hatte es sich bei angenehmen Temperaturen in leichter Segelbekleidung bequem gemacht. Daniel, Mikey und Maria schliefen in ihren Kojen, während ich im Salon die Revierführer für die Karibik studierte.

»Bernd, kommst du mal bitte und schaust dir das an!«

Als Susanne mich rief, hatte ihre Stimme diesen Zieh-dir-lieber-schnell-die-Schwimmweste-an-Ton, und als ich das Cockpit in Sicherheitskleidung erreichte, starrte sie an der Sprayhood vorbei nach vorn. Ich sah, dass sie sich in das am Mast befestigte Rettungsseil eingepickt hatte.

Als ich ebenfalls über den Bug nach vorn blickte, musste Susanne mir nichts mehr erklären. Der gerade noch sternenklare Himmel wurde rasend schnell von einer gewaltigen Wolke verdeckt, aus dem direkt vor unserem Bug plötzlich Blitze aus dem Dunkel zu zacken begannen. Unter den anschließenden infernalischen Donnerschlägen zuckten wir wie unter körperlichen Schlägen zusammen. Gleichzeitig prasselte starker Regen aus der Unwetterzelle, der uns jede Sicht nahm. Daniel war von dem Donnergrollen aufgewacht, stand in T-Shirt und Boxershorts im Niedergang und schaute mit fragendem Blick zu uns. Auch Mike und Maria wurden von dem Donnerhall wach und riefen aus ihren Vorschiffkojen nach Mama und Papa. Nur schwach konnten wir ihre Stimmen durch den lärmenden Regen hören. Der anfangs nur schwache Wind nahm von einer Sekunde zur anderen heftig zu und legte die NIS RANDERS auf die Seite. Ich fierte die Großschot, und während Susanne die Fockschot bediente, rief sie: »Daniel, geh bitte nach vorn und beruhige die beiden. Erklär ihnen, dass hier alles in Ordnung ist. Wir bergen die Segel jetzt und lassen uns treiben. Der Spuk wird bald vorbei sein.«

Obwohl Susanne weniger als zwei Meter von Daniel entfernt war, musste sie diese Anweisung durch den Lärm von Regen, Wind und sich brechenden Wellen rufen. Ich überzeugte mich davon, dass die Windfahnensteuerung noch immer einwandfrei arbeitete und machte mich bereit, um die Segel zu bergen. Der Seegang hatte inzwischen deutlich zugenommen, das Schiff tanzte auf den Wellen. Der starke Regen, die Blitze und der Donner hielten unvermindert an. So schnell wie möglich, aber auch so sicher wie nötig (immer eine Hand für mich, eine Hand für das Schiff) verließ ich das Cockpit, um die Segel zu bergen und auf Deck zu sichern. Keine leichte Arbeit bei diesem Seegang. Völlig durchnässt und vom scharfen Wind durchgefroren, erreichte ich das Cockpit wieder nach etwa zehn Minuten. Durch den Regen und besonders durch die Blitze waren wir in unserer Nachtsichtigkeit derart behindert, dass wir das Radar benutzten, um unsere Umgebung nach Schiffen abzusuchen.

Im Umgang mit den plötzlich auftretenden Ausbrüchen der Natur hatten wir noch wenig Erfahrung und konnten uns bis zum Ende der Reise nur schwer daran gewöhnen, dass diese uns fast immer während der Nacht überfielen. Damals ahnten wir noch nicht, dass eine Zeit kommen würde, in der wir viel Schlimmeres abwettern müssten als ein kleines Gewitterchen.

Nach einigen Stunden – es wurde schon wieder hell am östlichen Horizont – konnten wir endlich zur Routine zurückkommen, den Zustand, den wir gesucht und uns wünscht hatten. Endlich wurde uns die NIS RANDERS wieder zum Ort der Besinnung und inneren Ruhe. In dieser geschützten Atmosphäre konnten wir die Batterien aufladen, die wir in den vergangenen Jahren an Land leergefahren hatten. An Bord hatte alles seinen Platz, jeder hatte seine Aufgabe, alles hatte seinen Sinn. Das empfanden wir während unserer Aufenthalte an Land oft nicht so, denn oft genug prasselten die Eindrücke und Informationen im Dauerfeuer auf uns ein. Auch Maria und Mikey waren auf See stets von einer bewunderungswürdigen Ruhe und Gelassenheit. Stundenlang beschäftigten sie sich zum Beispiel mit ihren Buntstiften oder basteteln Schlüsselanhänger aus Tauwerk. Die Essensvorbereitung wurde fast zum meditativen Familientermin, und Zeit zum Lesen war auf den Nachtwachen ausreichend vorhanden. Und wenn wir ganz viel Glück hatten, wurde unser Traumtörn hin und wieder mit der Sichtung der wunderbarsten Meeresbewohner gekrönt. Kurz vor dem Ende der Reise würde uns das Glück sogar Buckelwale sehen lassen.

Die Kanaren

In den folgenden sieben Wochen besuchten wir Graciosa, Lanzarote, Fuerteventura und Gran Canaria. Wir staunten nicht schlecht über die landschaftlichen Gegensätze auf den Inseln im Atlantik, die NIS RANDERS ankerte in diesen Wochen kostenlos in einsamen, malerischen Ankerbuchten und lag in teuren, belebten Marinas. Menschenleere Strände neben überfülltem Teutonengrill! Reizvolle, naturbelassene Erholungsgebiete waren unser Ziel, aber ebenso auch die zubetonierten Hotelanlagen der Inselgruppe. Da wir unsere Reise unvoreingenommen und vorurteilsfrei begannen, hatten alle Stationen ihren eigenen Reiz. Wenn Erholung angesagt war, ankerten wir, wenn Verproviantierung auf dem Plan stand, nutzen wir die Angebote der Touristenzentren. Dabei verbaten wir uns stets eine Klassifizierung in Positiv- oder Negativerfahrung – letztendlich war es die Erfahrung, die wir suchten.

Im Hafen von Graciosa, der kleinen Insel vor Lanzarote, trafen wir auf eine internationale Fahrtenseglergemeinde mit vielen Kindern an Bord. Die kleine, vom Massentourismus verschonte Insel erfreut sich bei den mobilen Individualisten seit langem großer Beliebtheit, und hier wurden wir während unseres Aufenthaltes sogar vom Hafenmeister in Ruhe gelassen, der seit einigen Wochen Urlaub machte. Was im Hafen geschah, kümmerte mit Ausnahme der Segler niemanden. Die gesamte Insel befand sich praktisch in Seglerhand, einige Boote waren Dauerlieger, und die unzureichende Wasser- und Stromversorgung wurde dafür gern in Kauf genommen. Wir knüpften schnell enge Kontakte, die zum Teil bis heute anhalten, speziell natürlich zu den »Kollegen«, die mit Kindern unterwegs waren.

Nils, Daniels Freund, und Ilona, Susannes Tante, kamen aus Deutschland und segelten ein paar Tage mit uns. Diese Treffen waren schon vor der Abreise vereinbart und leicht dahergesagt, aber als es dann soweit war, diktierte plötzlich der Flugplan der Airlines unseren Törn.

»Schatz, morgen kommt Ilona zum Kaffee«, sagte Susanne eines Morgens beiläufig während des Frühstücks, das wir in einer ruhigen Bucht ohne Schwell vor Anker genossen.

»Prima, dann backen wir einen Käsekuchen, den mag sie doch so gern«, war meine Antwort.

»Zuvor müssen wir aber noch 20 Seemeilen nach Westen.«

Wo das Problem sei, fragte ich zurück.

»Der Wind kommt morgen aus Westen«, entgegnete Susanne, die gerade den neuesten Wetterbericht empfangen hatte.

Die Besuche von Nils und Ilona taten uns gut, zeigten sie uns doch, dass wir in der Heimat noch nicht vergessen waren. Es war nicht nur die Botschaft: »Hey, wir mögen euch, und wir wollen unsere Zeit mit euch verbringen«, sondern es war tatsächlich ein Stück Heimat, das mit den Besuchern an Bord kam. Nils schleppte sich beispielsweise mit der neuesten Musik auf CDs und einer Sackkarre ab, die wir zum Einkaufen dringend benötigten, auf den Inseln jedoch nicht kaufen konnten. Ilona brachte Geschenke für das bevorstehende Weihnachtsfest von Freunden und Bekannten mit, die wir – sehr zum Verdruss der (nicht nur minderjährigen) Mannschaft des Schiffes – erst einige Monate später in der Karibik öffnen durften.

Zu Hause waren sich viele sicher, die die Reise über Internet, Telefonate und Briefe verfolgten, dass wir nie wieder nach Oldenburg zurückkehren würden. Keiner konnte sich vorstellen, dass es uns nicht gelingen würde, einen schöneren Platz zum Leben zu finden als in unserem deutschen Heimatland. Wäre doch verrückt, oder? Interessiert wurde verfolgt, was wir von den Kanarischen Inseln hielten, wie wir uns dort fühlten. Wir wurden zu Spähern, zu Kundschaftern in einer neuen Welt, an deren Berichten die »Zurückgebliebenen« das eigene Lebensgefühl messen und bewerten wollten. Wir jedoch hielten uns mit unseren Aussagen bedeckt, wollten erst im Anschluss an die gesamte Reise Resümee ziehen. Beurteilungen wie in einem Reiseführer sollte es von uns ohnehin nicht geben. Zu dieser Zeit entwickelte sich das Grundmuster unserer Suche nach der eigenen Erfahrung, die wir später unter eher spirituellen Aspekten »Die Suche nach der schönsten Insel der Welt« nannten.

Die ARC: Atlantic Rallye for Cruisers

Nur noch wenige Wochen blieben uns bis zur Atlantiküberquerung, denn das Reglement der ARC, der Atlantic Rallye for Cruisers, gibt vor, dass der Startschuss jeweils am letzten Sonntag im November des Jahres fällt. Wir hatten schon vor der Abreise in Deutschland entschieden, mit der ARC über den großen Teich zu gehen, denn wir hofften natürlich, dabei auf andere Kindersegler zu treffen und für Mike und Maria neue Spielpartner zu finden. Außerdem erschien es uns einfach sicherer, schließlich hatten wir keinerlei Erfahrungen mit Ozeanüberquerungen. Und wie sich herausstellte, war es eine gute Entscheidung, denn unsere Erwartungen wurden erfüllt: höhere Sicherheit und jede Menge handfeste maritime Informationen.

Seit 1986 treffen sich jedes Jahr mehr Segler in Puerto de la Luz, dem Hafen von Las Palmas auf Gran Canaria. Die von Jimmy Cornell gegründete ARC wird in zwei Kategorien eingeteilt. Da sind einmal die Regattasegler, die nach dem internationalen IRC-Rating fahren und bei denen der sportliche Aspekt im Vordergrund steht. Und dann gibt es die Gemeinschaft der Fahrtensegler, zu denen auch wir und viele Charteryachten gehörten. Doch egal ob im Konvoi oder als Regattasegler, die 2700 Seemeilen lange Strecke über den Atlantik segelt immer noch jeder selbst und allein. Im Jahre 2004 hatten sich, zu der für uns natürlich aufregendsten Hochseeregatta der Welt, mehr als 200 Schiffe angemeldet. Die NIS RANDERS war das kleinste deutsche Boot und das zweitkleinste der Flotte. 24 Nationen aus aller Welt gingen an den Start und wir mittendrin. Eine große Gemeinschaft, die sich gegenseitig bei Problemen hilft und unterstützt. Das Startgeld von umgerechnet 999 Euro hatten wir durch die angebotenen kostenlosen Kurse wie zum Beispiel »Astronomische Navigation«, »Verhalten bei Seenotfällen«, »Aktives Wetterrouting«, »Rigging« oder »Richtiges Verproviantieren« wieder drin, für die wir sonst hätten teuer bezahlen müssen. Dazu kamen die günstigen Tausch- und/oder Kaufangebote unter den ARClern. Hier erwarben wir nun endlich die ersehnten Solarzellen. Durch Zufall erfuhren wir von dem Verkaufsangebot eines Belgiers, der zwei Solarpaneele am schwarzen Brett offerierte, welches am Ende jedes Steges aufgestellt war. Mit 150 Euro pro Stück lag er weit unter der Hälfte des Neuwertes, und mit den geeigneten Ladereglern montierten wir sie voller Freude an die Reling der NIS RANDERS. Dazu bauten wir ein simples Stecksystem aus Teakholzresten, die wir von einheimischen Bootsbauern geschenkt bekamen, und konnten so die Paneele in fünf Stufen zur Sonne hin ausrichten. Aber auch weitere Rettungs- und Sicherheitsmittel, wie einen Rauchtopf und einen Treibanker für den Rettungsring, erwarben wir. Ein kleines, nur 2,20 Meter langes Schlauchboot, das aufgeblasen auf Deck gefahren werden sollte und mit dem wir in kleineren Ankerbuchten herumgurken wollten, wurde angeschafft, denn der Aufbau unseres Banana-Bootes kostete immer viel Zeit.

Obwohl normalerweise eher autodidaktisch ausgerichtet, besuchten wir nun die Veranstaltungen der ARC für die korrekte Bedienung des Sextanten, für Erste Hilfe, Lagerhaltung und die Sicherheitsüberprüfungen der Rettungsmittel. Vergünstigte Preise bei den Lieferanten durch Sammelbestellungen waren ebenfalls ein großer Vorteil. Eines Morgens bekamen wir sogar überraschenden Besuch von Peter Förthman, dem Hersteller unserer Windfahnensteuerung. Er hatte die von ihm entwickelte und an unserem Heck montierte Anlage entdeckt und erbat Zutritt an Bord, um unsere Anlage zu überprüfen und uns noch eine Menge Tipps und Tricks zu verraten. Zur ARC-Zeit im November ist er stets vor Ort, um für Fragen und Antworten zur »Pacific«, so hieß unser Modell, zur Verfügung zu stehen. Mit einigen Booten lief er außerdem zu einer Probefahrt aus, um die Anlage optimal zu justieren und die Skipper zu schulen. Spezialisten für Kurzwellenfunk gingen von Bord zu Bord, um ihr Wissen an Interessierte weiterzugeben. Kostenlos, natürlich, Funkamateure helfen ehrenamtlich. So mancher Fehler (am häufigsten gab es Masseprobleme bei den GFK-Booten) wurde entdeckt, so mancher Funkamateur wurde hier noch geboren, weil der Vorteil einer Kurzwellenanlage deutlich gegenüber anderen Systemen – insbesondere Satellitenhandys – überwog: große Reichweite bei geringen Kosten. Wir hatten unsere Funkscheine, einschließlich der aufwendigen Funkamateurlizenz, bereits in Deutschland erworben. Wer Sorgen oder Probleme mit der Ausrüstung, der richtigen Segeltechnik oder mit der Sicherheit an Bord hatte, konnte sicher sein, dass er schnell mit allen nötigen Informationen versorgt wurde.

Das Wichtigste für uns aber war von Anfang an, dass auf den Schiffen der ARC-Flotte so viele Kinder waren, dass sogar im Hafen ein eigener Kindergarten für nahezu 30 Kinder gegründet werden konnte. Auch diese Aktivitäten wurden von ehemals aktiven Teilnehmern der ARC organisiert, die in diesem Jahr ihr Wissen und ihre Arbeit den Seglerfamilien zur Verfügung stellten. Mikey und Maria hatten schon nach wenigen Tagen Freunde aus Spanien, Italien, Großbritannien, Belgien, Frankreich, den Niederlanden und den Vereinigten Staaten von Amerika gefunden. So tobte ein polyglotter Schwarm 4- bis 10-jähriger Kinder über die Decks und durch die Salons der am Steg liegenden Boote. Vorurteile, Berührungsängste oder Sprachbarrieren gab es für sie nicht – Legosteine und Barbiepuppen werden in dieser Altersklasse international akzeptiert.

Der NIS RANDERS gegenüber auf der anderen Stegseite lag die AHODORI, ein deutsches Schiff. An Bord Michie Nishiyama und Tobias Kurtz. Die beiden hatten ebenfalls vor einiger Zeit in Deutschland die Leinen losgeworfen, sie hatten ähnliche Zukunftspläne wie wir, und wir verbrachten viel Zeit miteinander, denn sie wollten auch durch den Panamakanal und dann Kurs Südsee nehmen. Scherzhaft verabredeten wir ein Treffen vor den Schleusentoren. Damals konnten wir noch nicht wissen, dass die beiden tatsächlich unsere Begleitung durch den Isthmus am südamerikanischen Kontinent werden würden.

Für Daniel war es bisher immer schwierig gewesen, Bekanntschaften zu finden, seine Altersklasse war nicht sehr häufig unter den Seglern vertreten, denn seine »Kollegen« gingen üblicherweise entweder zur Schule oder standen am Anfang ihrer beruflichen Karriere. Im Rahmen der ARC war das anders. Diese Veranstaltung lockt jedes Jahr eine Vielzahl von abenteuerlustigen jugendlichen Erwachsenen an, die ihre Dienste in der Hoffnung anbieten, kostenlos über den Atlantik in die Karibik segeln zu können. Hand gegen Koje. So schloss er Freundschaft mit den »*boys and girls*« auf dem Nachbarschiff, die sich als Boatsitter ihr Geld verdienten. Der Eigner dieser Luxusyacht würde erst in einer Woche aus England eintreffen.

»Das kleinste deutsche Boot der Flotte und das zweitkleinste überhaupt, sensationell.« – »Fünf Leute an Bord, darunter zwei Kleinkinder. Können Sie mir bitte ein Autogramm geben?« Wir erregten Aufsehen, und auch unsere Website wurde täglich von uns aus den hiesigen Internetcafés und unserem Freund in Oldenburg mit Berichten und Fotos gefüttert. Immer mehr Leser verfolgten am heimischen Computer unsere Reise. Abzuhauen entsprach offenbar dem Wunsch vieler Menschen, und im Gästebuch häuften sich die Glückwunscheinträge und Grüße. Wir hatten mittlerweile E-Mail-Kontakt zu deutschen Lesern, die über die ganze Welt verstreut lebten und uns sogar zu sich einluden, falls wir in ihre Nähe kämen.

»Ah, seid's bestimmt Lehrer?« Diese Vermutung haben wir immer wieder von deutschen Seglern gehört. Wieso nur hatten wir dabei meist das Gefühl, dass es besser ankam, kein Lehrer zu sein? Die Antwort »Goldschmied« wurde jedenfalls immer irgendwie erleichtert aufgenommen, und das wundert uns noch heute, zumal wir unterwegs kaum Lehrer oder Lehrerinnen kennengelernt haben.

Um ehrlich zu sein, die Sache mit dem Lernen an Bord war am Anfang zum Problem geworden. Mir fehlte die nötige Geduld, um Mikey im Rechnen, Schreiben und Lesen zu unterrichten: »Wieso kannst du jetzt wieder nicht die Quadratwurzel aus 4587 ziehen? Ich hab's doch gerade erklärt!« – Also übernahm Susanne das Unterrichten, während ich mich in dieser Zeit »um den Haushalt« kümmerte. Sie setzte drei Schulstunden täglich an – Samstag und Sonntag waren frei –, und die Fächer hießen: Rechnen, Lesen, Lernspiele und Basteln. Anschließend war Su immer reif für eine Kaffeepause und ein Mittagsschläfchen. Das Unterrichten war schwierig, manchmal nervenaufreibend und immer anstrengend. Nach zwei Monaten lautete deshalb unsere Antwort auf die Frage, ob wir Lehrer wären: »Nein, aber wir wären es gern.«

Der Große Teich

Als am 21. November 2004 um 13.00 Uhr bei strahlendem Sonnenschein der Startschuss zur 19. Atlantic Rallye for Cruisers fiel, drehten gleichzeitig mehr als 200 Schiffsbuge nach Südwest, um Europa mit Ziel Karibik hinter sich zu lassen. Reporter in Hubschraubern filmten aus der Luft, die Zuschauer wünschten Glück, indem sie uns von der Mole aus nachwinkten. Es war ein tolles Gefühl dabei zu sein. Mehr als 200 Yachten aus 24 Nationen machten sich gemeinsam auf den Weg nach St. Lucia, der kleinen Insel über dem Winde.

Die Vorbereitungen und die Atlantiküberquerung mit der ARC selbst unterscheiden sich nur in wenigen Punkten von einem Marathonlauf, einer sportlichen Massenveranstaltung, bei dem der Lauf selbst das Ziel ist. Wichtig sind die richtige Einstellung zum sportlichen Ereignis und das glückliche Ankommen und nicht etwa die Zeit oder der erreichte Platz. Es sind dieses Gemeinschaftsgefühl und die frei werdende Energie, wenn viele Menschen ein und dasselbe Ziel zur selben Zeit haben. Wer jedoch glauben sollte, dass man mit den anderen Teilnehmern im Pulk oder gar Konvoi über den Atlantik segelt, irrt. Von den Mitseglern sahen wir auf See nach einigen Stunden nur noch wenige, am nächsten Tag keinen einzigen mehr. Obwohl wir alle die Rodney Bay auf St. Lucia – so hieß unser Ziel – vor dem Bug hatten, lief jedes Boot auf seinem eigenen Kurs, lediglich über UKW bekamen wir hin und wieder Kontakt, zweimal sahen wir Positionslichter am nächtlichen Horizont. Unsere eigenen Positionsmeldungen schickten wir täglich über Kurzwelle nach England an die Leitung der ARC. Im Falle eines Falles hätte man dort versucht, uns Hilfe zukommen zu lassen, wenn wir in die Bredouille geraten wären.

Am 7. Dezember 2004 notierte ich darüber in unserem Tagesbericht:

Das Meer lebt, oder: Unser 17. Tag auf See

Öde wie das weite Meer ... Wer immer das gesagt hat, dieser Formulierung können wir uns nicht anschließen. Wir erleben täglich einen spannenden, abwechslungsreichen Ozean voller Leben, ob es die fliegenden Fische sind, die Su und mich erschrecken, wenn wir allein auf Nachtwache sind und sie gegen die Sprayhood prallen und benommen auf dem Deck liegen bleiben, oder die Leuchtalgen, die in unserer Heckwelle flimmern, oder die Delfine, die verspielt in der Bugwelle auf- und abtauchen. Wir sehen Möwen und fragen uns, warum sie den Weg zu uns gesucht und gefunden haben. Und vorgestern entdeckte Daniel sogar einen Schmetterling – fast 3000 Kilometer vom Land entfernt.

Der Atlantik ist mal glatt und ruhig, dann wieder ruppig und feindselig. Immer wieder hebt uns eine gewaltige Dünung nach oben oder lässt uns in kurze, steile Wellen fallen. So überkommen uns nach einem Gefühl der Sicherheit schon kurze Zeit später wieder Furcht und Schrecken.

Besonders beeindruckend sind die Sonnenaufgänge und das Farbenspiel am Abend, wenn die Sonne im Meer versinkt und mit ihren letzten Strahlen die Wolken im Passat zum Glühen bringt. Nein, der Atlantik ist überhaupt nicht öde. Er ist wunderschön, und die Tage sind spannend, abwechslungsreich und aufregend.

Während dieser Passage gab es für uns nur gute und sehr gute Tage. Wer Nachtwache hatte, verlängerte oft freiwillig seine Anwesenheit an Deck, um ein weiteres dieser unglaublichen Farbspektakel erleben zu können, die als krönender Abschluss manche Nacht beendeten. Wir fühlten uns unverwundbar, glitten aus manchem Dämmerschlaf über in Tagträumereien. Dass wir nachts auch von Squalls, von grauenhaften *thunderstorms without thunder* gejagt wurden, dass wir eines Tages durch ein Missverständnis einen Ausbaumer und eines unserer besten Taue verloren haben und dass sich Susanne die Hand an einer ausrauschenden Schot verbrannte, haben wir bis heute nicht vergessen, aber es hat seine Schrecken verloren. Missverständnisse vermieden wir später durch eine Art Zeichensprache, die auch dann Nachrichten vom Bug bis zum Cockpit trägt, wenn der heulende Wind und die tosendes See eine verbale Verständigung auf diese Entfernungen nicht mehr erlaubt. Lieber erinnern wir uns an die langen, harmonischen Spielstunden, in denen Mikey und Maria, das ungleiche Geschwisterpaar, zusammenwuchsen, an die immer länger und höhere werdende Dünung und an unsere Vorfreude auf Land nach drei Wochen auf See und ganz besonders an den satten, erdigen Landgeruch kurz vor dem Landfall.

Landfall in der Karibik

Nach 24 Tagen und 12 Stunden auf See liefen wir am 15. Dezember kurz nach Mitternacht in die Rodney Bay ein. Erst im letzten Augenblick hatten wir Mike und Maria geweckt und aus ihren Kojen geholt, damit sie den Zieleinlauf miterleben konnten, und in der Bucht warteten in ankernden Motorbooten die offiziellen Zeitnehmer der ARC schon auf uns, denn wir hatten uns bereits Stunden vorher über UKW bei ihnen angekündigt. Sie nahmen unsere genaue Ankunftszeit an der Ziellinie mit der Stoppuhr, notierten sie, gratulierten uns über Funk zur geglückten Atlantiküberquerung und erklärten uns, was zu tun war.

Zunächst sollten wir den vorderen Bereich der Bucht verlassen, um anderen eintreffenden Schiffen nicht im Wege zu stehen. Ein kleines, schnelles Motorboot raste derweil direkt auf unseren Bug zu, drehte kurz vor einer Kollision ab und fuhr anschließend eine Ehrenrunde vor unserem Steuerbordbug. »Was soll das?«, fragten wir uns. Als Antwort deckte uns die Besatzung mit einem Blitzlichtgewitter ein, das unserer Nachtsichtigkeit nicht gerade förderlich war. Einer der Fotografen machte Bilder von jedem eintreffenden Schiff in der Hoffnung, diese später an die Mannschaft verkaufen zu können. Auch die Lichter rund um den Hafen waren für uns nach drei Wochen auf See so irritierend, dass wir um ein Haar die Steinschüttung der Hafenmole durcheinander gebracht hätten, denn in der Dunkelheit sahen wir die drohende Gefahr vor dem Bug viel zu spät.

Das rote Licht der Hafenbeleuchtung war defekt, und über Funk erhielten wir kurz nach dem Passieren der Ziellinie von den Advisern der ARC die Meldung, dass wir zur Einfahrt in die Marina das grüne Licht an unserer Steuerbordseite lassen sollten. Das war eine Fehlmeldung, denn wir hätten das grüne Licht auf unserer Backbordseite lassen müssen, um in den Kanal zu gelangen, der in die Marina führt – und so wäre beinahe eine Menge schief gegangen.

Ein Engländer erkannte im letzten Moment die Gefahr, raste uns mit Vollgas im Schlauchboot entgegen und rief:. *»Stop! Stop! You go in the ground, stop your boat!«*

Mit Vollgas rückwärts stoppten wir auf und manövrierten vorsichtig zurück in die Bucht, diesmal mit neuem Anlauf unter Schlauchbootführung, und langsam trug uns unsere Nis Randers in den gut besetzten Yachthafen. Nach dem Festmachen im ersten Tageslicht in der Rodney Bay Marina wartete bereits ein noch leicht verschlafen wirkendes vierköpfiges Empfangskomitee der ARC an der modernen Holzsteganlage auf uns. Die Herrschaften nahmen unsere Festmacher an und begrüßten uns mit einem üppigem Blumenbukett, echtem karibischen Rum und einheimischen Früchten. Hier hatten wir einen der besten Plätze erwischt, wie wir meinten. Zentral gelegen und kurze Wege zum Sandstrand und zum Büro von Immigration und Customs – Einwanderung und Zoll.

Mit steigendem Sonnenstand trafen allmählich die Crews der anderen Schiffe bei uns ein. Sie kamen über den Steg, klopften an die Bordwand und hießen uns in der Karibik willkommen. Michie und Tobi von der AHODORI waren mit ihrem schnellen Schiff bereits mehrere Tage vor uns eingetroffen, waren hier also schon alte Hasen, unterstützten uns beim Einklarieren und zeigten uns die Einkaufsmöglichkeiten. Später am Tag tauschten wir unsere Transocean-Erlebnisse beim ersten Sundowner in einer kleinen Strandbar am Rand der Stadt aus. Anschließend fielen wir in unseren Kojen in tiefen Schlaf.

Und dann entdeckten wir die Karibik! Eine schöne, fremde Welt. Nichts war wie zu Hause, ungewohnte Sitten und Bräuche, fremdartige Gerüche und Speisen betörten unsere Sinne. Wir ließen uns über den Markt treiben, genossen das karibische Flair in vollen Zügen und erforschten mit Kinderaugen diese bunte Welt, ließen nichts aus. Wir besuchten Straßenfeste und Märkte mit für uns fremdländischen Blumen und Früchten. Staunten, als spärlich bekleidete Einheimische zu wilden Trommelklängen auf der Straße tanzten, und schnorchelten im türkisfarbenen, klaren Wasser. Enorm beeindruckt stolperten wir von einer kleinen Sensation zur nächsten.

Kurz vor Weihnachten waren schließlich alle Teilnehmer der ARC eingetroffen, aber nicht alle Segler hatten so viel Glück gehabt wie wir. Es gab Verletzte und mehr als ein zerfetztes Segel. Einem Segler war bei schwerem Seegang irgendetwas auf die Hand gefallen, ein Finger fast abgerissen. Die Leitung der ARC kümmerte sich wirklich vorbildlich um den Blessierten und machte umgehend auf der JASICA VI einen deutschen Chirurgen ausfindig, der auch sofort tätig wurde. Die Skipper der beiden Schiffe verabredeten sich deshalb über Funk, um die Boote bei der relativ ruhigen See mitten auf dem Atlantik nebeneinander zu legen. Dennoch war die Dünung zu stark, als dass ein gefahrloses Übersetzen des Mannes möglich gewesen wäre. Also sprang der Arzt ins Wasser und schwamm hinüber zum Verletzten, das Operationsbesteck wurde anschließend an einer Leine durchs Wasser von Boot zu Boot gezogen. Nachdem er den Erstverband gelöst und sich die Wunde besehen hatte, erkannte Gerhard, dass er mit Bordmitteln die Hand nicht würde retten können. Die JASICA VI brach deshalb das Rennen ab, änderte ihren Kurs nach Barbados, und der Mann wurde dort in ein Krankenhaus verbracht. Die Verletzung an der Hand war jedoch so schwerwiegend, dass der Finger trotz der professionellen Hilfe von Gerhard und der Bemühungen der Klinikärzte nicht zu retten war, er wurde amputiert.

Zur Verabschiedung und gleichzeitigen Preisverleihung trafen sich die Crews der teilnehmenden Boote in einer Festhalle am Rande der Stadt Castries auf St. Lucia. Viel Rum, viel Werbung und Tamtam, nicht jedermanns Sache. Es wurden Reden gehalten, Häppchen verteilt, getratscht, Wiedersehen und Abschied gefeiert. Mit mehr hatten wir nicht gerechnet und hörten an diesem Abend bei der Preisverleihung plötzlich aus den Lautsprechern den Namen unseres Bootes und unserer Familie. Der Sprecher verkündete, dass wir die kleine NIS RANDERS auf den vierten Platz unserer Gruppe gesegelt hatten. Keine Ahnung wie das passieren konnte, Absicht war das jedenfalls nicht. Wir wurden zur Preisverleihung auf die Bühne gebeten und durften uns beklatschen lassen. Jeder von uns erhielt eine Medaille und eine Urkunde. Unsere Verlegenheit damals war nicht gespielt. Wir sind nie nach einem Preis schielend gesegelt. Zu Beginn der Atlantiküberquerung hatten wir sogar Sorge, dass wir es zeitlich nicht rechtzeitig bis zum Ende der Veranstaltung am 17. Dezember schaffen würden. Egal, waren wir eben Preisträger. Zum Glück mussten wir nichts zum Publikum sagen, schnell weg hier!

Drei Monate hielten wir uns in karibischen Gewässern auf. Traumhafte Strände an türkisfarbenen, flachen Küsten mit Wasser in Badewassertemperatur. Den Lobster noch frischer genießen zu wollen, hieße, ihn lebend zu verspeisen. Die Ankerplätze kamen uns manchmal sogar zu kitschig vor, um sie zu fotografieren.

»Guck doch mal hin, das muss doch 'ne Fotomontage sein!«, sagte Susanne immer wieder scherzhaft zu Daniel.

Wir ankerten in traumhaften, einsamen Buchten und vor unbewohnten ehemaligen Walfängerinseln. Hier fanden wir Ruhe und konnten entspannen. Wir lagen aber auch in überfüllten, teuren Marinas, zum Beispiel auf Martinique. Dort nutzten wir dann die Einkaufsmöglichkeiten in den riesigen Supermärkten und fassten Lebensmittel für die kommenden Wochen. Aber in jedem Paradies gibt es ein paar Teufel, und auf einigen Inseln in der Karibischen See haben drei von ihnen auf einem einzigen Stecknadelkopf ausreichend Platz, um Reggae zu tanzen: Nonos oder Sandfliegen, kleinste Stechfliegen, die uns bis aufs Blut quälten. Die zu Beginn harmlos wirkenden Bisse der stets am Nachmittag erscheinenden Plagegeister juckten fürchterlich und hinterließen kleine, eitrige Wunden. Ich wurde so oft gebissen, dass mein Abwehrsystem die weiße Fahne schwenkte – drei Tage verbrachte ich mit Fieber in der Koje. Wir entdeckten teure Hotelkomplexe auf den ABCs – Aruba, Curaçao und Bonaire – mit reicher europäischer und amerikanischer Klientel, und Slums, in deren morbider Atmosphäre die Bevölkerung ärmerer Inseln wie Canouan und Dominica lebten. Die Schnittstellen zwischen Arm und Reich, zwischen dem Glanz polierter Edelstahlbugkörbe und verseuchtem Trinkwasser, lagen meist nahe beieinander. Man musste nur fünf bis zehn Schritte in das Gelände hinter den Zäunen der stets stark gesicherten Marinas vordringen, um zu erkennen, dass man mit einer *My-boat-is-my-castle*-Mentalität nichts über die Wirklichkeit auf diesen Inseln erfährt. Also hieß unser Karibik-Motto: runter vom Boot, raus aus der Marina und hinein ins bunte Treiben der einheimischen Bevölkerung.

St. Lucia verdankt dem Tourismus – und nicht zuletzt der ARC – große Summen an begehrten US-Dollars und Euros in den Kassen. Dominica hingegen verfügt nicht über genügend Strände mit feinem weißen Sand und über malerische Küstenabschnitte mit üppiger Vegetation, um die gängigen Karibikklischees in verwertbarer Weise zu bedienen. Um sich trotzdem eine Scheibe vom Fremdenverkehrskuchen abzuschneiden, bieten hier Jugendliche den in den Buchten der Insel ankernden Yachten ihre Dienste an: Müllentsorgung, Bringdienste vom frischen Brot bis zum eben gefangenen Hummer oder was sonst an Bord gerade fehlt, Inselführungen. Diese – manchmal etwas aggressiv vorgetragenen – Offerten wurden während unseres Aufenthaltes nicht von allen Besatzungen gern gesehen. »Oh, wie schön doch könnte die Karibik ohne ihre einheimische Bevölkerung sein. Den Eingeborenen fehlt es einfach an zivilisierten Umgangsformen«, haben wir mehr als einmal gehört. Auf einigen Booten wurden sogar Tricks ausgearbeitet und immer weiter verfeinert, wie man diese *boatboys* am schnellsten wieder los wird, ohne ihnen einen einzigen Dollar geben zu müssen. Die ganz cleveren Skipper schafften es sogar, sie gar nicht erst bis zum Schiff kommen zu lassen, sondern sie schon von weitem mit herrischen Gesten abzuwimmeln. Unsere Sache war das nicht. Wir hatten kein Problem damit, wenn die Jungs auf ihren maroden Surfbrettern zu uns rauspaddelten, um uns etwas zu verkaufen. Wir hatten nie das Gefühl ausgenommen zu werden. Von ein paar Jugendlichen, die Bananen für einen Dollar anbieten? Oder Mangos für ein T-Shirt tauschen wollen? Es gab Yachties, die sich extra Früchte auf dem Markt kauften und sie offen in die sengende Sonne an Deck legten, nur um den Ankommenden zu zeigen: »Haben wir schon mehr als genug, danke, tschüss.«

Daniel schloss eines Tages am Strand Freundschaft mit einem *boatboy*, und sie verabredeten sich für den nächsten Nachmittag auf der NIS RANDERS.

»Welches Schiff ist eures?«, fragte der Junge und deutete in die Bucht hinaus. Dort lagen etwa 15 Yachten.

»Das kleine dort«, antwortete Daniel.

»Welches kleine? Die sind doch alle riesig!«, widersprach er.

Hatte uns Achmed nicht gelehrt, welches Geschenk auf jeden Menschen wartet, wenn er sich nur ohne Vorurteile in fremde Welten führen lässt? Daniel verbrachte in den nächsten Tagen viel Zeit mit Steven und entdeckte unter seiner Führung die Inselwelt von Canouan, einer Insel von St. Vincent und den Grenadinen, wie sie ein normaler Tourist wohl nicht zu sehen bekommt. Steven stellte Daniel seiner Familie vor und zeigte ihm die schönsten Tauchgründe an abseits gelegenen Stellen der Insel.

Auch Mikey und Maria knüpften eine Menge Kontakte zu den Einheimischen. Weiße Haut, rotblondes langes Haar trafen auf schwarze Haut mit schwarzer Krause. Schnell war das Eis gebrochen, und die eine oder andere Kokosnuss wurde von den Kids geknackt. Auch Su und ich wurden als Freunde von Papa Coals in seiner kleinen Essbar mit angrenzender Domino-Spielhölle aufgenommen und am Ausschanktresen versorgt mit »*very strong rum*«, auch *Papa Coals livesafer* genannt. Als Dank reparierten wir mit unserem Bordwerkzeug das alte Fahrrad von seinem 3-jährigen Sohn und tauschten Kochrezepte mit seiner Frau. Dafür revanchierte sich Papa Coals wiederum mit einer Inselrundfahrt und chauffierte uns mit quietschenden Reifen um die Kurven, führte uns zu abgelegenen, menschenleeren Traumstränden und zeigte uns seine ganz persönlichen Lieblingsplätze. Auf der Rückfahrt gab es einen Zwischenfall: Aus einer Hofeinfahrt in der Nachbarschaft liefen uns plötzlich ein paar Hühner direkt vors Auto. Papa Coals versuchte noch auszuweichen, ein kleiner Schlenker, ein kurzes Rumpeln ...

»*You wanna have chicken? Drumsticks or breast? My neighbours have fresh chicks now, ahhhh, ha, ha, ha, ha. We buy some, on our way back.*«

Unser erstes Weihnachten unter Palmen feierten wir 2004 also auf Dominica mit Einheimischen und befreundeten Seglern. Ein einfaches Essen im Restaurant am Strand. Sonnenuntergang wie gemalt, Ruhe und Frieden. Als Hauptgericht wurde die Nationalspeise Dominicas gereicht: Mountain Chicken. Das sind nicht etwa, wie der Name vermuten lässt, Hühnchen aus den Bergen der Westindischen Insel, sondern die Schenkel recht großer Frösche, die in den Bergen Dominicas speziell für den Verzehr gezüchtet werden. Das weiße Fleisch war zart und schmeckte tatsächlich wie Hühnchen.

Der Weihnachtsmann schien sich während unseres Landaufenthaltes durch die Vorschiffsluke an Bord der NIS RANDERS geschlichen zu haben, um uns seine Geschenke zu bringen, denn als wir mit unserem Beiboot wieder zurückkamen, lagen viele weihnachtlich dekorierte Päckchen auf der Mittschiffskoje. Mikey und Maria machten große Augen, hatten wir ihnen doch erzählt, Santa Claus – so wird der Rot-Weiße in der Karibik genannt – käme wegen der Zeitverschiebung einige Stunden später als in Oldenburg. Die Geschenke für die Kleinen hatte Susanne schon Monate vorher auf Gran Canaria gekauft, wohl ahnend, dass man in der Karibik die von Mike so geliebten Legosteine nicht oder nur unter enormen Schwierigkeiten bekommt. Auch die Geschenke für Maria und Daniel waren schon seit langem in den Schapps unter den Kojen versteckt: Puppenstube und eine neue Taucherausrüstung.

Heimweh war an diesem ersten Weihnachten, das wir unterwegs feierten, kein Thema bei uns. Es war ein schönes Fest, an dem es wichtig war, dass wir zusammensaßen und dass wir alle gesund waren. Die Meldungen über einen Tsunami, der am zweiten Weihnachtsfeiertag die Küstengebiete in Südostasien, Sri Lanka und Ostafrika zerstörte und Hunderttausende von Menschenleben forderte, nahmen wir wie durch Watte auf. Die Bilder von den zerstörten Häusern und verwüsteten Dörfern, von den Leichen und dem Leid der Menschen kamen übers Internet und per E-Mail zu uns, aber wir lebten wie auf einem anderen Planeten. Was wir damals noch nicht ahnten: In genau einem Jahr würden wir eine sehr gute Vorstellung von der todbringenden Zerstörungskraft eines Tsunami bekommen.

Sylvester 2004/05 feierten wir gemeinsam mit Michie und Tobi von der AHODORI zwischen den Iles de Saintes von Guadeloupe. Dort hatten wir uns mit den beiden schon vor Wochen verabredet. Für uns würde es der nördlichste Punkt unserer Reise durch die Karibik werden, denn nach ein oder zwei Nächten sollte sich die NIS RANDERS ihren Weg zum Panamakanal suchen, während unsere Freunde noch eine Weile auf den Inseln mit dem französischen Flair verweilen wollten. Wir ankerten ungemütlich in einem strömungsreichen und überfüllten Ankerfeld, in das die Wellen des Karibischen Meeres ungehindert eindrangen, trotzdem wurde es ein schöner Jahreswechsel, und wir fragten uns, was das nächste Jahr uns wohl bringen würde. Mit Seenotraketen und Nebelhörnern vertrieben die Besatzungen der hier liegenden Schiffe das alte und begrüßten das neue Jahr.

Für Einheimische verboten

Kaum eine Station der Kleinen Antillen ließen wir aus, tasteten uns langsam durch den karibischen Bogen an die venezolanische Küste heran. Auf der vorgelagerten Insel Isla Margarita erwarteten wir wieder Besuch: von Susannes Tante Ilona. Sie war einen Tag vor uns auf der Insel eingetroffen, wohnte in einem Hotel, dessen Namen wir nicht kannten und das in einer Stadt stand, von der wir nicht wussten, wo auf der Insel wir sie suchen sollten, denn die E-Mails, die ihren Aufenthaltsort angaben, ließen sich aus unerfindlichen Gründen auf unserem Bordcomputer nicht öffnen. Nach einigen Telefonaten mit Deutschland, in denen wir mit einer Arbeitskollegin Ilonas sprachen, fanden wir sie schließlich doch noch am anderen Ende der Insel, und wir erkundeten gemeinsam das Revier.

Auf dieser Insel begegneten wir zum ersten Mal echter Armut und Gewalt. Wir beobachteten tätliche Angriffe und Beraubungen unter der Bevölkerung und sahen, wie sich Drogenabhängige vor Häusereingängen zum Schlafen legten. Einheimische Taxifahrer fuhren lieber einen kleinen Umweg, um bestimmte, besonders gefährliche Stadtteile nicht queren zu müssen. Auch für uns wurde es gelegentlich schwierig. Als wir zum Beispiel abends einmal die Hauptstraße verlassen wollten, um die kleinen Gassen zu erkunden, wurden wir von Einheimischen sofort darauf hingewiesen, dieses doch tunlichst zu vermeiden, wenn wir keinen Überfall riskieren wollten. Man musste einfach darauf achten, welche Stadtteile man als Fremder besser nicht betrat und zu welcher Tageszeit man ungefährdet unterwegs war, denn sonst war das Risiko eines Überfalls zu groß. Die bereits länger in der Bucht liegenden Segler waren in der Vergangenheit immer mal wieder von Einheimischen bestohlen worden, die schwimmend die Boote erreichten, um sich unter den Nagel zu reißen, was nicht niet- und nagelfest war. Einige Beiboote wechselten durch diese Aktionen ihre Besitzer, am häufigsten wurden jedoch Schuhe gestohlen, die von den Seglern üblicherweise direkt an der Reling ausgezogen wurden und dort blieben. Die Diebe packten die Schuhe, ohne das Schiff zu betreten, und schwammen mit ihrer Beute wieder zurück an den Strand. Die Reaktionen der Yachties fielen unterschiedlich aus. Einige taten es achselzuckend als Entwicklungshilfe oder Spende ab, andere hatten daraufhin aufgerüstet und sogar Schusswaffen an Bord, die sie sich zwar nicht ganz legal, aber doch relativ einfach besorgen konnten. Diese Segler gaben unmissverständlich zu verstehen, dass sie die Waffen im Notfall auch einsetzen wollten. Außerdem hatte die Seglergemeinschaft vor einiger Zeit eine nächtliche Funkwachrunde gegründet. Mit Scheinwerfern wurde die Bucht in regelmäßigen Intervallen nach Pirogen, Surfbrettern und Schwimmern abgeleuchtet, um bei sich nähernden Personen über UKW Alarm geben zu können. So kam es dann, dass die venezolanische Bevölkerung ab Sonnenuntergang in der Bucht von Porlamar/Isla Margarita ihres Lebens nicht mehr sicher war, auch wenn sie nur schwimmen wollte. Während unseres Aufenthaltes kam es aber glücklicherweise zu keinerlei kriminellen Handlungen, es wurde kein einziger Segler bestohlen, und auch sonst erinnerten uns die Gespräche über Schusswaffen eher an eine Szene aus einem John-Wayne-Western, die mit jedem neu eintreffenden Segler bunter ausgeschmückt wurde.

Isla Margarita ist zollfreie Zone, also ist der Lebensunterhalt so billig, dass viele ausländische Segler dort geblieben sind. Diesel für acht Cent pro Liter, Lebensmittel fast geschenkt, die Verlängerung der Aufenthaltsgenehmigung gab es beim Agenten Juan Baro für ein paar Dollar unter der Hand, der sein Büro direkt am Rande der Ankerbucht hat und für die Segler außerdem Busfahrten zum größten Supermarkt der Insel organisiert. Über das Warenangebot staunten wir nicht schlecht. Was es nicht alles gab, was wir nicht brauchten! Aber viele Boote kamen extra aus der Karibik angesegelt wegen dieser niedrigen Preise.

Isla Margarita gilt als hurrikanfreie Zone, so lasen wir es in den Revierführern für Segler. Aber das hatte man uns auch über Grenada erzählt, und vor einigen Monaten war er trotzdem erschienen: *the horror called Ivan.* Im September 2004 tobte er mit Windgeschwindigkeiten bis zu 300 Stundenkilometer über die Insel, und als wir drei Monate später in den Hafen von Saint George's einliefen, dachten wir zunächst: Wie nett, dass es hier so viele bunte Dächer gibt, ganz anders als auf den Inseln, die wir bisher gesehen haben und wo die Häuser überall mit diesem hässlichen Wellblech gedeckt sind. Beim Näherkommen aber erkannten wir, dass die »bunten Dächer« aus Plastikplanen bestanden, mit denen die Menschen notdürftig versuchten, sich vor dem Regen zu schützen. Die Insel war grauenhaft zugerichtet, Bäume waren entwurzelt, ja geradezu aus dem Boden gerissen und meterweit davongetragen worden. 85 Prozent aller Häuser waren auf dieser Gewürzinsel nicht mehr bewohnbar. Wir sahen Bilder in Zeitungen, in denen Autos in Baumkronen feststeckten, weil sie vom Wirbelsturm in die Höhe gerissen wurden. Einige Segler berichteten uns unter Tränen, wir sie ihr Schiff, das vermeintlich sicher vor mehreren Ankern in der Bucht lag, durch die vom Wirbelsturm erzeugten gigantischen Wellen in der Bucht verloren hatten und selbst nur knapp dem Tod entgangen waren, weil sie sich rechtzeitig in ein mit Schutzsuchenden überfülltes Haus retteten, das aus Backsteinen gemauert war. Dort verharrten sie ohne Wasser und Strom einen Tag und eine Nacht, bis das Schlimmste überstanden schien. Als wäre das alles nicht genug, kamen während der anschließenden gewalttätigen Auseinandersetzungen unter der einheimischen Bevölkerung, bei denen es um Baumaterial und Eigentumssicherung ging, und wegen der Plünderungen in den Geschäften und den nunmehr verlassenen Häuser mehr Menschen ums Leben als während Ivans Todeslaufs.

Im folgenden Jahr sollte sich dann auch noch Hurrikan Katrina als verheerende Naturkatastrophe über den Südosten der USA hermachen. Nur Wochen später folgte Hurrikan Rita, der Katrina noch übertraf. Todbringende Ausnahmeerscheinungen, die in keinen sogenannten Hundertjährigen Kalender passen? Fachleute machen heute die vom Menschen verursachte globale Erderwärmung dafür verantwortlich. Natürlich wussten wir aus der nautischen Literatur von den tropischen Wirbelstürmen, deren wahrscheinliche Zugbahnen und wann sie auftreten und wann vermutlich die »sicheren Zeiten« in einem bestimmten Seegebiet sind, aber bei unseren weiteren Planungen richteten wir unser Hauptaugenmerk seit diesen Erlebnissen noch genauer nach den Hurrikanen aus.

An Fotomotiven hat es uns in der Karibik und auch vor Venezuela nie gemangelt. Faszinierende Menschen und unglaublich fotogene Models aus Flora und Fauna standen uns ebenso zur Verfügung wie Stillleben aus Früchten und Gemüse. Und das war nur die Überwasserwelt. Unter Wasser sah es genauso faszinierend aus. Ilona hatte glücklicherweise ein Unterwassergehäuse für die Kamera mitgebracht, sodass sich für uns eine neue Welt eröffnete. Anfangs war es allerdings ein seltsames Gefühl, mit der teuren Kamera – nur geschützt durch einen dünnen Plastiksack – in das für die empfindliche Elektronik feindliche Element abzutauchen. Durch den Sucher einer Kamera sieht die Welt ganz anders aus, und das gilt für die Welt unter Wasser genauso wie an Land. Daniel war stundenlang auf Unterwassersafari, um den spektakulär aussehenden Lebewesen nachzustellen, und mit einiger Übung gelangen ihm auch unter Wasser gute Fotos.

Deep blue just for you

Nun begannen Daniel, Susanne und ich auch mit dem Freitauchen. Um Apnoetauchen zu praktizieren, braucht man nämlich nur Wasser und sonst nichts. Keine Flaschen, keine Technik, keine Generatoren, keine Badekleidung, keine Angst. Und keine Ausbildung – lediglich ein paar Regeln gilt es zu beachten. Von Vorteil ist natürlich eine ABC-Ausrüstung, das sind Flossen, Brille und Schnorchel. Dieser geringe Aufwand ist ein großes Plus, war aber bei Weitem nicht der einzige Grund, warum wir diesen Sport stets allen anderen Tauchvarianten vorzogen. Mehr Ruhe und Entspannung, als sich minutenlang in 20 Metern Wassertiefe an einer Riffkante treiben zu lassen, fanden wir nur bei den vorausgehenden Atemübungen. Diese Atemübungen sind vergleichbar mit dem Hatha Yoga. Man kann sie immer und überall wiederholen, auf Nachtwache im Cockpit, am Strand im kühlen Schatten einer Palme, während man in der Koje auf den Schlaf wartet oder auf See, wenn man auf dem Vorschiff dem Spiel der Wellen zuschaut, die sich am Bug brechen. Das Wort Apnoe kommt aus dem Griechischen und bedeutet, wörtlich übersetzt, Atemstillstand.

Wir tauchten mit Blei und dünnen Neoprenanzügen, den sogenannten Shorties. Ab etwa zehn Metern Tiefe presst der Wasserdruck die Luftbläschen in den Shorties so weit zusammen, dass der Auftrieb gegen Null tendiert und man einen Schwebezustand erreichen kann. Die Kunst besteht darin, mit dem genauen Austarieren der Kleidung und der Tauchhöhe diesen Schwebezustand beizubehalten. Dann steht die Zeit still für einige wundervolle Minuten: *deep blue just for you.* Es ist ganz anders als beim Gerätetauchen, bei dem erst die Technik das Eindringen in die Unterwasserwelt ermöglicht. Beim Freitauchen wird man eins mit der Natur, gehört selbst zu dieser Unterwasserwelt in ihrer ganzen Farbenpracht. Auch besteht das Risiko der Taucherkrankheit beim Apnoetauchen durch die kurzen Tauchzeiten nur in der Theorie. Die Bildung von körperschädlichen Stickstoff- und Heliumbläschen, die entstehen, wenn man nach langer Zeit in großer Tiefe zugeführte Luft atmet und anschließend zu schnell auftaucht, ist bei dieser Sportart fast ausgeschlossen. Aus Sicherheitsgründen sind wir natürlich immer mindestens zu zweit nach unten aufgebrochen, und selbst unser kleiner Mikey fand schnell daran Gefallen und kam schon bald auf eine Tauchtiefe von fünf

Metern. Pause machte der Junge erst, als er auf seiner Reise in die Tiefe eines Tages einem langsam dahinschwebenden, riesigen Rochen begegnete, der ihn tüchtig erschreckte.

Apnoetaucher sind vom Schnorcheln etwa so weit entfernt wie ein Läufer vom Joggen. Erst durch Übung und Ausdauer erreicht man einen gewissen Punkt, der dem entspricht, was Läufer an ihrem Sport so begeistert und fast süchtig macht. »Ich habe mich gefühlt, als würde ich fliegen«, sagen viele. *Runner's high,* nennt man das, endogene Morphine werden ausgeschüttet und verursachen unglaubliche Glücksgefühle. Diesen Zustand erreichten wir beim Freitauchen und nach einiger Routine mittlerweile auch bereits bei den vorangehenden Atemübungen, und die schönsten Unterwasserplätze fanden wir in den Los Roques vor Venezuela, vor Bonaire, zwischen den Islas de San Blas, im Südseeatoll Takaroa, auf den Malediven und natürlich später im Roten Meer. Nie wieder werden wir die Papageienfische vergessen, die weithin hörbar an den Korallen knabberten, die schillernden Doktorfische, Grunzer, metergroße Hirnkorallen, Muränen, Lobster, Soldatenfische, leuchtende Mönchfische, Haie, Rochen, Barrakudas und viele andere Bewohner der Tiefe. Nach den Tauchgängen verspürten wir neben dem Drang Luft einzuatmen oft auch ein weiteres menschliches Bedürfnis: Hunger. Diesen stillten wir hin und wieder mit ebenjenen Wesen, die uns noch vor wenigen Augenblicken spitze Schreie der Begeisterung entlockt hätten, wenn dies unter Wasser möglich wäre.

Eine besondere Delikatesse sind Schalentiere: Langusten, auch Spiny Lobster oder Hummer. Gekocht ist das weiße Fleisch dieser Krustentiere eine wahre Gaumenfreude. In dem großen Paket, auf das wir in Gibraltar so lange gewartet hatten, war neben den bestellten Dingen auch eine Fischreuse von der Oldenburger Tau- und Netzwerkfabrik. Besitzer Hannes Kremmin ist ebenfalls begeisterter Segler. In seiner Fabrik wurden die Schoten und Fallen hergestellt, die uns an Bord der NIS RANDERS begleiteten. Die Reuse hatte uns Hannes als kleines Dankeschön für die täglichen Berichte in der Website geschenkt.

Vor der Küste Venezuelas kam die Reuse zum Einsatz. Hier füllten Daniel und ich das Ding mit Fischresten und legten sein schlauchförmiges Netz stets am Abend in 15 Metern Tiefe auf den sandigen Grund. Ernte am Morgen! Die besten Fangergebnisse erzielten wir auf Sandflächen in der Nähe von Riffen. Doch oft hatten wir auch Muränen als ungebetene Gäste im Netz, und diese beißwütigen Viecher wieder herauszubekommen, war gar nicht einfach. Zweimal haben nachtjagende Muränen sogar das Netz zerfetzt, um von außen an den

Köder zu gelangen. Ein anderes Mal wagten wir die Reuse nicht zu bergen, weil eine etwa zwei Meter lange Leopardenmuräne sich der Länge nach unter die Reuse gekuschelt hatte. Wasser hat eine geringere Dichte als die Luft. Dadurch erscheinen Gegenstände und Lebewesen deutlich größer und näher als sie in Wirklichkeit sind. Das gilt besonders für die spitzen Zähne in den Mäulern von Muränen, von denen wir wussten, dass sie Tauchern schon Finger abgebissen haben. Wir jedenfalls hielten respektvollen Abstand. Erst einige Stunden später bequemte das Tier sich dazu, einen anderen Schlafplatz aufzusuchen.

Beim Fischen mit dem Netz muss man in diesen Gewässern große Vorsicht walten lassen, und grundsätzlich sollte man einheimische Fischer oder die Hafenbehörden nach den Rechten und Pflichten fragen, bevor man es einsetzt. Es ist unbedingt darauf zu achten, dass die reichen Yachties den Fischern nicht auch noch die letzte Einkommensquelle zerstören, indem sie ihnen quasi en passant die Lebensgrundlage wegfischen. Außerdem muss man immer, und das halten wir für besonders wichtig, auf die Fangzeiten und die Größe der Beute achten. In der Karibik zum Beispiel gibt es Lobsterschonzeiten, die zur Erhaltung des Bestandes unbedingt notwendig sind, doch leider können sich nicht einmal die Regierungen der verschiedenen Inseln untereinander einigen, wie sie die Natur und die wirtschaftlichen Interessen unter einen Hut bekommen wollen. Silvia und Conni, Segelfreunde, die seit sieben Jahren mit ihren Katamaran ALKEDO zwischen den karibischen Inseln cruisen, wurden wiederholt von Einheimischen innerhalb der Schonzeit kleine weibliche Lobster mit Eiern unter dem Schwanz angeboten. Diese Offerte muss man als verantwortungsvoller Besucher eines fremden Landes einfach ablehnen!

Unter Indianern

Weit im Südosten Panamas, direkt an der Grenze zu Kolumbien, liegt Obaldia. Die uns zur Verfügung stehenden Seekarten zeigten verdächtig viele weiße Flecken im Küstenbereich: *unsurveyed areas.* Bojen, Baken, Tonnen oder andere Seezeichen gab es nicht, das heißt, in den Karten waren welche verzeichnet, aber sie waren entweder abgeschaltet oder nicht auffindbar. Unsere einzige Navigationshilfe lieferte eine elektronische Seekarte mit einem Ausschnitt im Maßstab 1:100 000. Aber gerade weil dieses Gebiet bisher von nur ganz wenigen Seglern besucht worden ist, war es so interessant für uns. Manchmal träumten wir davon, in Gebiete vorzudringen, die nie zuvor ein Segler gesehen hatte. Wie jedes Kind hatte auch Mikey seinen Glauben an den Weihnachtsmann und die Zahnfee irgendwann verloren. Auch an den Indianergeschichten, die wir ihm erzählten, hatte er mittlerweile seine Zweifel. Hier sollte er jedoch seinen Glauben an die Indianer zurückerhalten, denn in einer vorgelagerten Inselgruppe, den San-Blas-Inseln, lebten die Cuna-Indianer.

Im ersten Morgenlicht tasteten wir uns langsam an die Küste heran und riefen den Hafen mehrfach über Funk. Hatten wir auch nur eine einzige Sekunde geglaubt, eine Antwort zu bekommen? Gerade als wir beschlossen, der Küste den Rücken zu kehren, um unser Glück an einem anderen Abschnitt zu versuchen, öffnete sich die Sicht auf die Einfahrt zu einem kleinen Naturhafen hinter dem Kap. Wassertiefe der Einfahrt unbekannt. Wassertiefe im Hafen unbekannt. Wie abhängig man von guten Seekarten und Revierführern ist, merkt man immer erst, wenn man keine an Bord hat. Also enterte Daniel in den Mast, um uns per Augapfelnavigation in den Hafen zu führen. 30 Minuten später fiel der Anker, und die panamaischen Behördenvertreter kamen uns in der Ankerbucht in einem Einbaum entgegengerudert.

Die Gruppe setzte sich aus einer Handvoll Soldaten in Uniform und vier Indianern in traditioneller Kleidung zusammen, denn in dem kleinen Grenzort Obaldia waren vorwiegend gut trainierte Soldaten stationiert, die versuchen sollten, den Drogenschmuggel aus Kolumbien einzudämmen.

So schrieb ich am 13. März 2005 in unserem Tagesbericht:

> Stärker konnte der Kontrast zu Aruba, unserer letzten Station, nicht sein. Dort ein amerikanisches Spielerparadies, hier einfachstes Leben in der Dorfgemeinschaft.
>
> Bereits um sieben Uhr wurden wir am ersten Morgen aus dem Bett geklopft – die Indianer kamen, um uns zu besuchen und um ihre Handarbeiten anzubieten. In Einbäumen ruderten sie von ihrem Dorf heran, mehrere schauten neugierig in unser Cockpit und in den Salon.
>
> Wir kauften Molas, die traditionellen Handarbeiten der Frauen. Den Kindern, die von den Frauen im Einbaum mitgebracht wurden, schenkten wir Bonbons und Bilderbücher. Am Nachmittag starteten wir in unserem Beiboot U-96 (es war schon mehrfach abgesoffen, daher der Name eines U-Bootes) dann zu einem Gegenbesuch. Überall trafen wir auf lachende, freundliche Menschen, und bald waren etwa 20 Kinder um uns herum und zeigten uns ihr Zuhause. Jetzt waren wir es, die neugierig über die Umzäunungen und durch die Fenster in die Hütten schauten. Und was sahen wir? Es gibt keinen elektrischen Strom im Dorf, die beiden Telefone werden mit Batterien betrieben, die mit Solarenergie geladen werden. Einige Ferkel laufen zwischen den Hütten herum, irgendwo kräht ein Hahn. Es ist sauber, nirgendwo liegt Müll herum. Die hier lebenden Menschen wirken aufgeschlossen und stolz.
>
> Den Dorfmittelpunkt bildet der sogenannte *congress*, eine große Bambushütte mit Kokosdach, in der einfache Bänke aufgestellt sind. Hier werden die Streitigkeiten und Probleme der Dorfbewohner abgehandelt. Drei Dorfälteste, zu erkennen an ihren großen Hüten, entscheiden über die Lösung der Konflikte, während sie in der Mitte der Hütte in aufgespannten Hängematten liegen und nachdem sie sich die Sorgen der Mitbewohner angehört haben.
>
> Mikey und Maria bekommen jede Menge Aufmerksamkeit im Dorf. Die Kinder wollen ihre Namen wissen und laden sie zum Spielen ein, doch den beiden wird es an Zuneigung bald zuviel, sie kuscheln sich an ihre Eltern und wollen zurück zum Boot. Morgen werden wir noch einmal ins Dorf fahren, um mit den Indianerkindern Marias Geburtstag zu feiern. Am Abend bereiten wir alles vor. Su bäckt einen Kuchen, während ich die Geschenke einpacke. Die Kleine wird fünf Jahre alt und freut sich aufs Topfschlagen und die Leckereien.

Maria hat diesen Geburtstag bis heute nicht vergessen. Zuerst fuhren wir wieder mit U-96 zum Dorf. Popkorn und Bonbons sind in Deutschland zum Geburtstag keine Besonderheit, aber in der Abgeschiedenheit der San-Blas-Inseln vor dem Festland Panamas waren sie ein Ereignis, für das sogar der Schulunterricht ausfiel. Immer mehr Kinder strömten aus den Gassen des Dorfes, um sich ein paar Süßigkeiten abzuholen. Umringt von Dutzenden Kindern gaben wir alles, was wir hatten. Plötzlich aber war Mikey verschwunden, in dem Rummel um die Bonbons hatten wir ihn aus den Augen verloren. Endlose Schrecksekunden vergingen, schon wollten Susanne, Daniel und ich ausschwärmen, da kam er angelaufen. Jugendliche hatten den Jungen kurzerhand in eine Hütte »eingeladen«. Drinnen lagen alte Frauen in Hängematten, sie waren zu gebrechlich, um aufstehen zu können, wollten aber natürlich auch wissen, was sich draußen ereignete. Noch nie zuvor hatten sie ein Kind mit weißer Haut und roten Haaren gesehen. Immer wieder wurden unsere Kinder nach ihrem Alter gefragt, und die Cunas konnten kaum glauben, dass Mikey und Maria in den wenigen Lebensjahren schon so groß gewachsen waren. Unseren Schätzchen war ein wenig unwohl dabei – sie mussten sich erst an die immensen kulturellen Unterschiede gewöhnen.

Bei den Cunas verweilten wir länger als geplant, denn die Gastfreundschaft der Indianer war unglaublich. Der Dorfsprecher namens Pablo lud uns sogar zu einer Dschungeltour ein. Mit U-96 tuckerten wir einen Flusslauf hinauf, der zu den Plantagen führte. Traditioneller Fischfang und Agrokultur ernähren die Indianer, die rund 50 der 357 Inseln bewohnen. Im bewaldeten Hinterland werden die Felder von den Männern bestellt, während sich die Frauen um Kinder und Haushalt kümmern. Sie sind es auch, die die wunderschönen Molas herstellen. Das sind ungefähr 40 x 50 Zentimeter große Textilarbeiten mit Applikationen, in denen die Farbe Rot eine große Rolle spielt. In früheren Zeiten bemalten die Cunas so ihre Körper, doch durch den Einfluss der Europäer begannen sie, Kleider zu tragen, sodass eine Körperbemalung nicht mehr sinnvoll war. Die fantasievollen Motive nähten sie stattdessen auf eine Art Blusen, die praktisch jede Cuna-Frau trägt. In den Darstellungen finden sich religiöse neben profanen Motiven, jedes einzelne Stück ist ein Unikat und wird aufwendig in Handarbeit hergestellt.

Auf der Dschungeltour führte uns Pablo in ein kleines Dorf, das aus malerischen Bambushütten mit Dächern aus Kokospalmenblättern bestand. Wir sahen keinen Menschen auf den Wegen oder vor den Hütten – eine Geisterstadt. Mikey und Maria, die sich sonst bei Landgängen sofort auf eigene Entdeckungsreise machten, hielten sich dicht neben Su und mir. Es war seltsam ruhig und still.

»Wo sind all die Menschen?«, fragten wir Pablo.

»Sie schlafen«, antwortete unser Führer.

Diese Antwort hatten wir nicht erwartet, denn es war früher Nachmittag. Außerdem konnten doch nicht alle gleichzeitig schlafen. Oder doch?

Die Hütten in dem Dorf waren ohne Türen. Susanne ging langsam darauf zu und schaute durch ein Fenster ins Innere. Als einziges Möbel in dem rechteckigen Raum stand an der längeren Wandseite ein kleiner, grob gearbeiteter Holzstuhl. Daneben befand sich eine wunderschön gearbeitete Holzschale mit frischen Früchten. Ein Tonkrug, der offensichtlich Wasser enthielt und eine halb abgebrannte Kerze auf einem Holzuntersetzer standen daneben. Im hinteren, schmalen Teil der anspruchslosen Hütte ragte ein armdicker, dunkler Holzknüppel leicht schräg aus dem erdigen, festgestampften Boden. Dem gegenüber, etwa zwei Meter entfernt im vorderen Teil des Raumes, entdeckten wir einen zweiten, und bei genauerer Betrachtung konnten wir dünne Faserseile erkennen, die um die Stäbe gewickelt waren und deren Enden ebenfalls in die Erde führten. Der Platz zwischen den schräg nach außen stehenden Holzstäben war leer. Alles wirkte seltsam arrangiert, jedes Teil in dem Raum schien auf einer ihm fest zugewiesenen Position zu stehen.

Mikey und Maria verharrten auf der Schwelle unter der offenen Tür, blickten in die düstere Hütte und sagten kein Wort. Alle waren wir fasziniert von der Besonderheit des Ortes, und obwohl die Geräusche des Dschungels weiterhin unvermindert an unsere Ohren drangen, nahmen wir die Atmosphäre wie durch einen dämpfenden Filter für Auge, Ohren und Seele dar.

»Dürfen wir dich etwas fragen, Pablo?« Unser Begleiter hatte etwas abseits gestanden, kam nun langsam näher und stellte sich neben uns. »Sag uns, Pablo, wo schlafen die Bewohner dieses Dorfes?«

Er zeigte mit der Hand auf die freie Bodenfläche zwischen den beiden Holzpflöcken. »Sie schlafen dort.«

Wir befanden uns auf einem Friedhof mitten im Urwald. Für jeden Toten war eine Hütte gebaut worden. Im Boden des einzigen Raumes wurde jeweils eine rechteckige Grube ausgehoben, an deren Enden die beiden Pflöcke eingerammt werden. Daran wird dann eine Hängematte befestigt, in die der Leichnam gebettet wird. Anschließend wird die Grube mit Erde geschlossen. Ein Totenwächter kümmert sich um die Grabstätten, legt Früchte in die Schalen, sorgt für frisches Wasser in den Gefäßen und zündet abends ein Licht an.

Ich notierte in unserem Tagesbericht:

> Der *congress* des Dorfes Mamitupo (*mami* ist eine süße Frucht und *tupo* heißt Insel) setzt sich aus fünf Chiefs zusammen, die von den Dorfbewohnern gewählt werden und in Streitigkeiten Recht sprechen.
> »Unsere« Chiefs präsentierten sich ziemlich angeheitert in ihren Matten liegend, während die Männer des Dorfes auf Bänken, manche schlafend, um sie herum versammelt waren. Es wurde palavert und diskutiert, ein paar Männer hielten eine Rede, zu der dann jeweils einer der Chiefs seine Meinung äußerte.
> Der *congress* hat strenge Regeln für das Dorfleben aufgestellt: Rauchen ist tagsüber verboten, zwischen zehn und elf Uhr abends ist Nachtruhe angesagt, und die Frauen dürfen den wenigen Yachten, die draußen ankern, keine Molas anbieten. Somit waren wir froh, schon vorher, in einem anderen Dorf, einige erworben zu haben. Das Filmen im Dorf ist allen Besuchern untersagt, allerdings können einzelne Einwohner Filmaufnahmen auf ihren Grundstücken erlauben.
> An Bord war heute Arbeit angesagt: Wäsche waschen (die Frauen in ihren Einbäumen kicherten, als sie sahen, dass ich wusch und die Wäsche aufhängte), Schapps sortieren und ausfegen, immer auf der Suche nach unerwünschtem Viehzeugs, insbesondere Kakerlaken. Wir hatten bisher Schabenglück, denn bis auf die drei Besuche der Krabbler hat sich an Bord noch keine Kakerlake blicken lassen.
> Die Kinder sind anstrengend. Mikey hat eine Phase, in der er mit Handpuppen spielt und diese sehr laut sprechen oder sogar kreischen lässt. Dazu kommt, dass Maria fast den ganzen Tag Kinderkassetten hören will. Beide ziehen sich offensichtlich auf diese Art zurück in die Sicherheit des Bootes, denn von den Eindrücken an Land sind sie überfordert. Die Dorfkinder wollen pausenlos ihre weiße Haut berühren, und die Frauen schnappen sich unsere Kleinen einfach, um sie in ihre Hütten zu schleppen. Dort treffen sie dann meist auf die alten Frauen in Hängematten, die nicht mehr laufen können, aber auch die »großen Weißen« ansehen wollen. Immer wieder werden sie nach ihren Namen und ihrem Alter gefragt. Sie

haben schon oft damit reagiert, sich die Ohren zuzuhalten, und haben sich an unsere Beine geschmiegt.
Ruhe fanden wir nur in Pablos Hütte. Seine Frau zeigte uns, wie man Kakaobohnen röstet, mahlt und zubereitet. Wir lernten auch, wie man die faserige Hülle von den Kokosnüssen entfernt, und Mikey und Maria durften mit den Küken spielen.

Vor Gericht

Der San-Blas-Archipel bietet einsame Inseln mit einer Unterwasserwelt drum herum, wie wir sie zuvor noch nicht gesehen hatten. Mindestens zwei von uns vergnügten sich immer im Wasser. Jedenfalls bis wir den Hai entdeckten, der um das Boot seine Kreise zog. Die Essensreste entsorgten wir am Ankerplatz ab sofort nur noch gegen Abend, wenn keiner von uns mehr zum Schwimmen wollte. Diese faszinierende Natur war ja schön und gut, aber bald fragten wir uns: Geht es auch ohne Schrecksekunde? Bei einer Spazierfahrt im Beiboot beispielsweise sprang aus seichtem Wasser plötzlich ein aufgeschreckter Rochen vor uns hoch, und Mikey und Maria wären mir vor Panik beinahe aus dem Boot gehüpft ...

Langsam zogen wir weiter nach Osten, klapperten die Inseln ab. Auf einer bewohnten Insel in der Nähe von Mamitupo fand Daniel ein Stück verrostetes Moniereisen am Strand. Ein schönes Stück Baustahl. Zwei Meter lang, Durchmesser ungefähr zehn Millimeter. Wunderbar geeignet, um daraus ein Gaff zu fertigen – ein Gaff ist ein großer Haken, mit dem man Fische an Bord hieven kann, die zu groß und zu schwer sind, um sie mit der Hand über die Reling zu wuchten. Ein Gaff ist wohl am besten mit einem Fleischerhaken vergleichbar.

»Lasst uns lieber jemanden fragen, bevor wir das Eisen nehmen«, schlug Susanne vor.

»Wen sollen wir fragen? Es ist niemand zu sehen.«

Das verrostete Metall lag halb verborgen unter dem Sand. Ich konnte mir nicht vorstellen, dass dieses Stück Eisen einen Eigentümer hatte.

In dem Moment kam ein freundlich grüßender Fischer vorbei. Ob wir wohl diesen Eisenstab haben könnten, fragten wir ihn auf Spanisch. Er blieb stehen, schaute sich das Fundstück an, überlegte kurz und bedeutete uns mit einer gönnerhaften Geste, dass wir es nehmen könnten.

»*Muchas gracias, amigo.*« Wir machten uns ans Werk.

Mit Brenner und Säge aus dem Goldschmiedewerkzeug und einem schweren Hammer bearbeiteten wir nun das Teil, bis es die Form eines richtig guten Gaffs bekam. Sogar eine angeschmiedete Spitze ließen wir unserem Werk angedeihen, und der großzügige Fischer schaute uns die ganze Zeit zu.

Irgendwann tauchten drei Männer auf, die wissen wollten, woher wir denn das Eisen hätten. Sie erklärten, es gehöre dem Dorf, und wir könnten es nicht einfach nehmen. Die Verständigung war etwas schwierig, wir verstanden nicht alles, was sie sagten.

»Der hat's erlaubt«, erklärte Daniel und wies mit der Hand in Richtung des generösen Fischers. Das heißt, er wies in die Richtung, wo der Fischer die ganze Zeit gestanden hatte, aber jetzt verschwunden war. Toll! Nun sah es so aus, als ob die weißen Langnasen in ihrer schicken Yacht bei den Indianern vor der Insel ankerten, um sie zu bestehlen.

Wir wurden aufgefordert mitzukommen, um die Sache vor Gericht zu klären. Eine Menge Dorfbewohner hatten den Vorfall bereits bemerkt und kamen nun neugierig näher. Einer von ihnen sprach ein wenig Englisch und übersetzte.

Vor Gericht? Wegen eines verrosteten Stücks Eisen, das am Strand im Sand steckte? Vielleicht sollten wir sogar ins Gefängnis? In diesem Augenblick entdeckte Daniel den Fischer in der Menge wieder.

»Da, der hat's uns erlaubt«, erklärten wir den Leuten.

»Dann kommt der auch gleich mit vor das Gericht«, erklärten sie uns.

So wurden wir von Krethi und Plethi in die Mitte genommen, und in einer kleinen Prozession ging es durch das Dorf. Noch mehr Menschen schlossen sich uns an, aber alles lief ruhig und höflich ab, nirgendwo hörte man ein böses Wort oder sah auch nur ein Stirnrunzeln. Es sollte nur eine Meinungsverschiedenheit geklärt werden, bevor es überhaupt zum Streit kommen könnte.

Das Gericht tagte in einer großen Bambushütte mitten im Dorf. Es schien sich um eine Art Gemeindeverwaltung zu handeln, und es herrschte reger Betrieb im kühlen Innenraum. Vor zwei Holztresen standen einige Leute und sprachen mit den Mitarbeitern. Unser Dolmetscher redete kurz mit einer Frau, die an einem hölzernen Schreibtisch in einer dunklen Ecke saß. Sie deutete auf eine Tür und forderte uns freundlich auf, in den Nebenraum zu gehen, wo um einen großen, grob behauenen Tisch sechs Männer und zwei Frauen saßen, ein etwa 2-jähriges Kind spielte unter dem Tisch mit kleinen, bemalten Holzstückchen. Unser Fall wurde den Richtern vorgetragen. Die berieten kurz und fragten, ob wir bereit wären, fünf Dollar für den Baustahl zu bezahlen. Das waren wir natürlich, wir löhnten sofort und in bar.

Was denn nun mit dem Fischer geschehen würde, der uns erlaubt hatte, das Eisen zu nehmen, wollten wir wissen. Er bekäme Arbeitsdienst oder eine kleine Geldstrafe, erklärte man uns. Uns war nicht wohl bei der Sache, denn wir hatten ihn ja nicht in Schwierigkeiten bringen wollen. Aber als wir den Fischer am nächsten Tag am Strand wieder trafen, bot er uns Früchte und Kokosnüsse an, als wäre nichts geschehen, und wir verbrachten den ganzen Nachmittag mit José, der uns in seine Hütte einlud und uns von seinem Leben in der Dorfgemeinschaft erzählte.

Je näher wir El Porvenir, dem Haupteinklarierungsort der San-Blas-Inseln am Punta San Blas kamen, desto mehr Segler trafen wir. Einige verbrachten hier die zum Teil wochenlange Wartezeit für eine Schleusung durch den Panamakanal, andere lebten schon seit Jahren zwischen den kleinen und zum größten Teil unbewohnten Inseln.

Der Panamakanal – immer öfter tauchte der Name in unseren Gesprächen auf – ist eine Legende. Was hat man nicht schon alles über ihn gehört und gelesen. Da geht es zum Beispiel um die berühmten Panamaleinen, das rücksichtslose Verhalten der Berufsschifffahrt, die ruppigen Lotsen, die Affenfäuste, an denen die Leinen übergeben werden, die Lokomotiven, die die Dickschiffe in die Kammern ziehen und so weiter. Bei unserer Ankunft war von einer langen Wartezeit vor den Schleusentoren die Rede, weil der aufgestaute Rio Chagres, der die gewaltigen Kammern des Kanals mit Wasser versorgt, zur Zeit nicht über ausreichend Wasser verfügte. Durch eine Schleusung fließen nämlich Millionen Liter Wasser talwärts, und wenn der Rio Chagres den Wasserhaushalt im Kanal nicht ausgleichen kann, stehen kleine Sportboote bei den täglichen Schleusungen ganz hinten an. Dieser Kanal ist eine Multi-Millionen-Dollar-Maschine für das mittelamerikanische Land.

An Bord jeden Schiffes, das durch den Panamakanal will, müssen sich mindestens fünf Personen befinden: ein Skipper und vier sogenannte *linehandlers*. Diese Leinenmänner sind während der Schleusung in den drei Kammern des Kanals zuständig für die Bedienung der 50 Meter langen Festmacher und rekrutieren sich meist aus den Besatzungen von Segelbooten, die einen späteren Schleusungstermin haben. Das hat zwei Vorteile: Erstens muss das schleusende Schiff keine professionellen Leinenkräfte bezahlen, zweitens lernt die helfende Besatzung das Procedere der Schleusung kennen. Lücken in diesem System entstehen nur, wenn ein Schiff zwar Hilfe von anderen Seglern in Anspruch nimmt, selbst aber keine Hilfe leistet. Einige Tage vor unserer Schleusung halfen wir Gisela und Walter mit ihrem Boot ATLANTIS durch den Kanal ...

Als Sportboot meldet man sich bei der Kanalgesellschaft in Colón an. Hier zahlt man die Schleusungsgebühr (600 US-Dollar) und das Deponat (im Jahre 2005 waren es 800 US-Dollar für ein Schiff unserer Größe). Daraufhin erhält man einen vorläufigen Schleusungstermin. Bis dahin kümmert man sich um die benötigten Leinen und ordentliche Fender aus alten Autoreifen. Den Rest der Zeit verbringt man mit Warten, Stadtbesichtigungen, Einkaufen und Gesprächen unter Seglern. Besonders die Einkaufstouren in dem billigen Land in Mittelamerika sind sehr beliebt. Hier sahen wir auch wieder die Cuna-Frauen von den San-Blas-Inseln, die sich mit Stoffen und Garn für ihre Molas eindeckten, und in einem der vielen Kaufhäuser fanden wir günstige Tauschartikel für die Südsee.

»Was kosten die Sonnenbrillen?«, fragte Susanne den Verkäufer.

»Einen Dollar das Stück.«

»Nein, ich meinte: Was kosten *alle* Sonnenbrillen?«

Wir erwarben Sonnenbrillen, Lippenstifte, Nähzeug, Angelzeug, Parfüm, Spielzeug, Puppen, Stofftiere, Buntstifte und Malbücher. Es war nicht einfach, Mikey und Maria zu erklären, dass für sie nur jeweils ein Teil zum Spielen vorgesehen war. Mit den Tauschartikeln hofften wir, in Französisch-Polynesien Eindruck zu machen. Irgendwer hatte mal in seinem Reisebericht geschrieben, dass die Bewohner abgelegener Atolle zwar mit Lebensmitteln per Flugzeug oder Schiff gut versorgt würden, aber Spielzeuge und Kosmetikartikel durch den Transport so teuer seien, dass sie von der Bevölkerung kaum geordert werden könnten. Also wollten wir diese Lücke schließen.

Eines Tages waren alle Autoreifen-Fender an Bord, ebenso die dicken Festmacher und Proviant für die nächsten Monate auf dem Pazifik. Fehlten nur noch unsere *linehandlers*. Seit Tagen standen wir mit Michie und Tobias per E-Mail in Kontakt. Mit ihnen wollten wir die Durchfahrt machen und das schon allein aus dem Grund eines freudigen Wiedersehens. Damit hätte sich auch unsere Neujahrsverabredung in der Karibik erfüllt. Die beiden hatten die letzten Tage in den San-Blas-Inseln verbracht und beeilten sich nun, zu uns nach Colón zu gelangen. Zuletzt hatten wir uns am Neujahrstag vor Guadeloupe getroffen.

Dann ging plötzlich alles ziemlich schnell, unser Termin für die Schleusung wurde um zehn Tage vorgezogen. Michie und Tobias schafften es gerade noch, rechtzeitig in den Hafen einzulaufen, und erklärten sich glücklicherweise bereit, ihre AHODORI eine Nacht lang allein zu lassen, um mit uns auf der NIS RANDERS die Schleusung durchzuführen.

1 *Mike mit einem der berühmten Berbermakaken von Gibraltar.*

2 *Die erste Hälfte unseres Großeinkaufs vor der Atlantiküberquerung wartet darauf, gestaut zu werden.*

1

2

3

4

3 *Das Startfeld der ARC, der berühmten Atlantic Rallye for Cruisers.*

4 *Ein* boatboy *namens Flaggenmann bietet vor St. Lucia Obst und Hummer an.*

5 *Vor Dominica befreundet sich Mike mit unserem Früchtelieferanten.*

6 *Nach dem Bordunterricht üben unsere Schulkinder freiwillig weiter.*

7 *Unbeliebt bei Fischern und Fischen: Die Pelikane vor Isla Margarita verschmutzen jedes Boot.*

5

6

7

8

9

10

11

12

8 *Unterwasserfoto von einer kugelrunden Hirnkoralle.*

9 *Daniel beim Apnoetauchen.*

10 *Dieser Kofferfisch begeisterte uns bei 10 Metern Wassertiefe vor Bonaire.*

11 *Holländischer als Amsterdam: die Waterkant von Willemstad/Curaçao.*

12 *Spielhölle im Zuckerbäckerstil auf Aruba – für reiche Amerikaner.*

13 *Ein Cuna-Indianer paddelt nach der Feldarbeit zurück zum Dorf, nachdem er auf seiner Plantageninsel die reifen Früchte geerntet hat.*

14 *Hier bestatten die Cunas ihre Toten.*

15 *Dieses Dorf war unser erster Sichtkontakt mit der Küste Panamas an der kolumbianischen Grenze.*

13

15

14

16

17

16 *Handgefertigte Molas mit Urwaldmotiven.*

17 *In Panama City erwarben wir Tauschobjekte* en gros, *um damit später Handel zu treiben.*

18

19

20

18 In Panama City wirft man in manchen Straßen den Müll einfach aus dem Fenster.

19 Vor dieser einsatzbereiten Reifenwerkstatt in Panama City lernten wir den freundlichen Inhaber kennen.

20/21 Manchmal musste die ganze Familie die Einkäufe schleppen, manchmal fanden wir ein Lastentaxi, das wir selbst bewegten.

21

Der Panamakanal

In unserem Tagesbericht vom 9. April 2005 habe ich geschrieben:

Ein letztes Mal kauften wir in Colón ein, denn an Bord fehlte es an frischen Lebensmitteln wie Fleisch, Obst und Gemüse, die wir in den nächsten zwei Tagen während der Schleusung im Kanal brauchen werden. Wir haben dabei nicht nur unsere Familie zu versorgen, sondern auch die *linehandlers* und den *adviser.*

15.00 Uhr. Mit U-96 holen wir Michie und Tobi von ihrer AHODORI ab. Aus Sicherheitsgründen gilt eigentlich: Segler, bleib bei deinem Boot, lass es möglichst nicht unbeaufsichtigt. Nun aber lassen die Freunde ausnahmsweise ihre Yacht für eine Nacht unbemannt im Ankerfeld von Colón, um uns bei der Schleusung zu helfen. Die Wetterberichte sind günstig, so brauchen sie um den Halt des Ankers nicht zu fürchten, und die Nachbarlieger aus den Niederlanden und aus Brasilien haben versprochen, ein wachsames Auge auf die AHODORI zu werfen. Unser Schleusungstermin ist: 16.00 Uhr. Wir warten im Ankerfeld auf den *adviser,* der mit einem Lotsenboot von der Schleusengesellschaft übergesetzt werden soll. Dieser *adviser* – in unserer Sprache: Berater –, so wurde uns von der Kanalgesellschaft erklärt, ist kein Lotse, wie er auf großen Schiffen üblich ist, denn er übernimmt nicht das Steuerrad beziehungsweise die Pinne und somit auch keine direkte Verantwortung, sondern gibt lediglich Anweisungen, denen man – so gab man uns unmissverständlich zu verstehen – unbedingt Folge zu leisten hat. Aufgrund unserer Erfahrungen während der Kanaldurchfahrt auf der ATLANTIS vor einigen Tagen wissen Daniel und ich bereits, dass die *adviser* sehr genaue Anweisungen geben und nichts dem Zufall überlassen, was den reibungslosen Ablauf gefährden könnte.

16.30 Uhr. Wir warten noch immer. Daniel und Su fragen mich, ob ich mich vielleicht im Tag geirrt habe, und so werde ich plötzlich sehr unsicher. Vielleicht sollten wir mal über

Funk rufen ... bloß wen und auf welcher Funkfrequenz? Oder den Anker hochziehen und aus dem Ankerfeld fahren ... nur wohin? Nee, ich entscheide mich, das Topplicht anzumachen, dann findet er uns besser ... am helllichten Tag? Beruhige dich, sage ich mir immer wieder. Es nähern sich laufend Lotsenboote, die wir durch Pfiffe und Rufe auf uns aufmerksam machen wollen, aber für uns ist kein *adviser* dabei.
17.00 Uhr. Endlich springt unser Mann aufs Deck. Plötzlich geht alles ganz schnell. »*Heave up the anchor, please*«, sagt er, noch bevor er sich vorstellt, und die Bitte klingt doch sehr nach einem Befehl. Wir beeilen uns, seinem Wunsch nachzukommen, und zwar so sehr, dass die Ankerkette unklar kommt und mir der Anker beim Einholen aus den Händen rutscht. Er ist noch voller Schlamm und Bewuchs von der langen Unterwasserzeit. Während wir schon mit Vollgas aus dem Ankerfeld in Richtung Schleusentore fahren, gelingt es mir erst durch beherztes Zugreifen und einer lackvernichtenden Lagerung von Kette und Anker auf dem Vordeck, das Problem in den Griff zu bekommen. Vor uns öffnen sich die gewaltigen Tore der Gatun-Schleuse, einer 3-Kammer-Schleuse, in der wir in jeder Kammer 12 Meter angehoben werden. Su steuert die NIS RANDERS langsam und vorsichtig, und wir haben Glück: In der ersten Kammer können wir an einer Yacht festmachen, die ihrerseits an einem Schlepper festgemacht hat. Dadurch brauchen wir keine Leinenarbeit zu leisten. Allerdings lässt das Dickschiff vor uns den kalten Schweiß auf unseren Stirnen erscheinen, denn von dem Schraubenwasser, das so ein Schiff der Panamaklasse erzeugen kann, haben wir viel Negatives gehört. Obwohl diese Schiffe von PS-starken Elektroloks in die Kammern hinein und wieder heraus gezogen und auch mithilfe von armdicken Stahltrossen gebremst werden, lassen sie zur Unterstützung der Loks beim Anfahren einige Male ihre Schraube drehen. Das kabbelige Wasser, das also immer erzeugt wird, wenn ein Riese Fahrt aufnimmt, kann eine Yacht in erhebliche Bedrängnis bringen, falls sie ihre Leinen zu früh löst. Wir hörten von den Besatzungen einiger Yachten, dass die Lotsen und *adviser* stets an einer schnellen Weiterfahrt interessiert sind und deshalb oft die Leinen zu schnell lösen.
»Du allein bestimmst, wann die Festmacher gelöst werden!«, mahnte mich John von der australischen FREEDOM. »Wenn etwas passiert, bist du nämlich auch allein verantwortlich«, fügte er hinzu.

20 Minuten nach der ersten Schleusung fährt die NIS RANDERS bereits in die zweite Kammer. Auch diesmal behalten wir die Yacht von vorhin an unserer Seite, also muss Su mit zwei Schiffen fahren. Dann können wir wieder an dem Schlepper festmachen. Nachdem dieses Manöver relativ ruhig und dank unserer Vorbereitung durch die vorangegangene Schleusung auf der ATLANTIS mit einiger Erfahrung abgelaufen war, erinnerten Daniel und ich uns mit Schrecken an einen Vorfall, der auf einem Nachbarschiff der ATLANTIS vor einigen Tagen geschehen war und dessen Ohrenzeugen wir wurden: Die ATLANTIS machte an einer englischen Yacht fest, um in die zweite Kammer der Gatun-Schleuse zu fahren. Dabei gewahrten wir einen zunächst verhaltenen Streit zwischen einem *linehandler*, der auf dem Vorschiff Dienst tat, und einem weiblichen Besatzungsmitglied der Yacht. Offensichtlich ging es in dem Disput darum, wie eine Leine um einen Poller sachgerecht belegt wird. In der dritten Kammer schließlich eskalierte dieser Streit zu einer wortgewaltigen und handfesten Auseinandersetzung: »*Don't tell me what I have to do, DON'T TELL ME, WHAT I HAVE TO DO!*«, schallte es durchs Gelände. Jeder Segler, der in mehr als einem deutschen Hafen an- oder abgelegt hat, weiß um die mögliche Lautstärke der Skipper und der Besatzungen in Stresssituationen, dieses hier übertraf jedoch das normale Maß. Wutschäumend schmiss die Lady die Leinen auf das Deck und begab sich unter Deck, wo das Geschirr für einen ausgiebigen und lang anhaltenden Wutausbruch herhalten musste.
Gegen acht Uhr abends legen wir an einer großen Boje im Gatunsee an. Unser *adviser* wird von einem Lotsenboot abgeholt. Mit unserem Mann haben wir offensichtlich großes Glück gehabt, er war nett und freundlich, zurückhaltend und vorausschauend.
Wir waren unendlich froh, so unproblematisch durch die ersten Schleusen gekommen zu sein, und ohne Probleme fahren wir noch durch die letzte Kammer und haben somit die erste Hälfte des Panamakanals geschafft.
Wann eigentlich wird morgen der neue *adviser* an Bord kommen? Keine Ahnung, niemand hat ihn in dem ganzen Stress danach gefragt. Aber vielleicht weiß man ja auf dem Nachbarschiff, das an der großen Mooringtonne festgemacht hat, Genaueres. Um neun soll er kommen, hören wir. Toll, da können wir ja ausschlafen.

06.30 Uhr. Es ist noch dunkel, und es schüttet wie aus Kübeln. Der *adviser* springt an Bord und scheucht uns aus den Federn. In nassen Socken laufen Daniel, Mitchie, Tobi und ich über das Deck, um die Leinen zu lösen. Su startet den Motor. Auch am zweiten Tag soll sie die NIS RANDERS führen. Die Kinder bekommen von den morgendlichen Aktivitäten nichts mit und schlafen in der Vorschiffkoje weiter.
»*Who is the skipper?*«, fragt der *adviser.*
»*Su is the master.*«
»*Ah, a ladyskipper! Full power, please.*«
Im Gatunsee geht es an einer wunderschönen Dschungellandschaft vorbei. Dicht verwachsenes Pflanzengewirr. Grün in Grün bis an die Wassergrenze. Wir sehen Alligatoren und hören das phänomenale und unglaublich laute Konzert der kilometerweit entfernten Brüllaffen. Myriaden von Stechmücken fallen über uns her, das heißt, sie versuchen es. Wir sprühen deshalb uns und die Kinder großzügig mit einem Moskitos abweisenden Gebräu ein, das in Mittelamerika sehr empfohlen wird.
Im Panamakanal fließt Süßwasser, und nicht wenige Besatzungen der durchfahrenden Yachten stellen plötzlich überrascht fest, dass ihr Schiff 10 bis 15 Zentimeter tiefer im Wasser liegt. Ein Leck? Auch wir sind alarmiert, als der Wasserpass plötzlich auf Tauchfahrt geht.
Der *adviser* kennt das aufgeregte Getue schon: »Nur die Ruhe, euer Kahn wir wieder obenauf schwimmen, sobald ihr den Pazifik erreicht habt.«
Leider haben wir keinen Wind, obwohl im Kanal das Segeln erlaubt wäre, wenn gleichzeitig der Motor läuft. Schön wäre es gewesen, auf diesem flachen See etwas Wind zu fangen, schließlich sind wir ein Segelschiff und kein Motorboot. Doch die knapp 50 Kilometer lange Reise des zweiten Tages verläuft glücklicherweise ohne Zwischenfälle, und wir erreichen die Pedro-Miguel-Schleuse so früh, dass wir noch eine Stunde unvorhergesehene Regenerierungspause an einem Dock genießen können. »Ahoi! Können wir längsseits kommen?«, fragt uns der Skipper eines kleinen finnischen Bootes auf englisch.
Wir bejahen, machen die Leinen klar und nehmen die Leinen an. Dann kommen die beiden Miraflores-Schleusen. Während Su unter voller Konzentration die NIS RANDERS und das finnische Schiff in die Schleusenkammern manövriert, fangen

Daniel, Michie, Tobi, und ich die Wurfleinen von den Jungs der Kanalgesellschaft. Dabei müssen wir gewaltig aufpassen, nicht von den dicken Endknoten – den sogenannten Affenfäusten – am Kopf oder anderen empfindlichen Körperteilen getroffen zu werden. Ein-, zweimal wären wir fast erwischt worden, wobei wir erst im letzten Augenblick ausweichen konnten. Knapp am Kopf vorbei! Eine Woche nach unserer Schleusung bekommt Tobi bei der Schleusung der AHODORI dann tatsächlich eine Affenfaust ins Gesicht geschleudert, und die klaffende Wunde muss noch im Schleusenbecken an Bord der AHODORI genäht werden.
Bis auf wenige Augenblicke verbrachten die Kinder die Zeit der Schleusungen an Deck. Sie beobachteten das ganze Geschehen ganz genau und klatschten, wenn eine der Affenfäuste ihr Ziel in den großen Zielscheiben fand, die zum Üben am Rand der Schleusen aufgestellt sind. Sie wurden ganz still, als schwarzer Rauch wie Aschewolken aus den Schornsteinen der Dickschiffe quoll, und sie schneckten unsere Festmacher nach Gebrauch wieder auf. Für die beiden war es eine Fahrt durch einen aufregenden Freizeitpark, und auch Daniel war die ganze Zeit während der Schleusung auf der Hut. Er hatte die Gesamtorganisation der Schleusung an sich gezogen, sodass Su und ich uns um Mike und Maria kümmern konnten. Bereits während unserer Hilfsaktion zur Schleusung der ATLANTIS hatte er sich Notizen gemacht, die er jetzt abrief. So hieß es bald: »Daniel, wann geht es weiter?« Oder: »Wie lange ist es noch bis zur Panama Bridge?« Er kannte alle Antworten.
Nach etwa einer Stunde in der letzten Kammer ist es endlich soweit: Die Tore öffnen sich, und wir schwimmen in den Pazifik hinaus. Nach ein paar Höflichkeitsfloskeln löst sich das finnische Boot von uns, und unser Berater wird von einem Schiff der Kanalgesellschaft abgeholt.

Auf einmal sind wir wieder allein, entlassen und auf uns selbst gestellt. Wir fahren unter der Brücke durch, die Nordamerika und Südamerika verbindet und machen schnell ein paar Fotos, doch unsere eigentliche Aufmerksamkeit gehört dem Pazifik. Natürlich erscheint er uns groß und weit. Und natürlich wird er ein großes Kapitel unserer Reise füllen. Aufregung und Ehrfurcht, Respekt, aber keine Angst bringen wir ihm entgegen.

Dann entdecken wir den Balboa Yacht Club, legen an einer Boje an, schalten den Motor aus und entkorken eine Sektflasche, die schon seit den Kanaren in der Bilge schlummert. Hey, wir sind in Panama City. Im Pazifik. Vor uns liegt Galapagos. Na ja, nicht direkt vor uns. Eher: irgendwo vor uns! Und: Tonga, wir kommen!

Der Pazifik

Nach der Passage des Panamakanals hielt Daniel in unserem Tagesbericht fest:

Bis zu diesem Punkt der Reise, bis zur Durchquerung des Isthmus von Panama, hatte ich den geheimen Gedanken im Hinterkopf behalten, dass ein Abbruch der Reise für mich noch immer leicht möglich wäre. Ich könnte einfach in einen Flieger steigen und nach Hause aufbrechen. Der Panamakanal war mein letzter »Checkpoint« – falls ich den überschritt, würde ich auch den Rest mitmachen, sagte ich mir, dann aber gibt es nur noch einen Weg zurück, und der führt auf der NIS RANDERS übers Wasser Richtung West rund um die Welt. Durch den Panamakanal fuhr ich deshalb nicht ohne flaues Gefühl im Bauch. Ab Panama würde die NIS RANDERS mein Zuhause und das Meer meine Heimat.

Nach wenigen Tagen der Vorbereitung verließen wir das Ankerfeld, um uns auf den Weg nach Galapagos zu machen. Vor Isla Pacheca, einer kleinen und nur von Vögeln bewohnten Insel ganz im Norden des Archipiélago de las Las Perlas, einer Inselgruppe im Golf von Panama, warfen wir für einen Zwischenstopp den Anker. Wir wollten Kräfte sammeln, um uns auf die bevorstehende Passage vorzubereiten. Als wir ablegten, wurden wir an die Schönheiten des Hochseesegelns erneut erinnert, die Nacht verlief ruhig und ohne Zwischenfälle. Nicht ein einziges Mal mussten wir die Windfahnensteuerung korrigieren. Raumer Wind füllte die ausgebaumten Segel. Umso mehr Zeit hatten wir, die Schönheiten der Natur zu beobachten, auf die wir wegen des Stresses beim Schleusen schon seit einiger Zeit nicht mehr so intensiv geachtet hatten: Sternschnuppen, phosphoreszierende Kleinstlebewesen, die in unserem Kielwasser zum Leuchten gebracht wurden, der unglaubliche Sternenhimmel, die Ruhe. In der Ferne leuchteten die Positionslampen von ein oder zwei Schiffen. Segeln auf dem Pazifik unter dem Kreuz des Südens ...

Den nächsten Tag begannen wir bei ruhiger See und stetigem Wind mit der üblichen Arbeit, die an Bord anfällt, und Unterricht für die Kleinen. Am Nachmittag ging eine Dorade im

King-Size-Format an die Schleppangel. Fisch im Familienpack. Den für das Tier unwiderstehlichen Köder hatte ich aus einem Stück Holz, einem großen Doppelhaken und zwei Luftballons selbst gebaut. Mehr als zwei Stunden waren wir in der brütenden Hitze damit beschäftigt, die einen Meter achtzig lange Beute an Bord zu hieven. Damit war mehr als ausreichend Fleisch für die Fahrt nach Galapagos vorhanden. Da wir keine Tiefkühltruhe hatten, konservierten wir das Fleisch durch Einlegen in Öl, Trocknen in der Sonne und durch Pökeln mit reichlich Salz und hatten den ganzen Tag zu tun. Zu Beginn der Reise hatten wir die Schleppangeln immer schnell eingeholt, sobald sich Delfine zeigten, denn wir wollten nicht riskieren, dass einer von ihnen den Köder schluckte. Bei einigen Gelegenheiten – als die Delfine uns in der Morgendämmerung mit ihrem Erscheinen überrascht hatten – konnten wir aber beobachten, dass sie zu schlau sind, um die künstlichen Köder anzunehmen. Sie schwammen meist nur um sie herum und beäugten sie neugierig, bis ihr Sonarsystem erkannte, dass unsere Köder sich nicht mit ihrem Beuteschema deckten. Dann ließen sie schnell ab und amüsierten sich in der Bugwelle der Nis Randers. Immer wieder tauchten sie unter dem Boot durch, um an Backbord und Steuerbord aus der Wasseroberfläche hervorzubrechen, in Sekundenbruchteilen Luft aus- und wieder einzuatmen. Nie wurden wir müde, diesem anmutigen Schauspiel zuzusehen.
03.00 Uhr. Temperatur: 29,1 Grad Celsius, Luftfeuchtigkeit: 85 Prozent. Position 06°16,4'N 080°51,790'W. Die Nis Randers nähert sich dem Äquator. Die Funkbedingungen auf dem Pazifik sind gut, und unser neues PactorIII-Modem arbeitet schnell und zuverlässig. Das Senden der Tagesberichte macht jetzt richtig Spaß – in einer Viertelstunde ist alles »drüben«, beim PMBO, dem Pactor Mailbox Operator von Winlink. Die ersten neun Monate, als noch das langsame PactorII-System im Modem installiert war, hatten wir immer wieder stundenlang an der Funke gestanden, um die Berichte samt Tagesfotos zu senden.

Das traumhafte Segeln ging so die ersten drei Tage, die ersten 300 Meilen auf See ab Panama. Der Äquator war nur noch wenige Tage entfernt, schien fast zum Greifen nah. Unser Plan sah vor, erst in Richtung Süden zu segeln, um dort auf günstige Winde zu treffen. Anschließend Richtung Galapagos. Galapagos, erklärten wir Mike und Maria, ist nur noch einen Steinwurf entfernt. Zeit und Raum spielten in ihrem Alter noch keine messbare Rolle. Das Wetter zeigte sich beständig von seiner schönsten Seite, und die Windbedingungen entsprachen den Prognosen der *grid-files* von Winlink, die wir über Funk auf den Laptop bekamen.

»Weißt du eigentlich, wie man so was nennt?«

Susanne sprach in Rätseln zu mir. »Was meinst du?«

»Was wir hier gerade machen, weißt du, wie man das nennt?«

»Ich habe keine Ahnung, sag du's mir.«

»Kaffeesegeln. So was nennt man Kaffeesegeln.«

»Mir egal, wie man so was nennt, Hauptsache es bleibt so.«

Umgehend begann das Wetter verrücktzuspielen.

Probleme auf See

In der dritten Nacht seit unserem Ankerauf bei den Islas de las Perlas erreichten wir die Innertropische Konvergenzzone, kurz ITC. Die ITC ist die einige 100 Kilometer breite Schnittstelle der vorherrschenden Windsysteme und umfasst die Bereiche in den Tropen, in denen die von Norden und von Süden aufeinander treffenden Passatwinde ihren Streit um die Vorherrschaft in diesem Seegebiet austragen. Die Folge ist ein vom Sonnenstand abhängiges und relativ ortsstabiles Tiefdruckgebiet mit labilen Schichtungen mit Flauten, Gewitterstürmen, heftigen Regenfällen und ständigen Winddrehungen. Vorhersagen greifen für die ITC nicht wirklich, lediglich das Gebiet, in dem sich die Zone zu einer bestimmten Jahreszeit befindet, kann heutzutage durch die Beobachtungen, die Seeleute über Jahrzehnte dokumentiert haben, verhältnismäßig gut eingegrenzt werden. Auch wir konnten die Lage der ITC damals verhältnismäßig gut einschätzen, denn wir steckten plötzlich mittendrin.

Der Wind drehte am dritten Tag auf See und etwa 300 Seemeilen von den Islas de las Perlas entfernt um 180 Grad und kam nun direkt von vorn. Mit dichtgeholten Schoten und flachem Großsegel versuchten wir, der See noch Meilen abzuringen. Das wurde insbesondere durch den in seiner Stärke sehr wechselhaften Wind erschwert. Ständige Segelwechsel im 90-Minutentakt füllten die kommenden Tage und Nächte. Unsere Vorsegel waren traditionell mit Stagreitern am Vorstag befestigt, und so mussten Daniel, Su oder ich ständig auf das Vorschiff, um die Segel den Windverhältnissen anzupassen. Wir mussten auch stets hoch am Wind fahren, das bedeutete eine hohe Belastung für das Material und auch für die Mannschaft unter Deck, denn »gegenan« heißt Schläge der Wassermassen an den Luvbug, heißt Stampfen im Schiff, was das Schlafen zumindest in der Vorschiffkoje mehr zu einem Erlebnis in einem Fahrgeschäft auf dem Rummelplatz werden lässt. Nur hört die Belastung in den Fahrgeschäften nach vier Minuten wieder auf.

Während Maria sich als einzige von uns als unbeirrbar seefest erwies und auch beim schlimmsten Stampfen in der Vorschiffkoje Ruhe fand, zog Mike auf eine Koje im Salon um. Su verbrachte mehr als eine unruhige Nacht im Mittelgang des Salons in stabiler Seitenlage, wie sie es in dem Medizin-auf-See-Kurs gelernt hatte. Daniel saß in seinen Freiwachen im Cockpit und stützte den Kopf in der Hand mit dem Ellenbogen auf den Sitzbrettern ab, und ich verkeilte mich nach Möglichkeit in der Hundekoje. Tagsüber wechselten die Winde in Stärke und Richtung ungehindert weiter. Entweder war der Gegenwind zu stark, um Höhe zu machen, oder er ließ so plötzlich nach, dass der Seegang sich nicht im gleichen Verhältnis beruhigen konnte. Die aufgepeitschte See brauchte Zeit, um sich zu beruhigen. Segeln war in den Zeiten der schwachen Winde nicht mehr möglich. Wir ließen uns dann einige Zeit vom ursprünglich geplanten Kurs abtreiben. Zu dicht aber wollten wir der Küste nicht kommen, um eventuell als Fischern getarnten, kolumbianischen Gelegenheitspiraten kein Angriffsziel zu bieten. Mit dem Wind, der tagsüber von vorne kam, konnten wir wenigstens die Höhe halten. Aber während der regelmäßig einsetzenden Abendflaute mussten wir gegen die See motoren.

Doch ein Problem kommt niemals allein. Bei einer meiner Motorkontrollen entdeckte ich Wasser in der Motorbilge. Sicher, das eine oder andere Tröpfchen hatte sich schon immer durch die Stopfbuchse dorthin verirrt, aber was sich nun ansammelte, war zu viel des Guten. Seewasser sprudelte wie aus einem geöffneten Wasserhahn aus der Seewasserpumpe in den Motorraum.

Daniel notierte im Tagesbericht:

> 03.00 Uhr. Der Regen kam buchstäblich von einer Sekunde zur anderen. Ein Sturzbach. Ich saß in kurzer Hose im Cockpit und war innerhalb von Sekunden pudelnass. Der Regen war kalt; ich fror wie ein Schneider. Pa kam mir zu Hilfe, auch er war schnell klitschnass und schlotterte erbärmlich.
> Seit Stunden (eigentlich ja seit Tagen) treiben wir mehr als wir segeln. Die erhoffte Winddrehung aus östlicher Richtung bleibt aus. Das Beste, was wir rausholen können, sind zwei Knoten. Als wir uns entscheiden, den Motor zu Hilfe zu nehmen, kommen wir gerade mal auf drei Knoten.
> Nach kurzer Zeit – geschlafen hat keiner mehr – bleibt der Motor stehen. Die Ursache finden wir in einer defekten Dieselförderpumpe. Also, ich fasse zusammen: defekte Seewasserpumpe, defekte Dieselpumpe, eiskalter Regen, dazu entweder kein Wind oder Wind von vorn. Eine Glückssträhne?
> Der Reparaturversuch dauert sechs Stunden und schlägt am Ende fehl. Zu dritt diskutieren wir lange unsere Möglichkeiten. Gleichzeitig treiben wir auf die Küste Ecuadors zu. Knapp 600 Seemeilen sind es noch nach Galapagos, 300 Seemeilen zurück nach Panama. Sicher ist nur, dass es in Panama Ersatz-

teile für den Motor gibt und der Wind und die Strömungen jetzt günstig für unsere Rückkehr wären. Die Entscheidung fällt uns nicht leicht, aber Sicherheit geht vor.
Wir drehen um.
Gutes Segeln in der Nacht. Wir nehmen Kurs auf die Küste Kolumbiens, um eine günstige Strömung nach Panama zu erreichen. Dann – es ist wieder meine Wache – frischt der Wind gegen sechs Uhr morgens auf. Es fängt wieder an zu regnen. Der Wind wird stärker und stärker, die Segel müssen runter, und zwar schnell. Ich wecke Pa und Ma, und kaum sind die Segel unten, geht es richtig los. Wir treiben schon vor Topp und Takel, als der Wind auf Sturmstärke zulegt. Zu unserem Glück hat sich innerhalb dieser kurzen Zeit keine See aufgebaut, sodass die NIS RANDERS noch relativ ruhig im Wasser liegt. Unsere Geschwindigkeit steigt auf fast fünf Knoten, wir haben Ruderdruck, und das Schiff ist steuerbar.
Zwei Stunden später: So schnell, wie er gekommen ist, ist der Spuk vorbei. Innerhalb weniger Minuten erstirbt der Wind zur völligen Flaute. Nur der Regen begleitet uns noch eine Weile. Pa versucht stundenlang, die Wasser- und Dieselförderpumpe zu reparieren. Der Motor muss laufen! Er will die Dieselpumpe mit einem Falltank überbrücken, aber erst als er den Wasserabscheider überbrückt und einige Umbauten an der Dieselzuleitung vornimmt, glückt ein Startversuch. Inzwischen hat uns aber die Strömung wieder meilenweit in Richtung Galapagos versetzt.
21.00 Uhr. Der Motor läuft wieder! Durch den Falltank wird der Motor jetzt zuverlässig mit Diesel versorgt, und wir motoren mit 1800 Umdrehungen Richtung Panama. Das Wasser, das aus der lecken Kühlwasserpumpe in die Motorbilge sprudelt, pumpen wir nun schon seit Stunden immer wieder mit der Lenzpumpe in qualvoller Handarbeit heraus.
21.45 Uhr. Die Temperaturwarnlampe des Motors leuchtet auf. Wir nehmen an, dass nicht ausreichend Kühlwasser durch den Wärmetauscher geleitet wird. Wie auch immer, wir treiben hier auf Position 04°54,5N und 080°24,7W in völliger Flaute durch die Strömung mit 0,9 Knoten auf die ecuadorianische Küste zu. Wird Zeit, dass Wind kommt ...

In den folgenden Tagen und Nächten wiederholte sich das Spiel mit den Gegenwinden am Tag, den Flauten in der Nacht und den Unwettern am frühen Morgen. Die Meilen, die wir uns am Tage hart erkämpft hatten, verloren wir in der Nacht wieder bei Gegenströmung und Flaute.

Nun war es ja nicht so, dass wir das erste Mal den Wind auf die Nase bekommen hätten. Wetter- und technische Probleme in Bezug auf den Motor und widrige Winde hatten wir auch vorher schon durch Erfahrung und Fantasie zu lösen verstanden. Unsere Anspannung stieg jedoch in der Nacht stark in Richtung Panik, als wir langsam aber sicher auf eine kleine Felseninsel namens Malpelo zutrieben. Es ist eine Sache, bei Flaute auf offener See treibend auf Wind zu warten, aber eine ganz andere Sache bei Flaute auf eine Felseninsel zuzutreiben. Ich rief Su und Daniel zu einer Krisenkonferenz zusammen – schlafen konnte ohnehin keiner mehr.

»Jetzt fehlt nur noch, dass wir von Piraten überfallen werden«, sagte Su und starrte bedrückt über das schwarze Pazifikwasser.

»Wieso sagst du das jetzt?«, fragte ich ungehalten.

»Da!«, sie wies mit dem Finger auf ein Licht am Horizont, wo ein heller Schimmer zu sehen war, der in dem Augenblick verschwand, als ich ihn erspähte.

Merkwürdig. Hier draußen auf See treibend überrascht zu werden, sorgte uns sehr.

Am nächsten Morgen erhielten wir eine E-Mail von der niederländischen Yacht VIERDE DIMENSIE , die drei Tage später als wir in Richtung Galapagos aufgebrochen war:

»Hallo, NIS RANDERS! In der vergangenen Nacht wurden wir gegen drei Uhr fast geentert durch Typen auf einem Fischerboot von ungefähr 12 Metern Länge. Einer der Kerle hat versucht, bei uns an Bord zu springen, aber weil wir unter Segeln und Motor flüchteten, ist es ihm nicht gelungen. Es passierte auf 05°36,7 Min N 081° 18,2 Min W. Wir hoffen, dass bei euch alles in Ordnung ist, bitte passt auf euch auf.«

Es schien also das Licht der Segler gewesen sein, welches Susanne und ich in der vergangenen Nacht gesehen hatten, denn die NIS RANDERS war zur betreffenden Zeit weniger als fünf Meilen von der angegebenen Position entfernt. Ebenso wie das Fischerboot hatten auch wir unsere Beleuchtung abgeschaltet, und das sollte zumindest bei uns in den kommenden Tagen so bleiben. Die Gefahr einer Kollision mit einem Schiff schien uns weniger wahrscheinlich als eine Bedrängung durch Piraten.

Ich schrieb im Tagesbericht vom 23. April 2005:

Flaute in der Nacht. Der Motor lief unter unserer ständigen Überwachung. Zweimal Ölwechsel: um zwei und um fünf Uhr morgens. Am Morgen kam etwas Wind auf, aber es war wie verhext, wieder kam er direkt von vorn. Bei einer Gegenströmung von fast zwei Knoten und einem überladenen Schiff (wir haben schließlich Lebensmittel für den ganzen Weg bis Australien gebunkert) können wir die NIS RANDERS nicht zum Kreuzen bewegen. Den Motor mochten wir auch nicht mehr bemühen, also segelten wir. Sollte uns der Diesel jetzt durch Totalschaden ausfallen, wären wir echt in Schwierigkeiten.
Plötzlich entdeckten wir ein Schiff am Horizont. Ein Kriegsschiff! Da sind doch bestimmt jede Menge Techniker und Ingenieure an Bord, vielleicht haben die ja nichts zu tun und möchten uns helfen, dachten wir.
Der Funkkontakt war schnell hergestellt. »*Warship, warship, warship for NIS RANDERS.*«
Die Jungs gehörten zur Panamaflotte und waren auf der Suche nach Piraten und Drogenschmugglern, die Heroin aus der Medellin-Gegend in Kolumbien verschieben. Den Namen des Schiffes konnte ich von dem – offensichtlich misstrauischen – Funker nicht erfahren (er nannte sich selbst nur *warship*). Man konnte uns leider nicht helfen, stellte aber einen Kontakt zur Panama Coast Guard her. Etwas später hat man uns von dort angefunkt und sich bereit erklärt, auf einer der Routinefahrten einen Ersatz für unsere defekte Kühlwasserpumpe vorbeizubringen. Sehr nett!
Die Coast Guard beabsichtigte, gegen drei Uhr morgens bei uns zu sein – acht Stunden Wartezeit. Also ließen wir uns treiben. Wir aßen, duschten, relaxten und klarten auf. Bis zu unserem Ziel, Balboa in Panama, waren es noch immer über 106 Seemeilen. Dieser Törn (und er ist ja noch lange nicht vorbei) war der mit Abstand schlimmste in unserem bisherigen Seglerleben. Nicht dass wir nicht schon früher auf unseren Törns durch den Nordatlantik großen Belastungen durch Stürme und Gegenströmungen ausgesetzt waren, nicht dass wir nicht an Wetterumschwünge oder widrige Bedingungen gewöhnt waren – aber auf diesem Abschnitt der Reise kam der Sorge um Mike und Maria, den schwächsten und hilflosesten Besatzungsmitgliedern des Schiffes, besondere Bedeutung zu. El Niño- und Piratenmeldungen, dazu die kolossalen Entfernungen auf dem Pazifik mit jetzt immer mehr zunehmendem Zeitmangel erzeugten in uns drei Großen einen Druck, der sich

anfangs in dieser schwierigen Phase des Törns nicht artikulieren ließ, den jedoch jeder von uns spürte. Su, Daniel und ich hatten das gleiche Gefühl: »Das wird hier alles nichts werden, und es wird ganz bestimmt nicht gut werden!«, aber keiner konnte es begründen, es zu diesem Zeitpunkt aussprechen. Und so beteten wir unterwegs nur still: Hoffentlich funktioniert die Pumpe.

Früher Morgen. Wir sind erschöpft. Übermüdet und frustriert. Im Schiff stinkt es nach Diesel, die Bilge ist mit Altöl verdreckt. Mein Knie ist immer noch geschwollen von einer Verletzung, die ich mir beim Segelwechsel zuzog, und bei einer schnell durchgeführten Wende hat sich die Schot im Kajakpaddel vertörnt und dieses im Meer versenkt. Unsere Arme schmerzen vom Pumpen. Die Anstrengungen der letzten Tage haben uns nicht vorangebracht – im Gegenteil. Es ist auch kein Trost, von den anderen Yachten zu hören, die ebenfalls ihre Fahrt nach Galapagos abgebrochen haben und sich nun wie wir nach Panama zurückkämpfen. Wir wissen von drei Yachten, die über Funk mit uns in Verbindung stehen, dass sie ebenfalls Probleme mit dem Wetter haben und nach Panama umkehrten. Zwei von denen sind noch hinter uns.

Die Stimmung an Bord ist durchwachsen. Die Kleinen spüren die Anspannung und Nervosität der Großen. Sie sind lebhafter als sonst und wollen an allem teilhaben, wobei sie sich auf ihre Aufgaben nur schwer konzentrieren können (oder kommt uns das vielleicht nur so vor?). Die Großen versuchen, die Moral durch gutes Essen, Spiele, Toben, Popkorn und Bordfilme zu stärken.

21.00 Uhr. Mehr als zwölf Stunden warten wir auf der verabredeten Position, und auch als wir uns entscheiden, den vereinbarten Treffpunkt zu verlassen, rufen wir immer wieder über Funk die Coast Guard. Keine Antwort, auch das Kriegsschiff schweigt. Um insgesamt mehr als 18 Stunden haben sie uns versetzt, während eine Strömung von fast zwei Knoten uns ständig vertrieb, sodass wir kostbare Motorkraft verschwenden müssen, um die vereinbarte Position zu halten. Irgendwann beschließen wir, uns wieder auf uns selbst zu verlassen, und machen uns auf den Weg zur Dschungelküste Panamas.

Im Tagesbericht vom 25. April 2005 habe ich geschrieben:

Heute mal keine Witze; es gibt nichts zu lachen. In der Nacht

kurz gesegelt, dann wieder Flaute. Nicht nur wenig Wind, sondern richtige Flaute. Ölige See. Die Strömung trieb uns mit mehr als zwei Knoten von unserem Kurs ab. Um vier Uhr kam endlich leichter Wind auf. Daniel brachte das Schiff durch die Nacht. Ich schlief im Sitzen im Cockpit ein, und als ich aufwachte, wurde mir schlecht. Schlafmangel und Überanstrengung waren wohl die Auslöser für die Übelkeit.
Noch immer versuchen wir, die Ostküste Panamas zu erreichen, um irgendwo eine Pause zu machen. Wir brauchen den Motor. Fieberhaft arbeiten Daniel und ich an der Maschine, um wenigstens ein paar Motorstunden rauszuholen. Der Diesel hat eine 2-Kreis-Kühlung, die mit dem Seewasser ist ausgefallen. Die Salzwasserpumpe aus der »Küche«, die wir normalerweise zum Vorspülen des Geschirrs verwenden, haben wir an den Motor angeschlossen, um diesen mit kühlendem Seewasser zu versorgen. Dazu muss eine Fußpumpe bedient werden. Also wieder Sklavenarbeit! Eine langwierige und anstrengende Prozedur. Im 10-Minuten-Takt wechseln Su, Daniel und ich uns ab, um das Wasser stetig in den Motor zu pressen. Der Schweiß rinnt uns in Strömen vom Körper. Wir aßen (schon lange) nichts mehr, versuchen aber wenigstens den Flüssigkeitsverlust im Körper durch regelmäßiges Trinken auszugleichen.
Immer wieder Ölwechsel. Der Bordvorrat an Maschinenöl ist schließlich aufgebraucht, es ist auch nur noch ein einziger Ölfilter an Bord. Dann stoppt die Maschine. Was ist nun wieder? Wir haben über der ganzen Schinderei vergessen, den Falltank mit Diesel zu füllen. Aus dem Schiffstank saugen wir also Diesel ab und füllen den Falltank. Dann wieder entlüften und ansaugen. Ansaugen heißt: Diesel im Mund. Mich wundert nur, dass mir das gar nichts mehr ausmacht. Habe nur noch einen leichten Nachgeschmack. Die Augen brennen, wenn ich mir mit Dieselhänden den Schweiß aus dem Gesicht wische.
Mikey und Maria müssen sich in dieser Zeit mit sich selbst beschäftigen, hören Kinderkassetten und verdrücken sich in die Vorschiffkabine. Sie sind die rücksichtsvollsten Kinder auf der ganzen Welt. Vielleicht fürchten sie sich aber nur vor unserer Gereiztheit und davor, dass wir sie sonst kielholen ...
13.00 Uhr. 30 Seemeilen vor der Küste, die ersten Fischerboote kommen in Sicht. Mit der Presslufttute machen wir auf uns aufmerksam: Könnt ihr uns helfen? Sie winken freundlich und

drehen ab. 20 Seemeilen vor der Küste, weitere Fischerboote kommen in Sicht, wir zeigen auf unser Funkgerät und sehen, dass der Fischer an seiner eigenen Funke rumhantiert – einen Kontakt gibt es nicht. 10 Seemeilen vor der Küste, wir loten schon die Tiefe, falls wir ankern müssen. Es gibt einen Kontakt zu einem Sportfischer, der uns Hilfe verspricht, falls wir weitere Probleme bekommen.

15.00 Uhr. NIS RANDERS läuft mit eigener Kraft und völlig erschöpfter Besatzung in die Bucht von Puerto Pina ein. Position 07°34,8N 078°11,9W. Ein weißer Fleck auf der Seekarte, ein kleiner natürlicher Sportfischerhafen *in the middle of nowhere*, an der panamaischen Küste. Ruhig, ohne Schwell, vom Urwald umgeben. Der Anker fällt auf zehn Meter, wir haben es geschafft.

Familienrat

In dem Moment, als der Anker den Grund berührte, war die Entscheidung eigentlich schon getroffen. In so eine Situation dürfen wir nicht noch einmal geraten! Mikey und Maria haben in diesem schwierigen Seegebiet nichts verloren. Also beschließt der Familienrat und spricht aus, was jeder von uns denkt: Die Kinder müssen für die bevorstehende lange Etappe von Bord. Das nächste Ziel, Galapagos, planen wir deshalb auszulassen, und die mehr als 3000 Seemeilen lange Strecke nach Tahiti werden Daniel und ich allein bewältigen. Susanne und die Kinder sollen in der Zwischenzeit Heimaturlaub in Deutschland machen und in Tahiti wieder an Bord kommen. Ein einfacher, runder Plan.

»Fehlt nur noch eine Kleinigkeit«, sagt Daniel.

»Was nun noch?«

»Wir liegen hier über 100 Meilen von Panama City entfernt vor dem Dschungel in einer kleinen Bucht mit einem kaputten Motor«, fasst er unsere Lage sachlich zusammen.

»Der Motor ist nicht kaputt. Also nicht richtig kaputt. Es ist nur die Wasserpumpe, die den Dienst versagt. Wir brauchen lediglich einen neuen Simmerring, und schon läuft die Kiste wieder«, erkläre ich optimistisch, quasi laut im Wald pfeifend.

»Und was ist mit der Dieselpumpe?«, Susanne legt nun auch den Finger in die Wunde und drückt fest nach.

»Die Dieselpumpe wird von der Wasserpumpe angetrieben. Sobald die Wasserpumpe läuft, arbeitet auch die Dieselpumpe wieder.« Mein Pfeifen im Wald wird lauter.

Wir brauchen Ersatzteile aus Panama, es wird außerdem Zeit, sich in unserer Ankerbucht ein wenig umzusehen. In unserem U-96 machen wir uns auf den Weg zum Strand.

Zuerst melden wir uns bei der »örtlichen Polizei«, das sind zwei Figuren, die in einer Art Uniform durch die Gegend schlendern. Wir haben nicht wirklich den Eindruck, als ob sie sich für das interessieren, was wir ihnen erzählen.

Die modernen kleinen Fischerboote, die uns noch draußen auf See vor der Bucht begegnet waren, gehören zu einer amerikanischen Sportfischerbasis, der Tropical Star Lodge, wie wir jetzt erfahren. Reiche Amerikaner bezahlen hier bis zu 1000 Dollar pro Tag, um eine

Woche lang dem Kingfish, Marlin, Sailfish und den Doraden, alias *dolphinfish*, alias *mahi mahi*, alias Goldmakrele, nachzustellen.

Am frühen Morgen fahren sie raus auf See. Dort werden die Angeln ausgelegt. Rechts Bier in der Kühlbox, links das Handy fürs *business*. Sobald ein Fisch beißt, beginnt der aufgeregte Teil: der Drill. Das heißt, der Fisch muss müde gemacht und an das Boot gebracht werden, ohne dass die dünne Schnur reißt. Gelingt das, wird das Opfer nicht etwa mit dem Gaff geschlagen, nein, nur die Schnur wird möglichst kurz abgeschnitten und der Fisch wieder der Freiheit übergeben.

»Warum fangt ihr Fische, wenn ihr sie nicht essen wollt?«, fragte ich Henni Marais, den Manager der Tropical Star Lodge.

»Es geht hier ums Sportfischen. Unsere Klientel ist nicht daran interessiert, die Fische zu töten oder gar zu essen. Es geht nur um den Sport«, erklärt er.

»Und was passiert mit den Haken?«, fasst Daniel nach. »Lasst ihr die Fische mit den Haken im Maul wieder gehen?«

»Die Haken sind aus einem speziellen Material, das sich im Laufe von zwei Wochen von allein zersetzt. Der Fisch ist danach wieder wie neu, ha, ha, ha.«

Die Männer, die diesen Sport betreiben, nennen das *gamefishing*. Ob die Tiere das auch als Spiel verstehen, ist uns nicht bekannt. Sicherlich, auch wir haben nicht immer vom Tellerchen der Unschuld gelöffelt, auch uns machte es Spaß, wenn ein großer Fisch an die Schleppangel ging. Nie jedoch haben wir einen Fisch nach dem Fang über Bord geworfen oder geangelt, solange noch ausreichend Vorrat da war. Später im westlichen Pazifik brachten wir die Haken sogar nur noch direkt vor dem Landfall aus, weil die Tiere dort so groß waren, dass man die Hälfte verschenken konnte.

Nach den Angaben des Managers ist die nächste Straße ungefähr 200 Kilometer entfernt, nur die Basis wird regelmäßig mit einem kleinen Flugzeug versorgt, das zweimal pro Woche Lebensmittel und Material aus Panama City bringt und am Freitag Gäste aus- und wieder einfliegt. Größere Güter werden mit einem Transportschiff, der AVENTURA, in die Bucht transportiert.

Dieses kleine Versorgungsflugzeug nimmt nun unsere Pumpen mit nach Panama, und der Pilot verspricht, in einer Werkstatt die nötigen Kugellager und Simmerringe zu besorgen und zu uns in den Urwald zu bringen. Das klappt auch ganz gut, nur leider vergisst er, die Pumpen wieder mitzubringen. So haben wir jetzt die schönsten Lager mit originalverpackten Simmerringen und können sie leider nirgends einbauen. Ohne Pumpen nützt eben der beste Motor nichts.

Die Bucht, in der wir vor Anker liegen, ist wunderschön. Ruhig und umgeben von den Farben und Geräuschen des Urwaldes. Mit Mikey und Maria machen Susanne und ich ausgedehnte Erkundungstouren mit U-96. Und immer wieder überdenken wir unsere Entscheidung bezüglich des Heimaturlaubes. Ist sie prinzipiell richtig? Sind alle einverstanden? Was denkt Su, was will ich?

Daniel hat keine Einwände. Er ist mittlerweile zum richtigen Seemann geworden und will seine zweite Chance: »Ich hab' da noch 'ne Rechnung offen«, sagt er.

Mikey und Maria wussten zu diesem Zeitpunkt noch nichts von unseren Absichten. Es konnte noch zu viel dazwischenkommen, und wir wollten sie nicht beunruhigen. Für mich war diese Lösung ein guter Kompromiss zwischen dem Wohlergehen der Familie und unserem Vorankommen auf der Reise um die Welt. Piraten, die ersten El-Niño-Meldungen und bis jetzt drei Wochen Zeitverlust verhießen keine guten Aussichten für die kommenden Wochen und Monate. Selbst wenn alles gut laufen sollte, bräuchten Daniel und ich zwei bis drei Monate nach Tahiti. Susanne aber war sehr angetan von dem Heimaturlaub. Sie vermisste ihre Familie und Freunde immer noch sehr, und das Heimweh war mit der zunehmenden Entfernung auch nicht gerade weniger geworden. An einem Abend – Mikey und Maria schliefen schon – trat noch einmal der Familienrat auf dem Deck zusammen. Die Antwort fiel einstimmig aus.

So konnten wir unseren nächsten Tagesbericht verfassen:

> Wir lachen nur noch. Lachen über das verstopfte Klo, das wir am Morgen auseinandernehmen und reinigen mussten. Lachen über die sintflutartigen Regenfälle, die uns zwingen, das Beiboot am Tage und in der Nacht leer zu schöpfen, damit es nicht untergeht. Wir lachen uns schlapp über die nicht aus Panama City gelieferte Wasserpumpe, über den leeren Wassertank (wir trinken jetzt Regenwasser – davon haben wir schließlich genug), über die leeren Batterien, über den kaputten Motor und über die nicht trocknende, mittlerweile muffige Wäsche und über den Schwell, der bei dem Südwind in die Bucht steht.
>
> Wir lachen nur noch, und zwar ohne Faust in der Tasche: ein ehrliches, befreiendes Lachen. Wir führen das Leben, das wir führen wollten. Wir haben Schwierigkeiten und versuchen, diese zu lösen. Wir treffen unsere Entscheidungen in ruhiger

und entspannter Atmosphäre und sind sicher, dass alles für alle an Bord am Ende gut werden wird.
Heute sind endlich die Kugellager für die Wasserpumpe mit dem Flugzeug gekommen. Die Wasserpumpe aber, die wir als Muster mit nach Panama City geschickt haben, ist leider nicht zurückgekommen. Nach einem Motorstart (wir versuchten, eine Kühlung mithilfe der Pumpe des Wassermachers – wieso sind wir nicht schon früher darauf gekommen?) fanden wir wieder Wasser im Motoröl. Zylinderkopfdichtung? Wärmetauscher? Simmerringe? Wir denken – neben anderen Optionen – über einen neuen Motor nach. In diesem hier steckt offensichtlich der Wurm drin.

Das Thema neuer Motor war vom Tisch, nachdem ein weiterer Motorstart erfolgt war. Dieses Mal hatten wir die elektrische Wasserpumpe erst nach dem Motorstart eingeschaltet und noch vor dem Motorstopp wieder angehalten. Diesel bekam der Motor aus dem selbstgebauten Falltank. Damit waren sowohl Kühlung als auch Dieselversorgung gewährleistet. Was hielt uns noch? Nichts. Eine Woche lagen wir jetzt schon in der Bucht, langsam wurde es Zeit wieder zu verschwinden. Noch einmal wurde der Wassertank mit Regen- und Flusswasser befüllt, dann machten wir uns auf den Weg zurück nach Panama City.

»Freust du dich auf zu Hause?«, fragte ich Susanne, als wir gemeinsam einen Teil der Nachtwache im Cockpit verbrachten.

»Ich freu' mich auf zu Hause, aber ich freu' mich auch darauf, euch bald wiederzusehen«, antwortete sie leise. »Ihr werdet vorsichtig sein, versprich mir das.«

Nach zwei Tagen auf See erreichte die NIS RANDERS mit den letzten Sonnenstrahlen endlich ihren Liegeplatz im Balboa Yacht Club von Panama City. Die 120 Seemeilen von der Sportfischer-Basis zum Liegeplatz legten wir halb segelnd, halb unter Motor zurück. Glaubten wir bis zu diesem Zeitpunkt, Geschwindigkeit wäre ein marginaler Bestandteil unseres Törns, erlebte dieser Irrglauben auf dieser Etappe sein Waterloo. Wenn man sich über längere Zeit mit sehr geringer Geschwindigkeit und unter Aufbietung sämtlicher Reserven auf ein Ziel zu bewegt, das man schon vor drei Wochen in genau der entgegengesetzten Richtung verlassen hat, dann überdenkt man natürlich das eine oder andere festgefahrene Meinungsbild.

Im Bojenfeld Balboas trafen wir alte Bekannte, die uns schon von Weitem begrüßten.

»Hallo, ihr Schiffbrüchigen!« Michie und Tobias hatten ihre AHODORI ebenfalls durch den Kanal gebracht und warteten seit Tagen auf uns. »Die Küstenwache hat euch gesucht. ›Deutsches Familienboot mit Kindern an Bord vermisst‹, hieß es«, berichteten sie. »Wo wart ihr denn?«

Es stellte sich heraus, dass die Polizisten unsere Ankunft in der Bucht von Puerto Pina nicht nach Panama City gemeldet hatten. Irgendwann hatte das Kriegsschiff bei der Coast Guard angefragt, ob die Pumpenübergabe erfolgreich gewesen wäre. Was für eine Pumpenübergabe? Mit der versprochenen Wasserpumpe wäre uns wirklich sehr geholfen gewesen. Irgendwann hatte das Kriegsschiff dann eine Suchaktion ausgelöst. Was für ein Durcheinander ...

Am nächsten Morgen erkundigten wir uns in einem Reisebüro nach einem Flug für drei Personen nach Deutschland. Von dem Heimaturlaub hatten wir Mikey und Maria noch immer nichts erzählt. Erst sollte alles in trockenen Tüchern sein, und als endlich die Tickets ausgedruckt und in unseren Händen waren, klärten wir sie auf. Die Freude bei den beiden war riesengroß.

Tausend Fragen auf einmal waren zu beantworten: »Wie lange fliegen wir?« – »Wann geht es los?« – »Krieg' ich noch'n Eis?«

In der folgenden Woche stürzten wir uns alle in das urbane Treiben. Besonders das zum Weltkulturerbe ernannte Altstadtviertel hatte es uns angetan. Selbst durch die dekadente Atmosphäre von den im Verfall begriffenen Prachtbauten der ehemaligen Oberschicht konnte man die betörende Eleganz und das prickelnde *savoir vivre* der Vergangenheit spüren. Hier war einmal die Leichtigkeit Mittelamerikas zu Hause gewesen. Doch vielen Häusern konnte man noch die Wunden ansehen, die ihnen während der amerikanischen Invasion unter Bush senior 1989 und der Jagd nach dem »Schurken Nr. 1« Noriega geschlagen wurden. Waren es Drogengeschäfte, war es die Furcht vor einer Sperrung des Kanals – die Historiker und Politiker streiten noch heute über die wahren Gründe dieser Invasion.

Der Tag der Abreise rückte näher. Einige behördliche und auch monetäre Einzelheiten mussten noch geklärt werden, und in der allgemeinen Aufregung hätten wir fast vergessen, Susanne, Mike und Maria von der Crewliste streichen zu lassen. Auf unseren Ausreisepapieren waren fünf Personen verzeichnet. Wie hätte es in Tahiti ausgesehen, mit einer Crewliste einzulaufen, auf der fünf Personen eingetragen sind, während sich aber nur zwei Personen an Bord befinden? Die Behörden machten glücklicherweise keine Schwierigkeiten. Derartige Probleme gehören in Panama zum Alltag, denn viele Segler kehren wegen technischer Probleme in den Hafen zurück.

Dann kam der Tag des Abschieds. Plötzlich ging alles ganz schnell. Die Taschen waren gepackt, unsere Familie nahm den Weg zum Flughafen. Das Wassertaxi fuhr uns noch zum Verabschieden an den benachbarten Booten vorbei, und ehe wir uns versahen, standen wir am Gate zum Flieger.

»Wir mailen uns jeden Tag«, versprachen wir uns gegenseitig.

»Zweimal, morgens und abends.«

»Und zwischendurch auch noch mal.«

»In zwei Monaten sehen wir uns wieder.«

Aus den zwei Monaten sollten acht werden.

Zweiter Teil

»Es ist nicht zu wenig Zeit, die wir haben,
sondern es ist zu viel Zeit, die wir nicht nutzen.«

Lucius Annaeus Seneca

Neues Spiel, neues Glück

Nachdem wir vom Flughafen an Bord zurückgekehrt waren, sprachen Daniel und ich kaum miteinander. Alles war anders, alles war neu. Wir fühlten uns seltsam, und wir fragten uns: Ist alles in Ordnung, so wie es nun ist? Die Geräuschkulisse, für die Mike und Maria auf der NIS RANDERS unablässig gesorgt hatten, war verschwunden. Niemand fragte, ob wir eine Überraschung vom Flughafen mitgebracht hätten oder was wir als Nächstes tun würden. Mike und Maria hatten auch nach dem Auslaufen immer ihre Aufgaben auf und im Schiff zu erledigen gehabt. Der tägliche Unterricht im Rechnen, Lesen und Schreiben hatte ihnen viel Freude bereitet. Sie lernten schnell, und auf See hatten sie sich immer besonders wohl gefühlt. Unser einziger Trost war, dass Mike und Maria sich sehr auf die Heimat freuten und auch Susanne sich nach ihren Freunden und ihrer Familie sehnte. Sie würden nach 22-stündiger Reise um den halben Erdball mit Zwischenlandungen in Venezuela und Frankreich schließlich in Bremen von Ilona und den engsten Freunden abgeholt werden. Für die kommenden Wochen, während Daniel und ich das Schiff nach Tahiti überführen wollten, würden sie bei Sus Tante Ilona in Bremen wohnen. Das entstandene Vakuum füllten Daniel und ich, indem wir einfach mechanisch funktionierten und fortfuhren mit dem Abarbeiten der Erledigungsliste: Ersatzteile besorgen, Motor reparieren, Bilge säubern, Einkäufe erledigen. Zeit, die drei zu vermissen, hatten wir deshalb kaum noch, das würde erst später über uns hereinbrechen, auf See.

Nachdem die Wasserpumpe am Motor repariert und alle Ausklarierungsformalitäten erledigt waren, tätigten Daniel und ich einen letzten Einkauf frischer Fressalien. Es folgte die Verabschiedung von unseren Segelfreunden, von Edith und Johan von der MIGNON, einer holländischen Yacht, und von der AHODORI, die uns in wenigen Stunden nachfolgen wollte. Dann lösten wir die NIS RANDERS von der Boje, um ein zweites Mal in Richtung Las Perlas aufzubrechen. Zunächst wollten wir aber noch einmal im Windschatten der Insel Contadora ankern, um das Unterwasserschiff vom Bewuchs zu befreien und Reparaturen an den Segeln und Spieren vorzunehmen. Außerdem stand eine große Sicherheitsüberprüfung auf dem Programm. Von Contadora aus beabsichtigten wir in kleinen Schlägen durch den Las-Perlas-Archipel zu segeln und zwar bis zur westlichsten Insel: San José. Sobald dort die östlichen Winde einsetzten, wollten wir wieder ablegen. Die NIS RANDERS war ohne Zweifel ein sehr sicheres Schiff, das seiner Besatzung auf wenigen Metern viel Innenraum und Komfort bot und auch eine große Zuladung nicht übel nahm – fürs Gegenansegeln war sie leider nur mäßig geeignet. Deshalb wollten wir es jetzt besser machen, dieses Mal würden wir warten, bis die Elemente ganz auf unserer Seite waren.

Als wir nach einem Tag auf See Contadora erreicht hatten, nahmen wir uns alle Zeit der Welt, um das Unterwasserschiff zu reinigen und die Technik zu überprüfen. Dabei wurde uns klar: Fahrtensegeln heißt auch: Dinge reparieren zu müssen, von denen man gar nicht wusste, dass sie sich überhaupt an Bord befinden, ja, von denen man nicht einmal eine Ahnung hat, dass es sie gibt. Und es heißt: Abenteuer zu erleben, von denen man zwar irgendwann in den Törnberichten anderer Segler gelesen hat, die man aber nicht wirklich glauben konnte. Fahrtensegeln ist nie langweilig, manchmal gefährlich und immer aufregend – jeden Tag, jede Stunde, jede Meile.

Direkt neben uns ankerte bald wieder die AHODORI mit Michie und Tobi. Wir verabredeten locker beisammen zu bleiben, bis wir gemeinsam auf dem offenen Meer waren. So könnten wir uns noch gegenseitig helfen, falls es nötig wäre. Dann, als das Schiff auf Vordermann war und der Gegenwind etwas nachließ, verholten wir zur nächsten Insel der Perlas: Pedro Gonzales. Trotz der nachlassenden Winde wurde es ein qualvolles Gegenanbolzen, und wir waren froh, als der Anker endlich am späten Nachmittag in einer geschützten Bucht fiel. Das waren kurze Hüpfer, die auf der riesigen Seekarte des Pazifiks kaum mehr als einen Millimeter ausmachten, aber trotzdem waren sie für unsere Motivation wichtig – es ging voran.

Mehrere Tage lagen wir dann vor Anker in der kleinen Bucht der kleinen Insel Pedro Gonzales, deren Urwald bis an den Strand herunterreicht. Durch anhaltende Regenfälle wurde viel Erde in die Bucht geschwemmt, und das Wasser war von Schwebeteilchen verunreinigt. Dadurch war auch die Sicht beim Apnoetauchen auf wenige Meter beschränkt. Täglich hörten wir den Wetterbericht über Funk, mehrmals täglich flatterten die E-Mails mit den Prognosen der kommenden Tage herein. Die Wettermeldungen kamen per Funk-E-Mail zu uns an Bord. Leser der Website, die noch immer jede Meile unserer Reise in Gedanken begleiteten, sendeten uns aus unterschiedlichen Quellen die neuesten Prognosen an Bord, welch ein Service! Leider lieferten sie nur Daten und konnten nicht das Wetter beeinflussen.

Ende Mai 2005 machten wir uns wieder auf den Weg, denn die Vorhersagen sagten wechselnde Winde voraus. Optimistisch sagten wir uns: Bei wechselnden Winden ist vielleicht etwas für uns dabei. Hauptsache erst mal raus, Hauptsache auf See. Der große Wetterumschwung mit Winden, die aus östlichen Richtungen wehen, müsste bald kommen. Mit uns warteten vier Yachten in der kleinen Bucht von Pedro Gonzales auf besseres Wetter. Seltsamerweise hatten wir zu diesen Seglern, die alle das gleiche Ziel hatten (die Südsee), kaum Kontakt. Zwar besuchte man sich mit dem Beiboot und begrüßte sich, aber über das Wetter und mögliche Ausweichrouten redete man nicht miteinander. Jeder war mit sich selbst beschäftigt und konzentrierte sich. Ein Austausch war auch nicht nötig – jeder bekam die gleichen Meldungen, jeder war erfahren und wusste, was er tat. Nach drei Tagen vor Anker war es endlich soweit. Kurzer UKW-Funkruf zur AHODORI: »Wir klarieren aus.« – »Wir sind dabei.«

Innerhalb von zehn Minuten waren wir bereit. Als wir gegen Mittag den Anker aufnehmen, hören wir auch die Winschen der anderen Boote, auch sie machen sich fertig zum großen Sprung über den Pazifik. Doch nur wenige Stunden später tropft unsere Wasserpumpe wieder. Das darf nicht wahr sein! Was ist mit der Wasserpumpe los? Neue Simmerringe und Kugellager habe ich eingebaut, woher kommt jetzt wieder das Wasser? In Panama haben wir erst nach stundenlangem Probelauf unter Last die Leinen gelöst. Es ist uns unerklärlich. Wir funken rüber zur AHODORI und teilen Michie und Tobi mit, dass wir den großen Törn abbrechen und eine Bucht von San José anlaufen, um im ruhigen Wasser neue Simmerringe einzubauen. Wir sagen ihnen, dass sie sich keine Sorgen machen sollen und weiterfahren können; wir kämen schon klar, irgendwie. Es ist den beiden aber nicht auszureden, uns in die Bucht zu begleiten, sie wollen bei uns bleiben und Hilfe leisten, falls es notwendig werden sollte.

Dieters Vitamine

Obwohl weiterhin Wasser durch die Seewasserpumpe in die Motorbilge lief, erreichten wir die Ankerbucht wohlbehalten. Hier leben seit mehr als 20 Jahren Dieter, Mitte 70, und Gerda, Mitte 60, und führen als moderne Robinsons ein abgeschiedenes Leben in einem Häuschen aus Brettern, Blättern und dem, was der Urwald hergibt, mitten im Dschungel der ansonsten unbewohnten Insel. Die beiden waren des Lebens in Hamburg überdrüssig und machten sich 1982 mit ihrem kleinen, nur neun Meter langem Stahlboot namens SEEPFERDCHEN auf die Suche nach ihrem Paradies auf Erden. Dieter hatte mal etwas von den Malediven gehört, dem vermeintlich letzten Garten Eden. Sie wurden jedoch von anderen Weltumseglern belehrt, dass es dort auch schon Touristen gab. Und so ließen sie sich schließlich auf der, nach eigenen Angaben, größten Privatinsel der Welt nieder. Sie gehörte damals dem Amerikaner Mr. Tupper (Tupperware). Vom heutigen Eigentümer, einem Deutschen, der eine Baumarktkette besitzt, werden Dieter und Gerda geduldet – was Wunder, sie bauen Obst und Gemüse an und kümmern sich um Flora und Fauna der Insel. Ihr SEEPFERDCHEN ist längst in der Bucht versunken, und ihr zweites, kleineres Boot liegt am Strand. Tatsächlich erst als wir dort eintrafen, erinnerte ich mich an die Törnberichte anderer Weltumsegler, die von ihrem Aufenthalt und der Vita der beiden berichteten.

In einer Bucht der Insel, am *Playa Aleman*, wie ein Schild verkündet, werfen wir den Anker zusammen mit der AHODORI; Michie und Tobias sind ebenfalls neugierig auf die Erfahrungen dieser Aussteiger. Wir hatten uns über Funk angemeldet, denn Dieter und Gerda halten sich über ein mit einer alten Autobatterie betriebenes Funkgerät auf dem Laufenden. Der Anker hat noch nicht den Grund berührt, da winkt uns Gerda schon vom Strand aus zu und ruft: »Herzlich willkommen auf unserer Insel, fühlt euch wie zu Hause.«

Der Garten, den Dieter und Gerda angelegt haben und durch den sogar einige Schafe trotten, verschlägt uns die Sprache, da es sich eigentlich schon mehr um eine kleine Plantage handelt. Überall wachsen Riesenzitronen, Salate, Bitterorangen, Papayas, Mangos und Grapefruits. Dieter erläutert uns die Besonderheiten jeder Fruchtart, erklärt die Zubereitung und weist darauf hin, wie lange sie an Bord haltbar sein wird. Besonders auf die Grapefruits haben wir es abgesehen, denn auf dem Weg nach Tahiti werden wir etwa zwei Monate auf See verbringen, und frische Früchte können wir gar nicht genug bunkern. Doch die Dinger wachsen an Bäumen in vier bis fünf Meter Höhe, und wir sollen sie mithilfe von langen, elastischen Stangen, die eine metallene Spirale an einem Ende haben, selbst ernten.

»Ich zeig' euch Frischlingen mal, wie's geht.« Dieter bedient sich uns gegenüber stets einer recht forschen Sprache und wirkt ein bisschen von oben herab, aber immer mit einem zwinkerndem Seitenblick. Routiniert wuchtet er die Stange in die Höhe, wickelt die Spirale um den Stiel einer Pampelmuse und beendet den Vorgang mit einer kurzen Drehung. Dadurch löst sich die Frucht vom Baum und landet im freien Fall gezielt in Dieters linker Hand. »So macht man das, ihr Komiker«, sagt er, drückt Daniel die Stange in die Hand und befiehlt: »Du pflückst, er fängt. Aber pass auf deine Finger auf, he, he, he, he.« Dieter nimmt Aufstellung, als wäre er im Theater. Als ob das Früchtepflücken etwas Besonderes wäre ...

Daniel nimmt also die Stange und richtet sie senkrecht nach oben. Das heißt, er versucht, sie senkrecht nach oben zu richten, doch sie verweilt dort für höchstens eine oder zwei Sekunden, um dann seitlich auszubrechen.

»Das ist immer wieder die gleiche Komödie, ha, ha, ha.« Dieter amüsiert sich köstlich.

Neuer Versuch. Daniel kommt mit der Spiralenspitze bis dicht an die Frucht, doch kurz bevor er die Grapefruit einfangen kann, entwischt die Spitze wieder, und der Stab rudert wild in der Luft herum.

»Segler sind bessere Komiker als die Typen im Fernsehen«, stellt Dieter wiehernd fest, ehe er Daniel die Stange aus der Hand nimmt, sie zur Frucht führt, einmal dreht und: Plumps, liegt sie in seiner Hand. Sein stolzer Blick über die Schulter sagt: Habt ihr jetzt endlich kapiert, wie man das macht?

Neuer Versuch. Diesmal mache ich mich zum Narren, bekomme die Stange sogar in die Höhe, aber nicht einmal ansatzweise in die Nähe einer der gelben Kugeln. Also versuche ich einen weiteren Anlauf und schlage dabei eine Frucht vom Baum, die auf den Boden klatscht.

Dieter schüttelt nur den Kopf über so viel Ungeschicklichkeit.

»Ich hol' euch in einer Stunde wieder ab, dann trinken wir bei uns den Rum, den ihr hoffentlich mitgebracht habt«, er dreht sich um und verschwindet zwischen den Sträuchern und Büschen.

Michie und Tobi waren mit von der Partie, und gemeinsam schafften wir es schließlich doch noch, die Körbe voll zu bekommen.

»Mit Dieters Vitamine kommst du bis nach Huahine« steht in großen Lettern an der Bretterwand der einfachen Holzhütte, in der Dieter und Gerda unter primitivsten Bedingungen leben. Einziger Luxus ist das UKW-Funkgerät, und einziger Kontakt sind die Segler, die zu Besuch kommen. Das gilt jedenfalls für Gerda. Sie sei seit zehn Jahren nicht von der Insel gekommen, sagt sie, während Dieter alle drei Monate nach Panama segelt, um Proviant zu bunkern. Wir nehmen an einem Tisch vor der Hütte Platz und begutachten unsere angedetschten Grapefruits, die wir nachher mit an Bord nehmen wollen. Meine Finger schmerzen nicht schlecht, denn eine dieser schweren Früchte ist mir direkt auf die Fingerkuppen der linken Hand geknallt. Die Beute wird später am Strand in einer Balkenwaage, deren Gegengewichte aus Findlingen bestehen, gewogen. Gegenwert: sechs US-Dollar.

»Nu, erzählt mal, wo kommt ihr her, wo wollt ihr hin?«

Michie, Tobias, Daniel und ich sitzen in der Abenddämmerung auf der Terrasse und erzählen Geschichten über die See und das Leben. Wir trinken Rum, den wir aus Venezuela mitgebracht haben, und Saft von dem Sirup der Bitterorangen, den Gerda selbst herstellt hat. Gerda gesteht, dass sie sich auf der Insel manchmal sehr einsam fühlt, erzählt von ihren Töchtern in Europa und dass sie oft Heimweh nach Deutschland hat.

Das scheint Dieter nicht zu gefallen, und ziemlich barsch unterbricht er sie und fragt mich: »Willst du Fleisch?«

»Pardon?«, ich bin etwas überrascht.

»Ob du Fleisch willst, hörst du schlecht?« Der Hausherr ist offensichtlich das, was man bei uns im Norden einen Bullerballer nennt – ein herzensguter Polterer, bei dem du sofort das Gefühl hast: Er ist für dich da, wenn du in Schwierigkeiten bist.

Ich schaue mich um. Hier ist nichts, kein Kühlschrank, kein Eisfach. Wo will Dieter Fleisch herbekommen?

»Sicher, Dieter. Ich hätte gern ein Viertel Hack und für acht Mark Schinken.« Jetzt ist es an uns zu grinsen, denn Dieter hat wohl schon ein Gläschen zu viel Rum.

»Wenn du Fleisch willst, musst du es dir schießen«, ruft er mir quer über den Tisch zu, dreht sich um, langt hinter sich, holt eine Pumpgun hervor und knallt sie vor mir auf den Tisch. »Heute gibt es Wildschwein und zwar frisch!« Seine Augen funkeln.

Kurze Zeit später pirschen wir über die Insel auf der Suche nach Beute, denn Dieter hat noch eine offene Rechnung mit den Tieren. Seit einigen Tagen kommen sie bis in den Garten, während er die Schafe füttert, und als ihn ein Wildschwein sogar ins Bein biss, hatte er die Nase voll. Bewaffnet mit Colt und Gewehr legte er sich abends auf die Lauer, doch leider hat seine Sehkraft in den letzten Jahren etwas nachgelassen, sodass er sein Ziel in der Dämmerung nicht mehr erkennen konnte. Aber jetzt sind wir ja da.

Geschossen haben wir nichts an diesen Abend, aber zum Abschluss dürfen wir uns noch in das Gästebuch eintragen: neben vielen großartigen Seglern, wie Johanna und Klaus von der OLE HOOP, deren Buch »Der erfüllbare Traum« ich gelesen habe und deren Spuren wir folgen. In Dankbarkeit, Ehrfurcht und mit großem Stolz fügen wir unsere Namen und den Namen unserer Yacht hintendran.

Der Abschied ist herzlich, und Gerda und Dieter versorgen uns mit Ratschlägen über das Wetter in der ITC. Sie machen uns Mut und wünschen uns Glück. Noch bevor der Anker trocken ist, wissen wir schon, dass der Wind in den nächsten Tagen weiter aus der Richtung blasen wird, in die wir wollen – Südwest. Hoch am Wind und zu Beginn mit Motorunterstützung machen wir uns auf den Weg in die Südsee. Hoch am Wind heißt: Entscheidungen treffen. Auf welchem Bug wollen wir segeln? Auf Steuerbordbug wird es ein langer Weg durch die launische Innertropische Konvergenzzone, auf Backbordbug hingegen droht uns eine Annäherung an die Küste Ecuadors mit der Piratengefahr. Wir haben also die Wahl zwischen schlecht und noch schlechter, zwischen *extremhacking*, wie wir das Segeln gegenan gern nennen, weit ab vom im Revierführer empfohlenen *weatherrouting* oder der Gefahr auf See überfallen zu werden. Entschlossen fällt die zweistimmige Entscheidung auf ... beides. Das kennen wir doch schon von unserem letzten Törn durch dieses verd... Seestück. Also stecken wir auf der Karte einen möglichst engen Kurs zum Äquator ab. Von anderen Seglern, Manuela und Holger von der AMOREVIDA, die sich gerade in Höhe des Äquators befinden, erfahren wir per E-Mail, dass dort die Tradewinds, die sich im Passatgürtel um die Welt bewegen, eingesetzt haben. Ein Licht am Horizont ... Diesen Ausblick auf Besserung mailen wir natürlich gleich nach Deutschland, und Su ist froh, endlich gute Nachrichten zu hören.

In den nächsten drei Tagen quält uns jedoch ein Gegenwind, dem es beliebt, ständig wechselnd aus Südsüdwest und Südwest einzufallen. Tag und Nacht kämpfen Daniel und ich um jede Meile nach Süden. Hin und wieder bemühen wir den glücklicherweise einwandfrei laufenden Motor. Es wird trotzdem zu einer Wiederholung der Schinderei, die wir vor mehr als einem Monat schon mit der ganzen Familie zu bestreiten hatten. Die Squalls kommen uns erneut besuchen, und wieder bringen sie eiskalten Regen, den sie während der Nacht in Sturmstärke gegen das Schiff schleudern.

Daniels Tagesbericht vom 23. Mai 2005:

Freud und Leid oder: Der dritte Tag

> Wenn man, so wie wir, einen Ozean überqueren möchte, und dann, so wie wir, durch ein Gebiet segelt, in dem es entweder keinen Wind oder zu wenig Wind gibt,
> – oder wenn es denn mal Wind gibt, dieser Wind aber von vorn kommt, oder der Wind, der in einer Gewitterböe lauert, einen plötzlich überrascht, und man muss, so wie wir, in einer rabenschwarzen Nacht im strömenden, eiskalten Regen nach draußen auf das Vordeck, um die Segel zu bergen,
> – wenn man dann, so wie wir, der Versuchung widerstehen muss, den Motor allzu oft zu benutzen um Diesel zu sparen, nur um dann, wenn man ihn doch einmal benutzen möchte, feststellen zu müssen, dass die Wasserpumpe zum wiederholten Male leckt,
> – dann hat man, so wie Pa und ich jetzt, keinen Bock mehr.
> Doch genau dann, wie zum Hohn, nimmt der Wind stetig zu und beschert uns stundenlanges, schnelles Segeln auf gutem Kurs. Das hat uns wieder Spaß gemacht ...
> Zwei Gewitterböen später – erschöpft von der Segelarbeit – brauen wir uns einen heißen Saft aus einer Komposition von zarten Blättern: Ostfriesen Teefix. Schwarz, stark, heiß und süß. Am Abend gibt's dazu Nudeln mit Mockturtle, zum Nachtisch Dieters Grapefruit – Segeln ist doch klasse, oder?

Der nächste Tag begann, als wäre in der Nacht nichts geschehen. Die Segel füllten sich mit beständigem Wind, der Hack gegenan machte uns erneut das Leben schwer. Rückblickend muss ich sagen, in dieser harten Zeit wurde das Material brutaler beansprucht als jemals zuvor. Auf den Schoten hätte man stehen können, ohne sie auch nur einen Zentimeter durchzudrücken. Die Wellen ohrfeigten den Rumpf im Rhythmus der ruppigen See. Wegen des überkommenden Wassers waren die Luken fortwährend geschlossen.

Daniel schrieb darüber später an einen Freund nach Deutschland: »In diesen Tagen habe ich entschieden, dass für mich die Entfernung und die Zeit, die man benötigt, um segelnd von einem Punkt zum anderen zu gelangen, keine Rolle mehr spielen soll. Ich möchte mir keine Gedanken mehr darüber machen, wie weit das nächste Ziel entfernt ist oder wie oft sich der sichtbare Horizont gegen einen immer wieder neuen austauscht. Meine innere Uhr, die bislang oft vor oder nach ging, Vergangenheit oder Zukunft anzeigte, stelle ich neu. Ab diesem Zeitpunkt soll sie nur noch eines anzeigen: die Gegenwart.«

Während der Tagwachen sprachen wir viel. Daniel erklärte mir seine Entscheidung (oder Erkenntnis) und den Sinn der dahinter stand. Es waren gute Gespräche, offen und ehrlich. Was erwartest du? Was möchtest du? Was erhoffst du dir und was kommt gar nicht in Frage? Themen wurden angeschnitten, die bisher in dieser Form nicht besprochen wurden, weil wir schlicht keine Zeit fanden oder vielleicht auch keine Zeit finden wollten. Wir sprachen über unsere schwierige Phase vor der Abfahrt in Deutschland, und wie es dazu kam, dass wir manchmal tage- oder sogar wochenlang nicht miteinander reden konnten. Während dieser Gespräche, so reflektierten wir später, lernten wir uns kennen, lernten wir uns zu respektieren und wurden so Partner und Freunde. Das Wetter, die Winde, das überkommende Wasser und der Kurs über Grund schmolzen währenddessen zur unwichtigen Kulisse, zum schmückenden Beiwerk im Hintergrund.

Ehrgeiz und starre Zeitpläne, die sich entgegen aller Vorsichtsmaßnahmen hie und da eingeschlichen hatten, wurden gekielholt. Freitauchen, eins werden mit den Elementen wurde proklamiert. Zugegeben, das Wetter wurde dadurch nicht besser, aber ab sofort wollten wir ausschließlich unter Segeln unterwegs sein und dabei rausholen, was rauszuholen war. Ohne Murren, ohne Meckern. Dieser Augenblick war einer der wichtigsten in unserer Entwicklung, ein besonderer Meilenstein in dem Leben auf und mit der See. Diese Aufgabe konnten wir nur gemeinsam, mit klarem Kopf und mit Disziplin bewältigen.

Von diesem Zeitpunkt an wurde tatsächlich alles anders. Wechselnde Winde steuerten wir einfach aus. Nächtliche Segelarbeit wurde behandelt als Selbstverständlichkeit, und Unpässlichkeiten der ITC wurden ausgesessen. Ohne den inneren Druck konnten wir den Wind richtig genießen, und wenn er mal etwas schwächer wurde, regte uns das auch nicht mehr auf. Damals hatten wir allerdings noch keine Ahnung, was der Indische Ozean für uns bereithalten würde ...

Ohne Susanne musste das Wachsystem auf einen 2-Mann-Modus umgeschaltet werden: Ab 19.00 Uhr Bordzeit übernahm ich das Schiff und führte es in die Nacht. Ab 01.00 Uhr löste Daniel mich bis zum Morgengrauen, also gegen 06.00 Uhr, ab. Dann legte ich mich zum Schlafen, und irgendwann begegneten wir uns im Laufe des Tages an Deck. So akkurat lief es in der Praxis nämlich selten. Im Grunde waren es Rahmenbedingungen, an die Daniel und ich uns halten konnten. Wenn mal einer die Zeiten über- oder unterschritt, war das kein Problem. Den Wachübergang in der Nacht versüßten wir uns oft mit frischem Brot, das wir auf dem Petroleumherd in der Backhaube backten und mit Gemüse (falls vorrätig) und frisch zubereitetem Fisch oder Fleisch aus der Dose belegten. Tagsüber wechselten wir uns locker mit den allfälligen Arbeiten wie Reinemachen, Segelflicken, Sicherheitschecks, Wetterberichte einholen und Navigation ab. Schon nach einigen Tagen hatte sich auf diese Weise ein routinierter Tages- und Nachtablauf eingespielt. Mit Su, Mike und Maria hatten wir täglich mehrfach über Funk-E-Mail Kontakt. Wir schrieben uns unsere Erlebnisse und versicherten uns unserer Liebe zueinander.

Daniel schrieb am 29. Mai 2005 ins Tagebuch:

> Die Zeit vergeht wie im Flug. Sind wir wirklich schon neun Tage am Stück unterwegs? Pa und ich wechseln uns mit der Wache und dem Schlafen ab, und so kommt es, dass wir uns nur zwei Stunden am Tag sehen. In dieser Zeit (es ist am Nachmittag zwischen 16.00 und 18.00 Uhr) trinken wir Tee und hören Hermann Melvilles' ›Moby Dick‹, das wir als Hörspiel von der CD genießen. Jeden Tag eine Episode, dazu Kekse und eine grandiose Aussicht. Anschließend essen wir gemeinsam, nichts Aufwendiges, meist Nudeln, Reis, Kartoffeln oder diese genialen Suppen aus der Tüte.
> Hey, neun Tage unterwegs und noch keinen Fisch! Was ist los? Mögen sie unseren Köder nicht? Fahren wir zu langsam? Wir können nicht schneller, es geht doch gegenan. Gegenan heißt Schräglage und Krach im Schiff. Die Wellen knallen gegen den Rumpf, der Bug hämmert in die Wellen. Es ist nichts Weiches, Elegantes in den Bewegungen der NIS RANDERS – hier wird gearbeitet und zwar hart. Wenn es besonders hart wird, reduzieren Pa und ich unseren Aufenthalt unter Deck auf ein Minimum, dösen mit aufgestütztem Kopf im Cockpit und versuchen, Kraft für die kommende Wache zu tanken. Manchmal gelingt uns das. Die Schiffsbewegungen sind unkalkulierbar, unberechenbar. Es bedarf einiger Anstrengungen, diesen Tagesbericht zu schreiben und an Udo, unseren Webmaster, zu senden. Udo war es auch, der Fragen und Meinungen der Website-Leser zu uns an Bord weiterleitete. An einigen Tagen kamen wir auf eine überraschend hohe Anzahl von E-Mails aus der ganzen Welt.
> 04.00 Uhr. Wir konnten den Kurs nicht halten, die erhoffte

Winddrehung auf östliche Winde will einfach nicht einsetzen. Wir legen die NIS RANDERS auf den Backbordrumpf. Es ist schon hart, wenn man dann aufs GPS schaut und sieht, dass man neben Süd eben auch Ost in Richtung ecuadorianische Küste macht.

Erkennungszeichen Pirat?

Wenn sich ein Boot einer Yacht auf offener See schnell und auf direktem Kurs nähert, handelt es sich dann um Piraten? Wenn ein Boot einer Yacht folgt und bis auf Armeslänge längsseits geht, die Besatzung jedoch nicht sofort Anstalten macht, bei dieser Yacht an Bord zu springen oder deren Besatzung mit Waffen zu bedrohen, steht dann dennoch zu befürchten, dass es sich um Piraten handeln könnte? Wenn sich dieser Vorgang wiederholt, obwohl der Skipper dem Boot zu verstehen gibt, dass eine so dichte Annäherung unerwünscht ist, ist dann der Ernstfall eingetreten?

Es passierte an einem sonnigen Nachmittag, wir befanden uns 185 Seemeilen vor der Grenze zwischen der kolumbianischen und der ecuadorianischen Küste und hofften, in ein oder zwei Tagen den Äquator zu überqueren. Zu diesem Zeitpunkt segelten wir nach dem Motto: Es ist nicht wichtig, woher der Wind weht, sondern wie wir das Beste herausholen. Alles war gut. Die Windfahnensteuerung hielt das Schiff zuverlässig und ruhig auf Kurs in Richtung Äquator. Wir hatten die Schleppangel ausgebracht und mit einem neuem Fischmelder versehen. Er bestand aus einer einfachen Kunststoffwasserflasche, an der mit zwei, drei Wicklungen die Schnur der Schleppangel befestigt war. Sobald ein Fisch auf den Köder hereinfiel und an der Schnur zog, wurde die Flasche unter lauten Knackgeräuschen zerdrückt, und wir würden sofort auf den Fang aufmerksam gemacht werden, die Fische werden so nicht unnötig lange gequält. Die Schleppangel selbst bestand lediglich aus einem Köder und einer 1,5 mm starken, circa 30 Meter langen Nylonschnur. Der Köder wurde auf der Wasseroberfläche geschleppt und sollte flüchtende Tintenfischchen imitieren. Daniel hatte Wache und stand im Cockpit, während ich das Essen vorbereitete und nebenbei E-Mails in die Heimat schickte. Der Wind trieb Nis Randers mit einer Leichtigkeit über die Wellen, wie wir es bisher nicht oft hatten genießen können, und während ich darüber sinnierte, ob genügend Reis am Fisch war und der Thymian noch ...

»Pa, komm schnell!«

Der Ton macht die Musik, und Daniels Ton hörte sich ernst an. Also ließ ich alles stehen und liegen und sprang über den Niedergang nach oben.

Mit ausgestrecktem Arm zeigte mein Sohn nach achtern auf einen kleinen Punkt am Horizont. Unserer Erfahrung nach konnte das bedeuten: Wir sahen das Heck des Schiffes, das wir vor kurzem passiert hatten. Oder es handelte sich um ein Schiff, das unseren Kurs querte und das wir bisher nicht bemerkt hatten. Oder es handelte sich um ein Schiff, das unserem Kurs folgte. Letzteres war ziemlich wahrscheinlich, es sei denn, Daniel hätte während der letzten Stunde tief geschlafen. Hatte er natürlich nicht. Fazit: Jemand folgte uns. Rasch näher kommend. Sehr rasch näher kommend, der schwarze Punkt wurde schnell immer größer.

Durch das Glas erkannte ich ein etwa sechs Meter langes, offenes Holzboot. Darin drei Menschen, die in unsere Richtung blickten, und die Heckwelle signalisierte, dass sie unter Motor mit Vollgas auf uns zuhielten. Mein erster Gedanke: Hilfe! Aber wir sind ganz allein. Mein zweiter Gedanke: Funk!

Also rief ich über UKW in den Äther: »*Motorvessel, motorvessel, motorvessel on approx. position zero two degrees north and zero eight two degrees west. This is sailingyacht* NIS RANDERS, *just in front of you. Do you need something, can we help you anyhow? Over.*«

Wie erwartet, bekamen wir keine Antwort. Selbst wenn sie ein Funkgerät hatten, konnten sie uns bei dem Motorenlärm bestimmt nicht hören. Und noch ehe ich einen nächsten Entschluss fassen konnte, lief das Speedboat schon ziemlich dicht an unser Heck. Drei Männer mittleren Alters in einfacher Kleidung – T-Shirt, Jeans, Baseballcaps – starrten uns an.

Natürlich hatten wir uns gedanklich auf eine derartige Situation vorbereitet, und Daniel hatte bereits die Harpune in die Hand genommen und schnitt mit seinem Tauchermesser die Rückholleine durch, spannte und sicherte die Waffe. Ich legte die Seenotsignalmittel in Griffweite und entfernte die Sicherheitskappen, die wir wegen der Kinder mit Tape doppelt gesichert hatten. Gezielte Schüsse mit mehreren Seenotraketen in das offene Boot konnten einen Angriff eventuell abwehren. Wir sprachen kein Wort miteinander, waren aber fest entschlossen, keinen der Kerle an Bord zu lassen. Mit einem einzigen großen Rückwärtsschritt und ohne Daniel aus den Augen zu lassen, damit ich seine Reaktionen weiterhin beobachten konnte, ließ ich mich in den Niedergang hinab, um nach dem Hörer unseres Funkgerätes zu greifen. Wieder im Cockpit stehend, schickte ich dann über UKW einen allgemeinen Ruf nach draußen: »*All ships, all ships, all ships. This is sailingyacht* NIS RANDERS *on position zero two degrees north and zero eight two degrees west. Is anybody out there? Can anybody hear me? This is sailingyacht* NIS RANDERS *–* NIS RANDERS *is calling and listening, over!*« Ob ich damit einen Preis für eine herausragende grammatikalische Jahresleistung in englischer Sprache bekommen hätte, war so ziemlich das Letzte, was mich damals interessierte. Meine Hoffnung war, dass vielleicht ein Schiff in der Nähe war, das sich durch eine Kursänderung am Horizont zeigen oder unseren Funkruf als Relais weiterreichen könnte. Ein Notruf über Kurzwelle hätte eine wesentlich größere Reichweite gehabt, erschien uns zu diesem Zeitpunkt aber weniger sinnvoll, denn wir hatten keine Zeit, um einen Amateurfunker davon zu überzeugen, dass es sich bei unserem Anruf nicht um einen dieser dummen Scherze handelte, die leider immer wieder über den Äther geschickt werden.

Zu meiner großen Erleichterung erhielt ich jetzt eine Antwort, Glück gehabt. Es meldete sich der Funker eines Schiffes der amerikanischen Coast Guard, das in der Bucht von Panama patrouillierte. Nachdem ich ihm unsere Situation geschildert hatte, übergab der Funker das Mikrophon an einen Mann, der sich schlicht als *scene commander* vorstellte und mich Position und Situation wiederholen ließ. Noch während ich sprach, schlug plötzlich unser am Heck befestigter Fischmelder Alarm. Der war ausgelöst worden, weil unsere Verfolger in die Schleppangel gefahren waren, die Schnur sich um den Propeller ihres Außenborders gewickelt und den Motor zum Stehen gebracht hatte, nachdem sie gerissen war. Das Brüllen des Motors erstarb, und das Boot blieb hinter uns zurück. Ich sah, ebenso erleichtert wie Daniel, dass man drüben den schweren Motor hochklappte und begann, an der Schraube zu werkeln. Doch lange würde unser Vorteil nicht anhalten. Also kehrte ich ans Funkgerät zurück und berichtete, was geschehen war.

»Sie befinden sich in einer Piratensituation«, machte mir der *scene commander* unverblümt klar. »Melden Sie sich alle zehn Minuten bei uns. Im Notfall werden wir Ihnen zu Hilfe kommen«, versprach seine Blechstimme in amerikanisch gefärbtem Englisch.

»Ich gebe Ihnen laufend meine Position durch«, antwortete ich, denn um uns zu helfen, mussten sie uns ja erst einmal finden.

»Nicht nötig, Ihre Position kennen wir schon seit gestern Abend.«

Das war neu in unserem Erfahrungsschatz: Big Brother mal von der hilfreichen und damit willkommenen Seite zu sehen, ist ja nicht alltäglich.

»Name der Yacht? Wie viele Personen befinden sich an Bord?«, fragte unser großer Bruder nun.

Ich gab ihm alle Daten durch und fasste wieder Mut, denn wir waren nicht mehr ohne Schutz allein auf uns gestellt hier draußen.

»Können Sie sich selbst verteidigen?«, wollte der Mann dann wissen.

»Das werden wir auf jeden Fall versuchen, es wäre uns aber lieber, Sie in Sichtweite zu haben«, erwiderte ich.

Knapp eine Stunde war vergangen, seit das havarierte Boot am Horizont verschwunden war. Alle zehn Minuten meldeten wir uns bei der Coast Guard, und ich begann mich schon fast unbehaglich zu fühlen und als Feigling, denn schließlich wussten wir doch gar nicht, was die Männer gewollt hatten. Vielleicht nur ein paar Zigaretten tauschen? Vielleicht brauchten sie Benzin oder Motoröl?

»Das glaubst du doch selbst nicht«, widersprach Daniel. »Hätten die nur Öl gewollt, wären sie anders aufgetreten. Da war kein freundliches Lächeln wie bei all den anderen Fischern, denen wir bisher begegnet sind. Und warum sind sie so dicht an uns ran? So was macht man nicht, wenn man gute Absichten hat.«

Er hatte recht, so was macht man nicht, und kurz darauf war er wieder da, der schnell näher kommende Punkt am Horizont. Die Kerle nahmen also die Jagd wieder auf. Wir bemühten uns, das Beste aus den Segeln rauszuholen und möglichst viel *speed* zu machen. Mit einer leichten Kursänderung und dichteren Schoten wurden wir um einen halben Knoten schneller.

»Das Verfolgerboot ist wieder hinter uns, wann könnt ihr bei uns sein?« Ich rief das Kriegsschiff erneut.

»In 20 Minuten werden Sie uns sehen können«, lautete die Antwort.

20 Minuten – das kann eine sehr, sehr lange Zeit sein. Also hatten wir eine neue Runde in Selbstverteidigung vor uns. Modus operandi wie gehabt. Wieder kamen die Kerle von achtern, aber bevor sie in den Bereich einer möglichen Schleppangel kamen, gingen sie auf unsere Backbordseite. Kein Ruf, keine Geste, kein Gruß, nichts. Sie starrten uns aus wenigen Metern Abstand an. Richtig unheimlich. Daniel hockte im Cockpit, eine Leuchtrakete fest in den Händen. Mein Blick wanderte ständig zwischen dem Boot und der Kimm hin und her. Die NIS RANDERS rauschte durch das Wasser, sie fuhr auf dem Optimum – Vollzeug. Wir wussten nicht, von wo die Amerikaner kommen würden und konnten nicht sagen, ob wir mit unserem Kurs nicht von ihnen weg segelten. Das Kriegsschiff war noch nicht zu sehen. Wenn es doch nur endlich auftauchen würde, um das Mütchen der Bande zu kühlen ... Dann hatte ich plötzlich eine Idee: Ich holte unser Handfunkgerät, stellte mich gut sichtbar auf eine Backskiste und hielt es hoch in die Luft. Mit der freien Hand deutete ich nach Osten und rief: *»American Coast Guard, American warship!«* Dabei zeigte ich immer wieder in die Richtung, in der wir die Amerikaner wähnten.

Unsere Verfolger reagierten sofort, nahmen augenblicklich das Gas zurück und änderten ihren Kurs. Nach drei Minuten wurden sie immer mehr von den Wellen abgedeckt, nach acht Minuten waren sie verschwunden.

Wir aber meldeten uns weiter alle zehn Minuten bei unserem Schutzengel. Mit geändertem Kurs und der alten Segelstellung klinkten wir die Windfahne neu ein. Ohne Beleuchtung schlichen wir in die Dämmerung hinein, in das funkelnde Kleid der Nacht. Und in einem Punkt waren Daniel und ich ganz einig: Die Entscheidung, Su und die Kinder in diesem Revier nicht an Bord zu haben, war goldrichtig gewesen.

Schon am nächsten Morgen verdrängten neue Probleme die Erinnerung an unser unangenehmes Abenteuer: Der Wind nahm erheblich zu, es kam Sturm, es gab Arbeit!

Daniel übernahm den Eintrag unseres Tagesberichts am 30. Mai 2005:

Tapfere kleine Nis Randers oder: Der 10. Tag

Der Wind nimmt zu, steigt allen Vorhersagen zum Trotz auf Starkwindstärke. Pa und ich haben an den Vorsegeln und am Groß alle Hände voll zu tun. Wir rackern uns ab, schlafen abwechselnd in Häppchen und essen zu wenig – kochen können wir jetzt nicht mehr. Es gelingt uns kaum, uns auf den Beinen zu halten, hin und wieder gibt es Kekse oder Zwieback.

Die Dünung nimmt ebenfalls zu. Wir laufen immer noch hoch am Wind. Wenn die Nis Randers eine Welle erklimmt, verliert sie auf dem Weg nach oben an Geschwindigkeit, scheint auf dem Kamm einen Moment zu überlegen, wohin (und vielleicht auch ob) die Reise weitergehen soll, entscheidet sich dann endlich und schießt die Welle auf der Rückseite wieder hinunter, nimmt dabei Geschwindigkeit auf, um im Wellental mit dem gewonnenen Schwung das Spiel mit einem neuen Wellenberg erneut zu beginnen. Das Schreiben wird unmöglich ...

Verletzung auf See

Ob es an mangelnder Zerstreuung im Zusammenhang mit temporär nicht existenter Reizüberflutung liegt oder schlicht am gestiegenen Kalorienbedarf oder an beidem – immer wieder ist zu beobachten, dass auf See der ganz normale Durchschnittsesser zur siebenköpfigen Raupe mutiert. Essen bestimmte auch bei uns an Bord das Denken während großer Zeiträume des Tages, genauer gesagt: die Zeit, während wir nicht schliefen.

Es begann fast immer mit der harmlosen Frage: »Was essen wir denn heute so?«

Achtung Falle, denn auf diese Fangfrage gab es nur eine einzige korrekte Antwort: »Viel.«

So hatten wir sogar unseren 6-wöchigen Aufenthalt im Tierparadies der Galapagosinseln eigentlich der Essensvorbereitung zu verdanken. Wie kam's?

Fast zwei Wochen waren wir nun schon auf See. Ich saß gemütlich im Cockpit, las Stevensons »Die Schatzinsel« und suchte hin und wieder den Horizont nach sich schnell nähernden Punkten ab. Daniel genoss seine Freiwache und kümmerte sich um das Mittagessen: gebratenes Corned Beef mit Zwiebeln, dazu Brechbohnen, Kartoffeln, ein Spiegelei und saure Gurken. Klingt wie Labskaus mit Bohnen, ist es auch.

Entsprach es einem Naturgesetz, dass die Schlüssel zum Öffnen von Corned-Beef-Dosen immer dann verschwunden waren, wenn wir einen davon benötigten, obwohl wir beim Einkauf extra darauf achteten, dass sie fest und sicher an der Dose befestigt waren? In solchen Fällen behalfen wir uns an Bord mit einer Zange, um die wir das Blechband wickelten. Die erste der drei Dosen (wie schon gesagt, das Leben auf See macht hungrig) hatte Daniel bereits sauber aufgerollt, den Inhalt in die Pfanne geleert und die leeren Dosen auf die Ablage gestellt. An der nächsten Dose nahm er nun die Lasche, an der normalerweise der Schlüssel angesetzt wird, in die Zange und versuchte, ihn mit einem Ruck abzureißen. Ich sah das vom Cockpit aus.

Genau in dem Augenblick, als ich »Vorsicht, Verletzungsgefahr!« rief, rutschte die Zange von der Lasche ab. Die Hand, die die Zange hielt, schnellte mit einem Ruck nach oben. Diese Hand blieb unverletzt. Die Hand, die die Dose hielt, fuhr mit einem Ruck nach unten, genau dorthin, wo eine geöffnete, leere Corned-Beef-Dose mit ihren scharfen Rändern stand. Diese Hand blieb nicht unverletzt. Der Blechrand schnitt sich tief in das Fleisch des linken Handballens, und augenblicklich floss Daniels dickes, dunkles Blut aus der Wunde. Er sah erst seine Hand und dann mich aus großen Augen verwundert an, als könne er nicht glauben, was gerade passiert war.

Die Wunde sah nicht gut aus, sie sah gar nicht gut aus. Daniel hielt die stark blutende Hand über das Spülbecken, während ich sterile Tücher aus dem Verbandskasten zerrte. Schmerzen hatte er glücklicherweise nicht, doch er stand offensichtlich unter Schock, ich konnte also die Wunde genauer untersuchen. Der Schnitt war etwa vier Zentimeter lang und sehr tief. Zunächst legte ich provisorisch eines der sterilen Tücher auf die Wunde, um die Blutung zu stillen. Irgendwo hatte ich zwar mal gelesen, dass es sinnvoll sein kann, die Wunde kurze Zeit bluten zu lassen, um auf diesem Wege eventuell eingedrungene Fremdkörper auszuspülen, aber das Blut floss so stark, dass man mit an Sicherheit grenzender Wahrscheinlichkeit annehmen konnte, dass wir aus diesem Selbstreinigungsstadium bereits heraus waren.

Während ich bei den Vorbereitungsarbeiten die technische Seite übernommen hatte, war Susanne neben anderem für die medizinische Versorgung und Erste Hilfe auf See zuständig gewesen. In speziellen Kursen lernte sie lokale Betäubungen zu setzen und Wunden zu nähen. Vier Zentimeter lange Wunden am Handballen zum Beispiel. Aber Su war jetzt nicht da, und für eine E-Mail in die Heimat war keine Zeit, denn selbst bei einer guten Verbindung konnte man mit einer sofortigen Antwort allein wegen der Zeitverschiebung nicht rechnen. Zudem wussten wir, dass Su ihren E-Mail-Account erst abends checkte. Von einem Medizinbuch, das sich in der Bordbibliothek befand, erwartete ich mir deshalb die dringend benötigte Unterstützung. Tatsächlich schilderte der Autor – offensichtlich auch Segler – einen ähnlichen Fall. Da die Gefahr einer Wundinfektion bei verschmutzten Dosenkanten stets sehr hoch ist, wäre es besser, die Wunde nicht zu nähen, sondern sekundär beziehungsweise konservativ zu versorgen, schrieb er. Das heißt, es solle ein Pflaster drauf, damit die Wunde von innen nach außen heilen könne und somit eventuell eingedrungene Schmutzteilchen mit dem Wundwasser abfließen könnten. Die Schnittwunde musste also auf jeden Fall erst mal gründlich gereinigt und von Blechspänen oder Corned-Beef-Resten befreit werden, und damit möglicher Eiter abfließen könnte, musste die Wunde offen bleiben. Die Heilungszeit wurde in dem Buch mit zwei bis drei Wochen angegeben – bei störungsfreiem Verlauf. Voraussetzung dafür wären häufige Verbandswechsel. »Die Wundheilung bei einer Versorgung dieser Art dauert länger«, schrieb der Autor weiter, »ist aber risikoärmer, wenn auch kosmetisch oft unbefriedigender als genähte Schnittwunden.«

Kosmetik war das Letzte, was wir im Sinn hatten, doch mit einer Wunde dieser Art wollten wir nicht bis nach Tahiti auf See bleiben, denn die Gefahr, eine Wundinfektion ohne ärztliche Hilfe überstehen zu müssen, war uns einfach zu bedrohlich. Wir nahmen also Kurs auf die Galapagosinseln, wechselten zweimal täglich den Verband, achteten dabei sehr auf Sauberkeit, trotzdem schmerzte die Hand schon bei der kleinsten Bewegung heftig. Natürlich fiel Daniel damit für die Arbeit aus. Das war nicht weiter tragisch, denn die Winddrehung, die der einsetzende Südost-Passat der südlichen Hemisphäre mit sich brachte, auf den wir schon so lange gewartet hatten, setzte endlich ein und jagte uns zügig voran. Die Windfahnensteuerung arbeitete zuverlässig, die Vorsegel mussten bei dem konstanten Wind nur selten gewechselt werden, Reffs am Großsegel waren nicht mehr nötig.

Wenn wir Muße hatten, spielten wir Schach oder besprachen die Bücher, die wir fast alle gemeinsam gelesen hatten. Es ging quer durch den Garten der Weltliteratur: Charles Bukowski, Lothar-Günther Buchheim, Tom Robbins, Martha Grimes, »Das Kommunistische Manifest« von Marx und Engels, die Bibel, der Koran, Dan Brown, Seneca, Neal Stephensons »Cryptonomicon« und vieles mehr. Wir lasen zunächst völlig unvoreingenommen und wertfrei, enthielten uns jeglicher Kommentare und diskutierten erst anschließend – nachdem wir beide die Werke gelesen hatten – Text und Aussage, dann Sprachstil und die Wirkung auf uns. Es war interessant, unsere verschiedenen Sichtweisen zu erörtern, Zeit hatten wir ja genug. Dialoge dieser Art hatte es zwischen Vater und Sohn bis zu diesen Tagen noch nie gegeben. Es war eine schöne, ich würde fast schon sagen, eine besinnliche Zeit, denn über diese Buchbesprechungen lernten wir sehr viel voneinander. Wir gingen respektvoll und tolerant miteinander um, und dadurch, dass kein Zeitdruck auf uns lastete, konnten wir uns mit einer Antwort auf eine manchmal provokative Frage leicht auf die nächsten Stunden vertagen: »Das ist ein interessanter Ansatz. Ich antworte dir darauf bei der Wachablösung in vier Stunden«, war eine Floskel, die wir uns augenzwinkernd zuwarfen, um in Ruhe in der Koje oder auf dem gewohnten Platz im Cockpit über das Gesagte nachzudenken. Streit um unterschiedliche Auffassungen gab es zu keiner Zeit, im Gegenteil, der Vater lernte vom Sohn und der Sohn vom Vater. Wir lernten besonders, vorurteilsfrei zuzuhören und Stellung zu beziehen.

Über den Galapagos-Archipel informierten wir uns aus Segelführern aus der bordeigenen Bibliothek und mithilfe von Computerenzyklopädien. Die Wissenslücken, die wir dabei entdeckten, schlossen wir über E-Mail-Anfragen bei Freunden zu Hause und auch bei Su. Auf Daniels Verletzung reagierte sie natürlich außerordentlich besorgt und unterstützte unsere Entscheidung für eine Kursänderung. Sicherheit und Gesundheit gingen ihr insbesondere nach den Berichten über die Piratengefahr in diesem Seegebiet jetzt über alles. Bei der Ansteuerung ahnten wir allerdings noch nicht, dass wir mehr Zeit als Charles Darwin auf Galapagos verbringen würden.

Galapagos

In einem Reiseprospekt hatte ich gelesen: »Die vulkanische Inselkette Galapagos gilt als Paradies auf Erden, dessen Tierwelt sich neben ihrer Artenvielfalt und vielen endemischen Spezies vor allem durch völlig fehlende Menschenscheu auszeichnet.« Irgendwie war Galapagos in meinen Vorstellungen nie wirklich real, weil ich durch Berichte, die ich gelesen hatte, davon ausging, dass das Anlaufen der Inseln außerordentlich teuer oder gar unmöglich sei, weil einige der Inseln als Schutzzone ausgewiesen seien und das Anlanden von Seglern nach einer Art Behörden-Spießrutenlauf durch die ecuadorianischen Botschaften so sehr erschwert würde, dass ein ungetrübter Genuss nicht mehr möglich wäre. Nicht dass ein Aufenthalt von Anfang an ausgeschlossen gewesen wäre, aber Galapagos war ein Traum geblieben, eine Vision – vielleicht auch die Zusammenschau aller Träume, meine Blue Lagoon: Wenn wir Galapagos auf eigenem Kiel erreichen, dann steht uns alles offen ... Doch dann waren die Inseln aus der Reiseroute gestrichen und durch Tahiti ersetzt worden.

In der Hitparade der Gerüchteküche der uns bekannten Segler nahm Galapagos eine Sonderstellung ein. »Du musst bei der ecuadorianischen Botschaft ein Visum beantragen. Und zwar bevor du einreisen möchtest«, hatte man mir gesagt. Aber auch: »Du kannst nur mithilfe eines teuren Agenten einklarieren, sonst geht da gar nichts.« Und: »Wenn du an Land möchtest, darfst du das nur in Begleitung eines Rangers im Zusammenhang mit einer kostenpflichtigen Führung. Wer vom Weg abkommt, zahlt Strafe und muss sofort die Inseln verlassen.« Und: »Ich gebe dir einen guten Rat: Du musst einen Motorschaden vortäuschen, dann lassen dich die Behörden in Ruhe.«

Neptun sei Dank, die Inseln kamen uns nach 13 harten Tagen endlich vor die Nase, denn wieder einmal war der Geruch von Erde das erste Anzeichen von Land. Es folgte ein dunkler Fleck auf dem Radarschirm, und erst nach einer ganzen Weile konnten wir das Ziel auch mit den Augen ausmachen. Um in die Ankerbucht zu gelangen, segelten wir noch 22 Seemeilen an der Nordküste entlang, vorbei an kargem Vulkangestein und teilweise flachen Küstenabschnitten. Die Sonne auf der Haut, den Wind in den Haaren, das Salz auf den Lippen, so standen wir am Vorstag und gaben uns jener stillen Begeisterung hin, die uns immer erfasste, wenn wir ein großes Ziel erreicht hatten. Diese Augenblicke waren der Lohn für all die Schindereien, die harten Tage und die Gefahrenmomente auf See. Es ist eines jener Gefühle, die man sich nicht erkaufen, sondern nur durch eigene Arbeit erreichen kann.

Noch zehn Seemeilen bis zur Ankerbucht Baquerizo Moreno auf der Insel San Cristóbal. Es war früher Nachmittag. Ablandiger Wind. Guanogeruch. 100 Meter vor uns schien sich etwas im Wasser zu bewegen. Ich schaute genauer hin. 90 Meter voraus. Über den Bugkorb gelehnt, versuchte ich Genaueres zu erkennen. Das Fernglas lag weit entfernt sicher und trocken unter der Sprayhood. Ich würde vielleicht nicht rechtzeitig wieder an Deck sein, wenn ich versuchte, es zu holen. Also beobachtete ich weiter das Wasser von unserem Bug aus. 70 Meter vor uns schäumte plötzlich das Meer wild auf. Mein erster Gedanke: ein Riff? Eine Untiefe? Wir laufen auf ein Riff!

»Daniel!« Diesmal war es mein Ton, der die Musik machte, und es handelte sich um keine anmutige, leise Kammermusik.

Der Junge stieß sich den Kopf unter der Sprayhood, als er alarmiert aufsprang. Seit den teilweise sehr schwierigen Ansteuerungen der San-Blas-Inseln kommunizierten wir mit einer unmissverständlichen Zeichensprache: Der im Bug oder am Mast stehende Mann zeigt mit ausgestecktem Arm auf die im Wasser liegenden Hindernisse. Der Kurs wird mit leicht nach oben ausgestrecktem Arm angegeben. Geht ein Arm mit der geschlossenen Faust nach oben, heißt das: Stopp! Und zwar sofort.

Wir waren noch etwa 30 Meter von der brodelnden Suppe entfernt, als Daniel die Kette der Windfahnensteuerung auskuppelte, die Pinne herumriss und zum Aufschießer anluvte, mit dem Bug durch den Wind ging, bis die Segel back standen. Die Nis Randers legte sich etwas auf die Seite, richtete sich wieder auf und machte nunmehr keine Fahrt voraus. Das Wasser war plötzlich ruhig, über dem vermeintlichen Riff auch, das Schäumen war verschwunden. Echolot: 70 Meter. Seekarte: 70 Meter. Kein Riff, keine Untiefe eingezeichnet. Wir beugten uns über die Reling und versuchten, durch das blaue Wasser des Humboldtstroms etwas zu erkennen. Dann schoss ein Schatten unter unserem Kiel hervor. Schnell, schwarz und geschmeidig. Kein Delfin, da waren wir sicher. Der Schatten kam neben das Boot, und der Kopf eines Seehunds tauchte zur Begrüßung aus dem Wasser auf. Eine Weile schaute er uns wie verwundert an und schwamm dann weiter in Richtung Ankerbucht. Wieder schäumte das Wasser. Dieses Mal neben uns. Und dann sahen wir, was der Grund war: Es handelte sich um Fische, die auf der Flucht waren. Nicht vor uns, wahrscheinlich, sondern von dem Seehund aufgescheucht. Durch das Glas konnten wir Albatrosse und Fregattvögel vor der Küste ausmachen. Galapagos, der Ort, an dem das Leben »immer wieder neu erfunden wird«, wie es in Enzyklopädien heißt, hieß uns mit offenen Armen willkommen.

Daniels Wunde an der Hand schien gut zu verheilen, Komplikationen waren glücklicherweise bisher nicht aufgetreten, doch ganz geschlossen hatte sich der Schnitt noch immer nicht. Die Schmerzen hatten nachgelassen, doch wollten wir so schnell wie möglich einen Arzt aufsuchen, der sich um die Wunde kümmern sollte.

Unser Anker fiel am Abend in der Bucht von Baquerizo Moreno. Um einen ausreichend großen Platz zwischen all den Fischer- und Versorgungsbooten zu bekommen, die dort lagen, mussten wir drei Runden durch die Ankerbucht drehen. Dabei sahen wir auch die AHODORI liegen, wieder einmal war sie also vor uns eingetroffen. Wir riefen nach Michie und Tobias, doch es war niemand an Bord.

Sofort wollten Daniel und ich an Land, doch in der Bucht sind Beiboote, zum Schutz der Seelöwen, verboten. Also nahmen wir eins der Wassertaxis – die theoretisch auf Funkrufe, praktisch jedoch auf laute Pfiffe reagierten –, um uns an Land überzusetzen. Dort trafen wir umgehend auf unsere Freunde in einer kleinen Bar. Sie zeigten sich sehr besorgt über Daniels Probleme, über die wir ihnen bereits via Funk berichtet hatten, weshalb sie noch vor unserer Ankunft nach einem Arzt suchten, der sich die Wunde jetzt genauer ansah.

»Glück gehabt, bei Schnitten an Konservendosen gibt es sehr häufig eine üble Infektion«, stellte er erleichtert fest und testete noch die Beweglichkeit der Hand, speziell die des Daumens, und schien insgesamt zufrieden. Das Wichtigste wären täglicher Verbandwechsel und Sauberkeit, Sauberkeit, Sauberkeit, gab er uns für die Zukunft mit auf den Weg und berechnete drei Dollar für die Behandlung. Wir zahlten bar.

Erfreut über die wirklich gute Nachricht ließ Daniel sich in einem Mietwagen über die Insel fahren – Fotosafari. Den gewaltigen Riesenschildkröten kam er in einer Aufzuchtstation und später sogar in der freien Natur ganz nahe. Kein Mensch kann sagen, wie alt diese Tiere wirklich werden, denn alle schriftlichen Dokumentationen begannen erst vor 100 Jahren. Ich blieb in dem kleinen Puerto Baquerizo Moreno, um Frisches wie Salat, Gemüse und Eier einzukaufen – ich war erstaunt, wie preiswert diese Güter auf der abgelegen Insel waren. Ich hatte auch einfach keine Lust auf die berühmten Schildkröten, auf die besonders Maria sich so gefreut hatte. Wenn sie die Tiere nicht sehen konnte, dann wollte auch ich sie nicht sehen. »Das machen wir irgendwann später einmal gemeinsam«, schrieb ich ihr in meiner

E-Mail. Und deshalb habe bis heute keine einzige Galapagos-Riesenschildkröte zu Gesicht bekommen und bereue es nicht, im Gegenteil. Auch wenn es erstrebenswert ist, in der Schatzkiste der Lebenserfahrung möglichst viele Edelsteine zu sammeln, so ist es doch manchmal auch ganz reizvoll, bewusst auf etwas zu verzichten. Die von Daniel gemachten Fotos sendeten wir per E-Mail an unsere Lieben, um sie so auf dem Laufendem zu halten und zu zeigen: Es ist alles in Ordnung, macht euch bitte keine Sorgen.

Von erfahrenen Seglern hatten wir gehört, dass es auf der weiter westlich gelegenen Isla Isabela wesentlich entspannter zugehen sollte als hier auf San Cristóbal. Isabela, die größte und ursprünglichste Insel des zu Ecuador gehörenden Archipels, hatte sich angeblich etwas von den anderen Inseln gelöst und beschritt, was den Fremdenverkehr betrifft, ihren eigenen Weg. Dort würde man auch keinen teuren Agenten zum Einklarieren benötigen ... Das alles klang so verlockend, dass wir uns schon am folgenden Tag auf den Weg nach Isabela machen wollten.

Doch der Motorstart am nächsten Morgen misslang zunächst. Irgendetwas stimmte nicht. Erst unter der Zuhilfenahme der Verbraucherbatterien startete der Diesel, sodass wir unter Motor die Ankerbucht von San Cristóbal verlassen konnten. Knapp 90 Seemeilen waren es bis nach Isabela, der westlichsten und gleichzeitig größten Insel, 17 bis 18 Stunden. Doch aus den 17 Stunden wurden letztendlich 30, denn kurz nachdem wir den Hafen verlassen hatten, stoppten wir den Motor, um den Weg unter Segeln zurückzulegen. Auch eine günstige Strömung versprach eigentlich eine schnelle Reise, und so ging es anfangs erfreulich zügig vorwärts. Doch kurz nach Mitternacht schlief nicht nur der Wind ein, sondern es veränderte sich auch die Strömung, die nun unberechenbar zwischen den Inseln abgelenkt wurde und uns ohne Motor zum Spielball werden ließ. Zunächst gelang es uns noch, mit einem Windhauch nach Süden auszuweichen. Dieser Weg war zwar deutlich länger, aber er schien uns sicherer als der direkte. Als wir dann aber doch unseren Diesel probeweise starten wollten, sprang er nicht an. Defekte Wasserpumpe und Salzwasser im Motor, alte Bekannte sozusagen. Also erledigten wir das, was wir schon zur Genüge kannten: *same procedure* – Salzwasser raus, Süßwasser rein, Süßwasser wieder raus, Öl rein, einmal drehen lassen, Öl wieder raus und neues Öl wieder rein. Zwischendurch die Pumpe ausbauen, einen neuen Simmerring einsetzen und Pumpe wieder einbauen. Obwohl der Motor nun beim ersten Versuch ansprang, vertrauten wir ihm nicht mehr. So setzten wir, so gut es ging, den Weg zum Naturhafen von Villamil auf Isabela unter Segeln fort und starteten den Motor erst bei der Ansteuerung durch die vorgelagerten Riffe der Ankerbucht.

In der Bucht wurden wir von Pinguinen begrüßt, die im türkisfarbenen Wasser schwammen und nur hier auf Isabela anzutreffen sind. Keine 20 Meter von uns entfernt, auf der schwarzen, scharfkantigen Lava, standen Blaufußtölpel, und Seelöwen wälzten sich am Strand.

Daniels Tagesbericht vom 6. Juni 2005:

Haie

Strahlender Sonnenschein, der Tag empfing uns mit einem Lächeln. Aber bevor wir uns den Annehmlichkeiten dieses Reviers widmen konnten, mussten einige Punkte der Erledigungsliste abgearbeitet werden: Ankerkasten und Bilge vom Salzwasser befreien, Segel trocknen und zum Schutz vor der Sonneneinstrahlung abdecken, unter Deck aufklarieren und sauber machen. Als alles erledigt war (nur für heute, denn die *to-do-list* ist noch lang!), entschieden wir, schnorcheln zu gehen. Meine verletzte Hand schützte ich mit einen Aids-Handschuh und klebte diesen mit Tape wasserdicht ab.
Nicht weit von unserem Ankerplatz gibt es eine Lagune, die uns mit angenehmen Temperaturen von 23 Grad Celsius und kristallklarem Wasser lockte. Wir waren noch nicht lange im Wasser, als sich ein Hai mit deutlichem Interesse näherte: ein Weißspitzen-Riffhai, circa zwei Meter lang, doch offensichtlich freundlich gestimmt. Er ließ sich bereitwillig fotografieren und störte sich nicht an unserer Gesellschaft, so wie wir vorgaben, uns nicht an seiner zu stören (in Wahrheit schlugen unsere Herzen bis zum Hals und pumpten reines Adrenalin). Aus verständlichen Gründen (Pa: »Ich will doch nicht als Fischfutter enden«) verkürzten wir den Tauchgang.
An einem Strand, etwas abseits, sahen wir sie dann: die berühmten Galapagos-Echsen. Die Art, die im Meer taucht, um Algen von den Steinen zu lutschen. Bis zu zwei Meter lang (scheint hier eine Art magische Wachstumsgrenze zu sein – alles ist irgendwie zwei Meter lang) und steinzeitlich im Aussehen. Sie lagen zu Hunderten über- und untereinander. Kleine und große Exemplare aalten sich im friedlichen Einvernehmen faul in der Sonne, scheinbar fest entschlossen, sich in den nächsten Jahren nicht vom Fleck zu bewegen. Aber als wir mit der Kamera näher kamen, drehten die meisten ihren Kopf in

unsere Richtung und begannen, uns anzuspucken. Bei so einem Benehmen gingen wir auf Abstand und verwendeten doch lieber das Teleobjektiv.
Villamil: ein kleines Dorf am Ende der Welt. Schmale, staubige Schotterwege führen durch den Ort, circa 1000 Einwohner, zwei, drei kleine Restaurants, zwei Kioske, eine Post und zwei Internetcafés mit einer löchrigen und langsamen Telefonverbindung. Herrenlose, dreibeinige Hunde überqueren im Zeitlupentempo die Straßen. Die Uhren ticken hier langsamer, die Leute sind freundlich und hilfsbereit. Der Hafenkapitän lässt uns in Ruhe, und wir lassen ihn in Ruhe (soll heißen: wir klarieren nicht ein, und niemand stört sich daran).

Unsere Erlebnisse sendeten wir wie gewohnt an Udo Biedermann, unseren Webmaster in Oldenburg. Mittlerweile hatte sich die Zahl der Besucher unserer Website auf knapp 2000 Leser täglich gesteigert. Unsere Einträge, die zu Beginn nur als Tagebuch für uns, unsere Freunde und Verwandte gedacht waren, mutierten zu einer Art Fortsetzungsbericht für die Weltumseglungswilligen und Abenteuerlustigen. Einige fühlten sich sogar animiert, uns Tipps und Hinweise für die Weiterfahrt zu geben. In zahlreichen Mails erhielten wir Nachfragen, was unsere nächsten Ziele wären und wie wir zum Beispiel die Nachtwachen genau aufteilen würden. Stets versuchten wir, die Mails zu beantworten, was bei der langsamen Verbindung auf Villamil nicht immer einfach war. Dabei erkannten wir aber auch, dass wir nicht mehr allein unterwegs waren – wir wurden beobachtet und galten insbesondere Kinderseglern als Vorbild. Dies jedoch war nie unsere Intension und bereitete uns manches Unbehagen, denn als »Anfänger« fühlten wir uns trotz der vielen Seemeilen, die hinter uns lagen, immer noch. »Jeder macht seine eigene Reise«, war ein Spruch, den wir später immer öfter in Tagesberichten, Mails und auch im Gästebuch wiederholten, um aufzuzeigen: Dies ist der Weg, den wir gehen. *That's it!*

Nach einem Tag in der Bucht versagte die Pumpe von der Seewasserentsalzungsanlage ihren Dienst. Es handelte sich um eine industrielle Hochdruckpumpe, Ersatz war auf dieser abgelegenen Insel nicht zu erwarten. Wieder einmal: Kühlwasserpumpe defekt, Dieselpumpe defekt, Pumpe vom Wassermacher defekt. Wir brauchten Ersatz. Die Dieselpumpe konnten wir zur Not mit einem Falltank ersetzen und die Kühlwasserpumpe vom Motor durch eine elektrische Pumpe. Die Hochdruckpumpe jedoch konnten wir nicht ersetzen. Wenn der Wassermacher nämlich eine Zeitlang nicht im Einsatz war, musste er mit chemischen Mitteln konserviert werden, und dafür benötigte man diese Pumpe. Kamen keine Konservierungsmittel in das Gerät und würde es nicht benutzt, zerstörten Mikroorganismen die teure Membran im Inneren des Gerätes. Oder ganz einfach gesagt: Wir brauchten Ersatzteile, die wir nicht bekommen konnten.

»Was machen wir jetzt?«, Daniel starrte auf die Salontischplatte, wo die Einzelteile ausgebreitet lagen.

»Wir machen Nägel mit Köpfen und bestellen neue Pumpen und zwar alle drei, die Dieselpumpe, die Wasserpumpe und die Pumpe für den Wassermacher aus Deutschland.« Ich hatte die Nase voll von den nicht fruchtenden Reparaturen, von den ölverschmierten Händen und dem dummen Gefühl, von dem Motor immer dann im Stich gelassen zu werden, wenn wir ihn aufs Dringendste brauchten.

U-96 brachte uns an Land: einen Kilometer mit dem Boot, zwei Kilometer *per pedes* bis zum Ort Villamil und zwei Stunden warten, bis der Telefonshop öffnet. Mittagszeit! Leider hatte ich die 8-stündige Zeitverschiebung nicht berücksichtigt, bei meinem Händler in Deutschland war schon seit Stunden geschlossen.

Am nächsten Morgen bekam ich eine Verbindung. »Und bitte schnell, am besten per Express«, schloss ich das Telefongespräch, denn die Teile sollten nach ihrer Reise um die Welt in 10, maximal 12, allerhöchstens in 14 Tagen bei uns eintreffen.

Um eine Anmeldung beim Hafenmeister kamen wir jetzt nicht mehr herum. Man kann vielleicht mal ausnahmsweise versuchen, sich nach einem maximalen Aufenthalt von drei Tagen herauszureden (72 Stunden im Notfall und ohne das Land zu betreten), aber wir würden jetzt länger bleiben müssen. Mit Bootspapieren und Reisepässen in der Hand klopfte ich an die Tür seines Büros.

»Was möchten Sie?«, fragte mich ein Uniformierter. Nicht auf Deutsch natürlich, sondern auf Spanisch.

»Guten Tag, mein Herr. Wir liegen draußen in der Bucht vor Anker und möchten uns gern bei Ihnen anmelden. Wir bleiben wohl ein paar Tage länger, weil wir auf Ersatzteile aus Deutschland warten. In vielleicht 10, maximal 12, allerhöchstens in 14 Tagen sind wir wieder verschwunden. Also drei Wochen wird es auf keinen Fall dauern, schon gar nicht einen Monat oder mehr.« Ich antwortete natürlich nicht auf Spanisch, sondern auf Deutsch. Dabei wedelte ich mit den Papieren herum und zeigte mein freundlichstes Mach-dir-mal-keine-Sorgen-wir-haben-alles-im-Griff-Gesicht.

Sekundenlang sah er mich unverwandt an. »*Barco?*«, fragte er schließlich und drehte den Kopf in Richtung Fenster. Schiff?

»*Si, si, barco, si!*«, er verstand mich.

Langsam erhob er sich, schlug ein dickes Buch auf und machte eine Eintragung. Er notierte den Schiffsnamen und den Namen des Skippers – das war's, ich durfte gehen. Einen Stempel in den Pass hatte ich zwar nicht bekommen, aber wenn man erstmal in solch einem dicken Buch steht, kann man sich bei Kontrollen von der Guardacostas, der hiesigen Coast Guard, auf jeden Fall legitimieren. Dachte ich. Wir mussten auch nichts bezahlen.

Zu unseren Landgängen nach Villamil durften wir mit U-96 zum Fischersteg fahren. Bei Niedrigwasser war das ein weiter Weg, denn ausreichende Wassertiefe gab es dann nur in einer schmalen, natürlichen Fahrrinne nahe dem Strand der großen Bucht. Tagsüber war das kein Problem, denn das Wasser war so klar, dass man die dicht unter der Oberfläche liegenden, scharfkantigen Lavabrocken schon von Weitem sehen konnte. An manchen Tagen vergaßen wir die Zeit und kamen erst am späten Nachmittag zurück, und nach Einbruch der Dunkelheit, ab 6 Uhr nachmittags, war alles anders. Selbst mit einem Suchscheinwerfer waren Grundberührungen nicht zu vermeiden. Also saß entweder Daniel oder ich im Bug, der andere bediente den Außenborder oder ruderte.

Bei Tag jedoch erlebten wir unsere Ausflüge als wunderbaren Bummel durch einen Zoo am Meer. Die kleinen, vom Aussterben bedrohten und praktisch nur hier vorkommenden Galapagos-Pinguine flitzten in Gruppen unter, neben, vor und hinter dem Boot herum, schossen aus dem Nass, drehten sich in der Luft, klatschten aufs Wasser. Seelöwen träumten träge auf den hier vor Anker liegenden Fischerbooten in der Sonne, und unsere Annäherung störte sie nicht im Mindesten. Wenn sie die Augen öffneten, um uns zu betrachten, dann war das schon viel Action. Seevögel schossen zur Fischjagd in großen Schwärmen aus 50, 60 Metern Höhe in das Wasser, Mähnenrobben lagen zwischen den großen Meerechsen, und Blaufußtölpel, die weltbekannten Boobies, watschelten in Gruppen am Strand entlang. Rote Klippenkrabben leuchteten aus dem schwarzen Lavagestein hervor. In der Luft sahen wir Fregattvögel und Darwinfinken, in den Feuchtgebieten hinter dem Dorf sahen wir wilde Flamingos, die nach Krebsen und Algen fischten.

Nachdem wir uns auf der Insel orientiert hatten und auch die nötigen Einkäufe von Frischem wie Eier, Obst und Gemüse hinter uns lagen (die Kosten für diese Güter lagen übrigens – entgegen aller Törnberichte – nicht höher als in Mittelamerika. Wenn man sich nicht gerade auf frischen Schweizer Hüttenkäse versteifte, konnte man hier ausreichend Kohlenhydrate, Fette und Vitamine zu Festlandpreisen erwerben und bunkern), konnten wir entspannen. In der Bucht lagen mittlerweile mehrere Segelyachten, die sich den Ankerplatz mit den Einheimischen teilen mussten. Da wurde es auch schon mal ziemlich eng zwischen den Booten, und die ecuadorianischen Schiffsführer nahmen es nicht so ganz genau mit der einen oder anderen Beule in ihrem Schiff. Die Segler mit ihren teuren – zum Teil vom Mund abgesparten – Yachten sahen das naturgemäß ganz anders. Wenn eines der hiesigen Tauchboote beim Schwojen in die Nähe der auf Hochglanz polierten Schiffe kam, wurde es schon mal laut in der Bucht: »*Be careful about my boat!*« Galapagos schien für Amerikaner, die von der Westküste der Staaten gestartet waren, wie für uns Norddeutsche Helgoland. »*Take it easy*«, war die lakonische Antwort, die das Lebensgefühl der ecuadorianischen Skipper widerspiegelte.

Su bekam die Tagesberichte samt Hintergrundinformationen und Fotos stets vor ihrer Veröffentlichung im Word Wide Net und konnte sich oft einen belustigten Kommentar nicht sparen. Sie wusste schließlich, wie es in der Realität bei uns an Bord aussah ...

Mit der Lieferung aus Deutschland gab es dann Probleme. Der Zoll in Quito, der Hauptstadt Ecuadors, anerkannte nicht so ohne Weiteres, dass es sich bei den Pumpen um eine zollfreie Lieferung handeln sollte. Man befürchtete vielleicht, dass die Pumpen im Land bleiben würden.

»Was können wir tun, damit es schneller geht?«, wollte ich per Telefon von einem Zöllner in Quito wissen.

»Sie müssen den Zoll bezahlen, dann ist das Paket aus Deutschland schon bald bei Ihnen«, erklärte er mir.

»Aber wir befinden uns im Transit, da muss es doch eine Möglichkeit geben!?« Bisher hatten wir noch in keinem Land auf Waren Steuern bezahlt, die nicht im Land verblieben. *Duty free* ...

»Sie müssen die vorgeschriebenen Bescheinigungen ausfüllen und ein Deponat auf ein Konto einzahlen. Nehmen Sie sich einen Agenten.«

Das schien mir alles zu kompliziert. »Also schön, was kostet der Zoll?«

Die Zeit rannte uns davon, Tahiti war noch Tausende Seemeilen entfernt, und die Südseezyklone nehmen nun mal keine Rücksicht auf Schwierigkeiten mit den Behörden oder dem Zoll.

»Der Zoll beläuft sich auf 320 US-Dollar.«

Nein, ich nannte ihn nicht einen Wegelagerer, auch nicht Abzocker oder Erpresser. Ich riss mich zusammen. »Niemals«, war alles, was ich hervorpressen konnte, dann legte ich auf.

320 US-Dollar, das waren 100 Prozent Zoll auf die Waren, dazu kamen die Kosten für die Pumpen. So viel Geld wollte ich keinesfalls ohne eindeutige Notwendigkeit lockermachen. Also erkundigte ich mich nach einer Alternative. Eine Schweizerin, die auf der Insel eine kleine Pension betrieb und Spanisch sprach, übernahm nun für mich die Telefonate nach Quito. Aber sie bekam die gleiche Antwort: Der schnellste Weg, um an die Pumpen zu kommen, führte über 320 Dollar.

Im Tagesbericht vom 4. Juli 2005 lässt sich noch heute mein Frust erkennen:

> ...
> Die Zollgarantie bekommt man bei einer Versicherung, eine Überweisung tätigt man bei einer Bank. Beides gibt es hier in dem Ort, nein, auf der ganzen Insel nicht. Hier gibt es nur Echsen und Vögel.
> Der Hafenkapitän! Der muss mir helfen! Soll der dem Zoll doch bestätigen, dass wir ausreisen werden, sobald das Paket angekommen ist.
> Der Hafenkapitän war bei einer Versammlung des Parque Nacional Galápagos. Es ging um die Riesenschildkröte. Da platzte ich einfach rein, schnappte mir einen Stuhl, hörte zu und ... lernte.
> Ich wusste ja gar nicht, dass die Riesenschildkröten so konkret vom Aussterben bedroht sind. Wusste nicht, dass kein Mensch weiß, wie alt diese Tiere wirklich werden, weil vor 180 Jahren noch niemand die Panzer gekennzeichnet hat. Hatte keine Ahnung, dass Freiwillige aus der ganzen Welt hier auf den Inseln die Schildkröteneier auflesen und in Aufzuchtstationen verbringen, damit die vom Menschen eingeschleppten Ratten, Hunde und wilden Schweine die Eier und Jungtiere nicht fressen.
> In der Aufzuchtstation bleiben die Tiere bis zu sechs Jahre lang, werden dann ausgesetzt und benötigen dann mehr als 100 Jahre, um groß zu werden. Und wenn sie dann groß sind, kommen einheimische Wilderer, schlachten die Tiere und essen sie auf. Fast 100 Schildkröten wurden allein im vergangenen Jahr von Wilddieben verstümmelt. Ich sah Bilder der toten und verletzten Tiere.
> Und ich mache mir Sorgen wegen meines Pakets!

Für eine Handvoll Dollar

Die Wilderer sind leider nicht die einzigen Probleme, um die sich die Natur- und Umweltschützer auf den Galapagosinseln kümmern müssen. Chinesische und taiwanesische Großhändler beispielsweise kaufen den gesamten Bestand von Seegurken auf, die auf dem Grund vor der Küste leben oder besser gesagt: lebten. Noch vor ein paar Jahren konnte man diese Seegurken auch dicht am Strand im knöcheltiefen Wasser antreffen. Heute muss man zum Ernten auf bis zu 30 Meter abtauchen. Während wir in der Bucht von Isabela ankerten, hatten wir Gelegenheit, die Taucher bei der Arbeit zu beobachten. In dicken Neoprenanzügen fuhren sie am frühen Morgen jeweils zu zweit in offenen Holzbooten mit Außenbordern aufs Meer hinaus. In den Booten sahen wir mit Diesel betriebene Kompressoren – wäre ich im Antiquitätenbusiness, hätte ich den Fischern sofort ein Angebot gemacht –, und an jedem Kompressor war ein 30 Meter langer, fingerdicker, blauer Schlauch befestigt.

Im Erntegebiet angekommen, legt ein Mann Taucherbrille und Flossen an und nimmt ein Ende des Schlauches in den Mund. Der andere bedient und überwacht den Kompressor, während der Taucher unten die Seegurken erntet. Nach getaner Arbeit kommt er langsam und – je nach Tauchdauer – mit unterschiedlich langen Dekompressionspausen wieder an die Wasseroberfläche. Im Idealfall. Läuft es aber nicht nach Plan, versagen diese altersschwachen Kompressoren schon mal den Dienst. Der Taucher muss dann viel schneller nach oben als vorgesehen und riskiert die äußerst gefährliche Taucherkrankheit. Kommt der Patient nach einem solchen Unfall nicht innerhalb kürzester Zeit in eine Druckkammer, wo er mit 100-prozentigem Sauerstoff versorgt wird, tritt vielleicht der Todesfall ein. Auf Isabela gab es natürlich weder reinen Sauerstoff noch eine Druckkammer.

Während unseres Aufenthalts haben die Kompressoren viermal versagt. Zwei der Männer befanden sich zu diesem Zeitpunkt seit mehr als einer Stunde auf 25 bis 30 Meter Tiefe, stiegen viel zu schnell auf und wurden dicht an unserem vor Anker liegenden Beiboot vorbei zum Dingidock gefahren. Wir sahen, wie sie sich vor Schmerzen krümmten, und später erfuhren wir, dass sie noch am gleichen Tag gestorben waren.

Vom Dingidock zum Örtchen Villamil führt eine etwa zwei Kilometer lange, staubige Straße. In der Mittagshitze ist der Fußmarsch kein Vergnügen, doch die ganze Strecke laufen mussten wir nur selten. Wann immer ein Autofahrer uns auf der Straße gehen sah, hielt er an und bedeutete uns mit einer Handbewegung, dass wir ein- beziehungsweise aufsteigen sollten, denn meist waren die Fahrzeuge praktische Pick-ups. Natürlich wurde nicht gefragt, wohin wir wollten – es gab ja nur ein Ziel: Villamil. So lernten wir nach und nach die Bewohner der Insel kennen und unterhielten uns lange mit ihnen. Als wir einmal zusammen mit einem der Taucher auf der Ladefläche eines Pick-ups saßen und vom Strand in den Ort Villamil fuhren, fragten wir ihn nach seinem Alltag. Erschöpft von der harten Arbeit hockte er in seinem dicken, noch nassen Taucheranzug zwischen den Sammelkörben für die Seegurken. Mit gesenktem Kopf erzählte er uns halb in Spanisch, halb in Englisch, dass er am Vortag einen seiner Kameraden hatte begraben müssen. Wir fragten auch nach dem Lohn für diese lebensgefährliche Arbeit, und er streckte mir die geschlossene Hand entgegen, sah mich an und öffnete dann die Hand. Darin lagen ein paar Dollarmünzen. Eine Handvoll Dollar für einen Tagesfang Seegurken und ein paar Lobster. Davon kann man auf der Insel gerade mal einen oder zwei Tage leben. Andere Erwerbsquellen sind der Handel mit Lebensmitteln, Gemüseanbau, im bescheidenem Umfang Rinderzucht und der langsam wachsende Tourismus, der während unseres Aufenthalts auf Isabela jedoch noch in den Kinderschuhen steckte.

Pulpo und Pirata

Pulpo ist 19 Jahre alt, liebt das Surfen an der Brandungswelle am südlichen Strand über alles, und seinem relativ wohlhabenden Vater gehört die einzige Tankstelle an der Landstraße hinter dem Dorf Villamil. Sein Boot hat Pulpo von einem alten, offenen Fischerboot zu einer Art motorisierten, überdachten Gondel umgebaut, selbst repariert und fantasievoll bemalt. Sein Vater spendierte ihm anschließend den Außenborder, und so betreibt Pulpo jetzt den Wassertaxi-Service. Das heißt, er transportiert die Besatzungen der vor Anker liegenden Yachten von Bord an Land und umgekehrt. Für einen Dollar. Außerdem bietet er für fünf Dollar Bootstouren zu den Pinguinen und Seelöwen an, doch das Geschäft läuft schlecht, denn die meisten Yachties wollen unabhängig sein oder Geld sparen und nehmen ihr eigenes Dingi. Außerdem ist die Saison, in der die Yachties kommen, wegen der Zyklonzeit auf dem Pazifik nur wenige Wochen kurz. Die meisten Segler bleiben auf ihrem Weg von Panama in die Südseeatolle nur wenige Tage im Mai oder Juni. Wenn Pulpo seine Wirtschaftsziele in diesem Jahr nicht schafft, wird sein Vater den Motor zurückfordern, dann muss Pulpo sein Boot verkaufen und vielleicht einen Bootsshop mit Ersatzteilen und Zubehör eröffnen. Er erhofft sich deshalb für das kommende Jahr dringendst einen regeren Zuspruch. Pulpo heißt Tintenfisch, und er fing sich diesen Spitznamen von den Mädchen ein, weil er seine Finger immer überall zu haben scheint …

An Bord des Taxis arbeitet auch Pirata, der 20 Jahre alt ist, manchmal etwas melancholisch wirkt, die Leinen übernimmt und den Leuten ins Boot hilft. Pirata liebt seine Heimat sehr und hat sich sogar eine Landkarte der Hauptinseln von Galapagos auf den Oberarm tätowieren lassen. Er achtet die Natur und wollte eigentlich Fischer werden wie sein Vater. Doch nach den Todesfällen der letzten Tage sucht er nach einem anderen Broterwerb. Vielleicht als Koch.

Daniel verbringt viel Zeit mit den beiden, die ihre Heimatinsel noch nie verlassen haben. Sie nehmen ihn mit zu ihren Freunden im Dorf, und so erfahren wir viel über den tristen und wenig aussichtsreichen Lebensweg, der ihnen bevorsteht, und über den Alltag und die Lebensbedingungen auf Isabela. Wir sind beeindruckt über die Naturverbundenheit der unterschiedlichen Gesellen und auch über den »Lokalstolz«, denn sie lieben ihre Insel und würden sie niemals verlassen, selbst wenn auf dem ecuadorianischen Festland Arbeit und Geld locken. Schließlich laden wir sie zum Essen an Bord ein und servieren Nasi Goreng, eine Speise, von der sie noch nie gehört haben. Die gereichten Essstäbchen verschmähen sie lachend und verlangen nach Gabeln.

»Die Bewohner von Isabela stimmen bald über den Bau eines Flughafens auf der Insel ab«, berichten sie. »Das soll mehr Touristen und mehr Geld auf die Insel bringen.«

»Was haltet ihr von der Idee?«, wollen wir wissen.

Isabela wurde damals als besonders abgelegene Insel nur von wenigen Touristen besucht und galt noch als eines der ursprünglichsten Eilande. Auf verschlungenen Wegen kamen meist nur junge Rucksackreisende, und die brachten nicht viel Schwung ins Geschäft.

»Mit den Touristen kommt das große Geld«, schwärmt Pulpo. Er denkt an sein Unternehmen und will den Fortschritt. »Ist sowieso nicht aufzuhalten, früher oder später wird die Landebahn gebaut. Und wenn es soweit ist, möchte ich am Profit beteiligt sein«, fügt er hinzu.

Pirata ist da ganz anderer Meinung: »Wir dürfen uns dem Geld nicht beugen«, erklärt er. »Wenn wir uns an den Tourismus verkaufen, opfern wir unsere Kultur und uns selbst.«

»Ist doch schon alles verloren, seit die Taiwanesen und Hongkong-Chinesen anfingen, unsere Seegurken zu ernten. Wir haben uns längst verkauft. Wir müssen jetzt endlich an unsere Zukunft denken und selbst etwas von dem Geld abbekommen«, argumentiert Pulpo dagegen.

Nicht nur die Seegurken waren zu diesem Zeitpunkt im Bestand drastisch dezimiert, sondern auch Hammerhaie wurden gnadenlos gejagt. Haifischflossensuppe! Den erbeuteten Tieren werden an Deck des Fangschiffes bei lebendigem Leib die Flossen abgehackt, anschließend wirft man die Körper zurück ins Wasser, wo sie qualvoll verenden.

»Wir brauchen auf jeden Fall mehr Geld, um unsere Unabhängigkeit zu erreichen. Wir haben aber keine andere Hoffnung als den Tourismus. Ich bin deshalb dafür, dass wir eine kurze Landebahn für kleine Flugzeuge bauen«, fasst Pulpo seine Ausführungen am Ende zusammen. »Damit können doch alle einverstanden sein.«

Iguanaman de Galapagos

Iguanaman just sits and bides his time,
Chewing on a perfect nursery rhyme.

Die Musik von John Vokes, alias Iguanaman, alias Gringo Juan, hören wir nun schon seit Tagen. Pulpo hat uns die CD in die Hand gedrückt.

Watching everything that comes his way,
Waiting for the universe to say, sun, rise and shine

Am Abend wollen wir den auf der Insel bewunderten Sänger in einer kleinen Bar treffen. John Vokes, den hier alle nur unter dem Namen Gringo Juan kennen, ist ein »geduldeter Ausländer« aus den Vereinigten Staaten, der schon seit mehr als einem Jahrzehnt auf Isabela lebt. Er hat im Laufe der Zeit Musiker um sich versammelt und sogar zwei CDs in einem Tonstudio auf der Nachbarinsel Santa Cruz aufgenommen und veröffentlicht.

We've got a lotta things to do now.
Time to show the world a thing or two now.

Mit Daniels Gitarre und meiner Harp, einer Mundharmonika von Hohner, fahren Daniel und ich in unserem Beiboot U-96 an den Fischersteg und marschieren langsam zu Fuß nach Villamil. An diesem Tag haben wir Pech, und es kommt kein Auto vorbei, das uns mitnehmen könnte.

Gotta save this place from that peculiar funny race,
They got their head down in the sand, Iguanaman.

Iguanaman don't need no fancy clothes,
Rustles up the women with his nose.

Die Musik aus der Sealions Bar können wir schon von Weitem hören. *Drums and guitar and vocals.* Einheimische Gelegenheitsmusiker und Iguanaman spielen den Blues, ursprünglich und *dirty*, so wie guter Blues sein muss.

All the ladies seem to gather round,
Knowing he will keep them safe and sound.

Die Sealions Bar feiert an diesem Tag ihre Neueröffnung. Sie ist proppevoll, das ganze Dorf ist dort versammelt, und Daniel und ich beschließen, draußen vor der Bar zu warten, bis es etwas leerer wird.

And if you ask him if he'll have his way,
He takes the opportunity to say, girls, rise and shine

Also setzen wir uns an den Straßenrand, trinken ein Bier und daddeln dabei auf unseren Instrumenten herum. Plötzlich tauchen die Spitzen zweier Cowboystiefel in unserem Blickfeld auf.

We've got a lotta things to do now.
Let's go around the world a time or two now.

Iguanaman hat während seiner Pause unser Spiel gehört und lädt uns nun ein, zusammen mit ihm und seinen Freunden in der Bar zu spielen.

I see it in your face so let's just cut right to the chase
Come on let's get down in the sand, Iguanaman.

Spätestens an diesem Abend wurden Daniel und ich in die Dorfgemeinschaft aufgenommen. Es wurde getanzt, gelacht und getrunken. Auch die Rucksacktouristen aus allen Teilen der Welt wurden von der Musik angezogen und gesellten sich zu uns. So wohl wie hier hatten wir uns nur auf wenigen Stationen der ganzen Reise gefühlt. Nach 40 Tagen Aufenthalt auf Darwins Inseln erhielten wir dann sogar noch die erlösende Mail an Bord: Die Ersatzteile waren in Santa Cruz, der Nachbarinsel von Isabela, eingetroffen und konnten im Postamt gegen Bezahlung des Zolls abgeholt werden. Also fuhr ich am nächsten Tag mit einem offenen Schnellboot-Taxi, das es deutlich an Komfort mangeln ließ, für atemberaubende 30 US-Dollar zur Nachbarinsel Santa Cruz. Es handelte sich um ein Speedboot mit zwei 80-PS-Außenbordern, und mein Platz im vorderen Teil des acht Meter langen Bootes bescherte mir die erste Seekrankheit der gesamten Reise. Nach vier Stunden mit Kopf- und Rückenschmerzen durch das Schlagen des Bootes auf die Wellen endlich angekommen, nahm ich das kleine Päckchen in Empfang. Gleichzeitig gab ich ein Paket nach Deutschland auf, darin befanden sich CDs, auf denen ein Fotokalender gespeichert war, den Daniel und ich hier auf Galapagos entworfen und in vier Wochen harter Arbeit hergestellt hatten. Titel: Der Sonne entgegen, Bilder einer Weltumseglung – Europa bis Galapagos. Zwölf der gelungensten Bilder seit unserem Start in Europa sind darauf zu sehen, und sogar die Rückseiten sind mit Texten und mehr als 100 Schwarzweißbildern versehen. Gedruckt wurde in Deutschland, und der Vertrieb erfolgte über die Website. Bei den Texten half uns der Schweizer Lars Fritschi, den wir in Beto's Bar kennenlernten, der seit acht Jahren auf Isabela lebte und als Ranger Touristen über die Inseln führte. Er kannte sich bestens mit der Flora und Fauna über und unter Wasser aus und erklärte uns die Eigenarten der verschiedenen Inseln des Archipels. Dass viele der hier lebenden Tiere endemisch waren, das heißt, nur auf Galapagos vorkamen, wussten wir schon aus unseren Revierführern, die wir an Bord gelesen hatten. Von Lars lernten wir aber, dass es zwischen den einzelnen Inseln ebenfalls große Unterschiede gibt. Er zeigte uns beispielsweise eine Echsenart, die nur auf Isabela vorkommt. Santa Cruz hat rund 9000 Einwohner. Das Hafenstädtchen Puerto Ayora ist das touristische Zentrum von Galapagos. Hier befindet sich auch die Charles-Darwin-Forschungsstation. Santa Cruz liegt innerhalb der Inseln des Archipels sehr zentral und bietet sich somit für Tagesausflüge auf die anderen Inseln an. In Puerto Ayora findet man neben Hotels und Restaurants auch Geldautomaten und eben auch eine DHL-Station.

Ich wollte sichergehen, dass das Paket auch in Deutschland ankommt, und fragte in Englisch die Dame am Schalter, der eher ein zum Schreibtisch umfunktionierter Werktisch war: »Wie sicher ist die Lieferung?«

»Nicht unsicherer als alle unsere Lieferungen«, antwortete sie freundlich.

War diese Antwort jetzt gut für mich oder eher nicht so gut? Um ganz sicherzugehen, hinterließ ich bei Karin Kugele, einer deutschen Geschäftsfrau, die an der Charles Darwin Avenue eine kleine Pension betreibt und Führungen auf den Inseln anbietet, Sicherungskopien der Kalender-CDs, die Daniel noch an Bord hergestellt hatte. Sollte die erste Lieferung Deutschland nicht erreichen, würde sie von uns eine Mail erhalten und die zweite Lieferung abschicken.

Dann hielt ich es endlich in Händen: ein kleines Päckchen aus der Heimat, Inhalt: 1200 Gramm Aluminium, Stahl und Kunststoff. Innerhalb von wenigen Minuten nach meiner Rückkehr auf die NIS RANDERS waren die Pumpen eingebaut, und die Wasserpumpe der Seewasserkühlung arbeitete wieder einwandfrei, ebenso die des Wassermachers und der Dieselzufuhr. Wir waren frei, um auszulaufen,

Isabela zu verlassen. Doch welches Ziel sollten wir ansteuern? Tahiti anzulaufen, wie geplant, war problematisch geworden, denn durch unsere technischen Schwierigkeiten hatte sich der Zeitplan bereits so weit verschoben, dass die für die Weltumseglung geplanten zwei Jahre schon recht knapp geworden waren. Zu diesem Zeitpunkt des Jahres blieben uns ohnehin nur wenige Alternativen: Kurs West, um den bevorstehenden Südseezyklonen nicht zu begegnen, oder Kurs Süd, um der Unbill komplett auszuweichen, aber das könnte uns weitere zwölf Monate kosten. Ein zusätzliches Jahr in der Südsee kam aber nicht ernsthaft infrage, denn dafür hatten wir nicht genügend Geld. Außerdem hielten wir es für unzumutbar, die Kleinen in Tahiti wieder an Bord zu nehmen, nur um sie dann auf langen Seeschlägen mit sehr kurzen Landaufenthalten um die Welt zu scheuchen.

Also berieten wir uns in unzähligen E-Mails und endlosen Telefonaten mit Su und beschlossen schließlich, dass die drei uns in ausgewählten Häfen erwarten sollten, um dort mit uns Urlaub zu machen. Das Unternehmen Weltumseglung im Familienpack war damit gestorben, es lebte aber ein neuer Plan: Weltumseglung mit Familienbesuch. Mikey würde also in Oldenburg in der Schule angemeldet, und Maria sollte wieder in den Kindergarten gehen. Sie fühlten sich mit der Regelung ausgesprochen wohl und waren sehr glücklich, wieder mit ihren alten Freunden spielen zu können. Susannes Intensionen richteten sich seit Beginn der Reise eher nach fremden Ländern, deren Menschen und Kulturen aus, und da sie fürchtete, dass durch den mittlerweile 9-wöchigen Zeitverlust endlose Seeschläge mit aufkommenden Spannungen und Heimweh an Bord zu erwarten wären, war für sie diese Lösung akzeptabel. Daniel und ich konnten sowieso mit der neuen Regelung leben. Wir genossen mittlerweile das Leben zu zweit an Bord, und wenn dann noch von Zeit zu Zeit Su und die Kleinen zu Besuch kämen, wäre die Sache rund. Natürlich hatten wir in dieser schwierigen Zeit der Entscheidungen neben dem lachenden auch stets ein weinendes Auge. Wir sahen die enormen Entfernungen und die damit einhergehenden Entbehrungen deshalb mit Zweckoptimismus und nahmen den größten Ozean der Welt als sportliche und persönliche Herausforderung, der wir uns stellen wollten. Schließlich hatten wir erst einen sehr geringen Teil des Pazifiks überquert. Ein viel gewaltigerer Teil der Wassermassen lag noch vor uns.

Später, als wir den Indischen Ozean passierten und im Piratengebiet am Horn von Afrika unterwegs waren, haben wir noch oft daran gedacht, wie richtig wir mit dieser Entscheidung lagen. Als Eltern hätten Su und ich uns immer wieder große Vorwürfe machen müssen, wenn wir anders gehandelt und aus falsch verstandenem Ehrgeiz unseren Törn wie geplant durchgeboxt hätten. Unsere Reise war – wie das Leben im Allgemeinen – von Anfang an ein dynamischer Prozess, bei dem wir durchaus gewillt waren, den Ereignissen ihren Lauf zu lassen. Dieser Weg war natürlich nicht immer ohne Dornen, aber er war der von uns gewählte.

Gringo Juan konnte sich nicht erinnern, dass jemals ein Segelboot länger als die NIS RANDERS vor Isla Isabela geankert hatte. Sechs Wochen war noch nicht einmal Charles Darwin auf einer der Inseln geblieben, und der Abschied wurde für uns eine Mischung aus Wehmut, Traurigkeit und Vorfreude. In Beto's Bar, der kleinen Strandbude am Rande des Dorfes, wurde von Beto eine Abschiedsfeier für uns organisiert. Pulpo und Pirata waren da, ebenso Lars, der Schweizer Ranger. Und auch Iguanaman Gringo Juan kam und machte noch ein letztes Mal mit uns Musik. Ihm überreichten wir am Abschiedstag unseren Jagdbogen und neun Pfeile aus Aluminium. Daniel und ich waren Sportbogenschützen und verwendeten den Bogen und die Pfeile immer wieder gern, um an menschenleeren Stränden auf lange Distanzen zu üben. Der Bogen sollte unser Dank für die wunderschöne Zeit auf der Insel sein. Mit ihm konnte Gringo mit seinen erwachsenen Söhnen nun auf die Wildschweinjagd gehen.

Die unendliche Weite des Pazifiks

Die Galapagosinseln verließen wir ohne einen Dollar in der Tasche, unsere gesamte Barschaft war für den Zoll und die Lebensmitteleinkäufe draufgegangen. Und für Telefonate nach Deutschland, denn auf Isabela war damals das Internet noch nicht recht aktiv. Die Gespräche mit Susanne hatten uns ein paar hundert Dollar abverlangt, und als ich das einmal erwähnte, hatte sie gesagt: »Komm lieber her, das ist günstiger.« Tatsächlich bemühte sie sich selbst mehrmals um einen Flug, aber es wurden ausschließlich organisierte Pauschalreisen mit teuren Führungen angeboten.

In Santa Cruz hatte ich mein Glück nochmal am Geldautomaten versucht, und zuerst funktionierte er auch, doch als ich die Ersatzteile vom Zoll abholte, spuckte die *cash machine* kein einziges grünes Dollarscheinchen mehr aus. Später erfuhr ich, dass unsere Sparkassenfiliale in Deutschland meine Kreditkarten gesperrt hatte, weil man vermutete, dass Hacker in Panama sich illegalen Zugang zu unserem Konto verschafft hätten. Tatsächlich hatten wir in Panama laufend Geld gebraucht für die Liegegebühren, für die Kanalgebühren und für ein Deponat, das man hinterlegen muss und erst wieder erstattet bekommt, wenn der Kanaltransit ohne Probleme vonstattengegangen ist. Der Rest ging für Lebensmitteleinkäufe drauf. Jedenfalls standen Daniel und ich nun ohne Bargeld und ohne funktionierende Karten da. Große Sorgen bereitete das uns jedoch nicht. Wir hatten bisher schon ganz andere Probleme bewältigt und waren deshalb zuversichtlich, auch kommende Aufgaben zufriedenstellend zu bewerkstelligen. Was sollte schon passieren? Sollte man uns wegen Geldmangels in einem Land ab- oder ausweisen, würden wir die Segel setzen und einfach unseren Weg fortsetzen. Wir legten es ja nicht darauf an, irgendeinem armen Südseestaat Probleme zu bereiten und auf der Tasche zu liegen.

Die für mich unvorstellbare Größe des Pazifiks hatte mich schon immer in ihren Bann gezogen. Das erste Seestück nach Galapagos begann mit Bilderbuchsegeln, doch was dann folgte, war ganz und gar nicht immer einfach. Alles war dabei: starkes Rollen, Squalls, Stürme. Und oft überwältigte uns die Müdigkeit nach nächtlicher Maloche an den Vorsegeln und am Groß. Daran können Daniel und ich uns im Detail aber nur noch anhand unserer Tagesberichte erinnern. Was wir dagegen noch lebhaft vor Augen haben, ist die Begegnung mit einem Wal, der das Schiff umkreiste, kurz den Kopf aus dem Wasser streckte und uns direkt in die Augen blickte. Genau erinnern wir uns auch an die Rekordetmale, die wir bei stetig starken Winden ausfuhren. Und dass wir wochenlang kein einziges Schiff sahen. Auch denken wir manchmal noch an die Kopffüßer (Cephalopoda), die morgens in Massen tot auf dem Deck herumlagen, weil sie auf der Flucht vor Fressfeinden aus dem Wasser gesprungen waren – sie eigneten sich hervorragend als Köder für die Schleppangel. Oder an den großen Hammerhai, der das Boot eine Weile begleitete. Oder an unser gemeinsames Musizieren mit Gitarre und Mundharmonika.

Mit Datum vom 16. Juli 2005 steht in unserem Tagesbericht:

Der Gepard der Südsee

Wir sind schnell. Seit wir uns vor ein paar Tagen in das planetarische Windsystem eingeklinkt haben, sausen wir nur so dahin. Wir sind der Rote Blitz, NIS SCHUMI RANDERS, der Senna der See, der Transrapid des Pazifiks, wir sind Bum-Bum-Beckers Ball, der Gepard der Südsee, der ... ich rede mich in Rage, bis Daniel ruft: »Pa! Pa, nun beruhige dich mal wieder! So schnell sind wir nun auch wieder nicht.« Tatsächlich erreichten wir auf diesem Teilabschnitt mehrmals hintereinander Etmale von über 135 Meilen pro Tag, was für ein Schiff unserer Größe, Bauart und Zuladung beachtlich ist.
Heute wieder kein Schiff gesehen. Auch keine Piraten und keinen der Hubschrauber, die von den großen Fangschiffen aufsteigen, um die Spuren von Delfinen aufzunehmen (hinter den Delfinschulen befinden sich häufig die begehrten Thunfische. Darum gehen auch so viele Delfine als »Beifang« mit in die gewaltigen Netze – und anschließend in die Dosen). Keine fliegenden Fische, die mit ihren Kopf frontal gegen den einzigen Mast im Umkreis von 1000 Meilen knallen, keine springenden Kopffüßer, keine Wale – nichts. Wir sind ganz allein. Das ist gut, denn so stört es ja auch niemanden, wenn wir wiederholt die Schallmauer durchbrechen. Denn wir sind die Turmfalken des Ozea...
»Pa!!!«

Tagelang brüteten Daniel und ich bereits über der Seekarte vom östlichen Pazifik, die uns zumindest den Weg von Panama bis zu den

Atollen der Tuamotus weisen sollte. Wir hatten sie in Panama gekauft und bekamen sie gerollt vom Verkäufer ausgehändigt. Als ich sie das erste Mal an Bord studieren wollte, machte ich große Augen.

»Die Karte ist leer. Nichts drauf. Vorn nicht und hinten auch nicht.«

Susanne drehte die Karte auf die andere Seite. »Hier, da ist doch was«, sagte sie.

Wollte sie mich nur trösten? 30 US-Dollar hatte ich dem Händler in den Rachen geworfen für ein Stück weißes Papier. Also sah ich noch mal genauer hin. Es war Abend, und das Licht war schlecht. Aber tatsächlich, da war etwas, und noch etwas. Winzig kleine Atolle zierten die großformatige Karte. Kaum zu glauben, dass das ein Übersegler für weniger als ein Viertel des Pazifiks sein sollte!

Die meisten Segler entscheiden sich heutzutage für den Kurs von Galapagos zu den Marquesas. Von dort geht die Reise dann quer durch die Atolle Französisch-Polynesiens bis Tahiti, Bora-Bora und bis nach Neuseeland. Wir aber hatten Lust auf etwas ganz anderes. Wir wollten Gegenden sehen, wo man nicht so einfach mit dem Flieger oder als ganz normaler Tourist hinkommt.

Auf der riesigen Karte, die wir nun immer wieder auf dem Cockpittisch ausbreiteten, waren Fleckchen eingezeichnet mit so exotischen Namen wie Takapoto, Tepoto, Napuka, Fakahina, Pukapuka, Nengo-Nengo, Rangiroa und Takaroa. Ich überprüfte die Namen mit den Angaben in den Segelführern und fand ausführliche Artikel. Das heißt: nicht zu allen. Da gab es ein winziges Atoll, ganz oben im Norden der Tuamotus. Die Einfahrt in das Atoll sollte recht gefährlich sein, darum riet der Revierführer von einem Besuch ab. Daniel und ich sahen uns an und waren uns einig. Abgemacht, Takaroa war unser neues Ziel!

Mein Tagesbericht vom Sonntag, 17. Juli 2005:

Bleibt weg! Oder: Der 5. Tag auf See

> An alle Badeurlauber: Bleibt weg aus diesem Revier! Es ist gefährlich. Heute Nachmittag näherte sich ein 30 Meter langer Hammerhai bis auf vier Meter unserem Boot. Oder war es umgekehrt? Egal. Wir erklärten unsere Badesaison damit jedenfalls offiziell für beendet.
>
> An alle Segler: Bleibt ebenfalls weg!
>
> Was hatten wir denn erwartet vom großen, großen Ozean? Wir wollten an den Schoten reißen, wollten Kommandos brüllen, Wenden und Halsen fahren und uns hin und wieder mal

unauffällig übergeben. Hart am Wind und hart zu uns selbst. Das aber gibt es hier alles nicht. Alle Arbeit, die wir heute zu leisten hatten, bestand darin, mit spitzen Fingern mit den Steuerleinen der Windsteueranlage den Kurs um einen oder zwei Grad zu korrigieren. Einem ungeübten Auge wäre diese Aktion gar nicht aufgefallen. Die Segel stehen seit drei Tagen, ohne dass ein einziges Mal an den Schoten oder Fallen heftiger gezuppelt werden musste. Und wenn das Tuch stark gerefft ist, reiten wir sogar die Squalls ohne weiteres Zutun ab. Das ist doch kein Segeln, oder?

Jetzt aber mal im Ernst: Bleibt alle weg! Würde für uns auch zu eng werden auf dem Pazifik. Heute wieder kein Schiff gesichtet. Immer noch allein.

Dann in der Nacht: der schönste und bunteste Sternschnuppenregen, den ich je sah. »Wünsch dir was, Daniel«, habe ich gerufen, »schnell!«

Plötzlich knackte etwas im Rigg. Es war ein rhythmisches, nur bei einer bestimmten Wellenhöhe wiederkehrendes Geräusch auf der Steuerbordseite. Das heißt, wir vermuteten es auf der Steuerbordseite. Wenn ein Geräusch im Schiff nicht regelmäßig auftritt, kann man mit an Sicherheit grenzender Wahrscheinlichkeit davon ausgehen, dass dieses Geräusch immer dann nicht auftritt, wenn man auf der Suche danach ist. Unser Knacken war unter Deck besonders laut zu vernehmen, vermutlich lag die Ursache jedoch an den Wanten oberhalb des Decks. Nach erprobter Indianerart legte Daniel ein Ohr an den Mast, um zu prüfen, ob das Knacken von dort kam. So stand er mit einem Ohr am Mast und wartete auf das Knacken. Nach Stunden gab es nur noch eine Lösung: Einer von uns musste hinauf in den Mast, um zu sehen, was los war.

»Also ich geh' da nicht hoch, mein Ohr tut weh«, brummelte Daniel.

Wir hatten starken Seegang, und der Aufstieg würde kein Vergnügen werden. Gesichert im Bootsmannsstuhl und mit einem Fall, stieg ich die Maststufen bis zu den Salingen hinauf und entdeckte sofort den kleinen Spalt, einen Riss im Holz der Backbordsaling. Ob das Geräusch tatsächlich von dort ausging, konnte ich aber nicht mit Sicherheit sagen. Die Saling musste auf jeden Fall umgehend gegen Bruch provisorisch gesichert werden. Also kletterte ich wieder hinunter und berichtete Daniel, was ich entdeckt hatte.

»Seitdem du an der Saling gerüttelt hast, ist das Knacken nicht wieder aufgetreten«, sagte er.

Hoffnung keimte auf, und ausgerüstet mit ein paar Leinen enterte ich noch einmal in den Mast auf und verpasste der angebrochenen Saling einen Verband, der natürlich beim nächsten Stopp noch laminiert werden musste.

»Wahnsinn, dein Ohr leuchtet bis hier oben hin«, scherzte ich. Wer den Schaden hat ...

»Wirklich? Dass muss ich mir unbedingt im Spiegel ansehen«, schnappte er zurück, belegte mein Sicherungsseil an einer Klampe, ging in den Salon und ließ mich eine Viertelstunde im Mast hängen.

Perlen der Südsee

Tagesbericht
vom 8. August 2005:

Flaute oder: Der 27. Tag auf See

Seit Tagen haben wir auf einen Fisch gewartet, um ein neues Rezept auszuprobieren: Fisch im Brotteig. Heute war es dann soweit, und eine Dorade ging an die Schleppangel. Der Köder muss wohl unwiderstehlich für sie gewesen sein, denn es war ja schließlich ein altes Tau mit einem Haken am Ende! Wenn wir irgendwann keine alten Taue mehr haben, aus denen wir Fischköder fertigen können, versuchen wir einfach mal ein paar Schraubenschlüssel oder Bratpfannen hinter uns herzuziehen, darauf werden die Doraden bestimmt auch beißen. Aber nicht jeden Fisch bekommen wir an Bord. Drei Köder wurden uns in den vergangenen Tagen abgerissen. Wir haben die Fische nicht gesehen, aber es müssen schon kräftige Exemplare gewesen sein, die die dicke Schnur zerreißen konnten.

Der Nachmittag brachte das, wovor wir uns schon die ganze Zeit über gefürchtet haben: Flaute. Schlagende Segel bei unruhiger See. Mit 1,2 Knoten eierten wir durchs Wasser, und auch jetzt, in der Nacht, ist von Wind nichts zu spüren. Und das so kurz vor dem Ziel! Aber das gehört wohl zu unserem Pazifik-Paket. Schließlich haben wir das ganze Abenteuer gebucht. Jetzt heißt es Nerven behalten und warten. Bis zu unserem Atoll sind es nur noch 78 Meilen.

Auf dem Tisch im Salon liegt ein Zettel mit einer Erledigungsliste für den Aufenthalt auf dem Atoll Takaroa. Diese Liste wird täglich länger, und wir überlegen, ob der Wind sie nicht einfach ins Meer wehen soll ... Aber wir haben ja Flaute.

Am Abend des 31. Tages nach dem Auslaufen von Galapagos erreichten wir Takaroa. Die letzten Stunden wurden zum Wettlauf mit der untergehenden Sonne, denn es handelt sich um ein Ringatoll, in das man nur durch eine enge Passage gelangt. Die Gezeitenströmung kann bis zu zehn Knoten erreichen, zudem ragen die Korallenköpfe bis dicht unter die Wasseroberfläche. Wir wollten es wagen, in dieses Atoll einzufahren, aber die Riffpassage in der Nacht zu bewältigen, käme einem Selbstmordversuch gleich.

Um es kurz zu machen: Wir verpassten das benötigte Sonnenlicht nur um wenige Minuten, und in der verdammt kurzen Dämmerungszeit blieb uns nur ein einziger Ankerversuch am Außenriff im Lee der Insel. Dieser misslang, der Anker hielt nicht, und ziemlich frustriert richteten wir uns darauf ein, die Nacht auf See treibend zu verbringen. So dicht vor dem Ziel und dann die Einfahrt verpasst! Warum musste der Wind auch immer kurz vor einem lange ersehnten Ziel nachlassen?

Am nächsten Morgen aber würde uns beim Einlaufen die Sonne ins Gesicht scheinen, keine gute Voraussetzung für diese schwierige Passage. Wahrscheinlich war es besser, bis zum Nachmittag zu warten. Wir wollten den Schiffswrackzeichen in der Seekarte kein weiteres hinzufügen. »Schiffsfriedhof der Südsee« werden die Tuamotus genannt, früherer Name auch: Dangerous Islands, denn die Südseezyklone ließen an den flachen Inseln viele Schiffe stranden. Zu dieser Gruppe gehören übrigens auch die Atomtestgebiete Mururoa und Fangataufa.

Jedenfalls verbrachten wir die Nacht treibend im Lee der Insel. Der Wind war schwach, und durch die Landabdeckung lag NIS RANDERS ruhig auf dem Wasser. Abwechselnd hielten Daniel und ich Wache im Cockpit. Dann endlich war es soweit, die Sonne bequemte sich, wieder zu erscheinen. Unter Motor näherten wir uns vorsichtig der Einfahrt.

Dieses Ringatoll kann man sich wie ein großes Nichtschwimmerbecken vorstellen, an dem für Kleinstkinder seitlich ein kleines Rinnsal zum Spielen eingearbeitet wurde, und um ins Becken zu gelangen mussten wir die NIS RANDERS durch dieses Rinnsal bringen. Wir waren etwa noch 200 Meter entfernt, die Sonne blendete uns. Es war wohl besser, noch zu warten, bis sie höher am Himmel stand. Dann würde es weniger Reflexionen auf der Wasseroberfläche geben. Nach einer Stunde wagten wir uns näher heran. Daniel stand auf dem Bugkorb und versuchte, die Wassertiefe abzuschätzen und Korallenköpfe zu erkennen. Eine halbe Stunde »kalibrierte« sich Daniel, indem ich die gesichteten Wasserhindernisse mit den Tiefenwerten vom Echolot ergänzte. Anschließend konnte er ziemlich genau die Wassertiefe aussingen, und ich stand an der Pinne und verließ mich ganz auf seine Angaben zur Wassertiefe und zum Kurs, den ich steuern sollte.

»Bau bloß keinen Mist da vorn«, rief ich ihm zu, aber das hätte ich mir sparen können.

Hochkonzentriert starrte er in das Wasser, hob immer wieder einen Arm an: Kurs Backbord voraus, gut so. Noch 75 Meter. Langsam schoben wir uns unter Standgas der kleinen Passage entgegen. Daniel zeigte mit dem linken Arm vor sich ins Wasser – Gefahr. Er suchte Blickkontakt. Siehst du meine Zeichen, Pa? – Ich sehe sie, mein Junge, ich schaue nirgendwo anders hin. Doch wenige Meter von der etwa 100 Meter langen Einfahrt nahm plötzlich unsere Geschwindigkeit zu.

»Das wird mir ein bisschen zu schnell, Pa!«

Damit Daniel rechtzeitig per Zeichen warnen konnte, durfte die NIS RANDERS nicht beschleunigen. Ich jedoch hatte kein Gas gegeben, wir bewegten uns noch immer im Standgas.

»Wir werden in die Passage eingesogen, die Strömung ist zu stark, ich kann nicht langsamer fahren«, rief ich nach vorn.

Unsere Geschwindigkeit erhöhte sich, Daniel sah entgeistert zu mir: Was machst du da? Seine Armzeichen führten das Schiff im Zickzack durch die Einfahrt. Diese wurde immer enger, und damit erhöhte sich auch die Fließgeschwindigkeit des Wassers. Um weiterhin Druck auf dem Ruder behalten zu können, musste ich sogar noch etwas Gas geben. Direkt vor uns floss das Wasser über eine unterseeische Barre. Wie in einer Wildwasserbahn auf der Kirmes ging es die Passage entlang. Die Bewohner des Atolls hatten offensichtlich unsere Annäherung bemerkt und beobachteten unsere Bemühungen interessiert, einige Kinder sprangen sogar ins Wasser. Kurz vor dem Ende der Passage machte die Fahrrinne dann eine Biegung um 90 Grad. Wir hatten inzwischen einen Speed von elf Knoten über Grund, und in der Biegung bildete sich starkes Kabbelwasser, weshalb Daniel nichts mehr sehen konnte. Er machte ein Zeichen, das wohl bedeutete: Augen zu und durch. Ich riss die Pinne herum, um der Biegung zu folgen. Das war der kritischste Augenblick, denn wenn wir die Fahrrinne verfehlten, liefen wir mit elf Knoten auf Grund. Die Fahrrinne verjüngte sich noch ein letztes Mal, dann war der Stress vorbei, dann wurde es ruhig.

Im Tagesbericht erinnerte ich mich:

> Dann waren wir drinnen. Das Wasser und unsere Nerven beruhigten sich langsam wieder. Zeit für einen Rundumblick. Die NIS RANDERS ist das einzige Schiff hier, und den Ankerplatz wählten wir mit Bedacht etwa einen Kilometer von dem kleinen Ort entfernt. Wir wollten gerne ein wenig ohne Begleitung laufen, um das Atoll kennenzulernen und Bewegung zu bekommen.

Die Wasserfarbe in der Lagune ist nicht natürlich entstanden, da sind wir uns ganz sicher. Sie muss mit irgendeiner Lebensmittelfarbe nachgebessert worden sein, ist viel zu türkis, um echt zu sein. Das Wasser ist glasklar. Wir sehen den Anker, der auf 20 Metern Wassertiefe liegt, so deutlich, als läge er an Bord. Die Lagune in dem Atoll ist größer, als wir sie uns vorgestellt hatten. Überall sind Perlfarmen auf dem Wasser – hier wachsen die hochwertigen Tahiti-Zuchtperlen, die in die ganze Welt exportiert werden.
U-96 wurde zu Wasser gelassen. Wir pullten an Land, um die Gegend zu erkunden, und am Strand trafen wir auf Fischer, die uns freundlich den Weg durch das Dickicht am Strand zu dem Weg erklärten, der zu dem Dörfchen führte. Das Atoll ist am Strand dicht bewachsen, und nach dem grünen Gürtel trifft man auf Kokospalmen, wohin man schaut. Verlaufen konnte man sich im Grunde nicht, denn es gab auf dem Ringatoll nur eine Straße, die nach Norden und nach Süden führte. Es war heiß an diesem Tag, und der Marsch in das Dorf wurde anstrengend, aber wir waren aufgeregt und neugierig. Was würde uns hier erwarten?
Wir haben keine Landeswährung, auch keine Dollars, und hoffen, dass wir mit den Polynesiern ein wenig Tauschhandel treiben können. Im Dorf freundliche Leute. Jeder grüßt, und endlich kann ich meine, in der Volkshochschule erworbenen, französischen Sprachkenntnisse zum Besten geben: »*En Coka-Cola per favor. Merci.*« Ha! Bezahlen wollen wir mit einem 50-Euro-Schein, den wir noch in einem der Schapps gefunden hatten. Die Ladenbesitzerin tauscht uns das Geld in die Landeswährung. Sind eben doch die freundlichsten Menschen der Welt. Den Wechselkurs wollen wir lieber nicht kommentieren, wir sehen nur, dass uns ein Ei jetzt einen Euro kosten wird.
Der Laden besteht aus einer Art besserem Verkaufsstand, etwa in der Art wie sie in Europa die Flohmarktbeschicker nutzen. An der Wand entlang stehen Regale, in denen Waren wie Nudeln oder Reis lagern und auf Käufer warten. Zwischen den Regalen stehen Tiefkühltruhen, die ihren Saft über dicke Kabel von den lärmenden Generatorenhäuschen vor dem Unterstand beziehen.
Auf dem winzigen Atoll Takaroa leben etwa 500 Bewohner. Es gibt eine Kirche mit einem kleinen Friedhof, zwei Kioske und den Gemischtwarenladen. Die Preise für Lebensmittel sind deutlich höher als in Europa, das Angebot ist überschaubar.

Elektrische Energie wird auch durch Solarzellen erzeugt. Süßwasserquellen gibt es hier nicht, man ist auf Regenwasser angewiesen. Die Strassen bestehen aus Korallenschotter, es ist ruhig und friedlich in dem Dorf. Lebensmittel werden dreimal in der Woche per Flugzeug aus Tahiti geliefert. Es ist ein öffentliches Telefon vorhanden, es gibt aber keine Internetverbindung und keine Bank. Die Zeitzone macht hier einen kleinen Schlenker nach Osten. Wenn es in Deutschland Mitternacht ist, ist es hier Mittag.

Später spricht uns Ramana an. Er ist der Polizist, und wir verabreden uns für den nächsten Morgen zum Einklarieren. Am Strand!

Zurück an Bord, war sie plötzlich da und traf uns wie ein Hammer: die Müdigkeit. Mit einem Mal kam sie über uns, und die Aufregungen der letzten Wochen, der Schlafmangel und die Anstrengungen brachen durch. Wir schliefen sofort ein und knackten etliche Stunden. Doch gleich nachdem wir aufgewacht waren, begannen wir mit dem Abarbeiten der Erledigungsliste – der Erli. Weit kamen wir nicht, denn bereits nach kurzer Zeit wollten wir wieder nichts als schlafen.

Am Abend kam Wind auf. Er war so stark, dass die Ankerkette einruckte und mich, aus Sorge ob der Anker halten würde, wach hielt.

Was es letzten Endes war, was uns von den Beinen gehauen hat, wissen wir nicht. Sicher, auf See bekommt man immer ziemlich wenig Schlaf, und auch die psychische Belastung ist enorm. Uns traf bei diesem Landgang aber keine normale Müdigkeit, es war eher eine Erschöpfung wie nach einer außerordentlichen sportlichen Anstrengung, die uns tagelang begleitete. Als wir in Takaroa einliefen, stand auf der Erli:

Petroleumtank aus Flaschen nachfüllen,
Spiritus im Kocher kontrollieren,
Saling kontrollieren und laminieren,
Unterwasserschiff sauber machen,
Schoki, Cola, Chips kaufen,
Zinkanoden prüfen,
Tahiti-Zuchtperlen besorgen,
Unterwasserfotos machen,
Obst, Gemüse, Fleisch, Eier kaufen,
nach Muscheln und Schneckengehäuse Ausschau halten,
Video filmen,

Ankerkasten säubern,
Propeller säubern,
Mastschiene nachsehen und fetten,
Fotos für Kalender 2007 schießen,
Windsteueranlage prüfen,
Stagreiter an der Fock auswechseln,
Ausbaumeraufnahme am Mast kontrollieren,
Lichtmaschinenkontrolle,
Ölwechsel/Ölfilter/Dieselfilter wechseln,
Riggkontrolle komplett,
Getriebeölwechsel,
Websitefotos schießen,
Roststellen an Deck bearbeiten,
Brenner/Kocher reinigen,
Segel prüfen und evtl. nähen,
Ruderkoken fetten.

Mit Ramana, um die 50 Jahre alt, einen Kopf kleiner als ich und kräftig, hatten wir uns an der Nordseite des Eilandes verabredet. Er trug an diesem Tag ein einfaches T-Shirt und eine dünne Arbeitshose, um den Hals hing ein Lederband mit einem Perlenanhänger. Insgeheim hatten wir gehofft, auf das Einklarieren verzichten zu können, denn Papierkram bedeutet meistens Gebühren, und Geld war bei uns nun einmal Mangelware.

Uns wurde schnell klar, dass Ramana ebenso wenig Interesse an dem Papierkram hatte wie wir. Über die Motorhaube seines Autos gebeugt, kritzelten wir unsere Namen und den Schiffsnamen auf ein Stück Papier, welches er nach Tahiti faxen wollte. Damit sei die Sache für ihn erledigt, teilte er uns mit. Für uns sei damit die Sache ebenfalls erledigt, teilten wir ihm mit.

»Kommt, steigt ein. Ich zeige euch meine Insel«, lud er uns in den Landrover ein.

Die meisten Menschen auf der Insel verdienten ihren Lebensunterhalt als Perlfischer oder Koprabauern. Kopra ist das getrocknete Fleisch der Kokosnuss. Die Nüsse werden halbiert und zum Trocknen zu einer Art Mauer aufgeschichtet. Einmal im Monat kommt ein Schiff, das die Kopra einsammelt und nach Tahiti befördert. Dort wird aus dem Fleisch der Nüsse Kokosöl gewonnen. Ein Teil der Ernte geht auch per Schiff nach Europa, wo es in Süßwarenfabriken zu Naschwerk verarbeitet wird.

Aus dieser überraschenden Inselspritztour wurde eine der besten Führungen unserer gesamten Reise. Ramana beließ es nämlich nicht dabei, uns die Sehenswürdigkeiten zu zeigen – gewaltige Schiffswracks vor der Küste und Perlenfarmen im Atoll –, sondern stellte uns auch seiner Familie und den Freunden vor. Nur äußerst selten kamen damals Touristen in diesen abgelegenen Teil der Welt. Es gab zwar Bestrebungen, mehr Besucher aus Tahiti einfliegen zu lassen, doch war das bisher an der mangelnden Infrastruktur gescheitert.

»Wovon lebt die Insel eigentlich wirklich, Ramana?« Ich konnte nicht recht glauben, dass das bisschen Kokosnussraspelzeug die Bewohner satt machen kann.

»Wir leben von vier Dingen«, sagte er. »Wir haben den Fischfang, die Kopra, die Perlen und die Unterstützung aus Frankreich.«

Wir hatten uns schon über das Angebot im »Supermarkt« gewundert. Die Waren waren sehr europäisch und sehr teuer und wurden um die halbe Welt hierher geschafft. Das erhöht die Preise enorm. Die Kunden waren aber nicht etwa arm. Die Kopra bekamen sie mit einem Dollar pro Kilogramm bezahlt, bis zu 80 Kilo erntet ein Koprabauer pro Tag!

»Und wovon lebst du?«, wollte ich wissen.

»Von allem«, war die Antwort.

»Wie meinst du das?«

»Nun, ich bin Fischer, Koprabauer und ab und zu auch mal Polizist.«

Trotz der umfangreichen Tätigkeitsliste machte er nicht gerade einen gehetzten Eindruck, im Gegenteil, er wirkte ruhig und entspannt wie alle Leute, denen wir hier begegneten.

»Und was macht ihr?« Jetzt war es an ihm, Fragen zu stellen.

»Wenn wir nicht segeln, ist mein Pa Goldschmied, und ich bin Schüler«, erklärte Daniel.

Ramana schaute mich kurz an und verließ dann den Raum. Nach wenigen Augenblicken kehrte er mit einem dunkelbraunen Lederbeutelchen in der Hand zurück. »Wenn du Goldschmied bist, dürfte dich das hier interessieren«, sagte er und legte den kleinen Sack vor mir auf den Tisch.

Ich öffnete die Kordel, ließ den Inhalt in meine Hand rollen – und traute meinen Augen kaum. Perlen! Schwarze und silbergraue Tahiti-Zuchtperlen. Ich sah Ramana fragend an.

»Na ja, und ganz nebenbei bin ich auch noch Perlfischer«, grinste er.

Wie sich herausstellte, hatte vor Jahren ein deutscher Segler im Atoll geankert, der ebenfalls Goldschmied war. Dieser Segler hatte für Ramana einen Kettenanhänger geschmiedet, den er noch immer trug. Seit dieser Zeit haben Segler, speziell deutsche Segler, noch spezieller:

segelnde deutsche Goldschmiede, bei Ramana eine Perle im Brett. – Und ich wollte sie! Vor mir lagen die schönsten Perlen, die ich jemals gesehen hatte! Ich rief mich zur Vernunft! Ich sagte mir: Konzentrier dich! Du darfst jetzt an den Perlen keinerlei Interesse zeigen. Sobald Ramana merkt, dass du auf diese Dinger scharf bist, zieht er den Preis an. Am besten, du legst die Perlen wieder auf den Tisch, verabschiedest dich und gehst einfach aus der Hütte. Der Gesichtsausdruck darf nicht verraten, was du wirklich über diese bis zu 12 Millimeter großen, wunderschönen Glanzstücke der Natur denkst. Über diese einzigartigen, wundervollen Tahiti-Südseeperlen aus der Tiefe des Meeres. In den Farben von Silberweiß bis dunklem Gold. Changierende Couleurs mit fantastischem Lüster und einem perfektem Oberflächenglanz.

Ich ließ die Perlen in meiner Hand nicht eine Sekunde aus den Augen. »Ramana?« Ich eröffnete den Verhandlungspoker.

»Hm?«

»Ich muss diese Perlen haben, Ramana!« War das meine Stimme, die kurz davor war sich zu überschlagen? »Koste es, was es wolle, nenn mir ihren Preis.«

»Du möchtest sie?«, fragte er.

Von möchten konnte keine Rede sein – ich musste sie haben. »Ja, ich möchte sie«, gab ich zurück.

Er stand auf und ging zum Herd, auf dem ein Topf stand. Bedächtig rührte er die Suppe mit dem Kochlöffel. »Dann sollen sie dir gehören«, sagte Ramana schlicht und ohne sich umzudrehen.

Was ist wichtig, was ist unwichtig? Worin besteht der Wert einer Sache, einer Leistung oder Lieferung? Spätestens hier, auf diesem kleinen Atoll auf der anderen Seite der Welt, durften wir erkennen, was Welterfahrung im praktischen Erleben und positiven Sinn bedeuten kann. Eine schlichte Erinnerung für den Einen war soviel wert wie eine Preziose für den Anderen. Was für den Einen Reichtum und Glück bedeutete, war für den Anderen ... ja was? Weniger wert? Nein, ein Dankeschön war ein ausreichendes Gleichgewicht.

Auf dem Atoll gab es sonst nicht viel, und das, was es gab, war teuer. Wir durchsuchten unsere Schapps nach Nützlichem für Ramana. Spielzeug für seine Kinder, Walkman, Sonnenbrillen ... Es war nicht als Bezahlung für die Perlen gedacht, es war unser Gegengeschenk, wir gaben gern, und Ramana hat sich ehrlich gefreut.

Blank in der Südsee

Herbert Achternbusch sagte einmal: »Das schöne Gefühl, Geld zu haben, ist nicht so intensiv, wie das Scheißgefühl, kein Geld zu haben.« Wir geben ihm recht. Bis auf eine Kleinigkeit: Kein Geld zu haben, verursachte bei uns noch nie ein Scheißgefühl. Im Gegenteil, es weckte immer unseren Tatendrang und Unternehmergeist. Schließlich hatten wir unsere Fahrräder in der Backskiste. Und Sonnenbrillen. Und Parfüm. Und Schminksachen. Sogar Glasmurmeln von Mike und Maria fanden sich noch in einer Ecke. In dem kleinen Gemischtwarenladen tauschten wir mit dem Besitzer den Nippes aus Panama gegen Nudeln, Käse, Ketchup, Reis, Cracker und Eier. Gemüse und Fleisch waren auf diesem Atoll ohnehin nicht zu bekommen. Zeit zum Aufbruch ...

Die Fahrt aus dem Atoll wurde noch aufregender als das Einlaufen. Um nicht wieder zum Spielball der Tide zu werden, entschlossen wir uns, gegen das einströmende Wasser zu motoren. So würde immer genügend Druck auf dem Ruder stehen, um jederzeit steuerbar zu bleiben. Hätte auch geklappt, unser toller Plan, wenn die Strömung an der Unterwasserbarre nicht zu stark beziehungsweise unser Motor nicht zu schwach gewesen wäre. Unter Vollgas probierten wir einen Anlauf nach dem anderen. Einige Fischer beobachteten uns aus ihren Booten.

»Da kommen wir nicht raus, wir müssen warten, bis die Tide schwächer wird oder kentert«, rief ich Daniel zu.

Er stand wieder auf der Bugreling und versuchte, in dem schnell fließenden Wasser Unterwasserhindernisse zu erkennen.

»Wir könnten die Fischer fragen, ob die uns abschleppen«, scherzte er. »Im Ernst, wir könnten eine Leine übergeben, und dann lassen wir uns rausziehen.«

Doch kein Scherz.

»Ich lass' uns erstmal zurückfallen, das wird hier nichts werden. Wir müssen nachdenken.« Ich drosselte den Motor etwas und drehte gleichzeitig den Bug zurück in das ruhige, türkisfarbene Wasser des Atolls. Aus Osten zog eine von diesen Gewitterwolken auf uns zu, so schwarz, so schwer und so bedrohlich, wie nur eine Gewitterwolke in diesen Breiten sein kann. Diese Unwetterzellen treiben an ihrer Unterseite oft heftige Böenwalzen vor sich her. Obwohl wir schon lange mit den Squalls lebten, hatten wir uns nie richtig an sie gewöhnt.

Oft schlichen sie sich im Schutze der Dunkelheit an uns heran, diese hier erblickten Daniel und ich gleichzeitig.

»Denkst du, was ich denke?« Eine Antwort war überflüssig. »Du gehst an die Pinne, ich mache die Segel klar. Wir haben drei Minuten.«

Der Plan war einfach: Unter Motor fahren wir bis an die Barre mit der starken Strömung. Dort warten wir, bis die Böenwalze kommt, man kann sie durch die weißen Schaumkronen, die Katzenpfötchen, auf dem Wasser erkennen. Ich stand am Mast, die Fallen in der Hand. 30 Meter, dann war die Walze da. Daniel gab Vollgas. 20 Meter. Ich zog an den Fallen und setzte die Segel in Rekordzeit. Noch 10 Meter, 0 Meter, die Böenwalze hatte uns erreicht. Die Segel blähten sich schlagartig und krängten das Schiff etwa 20 Grad auf die Steuerbordseite. Die Windenergie brauchte einige Sekunden, um die Trägheit des schweren Bootes zu überwinden, dann setzte sich NIS RANDERS zögernd in Bewegung. Daniel gab weiterhin Vollgas und hielt uns auf Kurs. Jetzt war es mein Job, auf Hindernisse unter Wasser zu achten. Ich eilte an das Vorstag und starrte ins Wasser. Ich sah, wie die Konturen gewaltiger Hirnkorallen unter unserem Bug verschwanden. Wie in Zeitlupe schoben wir uns Zentimeter für Zentimeter über die Barre. Das schwierigste Stück war bald geschafft. Dann erreichten wir die Abbiegung in der Passage. Fast 90 Grad Kursänderung und schlagartig abnehmende Strömung! Jetzt bloß keine Patenthalse, dachte ich. Für einen Bullenstander war keine Zeit.

Daniel schien meine Gedanken zu lesen: »Wenn wir jetzt abbrechen müssen, werden wir wieder ins Atoll gespült«, rief er.

Ja, aber völlig unkontrolliert, fügte ich im Geiste hinzu. Laut sagte ich: »Eine Halse schaffen wir zeitlich nicht, ich fürchte um den Speed im Schiff. Ich berge das Großsegel in der Biegung, und du holst die Fockschot etwas dichter. Dann legst du die Pinne und am besten alles gleichzeitig.«

Als wir die Biegung erreichten, verließ ich meinen Posten am Bugkorb und lief zum Mast. Ich löste das Großfall von der Klampe und wartete auf Daniels Kommando. Nach einer Minute war es soweit.

»Jetzt!«, rief er mir zu.

Ich ließ das Großfall durch meine Hände rauschen, während Daniel nach Steuerbord lenkte. Gleichzeitig holte er die Fockschot dichter. Das Segel füllte sich sofort mit Wind, der Winkel war perfekt. Ich ließ das Großsegel einfach auf Deck liegen und lief wieder zum Bug, um Ausschau zu halten. Anhand der Korallen konnte ich unsere Geschwindigkeit über Grund schätzen. »Wir sind schneller geworden, wir haben die Barre geschafft«, rief ich Daniel zu.

Er hob die Hand wie zum Sieg. Einige Fischer waren in ihren Booten aufgestanden. Sie riefen uns etwas zu, winkten mit den Armen. Wollten sie uns vor etwas warnen? Unsere Nerven waren noch immer ziemlich angespannt.

»Die wollen uns nicht warnen, sie winken, um uns zu verabschieden«, sagte Daniel.

Den Rest fuhren wir mit gedrosseltem Motor und der Fock. Die Strömung wurde in dem breiter werdenden Teil der Passage immer schwächer, und schließlich setzte ich noch das Großsegel. Dann schaltete Daniel den Motor ab, und die Nis Randers verließ unter Segeln das kleine französisch-polynesische Atoll. An Bord befand sich die stolzeste Besatzung der Welt.

Das nächste Ziel hatte den wunderschönen Namen Amerikanisch-Samoa. Vor uns lagen geschätzte zwei Wochen auf See, also ein Katzensprung, und der Törn begann ohne Probleme. Der Wind blies konstant und kräftig in die Segel. Herrliche Tage und betörende Nächte in der Südsee. Unter Deck hatte ich das Goldschmiedewerkzeug aktiviert. Die Perlen gingen mir nicht aus dem Kopf. Ich musste dringend einige Ideen abarbeiten, sonst drohte ich zu platzen. Bei dem Seegang in dem schaukelnden Schiff war das Goldschmieden ein schwieriges Unterfangen, aber nach ein bisschen Übung gelang es mir, wenigstens das Material so weit vorzubereiten, dass die Arbeit bei ruhigerer See wieder aufgenommen werden konnte.

Dann kamen die Unwetter.

Im Tagesbericht vom 21. August 2005 steht:

> Was für eine Nacht! Eine echte Widdfem-Situation (**W**as-ist-**d**enn-**d**as-**f**ür-**e**in-**M**ist?). Es war nicht das erste Mal, dass in der Nacht schwere Gewitter durchzogen. Sie kommen meist ohne Vorwarnungen, bringen starke Böen und manchmal schweren Regen. Im Minutentakt schüttete es aus Eimern, immer begleitet von Böen in Sturmstärke, oft mit anschließender minutenlanger Windstille, in der die Segel brutal schlugen. Dann, nach einigen Minuten, ging es wieder von vorn los. Die See war aufgewühlt, der Himmel schwarz wie ein Grab. Immer wieder mussten wir raus, um an den Segeln oder der Takelage zu arbeiten, weil sich zum wiederholten Male Fallen lösten oder Schoten frei schlugen. Zum ersten Mal seit langer Zeit hatten wir die Segelklamotten, Südwester und Handschuhe angelegt – kein Vergnügen bei den Temperaturen und dem überkommenden Wasser.

Daniel und ich hatten die Segel bereits früh gerefft, aber für einige dieser Böen war selbst das noch zuviel Tuch. Der von den Cuna-Indianern erworbene Bambusstab – von uns umgebaut zum Ausbaumer – bog sich unter dem Winddruck erheblich, aber er hielt den Belastungen stand. Bruch gab es bisher nicht.
Bis in den Vormittag hinein hielten die Regengüsse an. Bei achterlichen Winden hieß das: Luken dicht und festkrallen. Im Cockpit wechselten wir uns stündlich ab. Vor dem Regen, der von hinten einfiel, konnten wir uns so nicht schützen. Da saßen wir nun wie die nassen Katzen und harrten der Dinge, die da kommen sollten.
Als die Nacht vorüber war und das Wetter sich beruhigt hatte, kamen Müdigkeit und Erschöpfung an Bord. Abwechselnd fielen wir in einen todesähnlichen Schlaf. Die Knochen schmerzten von den Arbeiten an Deck, und während des ganzen Tages kultivierten wir ein eher lethargisches Dasein. Hatten wir uns auch verdient!

Wir lernten nun, die Squalls, die uns immer wieder überfielen, zu unserem Vorteil zu nutzen. Im Idealfall hangelten wir uns von einer Unwetterzelle zur nächsten, um ständig die hohen Windgeschwindigkeiten nutzen zu können. So fuhren wir mehrere Tage hintereinander neue Tagesrekorde aus. Wenn Triton am späten Nachmittag die Squallsaison für eröffnet erklärte, rieben wir uns die Hände, bliesen zum Halali und begannen mit der Verfolgung des Windes. Während der Dämmerung und in monderhellten Nächten konnten wir die Squalls, die Minotauren der Nacht, gut ausmachen und uns vor sie setzen. Bei Neumond jedoch ließen wir uns etwas anderes einfallen und schrieben im Tagesbericht:

Wer sich in der Nacht auf dem Radarschirm die Gewitterwolken sucht, dann den Kurs ändert, um sich vor sie zu setzen, damit die davor stehenden Böen noch mehr Fahrt ins Schiff bringen, hat entweder eine Menge Spaß am schnellen Segeln oder einen Mast zu viel. Schussfahrt auf der schwarzen Piste! Gibt es auf Samoa eigentlich hölzerne Telegrafenmasten?
Hier weht schon der Passat ganz ordentlich, und das Meer ist entsprechend aufgewühlt. Mehr als einmal versenkten wir die oben an der Reling befestigten Solarpaneele. Essen kochen ist nicht mehr drin, Dosenthunfisch mit Crackern muss reichen. Schlaf ist bei den unruhigen Schiffsbewegungen Luxus und

klappt nur, wenn die Körperbatterien schon die weiße Fahne schwenken. Zum Glück haben wir keine Seekrankheit an Bord!

Die Handgelenke schmerzen vom Festhalten, die Beine sind taub vom verkrampften Sitzen, wir sind müde und kaputt. Anfallende Arbeiten reduzieren wir auf ein Minimum, Fotos sind jetzt nicht mehr drin. Den Tagesbericht zu schreiben und zu senden, ist sehr mühsam. Am liebsten würden wir uns irgendwo festkletten, Autopilot einschalten, dann einschlafen, um am Ziel von süßer, samoanischer Musik sanft geweckt zu werden.

Hier auf See, wo wir Zeit haben, können wir nicht schlafen – nachher im Hafen haben wir viel zu erledigen, sind aber hundemüde. Dennoch wollen wir uns nicht beschweren. Der Stille Ozean ist und war gut zu uns.

Samoa, Muamua Le Atua

»Samoa, lass Gott an erster Stelle sein.«
(Wahlspruch von Amerikanisch-Samoa)

Tagesbericht vom 19. August 2005:

Freie Zeit nutzen wir in der Regel, um das Schiff in einem guten Zustand zu halten. Darum haben wir auch wenig freie Zeit – es gibt immer was zu tun. Außer heute: Alles, was nicht in Ordnung war, war eine durchgebrannte Glühlampe in einer Taschenlampe. Essen für die nächsten zwei Tage ist vorbereitet (Nasi Goreng), Schmutzwäsche gibt es keine mehr, es ist sauber und aufgeräumt an Bord. Daniel und ich streiten uns noch nicht einmal über Nichtigkeiten. Wie langweilig!
Die Bücher der Bordbibliothek haben wir jetzt alle gelesen (den Schund zum Schluss), es wird Zeit, dass wir Seglern begegnen, mit denen wir tauschen können (den Schund zuerst). 180 Zentimeter Lesestoff haben wir anzubieten. Unsere Hoffnung ist Pago Pago auf Amerikanisch-Samoa, wo sich Pazifiksegler zum Verproviantieren einfinden.
Amerikanisch-Samoa und West-Samoa (ein eigenständiger Staat, der gleich neben Amerikanisch-Samoa liegt) streiten sich darüber, auf welcher der Inseln sich das legendäre Hawaiki befindet, die Wiege Polynesiens, von dem aus die Polynesier die Inseln im Pazifik besiedelten. Wir werden jeweils dem Staat recht geben, in dem wir uns gerade befinden. Wir sind schließlich Gäste.
Die Vereinigten Staaten von Amerika übernahmen im Jahre 1900 die Kontrolle über Tutuila, der Hauptinsel von Amerikanisch-Samoa, und die Insel wurde später im Zweiten Weltkrieg ein wichtiger Stützpunkt ihrer Marine. Heute beschränken sich die wirtschaftlichen Aktivitäten auf den Fang und die Verarbeitung von Thunfisch. Fischfabriken direkt am Hafen und die verhältnismäßig hohe Kriminalitätsrate von Pago Pago sollen den Aufenthalt auf Tutuila zu einem zweifelhaften Vergnügen machen. Das entnahmen wir einem Pazifik-Führer. Aber auf subjektive Einschätzungen dieser Art geben wir schon lange nichts mehr. Wir freuen uns jedenfalls auf Amerikanisch-Samoa.

Nach 14 Tagen auf See, nach Sturm und Flaute liefen wir unter Segeln in den Hafen von Pago Pago auf Tutuila ein. Es war Nacht, und aus einiger Entfernung konnten wir das Licht der starken Arbeitslampen auf den Schiffen der taiwanesischen Fischfangflotte sehen, die hier ihre Beute anlandete. Erst kurz vor dem kleinen Ankerfeld im hinteren Teil der fjordartigen Bucht fuhren wir einen Aufschießer und bargen die Segel. Nur wenige Minuten nach »Lass fallen Anker« gingen heftige Böen durch die Bucht, der Anker hielt nicht, und wir drohten auf eine große Yacht, in Lee von uns, zu treiben.

»Ich übernehme die Kette, du startest den Motor«, schlug Daniel vor.

Noch ehe Daniel die Ankerwinsch erreicht hatte, lief der Motor schon. Wir wollten uns in Ruhe einen neuen Platz suchen und den Anker richtig eingraben. Doch dann erstarb die Maschine plötzlich und unerwartet.

Daniel schaute fragend zu mir rüber. »Wie viele Meter haben wir noch?«

Ich schaute zu der Yacht. Im Dunkeln verschätzt man sich oft mit Entfernungen, aber das hier sah schon bedenklich nah aus. »15 vielleicht 20 Meter.«

»Dann gebe ich Kette, mach du die Fender klar«, beschloss Daniel.

Ich öffnete die große Backskiste, zerrte drei Fender heraus und ging ans Heck. Wann hatten wir die Fender zuletzt benutzt, in Aruba? Daniel ließ weitere 15 Meter Ankerkette ausrauschen, in der Hoffnung dass der Anker sich doch noch eingraben würde oder das Schiff durch das Gewicht der Kette zum Stehen käme.

»Wie viel Platz?«, rief er mir zu. Es wurde eng.

»Null Meter, hol dicht die Kette!«, gab ich zurück.

Am Heck befand sich die Achillesferse der NIS RANDERS, hier war die empfindliche Windfahnensteuerung angebracht, eine Kollision würde ihr gar nicht gut tun. Ich stand mit den Fendern in der Hand da und wusste nicht, wo ich sie anbringen sollte. In jedem Falle würde es bei einer Feindberührung Bruch geben. Gerade als ich dachte, wir würden kollidieren, ging ein leichter Ruck durch das Schiff. Unser Rumpf drehte in den Wind und stand endlich still. Der Anker hatte sich schließlich doch noch in den Hafenschlick eingegraben.

Zwanzig Minuten später:

»Du?«

»Hm?«

»Ich kann nicht schlafen.«

»Ich auch nicht.« Von Hundert auf Null war noch nie einfach.

»Ein wenig Musik?«

»Iguanaman. Amigo de Galapagos?«

»Ja, und nicht zu leise, bitte!«

Es stellte sich am nächsten Tag heraus, dass ein Schlauch der Dieselleitung einen kleinen Riss hatte und Luft zog. Das war der Grund für das Versagen des Motors. Der Fehler war schnell mit Bordmitteln behoben. Dass der Anker nicht sofort hielt, lag an einer großen Plastikplane, die auf dem Grund lag und sich im Geschirr verfangen hatte.

Der Liegeplatz im Hafen von Pago Pago war gesäumt von steil aufragenden Bergen in sattem Grün. Scheinbar undurchdringlicher Dschungel zog sich aus dem Blau des Wassers bis zum Blau des Himmels. Na ja, eigentlich war das Wasser in der Bucht gar nicht so blau, genau genommen war es eher etwas schmuddelig. Das lag wohl zum Teil auch an »Starkist«, einer Fischfabrik, die direkt in der Bucht stationiert ist. Es ist die größte *cannery* der Welt, sie kauft, verarbeitet, verpackt und verkauft Thunfisch. Hauptsächlich in die USA. Geliefert wird der Fisch von der direkt vor den Fabrikgebäuden liegenden asiatischen Fischfangflotte, und die verarbeiteten »Rohstoffe« erzeugen naturgemäß einen eigenwilligen und unverwechselbaren Geruch. Dieser wäre auch ohne weitere Umwege nach oben in Luftschichten abgezogen, in denen er keinen Kontakt zur menschlichen Nase gehabt hätte, doch leider hatte die Fabrik 24 Stunden am Tag gewaltige Generatoren- und Lüftungsgebläse im Betrieb, deren Ablüftungen geradewegs in die Bucht führten.

Soweit zum Wasser und dem Duft. Was den blauen Himmel anging ... der war auch nicht immer so blau wie gewünscht. Genau wie auf See kamen auch hier die Squalls mit heftigen Regenfällen zum abendlichen Besuch, der gerne mal bis tief in die Nacht ausgedehnt wurde. Aber das waren Äußerlichkeiten, mit denen man leben konnte. Viel interessanter waren für uns die hier lebenden Menschen. Nach der Einklarierungszeremonie in dem würfelähnlichen Hafenbürogebäude versuchten wir Geld aufzutreiben. Bisher hatten wir hier viel Glück gehabt: Niemand sah sich unsere Papiere ganz genau an (die letzten gültigen Stempel stammten aus Panama), und die Liegekosten wurden erst bei der Abfahrt fällig.

»Wir müssen irgendetwas verkaufen«, schlug Daniel vor.

»Richtig, nur was?« Ich hatte keine Idee. Davon abgesehen, dass wir keine Sonnenbrillen, Zigaretten und Parfüm mehr hatten, hätte man damit hier keinen großen Staat machen können. Die Geschäfte waren vergleichsweise gut bestückt und machten nicht den Eindruck eines gesteigerten Interesses an Glasmurmeln oder ähnlichem Nippes.

»Du hast doch Schmuck gebaut auf der Fahrt hierher. Können wir davon nicht was verkaufen?«, fragte Daniel.

»Ich habe versucht, Schmuck zu fertigen«, stellte ich richtig. »Als der Sturm kam, war ich erst halb fertig, und dann blieben die Sachen liegen.« Ich überlegte kurz. »Aber einen Anhänger habe ich schon vorbereitet. Ich könnte ihn zu Ende bringen.«

Seit unserem Auslaufen in Deutschland, speziell aber nach Galapagos waren während der Nachtwachen Zeichnungen von Schmuck in meinem Skizzenblock entstanden, die nur darauf warteten, zum Leben erweckt zu werden. Jetzt war die Gelegenheit.

»Wir treffen uns in vier Stunden auf dem Marktplatz«, sagte ich zu meinem Sohn.

Während Daniel auf Fotosafari ging, fuhr ich mit U-96 zurück zur NIS RANDERS. Ich brauchte ein paar Stunden Ruhe zum Arbeiten.

Zum verabredeten Zeitpunkt schlich ich mich dann leise von hinten an, Daniel saß auf einer niedrigen Steinmauer am Rande des Marktplatzes und schaute Rugbyspielern beim Training zu. Mit einer Hand hielt ich ihm die Augen zu und mit der anderen 20 Zehn-Dollar-Scheine unter die Nase.

»Der Geruch des Geldes«, sagte er und atmete tief durch die Nase ein.

»Der Geruch des Geldes«, wiederholte ich bestätigend und nahm die Hand von seinem Gesicht.

»Wo hast du das her?«, wollte Daniel wissen.

»Gezaubert. Schmuck gezaubert. Ich habe einen Goldanhänger mit einer Perle angefertigt und verkauft.« Weit unter Wert verscherbelt, wäre der Wahrheit deutlich näher gekommen. Eine nicht angebohrte schwarze, neun Millimeter große Tahitiperle in einer Feingoldfassung mit Sägearbeiten in Ajouré-Technik und einem gefassten lupenreinen Brillanten hatten in einem kleinen Geschäft für nur 200 US-Dollar den Besitzer gewechselt. Die Ladeninhaberin öffnete mir beim Verlassen des Ladens sogar die Tür und drehte dann sofort das Schild am Eingang von *Open* auf *Closed*. Sei's drum, wir waren erst einmal wieder flüssig.

Gottfried Hagedorn

Er war klein, und er war dick. Er war dunkelhäutig und hatte ein rundes, freundliches Gesicht. Wir waren auf der Suche nach dem örtlichen Internetcafé und fragten ihn nach dem Weg.

»How do you do? What is your name?«

Für gewöhnlich bekam man Antworten auf seine Fragen erst nach einem kleinen Schwätzchen in Höflichkeitsformeln. Man hat Zeit in der Südsee und ist an den fremden Besuchern interessiert. Als Daniel und ich uns kurz vorstellten, leuchteten seine dunklen Augen auf. Der rechte Arm schoss vor und verfehlte mein linkes Auge nur um ein Haar.

»Ah, German guys! Heil Hitler, *ahh, ha, ha, ha, ha.«*

Als Goldschmied war ich beeindruckt von dem goldenen Glanz seiner Schneidezähne. 30 Gramm, 22 Karat.

»My name is Gottfried Hagedorn, welcome in Samoa«, stellte er sich vor.

»Ein deutscher Name?« Wir waren überrascht.

»Meine Oma war Deutsche«, erklärte Gottfried auf Englisch. Es stellte sich heraus, dass Gottfried einige Gebiete Deutschlands besser kannte als wir. Bereits mehrfach hatte er das Land auf der anderen Seite der Welt besucht, zweimal war er als Matrose auf einem Frachter nach Hamburg gereist – er dachte gern zurück an den Geruch von gerösteten Kokosraspeln, die für eine deutsche Süßwarenfabrik bestimmt gewesen waren. Gottfried verzog das Gesicht. »Kein Vergleich zu dem Gestank auf dem Fischdampfer, auf dem ich vorher fuhr«, erinnerte er sich. Jetzt war er einer von den 6000 Arbeitern in der Fischfabrik am Rande der Bucht. »Die Fabrik ist ein Segen für die Menschen auf der Insel. Sie bietet Arbeit, und wir müssen unsere Familien nicht mehr verlassen.« Gottfried hatte seinen freien Tag und lud uns zu einer Inselrundfahrt in seinem Auto ein. Er erzählte von den Traditionen, der Kultur und den Gepflogenheiten des Alltags.

Endlich konnte ich auch wieder mit Susanne in Deutschland telefonieren. Die ganze Zeit über hatten wir uns täglich von und an Bord gemailt, aber die Stimme zu hören, war etwas ganz anderes. Ein gesprochenes »Ich liebe dich« war nicht durch drei Worte geschriebenen Textes zu ersetzen. Wir vermissten einander sehr und versprachen uns ein baldiges Treffen. Dass wir Bali als Treffpunkt ins Auge fassten, hatte auch mit Mikes Schulferien zu tun, doch unsere Reisegeschwindigkeit wurde vor allen Dingen vom Wetter bestimmt. Weihnachten verbringen wir auf jeden Fall gemeinsam, nahmen wir uns vor. Wenn das so einfach gewesen wäre!

Einen Tag später feierten Daniel und ich ein überraschendes Freudenfest, denn an Bord befand sich noch eine EC-Karte von unserem Girokonto in Deutschland. Ich fand sie durch Zufall in der wasserfesten Wichtige-Papiere-Tasche. Da dieses Konto für unsere finanzielle Versorgung in fremden Ländern nicht vorgesehen war, hatte ich sie völlig vergessen und traute meinen Augen kaum, als der Automat an der Bank viele grüne Dollars ausspuckte. Sogleich steckte ich die Karte erneut in den Schlitz – wieder erhielt ich Geld. Und noch einmal steckte ich die Karte hinein, und einmal mehr erhielt ich Geld. Überzog ich gerade? Egal. Hinter mir drängelten zwei ungeduldige Kunden, die ebenfalls an den Automaten wollten. *Einen Moment noch, Freunde, ich habe gerade einen guten Lauf.* Erst als ich fast 1000 Dollar in Händen hielt, schwenkte der Automat die weiße Fahne. 1000 Dollar! Ich fühlte mich wie neugeboren. Dann gingen wir einkaufen im größten Supermarkt der Insel.

Tagesbericht vom Dienstag, 6. September 2005:

> Sieben Uhr aufstehen, Hafenmeister über Funk rufen: »Können wir Diesel bekommen?« – »Möglich ... vielleicht ..., kommt erst einmal vorbei.« Hm, was jetzt – Gesichtskontrolle?
>
> Wir gingen ankerauf und fuhren zum *fueldock*, machten frech fest. Viel Diesel brauchten wir ja nicht, denn seit Panama hatten wir nur ein paar Stunden motort. Das Meiste war für die Stromerzeugung zum Senden der Websitebilder draufgegangen. Hier auf dem Pazifik sind die Verbindungen zeitweise zum Weinen und waren oft nur durch Motorunterstützung zu schaffen. Dennoch hätten wir gern einen vollen Tank gehabt. Denn Einiges liegt ja noch vor uns ...
>
> Den Besuch bei Captain Sililia, dem Hafenmeister, verknüpfte ich gleich mit den zum Ausreisen nötigen Ausklarierungsformalitäten. Endloses Gerenne in ein und demselben Gebäude. 50 Dollar hier, 50 Dollar dort. Frische Papiere sind nicht billig hier. Aber die mit Marmelade gefüllten Donuts und die Scherze, die man mir praktisch aufzwang, waren umsonst. Am Ende hatten wir alle nötigen Stempel an den richtigen Stellen und Marmeladeflecken an den falschen.
>
> Dann kommt der Tipp: Wollt ihr euren Sprit nicht zollfrei

haben? Na klar, wollen wir! Ich renne also zum BP-Office, verhandele mit dem Manager – keine Chance, nur Profifischer bekommen zollfreien Motorsaft. Auf den Hinweis, dass auch wir ziemlich gute Fischer sind, geht er nicht ein; wir müssen unseren Obolus leisten. Der Tank fasst jedoch nur 60 Gallons (circa 230 Liter à 39 Eurocent) – also nicht so schlimm.
Dann geht's zu »Cost U less«, so heißt der größte Supermarkt auf der Insel, und der Name ist Programm: billige amerikanische Produkte im großen Familienpack. Wir kaufen ein für die nächsten Monate, wohl wissend, dass wir uns hier im Billigland der Südsee befinden. Geld ist geil! Was kann man sich dafür nicht alles kaufen: Schoki, Gemüse, Dosenobst, Instantkaffee, Reis, Spagetti und und und.
Beim Stauen der Lebensmittel sind wir überrascht von dem, was wir eingekauft haben. Die Ansichten, was wichtig ist, haben sich nach etwas über einem Jahr auf See ein wenig verschoben. Ich bin jetzt der glücklichste Mensch, wenn ich irgendwo eingelegte Pepperonis bekommen kann, und Dosenfleisch mit Soße veranlasst mich zu Luftsprüngen. Von Käse und Früchten in Dosen ganz zu schweigen.

Melanesien

Auf dem Seestück zwischen Französisch-Polynesien und Melanesien gerieten wir in einen schweren Sturm. Hinter der Kaltfront eines durchziehenden Tiefs hatte sich ein Trog gebildet, der in seiner Stärke nicht ohne Weiteres vorhersagbar gewesen war, doch über eine pazifische Seglerfunkrunde wurde über Kurzwelle vor hohen Windgeschwindigkeiten gewarnt. Das betraf aber nur das Tief selbst. Der folgende Trog brachte heftige Böen mit sich und peitschte den Pazifik zur Kreuzsee auf. Von wegen Stiller Ozean! Die Isobaren krümmten sich auf den Barographen wie seekrank, grünes Wasser kam über. Fliegendes Wasser und Salz überall. Wer es nicht selbst einmal erlebt hat, wird sich kaum vorstellen können, wie laut eine sich brechende Welle sein kann. Es war nicht nur das Heulen des Windes, das jede verbale Verständigung erschwerte, es war die brüllende See, die das verhinderte. Die Macht der Druckwelle, wenn Tausende Tonnen Wasser übereinander herfallen, ist körperlich zu spüren.

In einer besonders heftigen Böe brach die Schot der gerefften Fock, wonach das Segel zerriss – ein hässliches Geräusch, das wir selbst durch das Inferno der See vernehmen mussten. Während des Bergens der Fock wurde Daniel von einem Ende der Schot regelrecht ausgepeitscht, mir erging es auf dem wild bockenden Vorschiff nicht besser. Nach einem hohen Wellenberg wurde mir das Deck fast unter den Füßen weggezogen, und ich war für kurze Zeit wie schwerelos. Als dieser Zustand vorbei war, fand ich mich im Bugkorb mit am Vorstag geprellter Schulter wieder. Die nächsten Stunden ließen wir uns unter Topp und Takel treiben; der Wind war stark genug, dass wir noch immer steuerbar waren und fünf Knoten über Grund machten.

»Möchtest du einen Tee?«

Daniel schaute auf den Kocher. Dieser schaukelte wild hin und her und stieß trotz der kardanischen Aufhängung hin und wieder bis an den Anschlag.

»Tee klingt gut, aber wie willst du Wasser kochen?«

»Die große Thermoskanne ist bis oben hin voll. Ich habe heute Morgen Wasser gekocht. Während du den Radarwarner einschaltest, versuche ich, etwas Tee in die Tassen zu gießen.«

Die nächsten Stunden verbrachten wir verkeilt im Salon, aßen Kekse, tranken Tee und lasen. Draußen Sturm, drinnen gemütlich. Das Radar ließen wir mitlaufen, es würde bei einem Echo Alarm geben.

Tagesbericht vom 20. September 2005:

Mastbruch, Sturm, Wassereinbruch, Feuer im Schiff, gerissene Segel, gebrochene Schoten, Grundberührungen, Strandungen, betrügerische Taxifahrer, Piratenkontakt, Verbrennungen, Zahnschmerzen und Verstopfung – all das ist uns heute nicht passiert.

Also habe ich Zeit, über die Nächte in der Südsee zu schreiben. Über den Mond, der uns schon so oft hat aufschrecken lassen, wenn er seinen ersten Schein über den Horizont schickte und wir ihn für ein Schiff hielten. Er nimmt hier nicht seitlich ab, sondern von oben. Über die Venus, auch Morgen- oder Abendstern genannt, die zurzeit so hell leuchtet, dass sie Schatten werfen kann. Über das leuchtende Band der Milchstraße, das sich über den gesamten Südhimmel streckt. Und über das berühmte Kreuz des Südens, das die Position des Himmelssüdpols liefert.

Zahlreich sind die Satelliten, die ihre Bahn zwischen den Sternen ziehen, und die heimlichen Wünsche reichen für die Anzahl der Sternschnuppen längst nicht aus. Einige dieser Sternschnuppen erinnern an Feuerwerksraketen. Sie verglühen unter rotem, blauem und grünem Funkenregen, der so nah zu sein scheint, als ob man direkt daneben stehen würde.

Der rote Vogel

Captain Bligh und Captain Cook. Aktive Vulkane. Laut einer Studie der New Economics Foundation leben hier die glücklichsten Menschen der Welt. Die Inselgruppe des heutigen Vanuatu in Melanesien ist der Inbegriff des Südseetraums. Wir erreichten Espiritu Santo, eine der größten Inseln des Archipels, um einige Stunden zu früh, denn es war drei Uhr in der Nacht, als wir die Segel bargen und uns treiben ließen. Schon während der Passage durch die Inseln hatten wir erkannt, dass die Seekarten nicht mit den Angaben des GPS übereinstimmten. Einen Ankerplatz kann man hier also nur per Augapfelnavigation mit der Sonne im Rücken sicher ansteuern.

Wir waren nicht nur zum Vergnügen hier, wir hatten eine Mission. An Bord befanden sich nämlich zwei große Kartons mit Schulbüchern, die für eine Schule auf Vanuatu bestimmt waren. Also ließen wir am Vormittag in der Ankerbucht U-96 zu Wasser und erkundeten die Gegend um unseren Anlegeplatz. Der nächste Ort, Luganville, war 14 Kilometer entfernt. Dort hofften wir, eine Schule zu finden, und stellten uns auf einen längeren Fußmarsch ein.

Auf unserem Weg über die staubige Straße raschelte es plötzlich in dem Buschwerk am Wegrand. Als wir näher kamen, entdeckten wir einen Mann, der gut getarnt in einem Dorngebüsch hockte. Er war nur mit einer kurzen Hose und einem Hemd bekleidet. In der Hand hielt er eine Zwille. Wir verlangsamten unseren Schritt und blieben schließlich stehen.

Lachend kam er aus dem Gebüsch gekrabbelt und trat auf die Straße. »*My name is Bennett*«, stellte er sich vor. Er war auf der Jagd nach dem *red bird*, dem Roten Vogel, und schoss die in den Baumkronen sitzenden Tiere mit Steinen aus seiner Schleuder herunter. »Diese Vögel liefern uns Fleisch für die ganze Familie«, erklärte er. »Hier in Vanuatu lebt man von und mit der Natur. Die Landwirtschaft ist die Haupteinnahmequelle. Kommt heute Abend zu mir nach Hause«, lud er uns ein. »Es kommen Freunde, und wir trinken Kava im *nakamal.*«

Von dem Kava hatten wir schon gehört. Das übel schmeckende Getränk wird aus der Kava-Pflanze, einem Pfeffergewächs, auf unterschiedliche Arten gewonnen. Auf Espiritu Santo werden die Wurzeln der Pflanze mit der Machete zerkleinert und durch den *grinder*, eine Art Fleischwolf, gedreht. Der dabei austretende Saft wird in Eimern aufgefangen und unverdünnt und kalt in halbierten Kokosnussschalen angeboten. Je näher wir auf der Straße dem Örtchen Luganville kamen, desto mehr Kavakneipen sahen wir. Das Kava-Kava wird stets frisch hergestellt und an Ort und Stelle getrunken. Diese legale »Südseedroge« hat neben anderen Wirkungen auch Angst hemmende und beruhigende Eigenschaften. Angeblich war der Genuss den Männern zu bestimmten zeremoniellen Gelegenheiten vorbehalten. An den Tagen, an denen wir auf der Insel waren, müssen jede Menge solcher besonderen Gelegenheiten gewesen sein, denn Kava wurde vom frühen Morgen bis spät in die Nacht getrunken. Als wir mit dem Taxi vom Dorf zurück zur Ankerbucht fuhren, hielt der Fahrer sogar zweimal an, um sich Nachschub von dem schlammfarbenen Getränk in eine kleine Plastikflasche füllen zu lassen. An dieser Flasche nuckelte er dann während der gesamten Fahrt immer mal wieder. Kava fördert den Speichelfluss, das ist unverkennbar. Überall wird gerotzt, was das Zeug hält. Die Suche nach einer Schule hatten wir am späten Nachmittag abgebrochen, weil wir mit Einsetzen der Dunkelheit zurück auf der NIS RANDERS sein wollten. Sicherheit geht vor – Segler, bleib bei deinem Boot!

Am Abend, die Sonne war schon untergegangen, pullten Daniel und ich in U-96 wieder an den Strand, um Bennetts Einladung zu folgen. Im Garten hatten sich mehrere Männer im *nakamal* versammelt, dem »Ort des Friedens«, der aus einer einfachen Hütte bestand, die mit Palmenblättern bedeckt war. Im hinteren Teil der offenen Hütte stand eine Art Tresen, an dem Bennett aus einem Eimer Kava schöpfte.

»Willkommen in meinem Haus«, begrüßte er uns. »Setzt euch und trinkt Kava.«

An zwei gegenüberliegenden Seitenwänden standen Bänke, auf denen etwa zehn junge Männer saßen. Sie beugten sich leicht nach vorn und spuckten ständig auf den sandigen Boden in der Mitte der Hütte. Es wurde kaum gesprochen, und die Atmosphäre war ausgesprochen entspannt. Auch Daniel und ich erhielten je eine Schale Kava, und wie wir es gesehen hatten, stürzten wir das Getränk wie ein *shot*, wie einen Kurzen, herunter. Die geleerten Schalen stellten wir auf dem Tresen ab und setzten uns zwischen die Männer auf die Bank. Nach weiteren zwei Runden setzte der Speichelfluss auch bei uns ein. Da saßen wir nun, zogen uns übel riechenden Wurzelsaft hinter die Binde und spieen in den Sand der Südsee, ohne gegen Knigges Gebote zu verstoßen. Später an Bord trank jeder einen Liter Milch, um den Geschmack wieder loszuwerden. Es war uns nicht vergönnt zu ergründen, was die Einheimischen an dem Genuss von Kava-Kava finden.

Am nächsten Morgen entdeckten wir durch Zufall die Schule in der Nähe von Luganville. Im Christian Mission Centre of Vanuatu werden von 10 Lehrern und Betreuern rund 200 Kinder unterrichtet. Nach einem kurzen Gespräch mit dem Schulleiter verabredeten wir uns für den Nachmittag und versprachen, dann die Bücher mitzubringen, doch während des Gesprächs hatten wir den Eindruck, der Mann verstand nicht wirklich, was wir vorhatten. Bücher sind sehr wertvoll auf diesen Inseln, warum sollte er sie einfach kistenweise geschenkt bekommen?

Am Nachmittag haben wir die Kisten per Beiboot und Taxi zur Schule geschleppt. Sie wurden an Ort und Stelle geöffnet, und auch wir sahen zum ersten Mal den Inhalt: Schulbücher, Lesefibeln und Malbücher für Kinder aller Altersstufen. Der Schulleiter und die anwesenden Lehrer waren sprachlos. Als sie anfingen, sich bei uns zu bedanken, flüchteten wir, hinterließen aber einen Zettel mit Namen und Adresse von Dr. Chris Evens auf Amerikanisch-Samoa: Dankt nicht uns, wir waren nur die Postboten.

Das nächste Ziel hieß Port Moresby in Papua-Neuguinea, wir schätzten, dass wir etwa zwei Wochen unterwegs sein würden. Port Moresby liegt am Rande der Torresstraße, die in den Indik, den Indischen Ozean, führt. Unsere letzten Tage im Stillen Ozean lagen vor uns. Er hat uns viel gegeben, dieser größte aller Ozeane, die letzten Meilen wollten wir besonders genießen.

Tagesbericht vom 5. Oktober 2005:

> Unsere angeborene, außerordentlich stark ausgeprägte Bescheidenheit verbietet uns, damit anzugeben, dass wir in den vergangenen 24 Stunden 168 Seemeilen zurückgelegt haben. Selbstherrlich grinsen wir vor uns hin und schlürfen zur Feier des Tages mentales Büchsenbier. Vorbei scheint die Zeit, in der wir uns mit der Geschwindigkeit einer tektonischen Plattenverschiebung der Kontinentaldrift vorwärts bewegt haben. An Bord befinden sich geschätzte 20 Doppelzentner Erdnussbutter, aber kein Brot. Ohne Brot schmeckt das Zeugs aber nicht. Schmeckt eigentlich auch mit Brot nicht so richtig, aber ohne Brot schon überhaupt gar nicht. Also Brot müssen wir backen. Haben Daniel und ich noch nie gemacht. Darin ist Su Meisterin. Daniel meldet sich freiwillig.
>
> »Welches Mehl?« – »Keine Ahnung – nimm einfach ... (mein Blick wandert über mindestens 30 Kilo Mehl in Tüten, die alle

irgendwie gleich aussehen) das da.« – »Hefe?« – »Ich weiß es wirklich nicht, versuch's doch einfach.« – »Milch?« – »Kann nicht schaden.« – »Zucker?« – »Ähm, Brot, Daniel, nicht Kuchen.«

Der erste Teig hatte die Konsistenz eines drei Tage alten McDonald's-Milchshake, den jemand bei 30 Grad Celsius im Fußraum seines Autos vergessen hat, und war definitiv nicht brotfarben.

Zweiter Versuch. Schon besser. Im Backbuch stand, man soll kneten, bis Blasen kommen. Im Teig, nicht an den Händen. Dann ruhen an einem warmen Ort ... Da legt Daniel sich aufs Deck in die Sonne. Manchmal denke ich, ich bin hier im Irrenhaus.

Dann ab in die Backform mit der Knete und siehe da: Nach einer Stunde oder drei (keiner hat auf die Uhr gesehen) war der Kuchen, nein, das Brot, fertig. Und es schmeckte richtig gut. Was das für ein Brot war? Na, Brot halt. Es war noch Teig übrig geblieben. Also gab es am nächsten Morgen frische Brötchen. Mittags dann Fisch im Brotteig, am Nachmittag eine Brotzeit und zum Sonnenuntergang Abendbrot. NIS RANDERS, das Brotboot.

Von diesem Tag an backten wir jeden einzelnen Tag, den wir auf See verbrachten, Brot oder Brötchen. Selbst bei Sturm versuchten wir alles Mögliche, um Teig zu kneten und Brot zu backen. Um das Brot möglichst frisch zu genießen, produzierten wir häufig zweimal täglich. Nachdem wir die unausweichliche Experimentierphase mit allen möglichen Zusätzen überwunden hatten, konnten wir uns einen Wachwechsel ohne frisches Brot gar nicht mehr vorstellen. Die Geschäfte auf der ganzen Welt bieten Getreidemehl an, und Trockenhefe ist für viele Monate auch in tropischen Temperaturen haltbar. Die Einkäufe à la »Cost U less« blieben so eine Episode, die sich nur für kurze Zeit auf unseren Hüften abzeichnete. Ab sofort gab es wieder Salat aus Vanuatu, Fisch aus dem Pazifik, Nudeln aus Takaroa, Cheddar aus Neuseeland und eben – Brot.

22

22 *Dieser Dorade verpassten wir den biologisch nicht ganz einwandfreien Namen »Lunch für 5 Personen am Dienstag«.*

23 *Auf Darwins Spuren ...*

24 *John Vokes,* Inguanaman de Galapagos, *erprobt den Bogen, den wir ihm schenkten.*

25 *Pulpo und Pirata warten in der Bucht von Villamil auf Kundschaft.*

23

24

25

26

27

26 Daniel und John Vokes musizieren zur Eröffnung einer kleinen Bar.

27 Gemeinschaftsprojekt: Ein Langbootrennen auf West-Samoa ist zu Ende.

28 Früchte der Südsee: Zuchtperlen.

29 Fassadenbemalung in der Wiege Polynesiens.

30 Blaufußtölpel.

31 Weißspitzen-Riffhai.

28

29

30

31

32

34

33

35

36

32 Dickköpfe unter sich: Vater und Sohn.

33 Herstellung von Kava-Kava auf Vanuatu.

34 bis 38: Bewohner von Papua-Neuguinea mit traditionellem Kopfschmuck, Körperbemalung, Körperschmuck aus Muscheln und Bastbekleidung.

37

38

39

40

41

39 Betelnusshändlerin in Port Moresby.

40 Betelnuss macht Zunge rot …

41 Auch vor dem Linienbus macht in Port Moresby die Gewalt nicht halt.

42 Im Indischen Ozean hofft ein sogenannter stickfisher *auf Beute.*

43 Wasserhose voraus!

44 Wir schneiden eine Meeresschildkröte aus einem Treibnetz frei.

45 Waffenhändler im Oman.

46 Flaute im Golf von Aden.

42

43

44

45

47

47 *Unsere allzeit belastbare* NIS RANDERS *verzieh uns während des gesamten Törns großzügig alle Fehler, bot uns Geborgenheit, ein sicheres Zuhause und brachte uns zuverlässig um die ganze Welt. (Foto: Tom Bennett)*

48 *Ohne Worte ... (Foto: Tom Bennett)*

48

Streitkultur

Sometimes I don't want you around
Sometimes I wish you stay away on the other side of town
Sometimes I don't want you around

Natürlich gab es mal Streit unterwegs. Natürlich gingen wir uns mal auf die Nerven. Einer gepflegten Streitkultur standen wir durchaus aufgeschlossen gegenüber. Warum sollte es hier an Bord anders als zu Hause sein?

Sometimes I don't have the strengths to keep my stomach down
Sometimes I don't want you around

Manchmal knallte es wegen kleiner Unpässlichkeiten wie aufgestauter schlechter Laune beim Wachwechsel, mit der wir entweder nicht gut umgehen konnten, weil wir müde und erschöpft waren oder es einfach nicht schafften, sie zu ignorieren. Das waren keine ernsthaften Streite, und sie lösten sich wie Schaumkronen im Wind nach wenigen Augenblicken einfach in Nichts auf.

Makes me sad to see you come
Really glad to see you go

Richtig gekracht hat es zwischen Daniel und mir nur zweimal. Das eine Mal war in der Bucht von Isabela, Galapagos, und der Grund war ein ganz übles Missverständnis meinerseits, das sich leider erst nach einer lautstarken Auseinandersetzung aufklärte.

Sometimes I don't like the way you smell
The way you walk, the way you drink
And all the tales you tell
Sometimes I don't like the way you smell

Text von John Vokes, *Iguanaman de Galapagos*

Folgendes war passiert: An Bord war es üblich, nach einem Seeschlag so schnell wie möglich die *to-do-list,* die auf See entstanden war, abzuarbeiten, ganz nach dem Motto, erst die Arbeit, dann das Vergnügen. Auf der Erli standen häufig auch Aufgaben, die die Sicherheit der

NIS RANDERS betrafen, wie zum Beispiel in den Mast aufzuentern, um die Beschläge im Topp zu sichten und während des Aufenthalts in der Bucht eventuelle Schäden zu beheben. Daniels Pflicht war es in Isabela, das gesamte Rigg und besonders die Sicherheitsringe an den Wanten auf Schäden zu untersuchen, denn kurz vor unserer Ankunft auf Galapagos hatte ich einen abgenutzten Sicherheitsring am Vorstag entdeckt. Nach nur einer halben Stunde sah ich Daniel im Cockpit, wie er sich die Schnorchelausrüstung aus der Backskiste fischte.

»Bist du schon fertig mit der Kontrolle?«, fragte ich überrascht. Das ging mir jetzt aber ein wenig schnell.

»Fix und fertig«, war seine Antwort. »Ich bin dann mal weg und geh' ein bisschen schnorcheln.«

»Moment noch. Hast du am Vorstag den abgenutzten Sicherheitsring ausgetauscht?«

»Aye, aye, Sir, Auftrag ausgeführt, Sir«, war seine Antwort.

Ich mochte es nicht gern, wenn er so mit mir redete. Ich wollte an Bord nicht den Chef spielen und ließ mich auch nur ungern in diese Rolle drängen. Ich wusste, dass Daniel schnell ins Wasser wollte, also kontrollierte ich rasch selbst den Sicherungsring am Vorstag. Er war nicht ausgetauscht worden. Ich war stinksauer und wollte Daniel zur Rede stellen, aber der war schon über die Reling ins Wasser gehüpft und schwamm auf die Lavafelsen an der Küste zu.

Nach einer Stunde kam er wieder zurück an Bord. »Das Wasser ist herrlich«, schwärmte er und warf die Flossen aufs Deck. »Ich tauchte mit Seelöwen und Pinguinen.«

Dafür hatte ich kein Ohr. »Sagtest du nicht, du hättest vorn den Sicherheitsring ausgetauscht?«

»Hab' ich doch, warum fragst du?«

»Kannst du mir mal erklären, wo genau du einen Ring ausgetauscht haben willst?«

»Glaubst du mir etwa nicht?«, fragte Daniel zurück.

»Es geht nicht darum, ob ich dir glaube, es geht darum, ob du den Ring ausgetauscht hast.« Hier ging es um unsere Sicherheit, und da mussten wir uns aufeinander verlassen können. »Komm doch mal mit nach vorn, ich möchte etwas klären«, forderte ich Daniel auf.

Am Vorstag angekommen, bat ich ihn, mir zu zeigen, welchen Ring er ausgetauscht haben wollte. Die Vorsegel waren zum Schutz vor der Sonneneinstrahlung mit einer Persenning abgedeckt und überdeckten auch einen Teil des Vorstags. Darunter befand sich ein weiterer Bolzen. Daniel schob die Persenning ein wenig nach oben und präsentierte mir am oberen Bolzen einen nagelneuen Sicherungsring. »Dieser hier war viel mehr abgenutzt als der darunter, und weil du sagtest, es handelt sich nur um einen abgenutzten Ring, wechselte ich diesen hier aus«, klärte Daniel mich auf. »Dachtest du etwa, ich lüge dich an?«

Ach du Scheiße! Da segle ich mit meinem Sohn um die halbe Welt, und mein Vertrauen reicht nicht von der Tapete bis zur Wand. Er hatte seine Arbeit wie immer gut und gründlich gemacht. Die Entschuldigung für meinen Fauxpas fiel deutlich kleinlaut aus, kam jedoch von Herzen.

Beim zweiten Streit befanden wir uns mitten in der Arafurasee vor Australien auf dem Weg von Papua-Neuguinea in den Indischen Ozean. Seit sieben Tagen waren wir nun schon unterwegs, und Daniels Laune verschlechterte sich in den letzten Tagen langsam, aber sicher immer mehr. Obwohl wir uns nur wenige Stunden am Tag sahen, ging mir der Anblick seines mauligen Gesichts unheimlich auf die Nerven. Als ich ihn fragte, was los sei, bekam ich prompt patzige Antworten serviert. Na, Freundchen, dachte ich, da bist du bei mir aber genau an der richtigen Adresse. Testosterongesättigte Alfatiere, denen der Sinn nach Revierkämpfen stand, trafen aufeinander mit Imponiergehabe und Drohgebärden.

»Du kannst dir gar nicht vorstellen, wie sehr du mir auf den Geist gehst!«, schrie Daniel mich plötzlich an.

»Meinst du vielleicht, mir macht es Spaß, seit Tagen in dein mucksches Gesicht zu gucken? Kein einziges vernünftiges Wort ist mehr mit dir zu reden«, gab ich ebenso lautstark zurück.

»Dann red halt nicht mit mir«, schlug er lakonisch vor.

»Würd' ich liebend gern« gab ich gereizt zurück »aber solange du für die Vorhersagen zuständig bist, muss ich dich hin und wieder auch mal nach dem Wetter fragen dürfen. Wenn dir hier irgendetwas nicht passt, kannst du dir im nächsten Hafen einen Flieger schnappen und nach Hause verschwinden!« Der letzte Satz rutschte mir nur unglücklicherweise raus, und er tat mir schon Leid, bevor ich ihn ganz ausgesprochen hatte. Daniel spürte das scheinbar genau und anstatt empört oder gekränkt zu reagieren, sah er mich nur an und entgegnete erstmal nichts. Hier hatte ich ganz klar zu unfairen Mittel gegriffen und im Eifer des Wortgefechtes meine Machtposition ausgenutzt.

Glücklicherweise kam uns die relative Enge an Bord in diesem Moment zugute, denn diese Auseinandersetzung war von der Sorte, bei der wir noch vor einem Jahr an Land wochenlang kein Wort miteinander gesprochen hätten. Hier auf See war die Sache nach einer Stunde ausgetragen. Und zwar ohne Faust in der Tasche. Als wir uns etwas beruhigt hatten, redeten wir. Es stellte sich heraus, dass Daniels

Unpässlichkeiten auf den Schlafmangel zurückzuführen waren, der uns seit einigen Tagen wegen einer unruhigen See und ständig wechselnden Winden zu schaffen machte. Wir einigten uns schließlich darauf, dass wir zwei Wachen lang möglichst auf die anstrengenden Segelwechsel verzichteten, verkleinerten die Vorsegelfläche und banden ein Reff ins Großsegel. Das kostete uns nur schlappe zwei Knoten Speed, brachte jedoch die ersehnte Erholung. Ich leistete Abbitte und sagte meinem Sohn anschließend, dass ich ihm nie wieder mit einem Rauswurf drohen würde, und er nahm die Entschuldigung an.

Kurz darauf witzelten wir schon wieder: »Ach, steck doch deinen Kopf in einen aktiven Vulkan«, schlug ich Daniel vor und reichte ihm die Gitarre.

»Nach dir.« Gut erzogen ließ er mir den Vortritt und warf mir die Mundharmonika zu.

Seit diesem Tag lösten wir Probleme mit passenderen Worten, gegenseitigem Verständnis, Vertrauen, Geduld und Liebe. Das wurde zur Basis für den Rest der Reise, und wir hatten nie wieder emotional ausufernde Auseinandersetzungen an Bord.

Rotten beef

Noch sechs Meilen bis zur Küste. Als wir entlang der Küstenlinie auf Port Moresby zusegelten und die letzten Sonnenstrahlen den Tag verabschiedeten, meldete sich der Fischalarm. Am Haken der Schleppangel hing ein großer Thunfisch, dessen gelbe Flossen wir trotz der einsetzenden Dunkelheit gut erkennen konnten. Dieses Tier war der schwerste Fang unserer bisherigen Reise, wir schätzten ihn auf 25 Kilogramm. Auf See ließen wir einen so großen Fisch wieder frei, denn wir konnten ihn nicht aufessen, und ohne Kühlung würde selbst bei schneller Verarbeitung und Konservierung viel gutes Fleisch über Bord gehen müssen. Kurz vor einem Hafen oder einer Bucht sah das anders aus. Den erbeuteten Fisch konnte man sehr gut zum Tauschen verwenden oder einfach verschenken.

Auf unsere Funkrufe an den Yachtclub bekamen wir keine Antwort. Trotzdem manövrierten wir NIS RANDERS langsam an einen Fingersteg mitten im Yachthafen des Royal Papua Yacht Club, RPYC. Wann hatten wir das letzte Mal an einem Steg gelegen? Wann waren wir das letzte Mal in den Genuss von Frischwasser aus einem Gartenschlauch gekommen?

Über die Kriminalität in Port Moresby hatten wir schon viel gehört und gelesen: »*When it's too cold in hell for the devil, he would go to Port Moresby.*« Die außerordentlich hohe Arbeitslosenzahl von 95 Prozent ließ angeblich Diebstähle und Überfälle in der Hafenstadt zur Alltäglichkeit werden, und über die Kurzwellen-Funkrunden wurden Geschichten erzählt, in denen Fahrgäste sogar vom eigenen Taxifahrer ausgeraubt worden waren. Deshalb war der Yachtclub besonders geschützt. Wachtposten vor dem Gelände und überall verschlossene und noch einmal extra bewachte Türen sollten die Sicherheit der hier liegenden Boote und ihrer Besatzungen gewährleisten. Länger hier stationierte Segler sprachen gar von einer »umgekehrten Apartheid«.

Im Yachthafen lagen bei unserer Ankunft nur wenige Gastboote. Das hieß für uns, weniger quatschen mit anderen Seglern und dafür schneller die lange Erledigungsliste abarbeiten. Zuerst musste natürlich der Fisch aus der Sonne. Den Thun hatten wir mit einer Plane abgedeckt und über Nacht an Deck liegen lassen, jetzt schleppten Daniel und ich das schwere Tier gemeinsam zu einer gefliesten Ecke mit Wasseranschluss im Hafengelände. Während Daniel den Fisch zerlegte und ziegelsteingroße Fleischstücke an Einheimische verschenkte, ging ich zum Einklarieren und tauschte etwas Geld. Der Aufenthalt in Papua-Neuguinea war nicht nur als Vergnügungsbesuch gedacht. Die Reparatur der Fock mit den bordeigenen Mitteln war nur provisorisch gewesen und sollte nun unter der Nadel eines professionellen Segelmachers verbessert werden. Auch unser Großsegel zeigte leichte Mangelerscheinungen und brauchte ebenso wie die Genua eine Runderneuerung. Die Reinigung des Kochers, eine erneute Reparatur der Pumpe des Wassermachers und die Beseitigung einiger Roststellen auf dem Deck standen ebenfalls auf dem Programm. Doch auch eine Fotosafari und *sightseeing* sollten folgen.

Außerhalb des Yachtclubs konnte man keine 20 Schritte tun, ohne auf einen der Verkaufsstände mit Betelnüssen zu treffen. Sie bestanden in der Regel aus einem Brett, das der auf einem Stuhl sitzende Verkäufer oder die Verkäuferin auf den Knien hielt. Auf diesem Brett lagen Nüsse in drei verschiedenen Größen. Wir bedienten uns für ein paar Kinas aus dem mittelgroßen Angebot. Was für Vanuatu das Kava-Kava, war für die Bewohner Papua-Neuguineas offenbar die Betelnuss. Die etwa Hühnerei großen, harten Dinger sind von einem faserigen Fruchtfleisch umgeben, das mit den Zähnen aufgerissen wird. Die innere Nuss wird mithilfe von gemahlenem Muschelkalk gründlich gekaut, wobei sich das euphorisierende Arecaidin bildet, das als deutlich sichtbare Nebenwirkung auch das Zahnfleisch angreift. Der Genuss der Betelnuss löst wie das Kava einen verstärkten Speichelfluss aus, und so wurde auch hier ungeniert gerotzt, wo gekaut wurde. Und gekaut wurde überall: auf der Straße, im Office, im Bus, die Spucke war leuchtendrot. Am Anfang dachten wir, es wäre jemand verletzt worden, und es handle sich um Blut, das auf die Straße verspritzt wurde.

Die berauschende Wirkung war jedoch deutlich massiver als bei Kava. Taubheit im Mundraum und Schwindelgefühl waren die Folge. Und Speichelfluss. Ich fand mich bald blutroten und pfefferscharfen Speichel spuckend am Straßenrand wieder. Ob wir noch Nachschlag möchten, wurden wir freundlich gefragt. Dankend lehnten wir ab.

Noch an diesem Tag wurden wir vom Manager des Yachtclubs zum Dinner mit anschließenden Sundowner eingeladen, und wir sollten den Clubmitgliedern als *German circumnavigators* vorgestellt werden. Also zogen wir uns chic an, denn Flipflops sind nicht gern gesehen im Club. Überhaupt wurde auf die Etikette geachtet. Schon an der Rezeption, wo unter dem Konterfei von Queen Elizabeth II auch das Telefon stand, waren lange Hosen üblich, geschlossene Schuhe und ein geschlossenes Hemd mit Kragen. Kappen oder andere Kopfbedeckungen waren mit einem diskreten Hinweis auf die Königin ausdrücklich nicht erwünscht. Respekt, bitte!

Die Schuhe, die ich an diesem Abend trug, hatte ich in Panama für acht Dollar gekauft, sie waren noch nicht eingelaufen, waren steif und drückten. So kam es, wie es kommen musste: Ich lief mir eine Blase an der Ferse. Eine kleine, vielleicht fünf Millimeter im Durchmesser, im Grunde nichts, worüber man sich Sorgen machen müsste, dachte ich und achtete nicht weiter darauf. Der Abend im Yachtclub war ein gesellschaftliches Ereignis, hier gab sich die überwiegend weiße High Society ein Stelldichein – *to see and to be seen.*

In der Nacht erwachte ich durch heftige Schmerzen. Mehr schlafend als wach betastete ich die Ferse meines rechten Fußes. Sie fühlte sich feucht und warm an. Außerdem spürte ich einige etwa erbsengroße, weiche Klümpchen auf der Wunde. Sehen konnte ich in der Dunkelheit nichts. Immer noch im Halbschlaf drehte ich mich um und versuchte weiter zu schlafen, doch es war heiß und stickig unter Deck. Kein Luftzug ging durch die geöffneten Luken. In den nächsten Stunden wälzte ich mich unruhig hin und her, der Schmerz im Fuß wurde schlimmer, und als ich schließlich das Licht einschaltete, um zu sehen, was an meinem Fuß nicht stimmte, war ich überrascht, mit welcher Geschwindigkeit sich meine kleine Wunde unter den Fliegen herumgesprochen hatte. Ich wollte gar nicht im Detail wissen, was die schätzungsweise 10 bis 15 Insekten gerade in meiner Wunde anstellten, sie sollten verschwinden. Angewidert schüttelte ich das Bein, um die Viecher zu verscheuchen. Sie blieben jedoch unbeirrt sitzen und steckten weiter ihre Rüssel in mein Fleisch. Energisch wischte ich nun mit der Hand über meine Ferse. Selbst das konnte die Fliegen nicht verscheuchen, doch einige Körper wurden unter meiner Hand zerdrückt und teilweise in die Wunde gerieben.

In leichter Panik griff ich zu einer Desinfektionslösung und zu sterilen Tüchern aus der Bordapotheke. Wie hatten sich die Fliegen hier versammeln können? Eigentlich achteten wir pedantisch darauf, dass die Moskitonetze vor den Luken dicht schlossen. Eine einzige Fliege oder eine einzelne Mücke konnte uns den Schlaf einer ganzen Nacht rauben. Ich klebte ein Pflaster auf meine Ferse und legte mich wieder schlafen. Der Schmerz ließ etwas nach.

Doch durch die unruhigen Bewegungen in der Nacht hatte sich das Pflaster bis zum nächsten Morgen wieder gelöst. Ich reinigte erneut die Wunde, legte wieder sterile Tücher auf und begann vorsichtshalber, ein Antibiotikum zu schlucken. Jaqueline, eine australische Einhandseglerin, lag mit ihrer SEASTAR ebenfalls in dem Yachthafen. Sie war seit zwölf Jahren in der Südsee und hatte viel Erfahrung im Umgang mit tropischen Infektionen sammeln dürfen. Ihr Tipp aus der Praxis: »Wenn sich um eine Wunde ein roter Rand bildet, sofort Antibiotika nehmen. Breitband. Amoxylin 500. Booster-Ration. Nicht fragen – schlucken! Hier rezeptfrei in jedem Supermarkt erhältlich und sehr billig. Wunde täglich zweimal reinigen, keine Fliegen rankommen lassen, kein Wasser. Abgestorbene Haut entfernen. *Rotten beef* – das bereits verfaulte Fleisch herausschneiden. Wundsekret entfernen. Die Wunde so trocken wie möglich halten. Keine Salbe, Puder ist besser. Wunde luftdurchlässig und mit sauberer Gaze abdecken. Besonders gefährdet sind die weniger durchbluteten Körperstellen wie Ferse, Knöchel, Schienbein.«

Noch am Vormittag konnte ich vor Schmerzen nicht mehr laufen, der Fuß war innerhalb kurzer Zeit Besorgnis erregend angeschwollen. Ich bekam hohes Fieber. Jaqueline versorgte meine Verletzung bei uns an Bord. Mit einem Verbandstuch tupfte sie die schwammige Haut am Rand der Wunde auf, und immer wieder fragte sie, ob ich das Antibiotikum auch regelmäßig alle vier Stunden in hoher Dosis nehmen würde. Glaubte sie mir nicht?

»Habt ihr Skalpelle an Bord?«, fragte sie plötzlich, ohne aufzusehen, während sie den *shoe-bite*, wie sie die Wunde nannte, weiter untersuchte.

Diese Entwicklung ging mir jetzt doch entschieden in die falsche Richtung. »Machst du Scherze? Was sollen wir mit einem Skalpell?«

»Wenn bis morgen der Wundrand nicht besser aussieht, schneiden wir ihn weg.«

»Jaqueline, vielleicht sollte ich doch besser mal zum Arzt gehen.«

»Davon kann ich dir nur dringend abraten. Denk dran, wir sind hier nicht in Europa«, sagte sie ruhig, ohne ihre Arbeit zu unterbrechen. Wie hätte ich auch zum Arzt gelangen sollen? Die Schmerzen waren nur erträglich, wenn der Fuß hoch und ruhig lag. Sobald ich versuchte aufzustehen oder ihn zu belasten, ging ich auf die Matte. Als sie schließlich mit der Versorgung der Wunde fertig war, wünschte sie mir noch alles Gute und versprach, am nächsten Morgen wieder vorbeizuschauen. »Bis dahin halte die Wunde sauber. Und schluck die Pillen! Ich sag' Daniel Bescheid, er soll auf dich achten.« Weg war sie.

Es folgte ein weiterer Tag mit sehr starken Schmerzen, begleitet von hohem Fieber. Ich lag in der Koje im aufgeheizten Salon und versuchte, nicht daran zu denken, was mit meinem Fuß passieren würde, falls die Medizin nicht anschlug. Zumindest ein Marathonlauf wäre nicht mehr drin. Regelmäßig und überpünktlich nahm ich das Antibiotikum und wechselte den Verband. Daniel versorgte mich, so gut er konnte, außerdem kümmerte er sich um Termine beim Segelmacher und erledigte die Lebensmitteleinkäufe. Die Abreise konnte sich noch etwas verzögern, Papua-Neuguinea würden wir erst nach meiner völligen Genesung wieder verlassen.

Der folgende Tag begann mit einem kleinen Wunder. Sah mein Fuß 24 Stunden vorher noch aus wie ein aufgedunsener Klumpen Fleisch, der auf unerklärliche Weise an meinem Körper angedockt hatte, um dort nutzlos herumzubaumeln, so war er heute das genaue Gegenteil, nur noch wenig geschwollen und etwas rot. Auch die Schmerzen waren fast vorbei. Das Antibiotikum hatte offensichtlich voll angeschlagen und praktisch über Nacht die Entzündung besiegt. Vorsichtig versuchte ich wieder zu gehen, Daniel stützte mich etwas, und so konnten wir uns auf den Weg zum Segelmacher machen. Voller Hoffnung, die reparierten Sachen abholen zu können, brachen wir auf, ohne zu ahnen, was uns bevorstand.

Die Mütter der Räuber

Tagesbericht
vom 19. Oktober 2005:

Heute haben wir gute und schlechte Nachrichten: Die gute Nachricht ist, wir leben noch und sind in einem Stück. Die schlechte Nachricht ist, wir wurden heute Vormittag knapp 300 Meter vom Yachtclub entfernt an einer viel befahrenen Straße überfallen und ausgeraubt.
Von hinten rannten drei Männer auf uns zu und sprangen uns an. Aus dem Augenwinkel sah ich im letzten Moment einen Gegenstand auf mich niedergehen, ich drehte mich zur Seite und zog den Kopf ein. Der Hieb einer Machete verfehlte meinen Kopf, aber ein Schlag erwischte mich von der langen Klinge am Rücken. Als ich wieder hochsah, holte der Mann gerade zu einem weiteren Schlag aus. Ich sah keine Möglichkeit zur Gegenwehr und glaubte meinen Rücken schwer verletzt. Schmerzen spürte ich ob des Adrenalins keine. Ich hob abwehrend die Hände und brüllte: »Stop!« Er zögerte, hielt mich aber mit der schlagbereiten Machete weiter in Schach.
Ich sah kurz zu Daniel rüber, der von den beiden anderen Männern angegriffen wurde. Es gab eine kurze Rangelei, während ihm die Kameratasche entrissen wurde. Daniel gab den Kampf auf, als er sah, wie ich von dem Mann mit der Machete bedroht wurde. Dann wurde ich von einem weiteren Angreifer meines Bargeldes beraubt (dummerweise hatten wir umgerechnet 300 Euro dabei, um die Rechnung für die Pumpenreparatur zu bezahlen). Anschließend flüchteten die Räuber mit unserer Kamera und dem Bargeld.
Ich lief zu Daniel, und er prüfte meine Verletzung am Rücken (ich glaubte wirklich an eine große Schnittwunde), aber der Angreifer hatte mich nur mit der Breitseite des Buschmessers erwischt, und alles, was ich davontrug, waren eine Schwellung und der große rote Abdruck einer Klinge.
Der Schreck war vorbei, wir nahmen die Verfolgung auf. Daniel in Sportschuhen, ich barfuß (wegen meines Verbands am Fuß hatte ich Badelatschen getragen, die ich aber nun einfach stehen ließ). Die Kerle rannten zu einem kleinen Markt

in einer Seitenstraße. Wir schrieen laut um Hilfe, um auf uns aufmerksam zu machen. Die Menschen schauten auf und begriffen, was vorgefallen war. Doch niemand hielt die flüchtenden Räuber fest, was ja auch verständlich war, denn der Eine fuchtelte ständig mit der Machete herum. Wir verloren sie aus dem Blickfeld, als sie über einen Graben sprangen und in einem Ruinengelände verschwanden.
Die Aufregung auf dem Markt war groß. Man nannte uns sogar ihre Namen, und zusammen mit der Polizei (einer wilden Truppe mit automatischen Gewehren) fuhren wir zu den Behausungen ihrer Familien, aber von den Räubern gab es keine Spur. Also wurde nach den Müttern gesucht, und nachdem eine von ihnen gefunden worden war, musste sie ins Polizeirevier mitkommen. Sie sollte unter Arrest bleiben, bis ihr Sohn gefunden wurde oder sich freiwillig stellte.
Mit der Polizei fuhren wir erneut zum Tatort, um nach weiteren Zeugen zu suchen. Daniel erkannte einen jungen Mann, der den Überfall gesehen haben musste. Er behauptete aber, zum Zeitpunkt des Überfalls geschlafen zu haben. Erst nachdem er von einem Polizeibeamten an Ort und Stelle etwas nachdrücklicher befragt worden war, konnte er sich plötzlich an den Überfall erinnern und nannte ebenfalls die drei Namen: Kaybonz, Togali und Jimmy-Six. Somit hatten wir einen Tatzeugen.
Den Tätern drohen nun sieben bis acht Jahre Gefängnis. Ob wir die Kamera, geschweige das Geld jemals wieder sehen, ist mehr als fraglich. Auch meine Schuhe hatten übrigens umgehend einen neuen Besitzer gefunden ...
Welche Fehler haben wir gemacht? Wir wussten um die hohe Kriminalität in der Region, aber der Bereich um den Yachtclub galt als relativ sicher. Niemals hätten wir mit Machetenschlägen gegen uns gerechnet. Körperliche Gewalt ist hier eher selten. Vielleicht hätten wir für den 600 Meter langen Weg zur Werkstatt ein Taxi rufen und die Kamera an Bord lassen sollen? Haben wir den Angriff provoziert? Schwer zu sagen. Vielleicht hätte es jeden anderen Touristen an diesem Vormittag auch erwischt. Viele Segler gehen täglich diesen Weg zum Supermarkt. Wahrscheinlich hatten wir nur Pech. Falscher Ort, falsche Zeit.

Mit unserer Hautfarbe, der Fototasche und dem Verband am Fuß passten wir offenbar perfekt in das Beuteschema der Räuber. Aber durch den Einsatz der Polizisten Jacob Mi Migari, Mafu Posu, Jacob Igigiu, Wilber Apore und Constabler Lausi bekamen wir einen interessanten Einblick in die Polizeiarbeit von Port Moresby, denn es war ihnen ein persönliches Anliegen, uns die Kamera zurückzubringen (von dem Geld sprach keiner mehr).

Die Farbe des Goldes

Constabler Lausi war es, der zwei Nächte später die Kamera aus einer der Barackensiedlungen, dem sogenannten *settlement* am Rande der Stadt herausholte. Wir wollten gar nicht wissen, wie er das genau angestellt hatte, doch zum Dank luden wir die Polizisten auf die NIS RANDERS ein.

»Ihr müsst uns nicht danken, wir machten nur unsere Arbeit«, sagte Constabler Jacob. Smart und bescheiden war er der »Columbo« in der kleinen Polizeieinheit. »Aber wir bedanken uns für die Einladung auf euer Schiff. Wir waren noch nie im Yachtclub«, fügte er hinzu.

»Ihr wart noch nie im Yachtclub?«, fragte Daniel erstaunt. »Warum nicht?«

»Falsche Hautfarbe«, brummte Mafu. Er war der »Terminator« der Gruppe und legte niemals seine automatische Waffe aus den Händen. »Wir kommen nur mit einer Einladung hinein. Und ihr seid die ersten Segler, die uns eingeladen haben.«

»Wir haben euch etwas mitgebracht.« Nie vorher hatten wir Lausi sprechen hören, und es klang wie ein Donnergrollen. Lausi redete nicht gern, er handelte lieber und hielt mir seine geschlossene Hand entgegen. »Das ist für euch«, sagte er und öffnete die große Pranke. Zum Vorschein kam ein kleiner Haufen Goldnuggets.

Die Farbe von Feingold ist mit keiner anderen Farbe auf der Welt zu vergleichen. Seit Tausenden von Jahren streben die Menschen nach dem gelben Metall. Niemand kann sich der Faszination entziehen, und selbst wenn ich 100 Jahre als Goldschmied gearbeitet habe, werde ich mich nie am Feingold sattsehen. Fein, edel, solide und für die Ewigkeit bestimmt.

»Er hat das aus seinem Dorf in den Bergen«, erklärte Wilber. »Es liegt dort auf dem Boden herum, sagt er. Davon hat er ein Konservenglas voll in seiner Hütte.«

»Das können wir nicht annehmen«, sagte ich bestimmt. Das Gold in Lausis Hand schätzte ich auf 30 oder 35 Gramm. Das entsprach einem Goldwert von etwa 500 US-Dollar. Für hiesige Verhältnisse ein kleines Vermögen. Ein einfacher Arbeiter verdient in der Woche 15 Dollar – falls er Arbeit bekommt.

»Bitte nehmt es an. Nehmt es nicht für euch selbst, sondern gebt einen Teil an Menschen und einen Teil an die Natur zurück. Stück für Stück.« Natürlich war es Constabler Jacobs, der das sagte.

Wir versprachen, auf unserer weiteren Reise Goldnuggets an Menschen zu geben, die uns viel bedeuten. Geben und nehmen, Bewegung. Heute einen Edelstein für die Schatzkiste des Lebens aufnehmen, morgen ein Goldstück abgeben ...

»Das gefällt uns«, sagte Daniel, der mein Schweigen richtig verstanden hatte. »Und wir fangen gleich damit an!« Er nahm Lausi das Gold aus der Hand und drückte jedem unserer Besucher ein Goldnugget in die Hand. Constabler Jacob Mi Migari nahm lächelnd das Geschenk an. Den Rest des Goldes – ungefähr 30 Kügelchen – verwahrten wir in der leeren Schale einer Betelnuss. Wie vorher mit den Schulbüchern waren wir nun wieder mit einem Auftrag unterwegs: besondere Menschen von besonderen Menschen zu grüßen.

Dann waren die Segel genäht, die Pumpe war repariert, der Fuß wieder einsatzbereit, die Schwellung am Rücken abgeklungen. Die Kamera hatten wir zurück, das Geld war, wie erwartet, nicht wieder aufgetaucht. Egal, das war Vergangenheit, wir schauten nach vorn. Es wurde Zeit zum Aufbruch, die Torresstraße wartete. Hochmotiviert überprüften wir ein letztes Mal unsere Ausrüstung und atmeten tief durch. Vor dem Auslaufen wollte ich kurz noch einmal nach Hause telefonieren, ein Abschied musste einfach sein.

Unter den gestrengen Augen der Queen stahl ich mich in Flipflops an das Münztelefon bei der Rezeption, in die geschlossenen Schuhe aus Panama würde ich freiwillig nicht wieder steigen. Ich legte die Münzen bereit, sodass ich schnell nachwerfen konnte. Bei diesem Anruf hatte ich auch endlich mal vorher an die Zeitverschiebung gedacht, in Europa war es früher Abend. Ich ließ die ersten Münzen in den Apparat fallen und wählte die lange Nummer nach Deutschland. Erst nach einigen Sekunden hörte ich den Rufton. Der Hörer wurde abgenommen.

»Hallo?« In der Sekunde, als ich Marias zartes Stimmchen hörte, legte mein Alter Ego den rotblauen Anzug mit dem großen »S« auf der Brust ab, und Bernd, der sich vor zwei Sekunden noch als Superman fühlte, schrumpfte zurück auf irdische Maße. »Papa, bist du das?«

Worte aus reinem Kryptonit. Allein der Klang brach mir das Herz. Sehnsucht und Heimweh packten mich, und es wurde mir mit einem Schlag bewusst, wie sehr ich meine Süßen vermisste. Ich sprach noch mit Mikey und verabredete mit Susanne ein Familientreffen in Galle, ganz in Süden von Sri Lanka zu Weihnachten. Bis dahin waren es noch über zwei Monate – ausreichend Zeit, um über den Indischen Ozean zu segeln.

Daniel hatte bis zu meiner Rückkehr das Schiff aufgeklart und zum Ablegen vorbereitet. Die Ausreisepapiere waren abgestempelt, die letzten Einkäufe erledigt. Wir waren frei, und als wir am 23. Oktober 2005 gegen zehn Uhr vormittags die Leinen in Port Moresby vom Steg lösten, konnten wir nicht ahnen, dass uns die schwierigsten 10 000 Seemeilen unseres Lebens bevorstanden.

Innere Abenteuer

Es begann alles ganz harmlos mit mäßigen Winden, die dann mal mehr, mal weniger stark zunahmen oder nachließen. Das ewige Spiel vom Ausgleich der Luftdruckunterschiede. Nach einem Tag Treiben in der Flaute wurden wir in die Riffe der Torresstraße förmlich reingeblasen. Ursprünglich hatten wir an einer der kleinen vorgelagerten australischen Inseln ankern wollen, um im berühmten Great Barrier Reef zu tauchen (solange es noch da ist), aber wie im Rausch genossen wir die Geschwindigkeit, mit der wir durch die Torresstraße segelten. Dabei war diese Passage keinesfalls anspruchslos. Ständige Richtungsänderungen und verhältnismäßig enge Fahrwasser, die wir uns mit den Dicken teilen mussten, hielten uns bei der Segelarbeit auf Trab. Zum Glück war die Befeuerung der Tonnen ausgezeichnet. Weltkulturerbe und eines der Weltwunder der Natur – die Aussies achten auf das größte Korallenriff der Welt.

Daniels Tagesbericht vom 26. Oktober 2005:

> Für die Seevögel sind wir zurzeit der letzte Schrei. Kacken alles voll. NIS GUANO RANDERS, der stählerne Vogelfelsen, die schwimmende Bedürfnisanstalt, die segelnde Hühnerleiter.
> Schlau sind sie auch die Biester, kommen in der Nacht, wenn man sie nicht sehen kann. Wir sind auch schlau, kommen mit der Taschenlampe, damit wir sie sehen können. Jagen sie davon. Sie drehen eine Runde und setzen sich wieder. Verlieren keine Zeit, fangen sofort mit dem Kacken an.
> Als einer fast in den Windgenerator gerät, lassen wir sie in Ruhe. Habt gewonnen, Piepmätze. So schlimm ist es ja nun auch nicht. Morgen gehen wir mit der Pütz und dem Besen drüber. Aber in Australien steigt ihr wieder aus, einverstanden?

Schließlich erreichten wir die Arafurasee. Raumer Wind, ausgebaumte Segel, Bonitos zum Abendessen, Etmale um die 100 Meilen, vereinte Familie als nächstes Etappenziel, gute Laune vom Heck bis zum Bugkorb – was konnte schöner sein? Traumsegeln vor der australischen Küste.

Dann kam die Flaute.

Wie oft habe ich die Kapitel in den Segelbüchern überschlagen, in denen seitenlang über eine entnervende Flaute in allen Einzelheiten gegreint wurde. Jetzt steckten wir selbst drin, und ich begann, die Tagesberichte mit dem Gegreine über eine lange anhaltende Flaute zu füllen. Ich schrieb über die Hitze, die an Bord herrscht, wenn absolut kein Lüftchen mehr weht; ich schrieb über die im Grunde hoffnungslosen, aber dennoch durchgeführten Manöver, um einzelne, fußballfeldgroße Windfelder auszusegeln, die schon längst wieder verschwunden waren, wenn wir an Ort und Stelle eintrafen; ich schrieb über die Moral an Bord, die im gleichen Maße sank wie unsere durchschnittlichen Tagesetmale. Um Sri Lanka aber planmäßig zu erreichen, würden wir jeden Tag schneller werden müssen, deshalb wollten wir einfach nicht wahrhaben, was hier mit uns geschah. Die erfolgsverwöhnten Glückskinder bekamen auf öliger See schlimmer was auf den Deckel als im ärgsten Sturm.

Abenteuer haben viele Gesichter, und oft sind sie ganz anders, als man sie sich vorstellt. Die, die nach außen gerichtet waren, hatten wir hinter uns, jetzt begann eine neue Ära, nämlich die Zeit der Abenteuer in uns. Und die sollten nachhaltiger sein als alles bisher Erlebte.

Keine Gefangenen

Am 6. Tag der Flaute erhielten wir eine E-Mail aus der Heimat:

Hallo, Schatz!

Ich bin von unserem Theaterbesuch und unserem Essen wieder zurück. Es war schön, doch waren meine Gedanken die ganze Zeit bei euch auf der NIS RANDERS.

Was ist los? Geht es euch gut? Ich mache mir große Sorgen! Ich habe immer noch keine Nachricht von euch empfangen. Ist vielleicht doch nicht alles okay bei euch oder könnt ihr einfach nicht funken?

Ich hatte heute Nachmittag ein Telefonat mit unserem Edelsteinhändler aus Sri Lanka. Er hat in der Nähe von Galle Ferienhäuser vermietet, die seit dem Tsunami nicht mehr bewohnbar sind. Die Killerwelle hat alles zerstört, und er konnte sich gerade noch in sein Steinhaus retten. Er erzählte mir auch, dass er jeden Tag die Zeitung liest und dass dort, wo ihr euch zurzeit befindet, ein Wirbelsturm wütet.

Ich mache mir wirklich große Sorgen, ob alles okay ist bei euch! Bitte meldet euch bei mir! Und wenn du, Bernd, sauer auf mich bist, dann schreibe mir nur kurz, dass es euch gut geht. Ich bin schon ganz krank vor Sorge. Er sagte auch, dass sich der Wirbelsturm nach Sri Lanka bewegt, es aber so aussieht, als wenn er nördlich daran vorbei geht. Bitte, bitte meldet euch.

Ich liebe euch.
Susanne

Niemand war sauer, ganz im Gegenteil. Wir konnten nur trotz aller Anstrengungen seit 20 Stunden keine Nachrichten senden. Die Ausbreitungsbedingungen von Kurzwellen auf den Amateurfunkbändern werden wesentlich von den periodischen Sonnenflecken (solarer Flux) und den Eigenschaften der Luftschichtungen beeinflusst.

Zum Zeitpunkt dieser Wirbelsturm-Mail konnten wir fast zwei Tage lang weder Nachrichten über Funk empfangen noch versenden. Sendepause. Funkgespräche über Kurzwelle kamen nicht zustande, Schiffe kamen nicht in UKW-Reichweite. *Lost in space.* Wir fühlten uns elend und einsam da draußen. Völlig abgeschnitten, versuchten wir, uns mit eigenen Wetterbeobachtungen ein Bild von der Lage zu machen. Da war also ein Wirbelsturm, ein Taifun vor Sri Lanka. Wahrscheinlich bildete er sich im Golf von Bengalen mit Zugrichtung Nord-Sri-Lanka oder Südindien. Das wäre die übliche Zugrichtung. Taifune sind zwar äußerst selten im Dezember, aber nicht unmöglich.

»Taifune machen keine Gefangenen, denen geht ihr besser rechtzeitig aus dem Weg«, hatte uns ein spanischer Segler in Vanuatu mit auf den Weg gegeben.

Die Zuggeschwindigkeit ist mit unter 15 Knoten dreimal so schnell, wie wir im Durchschnitt segeln können. Kann man immer noch versuchen, dem »gefährlichen Viertel« des tropischen Wirbelsturms zu entkommen? Dazu wäre es aber jetzt außerordentlich hilfreich gewesen, einige Informationen über die Zugbahn zu erhalten. Was der Taifun normalerweise macht, interessierte uns nicht. Das Wetter spielte eh verrückt. Was es dieses Mal vorhatte, mussten wir wissen.

Da wir auf unsere Funkrufe keine Antwort erhielten, bereiteten wir uns und das Boot auf das Schlimmste vor. Die NIS RANDERS wurde so seefest gemacht wie niemals zuvor. Alles, einfach alles wurde festgelascht und dreifach gesichert. Wir räumten die Segelsäcke mit kleiner und großer Genua in die Backskisten und bändselten die Ausbaumer zusätzlich. Es wurde für zwei Tage vorgekocht, und die Rettungsmittel wurden wiederholt geprüft.

»Wenn man auf der Jagd nach einem Tiger ist, muss man damit rechnen, auf einen zu treffen.« Daniel schrieb das chinesische Sprichwort auf ein Stück Papier und pinnte es an das *whiteboard* in der Navi-Ecke. Kampfeslustig waren wir damals und bereit, es offen und ehrlich mit dem Gegner aufzunehmen.

Dann begann das Warten.

Salziges Spritzwasser, heftige Böen und nicht enden wollende Regenfälle begleiteten unsere Fahrt. Die Luken und das Steckschott waren fest geschlossen und gesichert, Arbeiten an Deck verrichteten wir im *nude look,* weil wir der Trocknung der Kleider nicht Herr werden konnten. Dann endlich, nach zwei Tagen Ungewissheit, bekamen wir nach stundenlanger Arbeit an Segel und Pinne am Funkgerät eine Nachricht von einer Wetterstation in Honolulu auf den Computer, aus der die Zugbahn des Taifuns hervorging. Der Wirbelsturm war gerade in Nordindien auf das Festland getroffen und hatte sich abgeschwächt. Für uns bestand vorläufig keine Gefahr mehr. Weitere eintreffende Wettermeldungen sagten moderate Bedingungen für die nächsten Tage voraus, dann sprudelten die aufgestauten E-Mails der letzten Tage durch den Äther. Ich meldete mich für die nächsten Stunden ab, um sie zu beantworten: *Es geht uns gut, segeln wieder wie geplant mit Kurs auf Sri Lanka,* während Daniel ausreffte und den neuen alten Kurs anlegte.

Spätestens jetzt wurde uns klar, dass wir den Termin für das Familientreffen zu Weihnachten nicht würden einhalten können. Wir hatten zu viel Zeit verloren und hatten weiteren Störungen zu begegnen, die vermutlich noch reichlich kommen würden. Ob wir am sechsten Breitengrad waren, wo die Berufsschiffe die Europa–Asien-Route befuhren, oder ob wir, von Wind und Wetter getrieben, den Unwettern im Golf von Bengalen ausgesetzt waren, wir wurden immer weiter hinter unseren – im Grunde großzügigen – Zeitplan zurückgeworfen. Die durchschnittlichen Tagesmeilen, die nötig gewesen wären, um Sri Lanka rechtzeitig zu erreichen, erhöhten sich mit jedem Tag der Flaute oder widrigen Winde.

Um den Druck von uns zu nehmen, verschob Susanne die Flüge um eine Woche. Das bedeutete jedoch nicht, dass wir den Törn in trockenen Tüchern hatten. Am Ende liefen wir am 27. Dezember nach einem harten Ritt in dem kleinen Hafen Galle im Süden der Insel ein. Hinter uns lagen zwei Monate auf See, die nur durch einen 2-tägigen Tank- und Versorgungsstopp in Indonesien unterbrochen worden waren. Wir hatten zwei Wasserhosen, Twister, direkt neben dem Boot gehabt und einen chinesischen Containerriesen, dessen Bug aus einer Unwetterzelle brach und plötzlich so dicht neben uns war, dass wir den Kopf in den Nacken legen mussten, um an der Bordwand empor zu blicken. Wir hatten ein wundervolles Weihnachten auf See, mit einem aus einfachsten Mitteln gezauberten Essen, das wir in unserem Leben nicht mehr vergessen werden, weil es schon etwas Besonderes ist, wenn Vater und Sohn auf hoher See gemeinsam Weihnachten feiern. Diese Monate schweißten uns endgültig zusammen und machten uns obendrein zu einem Teil der See, denn auf dem Indik sind wir zu Seemännern geworden. In Zukunft würden wir Malheurs mit der Bemerkung relativieren: Schon Schlimmeres erlebt. Oder um es mit den Worten unseres spanischen Seglerfreundes zu sagen: *Mientras se rie no se llora* – solange man lacht, weint man nicht.

Vor der Küste Sri Lankas kamen große, offene Fischerboote mit Auslegern auf uns zu, und die Besatzungen fragten nach Kleidung,

Essen, Zigaretten und Getränken. Den kurzen Stopp in Indonesien hatten wir genutzt, um billig Lebensmittel und Nützliches wie Taschenlampen, Kugelschreiber, Sonnenbrillen, Feuerzeuge, Bilderbücher und Buntstifte einzukaufen. Also legten wir jetzt unsere Geschenke in die großen Kescher, die uns von den Booten entgegengehalten wurden. Als Gegenleistung warf man uns Fische aufs Deck.

Sri Lanka

»H*ello and welcome to Galle Harbour, Captain.*« Nis Randers lag sicher an der Pier im abgesperrten Militärhafen von Galle, und als ich die Schranke passierte, um mich außerhalb des Hafens zu orientieren, wurde ich freundlich angesprochen: »*My name is Henry William Jajasuriya, but please call me Marlin. My job is to make your stay pleasant and productive ... everything you want in or near the port.*«

Das war mehr oder weniger der Standardspruch von den *boatboys*, die ihre Dienste als Führer, als Transportdienstleister und als Besorger anboten. In vielen Häfen wurden wir auf diese Weise angesprochen, und oft entschied Sympathie oder das Wer-zuerst-kommt-mahlt-zuerst-Prinzip, wer das Rennen um den begehrten Job gewann. Meist sagten wir nicht sofort zu, sondern versuchten, uns erst selbst ein Bild der örtlichen Gegebenheiten zu machen. Doch dieses Mal war es anders. Nachdem Marlin seine Begrüßungsformel aufgesagt hatte, hielt er mir etwas entgegen. Freundlich und ruhig stand er da und streckte den Arm mit einem Geschenk aus. In der Hand hielt er einen Apfel und traf damit ins Schwarze. Der Apfel erinnerte mich an einen bestimmten Marathonlauf und gewissermaßen hatten wir jetzt auch eine Höchstleistung hinter uns gebracht.

»Marlin, wir brauchen ein Auto. Morgen kommt unsere Familie in Colombo am Flughafen an.«

In unserer Aufregung verwechselten wir sogar den Ankunftstag von Susanne und den Kindern und waren einen Tag zu früh in Colombo, doch in der Wartezeit lernten wir viel über die Gastfreundschaft und den gelebten Buddhismus der Bevölkerung. So wurden wir eingeladen, um mit Marlins Freunden zu essen und erlebten eine buddhistische Zeremonie in einem Kloster.

Und wir sahen, was der Tsunami, der vor genau einem Jahr hier auf die Küste traf, an Schäden hinterlassen hatte. Überall während der langen Fahrt von Galle nach Colombo erblickten wir die Zerstörung. Die Menschen lebten noch immer in den Zelten der UN oder irgendwelchen Bretterbuden. Viele Häuser waren vom Wasser nicht nur zerstört oder beschädigt, sie waren schlicht nicht mehr vorhanden, vom Fundament runtergespült und im wahrsten Sinnes des Worte dem Erdboden gleichgemacht. Daniel und ich redeten nicht viel auf der Fahrt.

Dann war es endlich soweit, der Flieger war gelandet. Nach siebeneinhalb Monaten hielten wir uns endlich wieder in den Armen. Susanne, Mike und Maria würden zwei Wochen an Bord der NIS RANDERS bleiben. Mike war zwischenzeitlich eingeschult worden und hatte neue Freunde, von denen er sofort berichtete. Maria brachte einen halben Koffer Gebasteltes und Tuschbilder mit.

In Deutschland war tiefer Winter gewesen, auf Sri Lanka hatten wir 30 Grad im Schatten. Noch am selben Abend tobten Mikey und Maria bis in die Nacht hinein im Indischen Ozean. Marlin begleitete uns auf allen Wegen, er war diskret, aufmerksam und sehr höflich, einen besseren Führer konnten wir uns nicht wünschen. In den folgenden Tagen lernten wir sogar seine Familie kennen. Marlins Haus war vom Tsunami sehr stark beschädigt, sodass alle seit einem Jahr bei Bekannten in einem einzigen Zimmer hausten. Zu diesem Zeitpunkt wussten wir noch nicht, dass auch Marlin Mitglieder seiner Familie hatte begraben müssen.

Den Jahreswechsel erlebten wir in einer Bar am weißen Sandstrand am ruhig vor sich hinplätschernden Ozean, beim Funkenregen der Raketen verabschiedeten wir das alte und schickten unsere Wünsche und Hoffnungen für das kommende Jahr auf die Reise.

»Hast du dir die Bilder mal genauer angesehen?« Als es etwas ruhiger wurde, sprach Su mich auf Marlins Fotos an, die wir am Nachmittag betrachtet hatten. Sie dokumentierten, wie die Welle vor einem Jahr zuschlug. Bilder, die so nie im Fernsehen gezeigt werden könnten.

»Ich habe es versucht, es war schrecklich.«

Besonders die Fotos von den Leichenbergungen hatten wir noch vor Augen. Marlin saß bei uns am Tisch und erzählte, wie es ihm und seiner Familie während und nach dem Tsunami erging, und Marlins Freund Batu war ebenfall anwesend, auch er überlebte den Tsunami nur knapp. Er wurde unser Fahrer, der uns in seinem offenen Tuktuk, einem dreirädrigen Vehikel, durch die Straßen der Stadt kutschierte.

»Wir müssen helfen«, sagte Su später zu mir. »Lass uns Geld sammeln, um die Familien zu unterstützen. Können wir nicht einen Aufruf über unsere Website starten?«

»Das ist eine gute Idee. Wir machen Fotos und stellen einen Bericht in die Website. Aber erst nachdem ihr wieder abgereist seid, denn euren Aufenthalt wollen wir ungetrübt genießen«, schlug ich vor.

Wir nutzten die verbleibende Zeit für einen 4-tägigen Ausflug ins Landesinnere, besuchten Teeplantagen, Elefantenstationen, Kloster und Edelsteinminen. Auch hier begleitete uns Marlin und entpuppte sich als exzellenter Fremdenführer. Schneller als gedacht war der

Urlaub wieder vorbei, und Su, Maria und Mikey wurden vom Flieger in Colombo erwartet, der sie wieder zurück nach Deutschland bringen sollte. Dass wir uns dieses Mal nach deutlich kürzerer Zeit wiedersehen würden, machte den Abschied trotzdem nicht leichter.

Gleich nach der Abreise unserer Lieben machten sich Daniel und ich an die Arbeit für die Hilfsaktion der Familie Jayasuriya. Und so sah unser Bericht auf der Website aus:

> Es geschah am zweiten Weihnachtsfeiertag 2004 am frühen Vormittag. Keine Warnung, kein Hinweis. Es waren sieben Menschen im Haus. Oma, Mutter, Schwester, Vater und drei Kinder, eines davon gerade ein Jahr alt. Das Wasser der ersten Tsunami-Welle strömte rasend schnell durch Fenster und Türen in das Haus. Die Menschen verließen halb schwimmend, halb rennend den Raum, um nachzuschauen, was passiert war. Da sahen sie bereits die zweite – viel größere – Welle auf sich zurollen; eine Wasserwand stand vor ihnen. Sie fingen an zu rennen, in Panik stürzten sie die Straße entlang. Dann erreichte sie das Wasser des Tsunamis. Der Vater und die beiden älteren Kinder wurden an eine Hauswand gedrückt, und sie kletterten mit dem steigendem Wasser auf das Dach. Als das Wasser weiter stieg, retteten sie sich auf einen Baum und klammerten sich an die Äste. Die Mutter wurde von den Fluten fortgetragen, ihr Baby wurde ihr aus den Armen gerissen; es verschwand im schlammfarbenen, aufgewühlten Wasser. Tilie (89), die Oma der Kinder, konnte nicht schwimmen, sie ertrank noch vor dem Haus. Ihr Leichnam wurde zwei Tage später in einem Vorgarten unter dem Schlamm entdeckt. Siyiya (45), die Schwester, wurde ins Meer gezogen und gilt als vermisst. Die Leiche des Babys fand die Mutter nach Tagen auf einer zerstörten Mauer.
> Das Haus, in dem die Familie Jayasuriya lebte, wurde vom Tsunami völlig zerstört. Fenster und Türen wurden herausgerissen. Das Dach und die Wände eingedrückt. Alles Hab und Gut wurde fortgespült: Fahrräder, Papiere, Töpfe, Pfannen, Nähmaschine, Fotos, Kleidung, Radio, Tische, Stühle, Betten, Lampen, Spielzeuge, Vorräte, alles. Die Straßen der Stadt waren tagelang unpassierbar, Brücken wurden zerstört. Wasser, Strom und Telefon fielen für fast zwei Monate komplett aus. Nachts gab es kein Licht, nicht einmal Taschenlampen.
> In den Tagen nach der Killerwelle (es gibt keine andere deut-

sche Übersetzung für den Tsunami) versuchte die Familie irgendwie durchzukommen. Sie begrub ihre Toten und schlief in den Ruinen ihres Hauses. Nach zwei Wochen kam die Familie bei Bekannten unter. Alle leben jetzt etwa fünf Kilometer von der Küste entfernt. Die beiden größeren Kinder, Ravi und Rumas, hatten monatelang Angst vor Wasser. Waren traumatisiert. Sie weinten bei Regen und dem Geräusch der Dusche. An das Meer, an den Strand, wo sie aufgewachsen sind, gehen sie bis heute nicht. Asyka, die Mutter, war schwanger, als es passierte.

Spenden aus allen Teilen der Welt trafen in Sri Lanka ein: Zelte, Generatoren, Kleidung, Geld, Lebensmittel. Aufbauhilfe wurde geleistet. Die Japaner z. B. bauen Brücken, die Italiener errichten Siedlungen, die Kuwaitis bauen Schulen, die Deutschen spenden Boote und bauen die Fisch- und Gemüsemärkte wieder auf. Wir sehen hier überall Trinkwasserbehälter mit Aufklebern aus Amerika, Australien, Indien, Indonesien und allen Ländern Europas. Auch die Familie Jayasuriya bekam von der Regierung Kleidung, Geld und Lebensmittel.

Henry »Marlin«, der Vater, verdient sein Geld als Fremdenführer. Er betreut die Crews der Boote, die aus fernen Ländern kommen, um Sri Lanka zu besuchen. Er ist auch uns ein guter Führer durch das Land, erklärt uns Sitten und Bräuche und ist immer da, wenn wir ihn brauchen.

Nach dem Tsunami kamen jedoch kaum noch Yachten nach Galle. Marlin ist praktisch arbeitslos und versucht nun, mit anderen Gelegenheitsjobs seine Familie über Wasser zu halten. Die Regierung hat die Lebensmittelzuwendungen und die Geldzahlungen mittlerweile eingestellt. Sie leistet zwar weiterhin Zahlungen für die vom Tsunami zerstörten Häuser, dabei wurde eine »Wiederaufbau-Grenze« von 100 Meter Abstand zum Meer festgelegt. Das Haus von der Familie Jayasuriya befindet sich aber 106 Meter vom Meer entfernt und bekommt deshalb keine einzige Rupie. Die Ablehnung der beantragten Gelder zur Reparatur des Hauses ist gestern eingetroffen.

Wir waren bei der Familie. Ein Tisch, Stühle, Bilder, ein paar Kerzen, die in leeren Flaschen stecken. Die Kleidung hängt an einem Besenstiel, der an der Decke befestigt wurde. Das ist alles, was sie jetzt noch besitzen. Das Meer, das uns so viel gab, hat ihnen alles genommen.

Wir wollten helfen und gaben ihnen Spielsachen von Mikey und Maria, kauften den Kindern Schuhe, Jacken und Schulsa-

chen, Hefte, Stifte und Bücher. Für Ravi und Rumas bezahlten wir das Schulgeld für ein Jahr, und bei der Mutter gaben wir reichlich Gastlandflaggen zum Nähen in Auftrag, die sie mit einer geliehenen Nähmaschine anfertigte.
Das reicht aber nicht.
Wir haben nicht genug Geld, um beim Wiederaufbau des Hauses zu helfen. Aber wir können diese Website einsetzen, um Geld bei den Lesern zu sammeln, um einen Spendenaufruf zu starten. Wir wollen das Geld der Familie direkt in die Hand geben, damit sie ihr Haus wieder einigermaßen aufbauen können und über die Runden kommen, bis wieder mehr Segler nach Sri Lanka kommen.
Wir brauchen 3000 Euro.
Wir sind noch bis zum 25. Januar in Sri Lanka. Wer helfen möchte, kann einen Geldbetrag bis zum 23. Januar auf Sus Konto in Deutschland einzahlen. Su teilt uns per Mail den eingegangenen Betrag mit, und Daniel und ich heben es hier von der Bank ab und übergeben der Familie die Summe in bar. Ganz einfach.
Wir werden zusätzlich die Einnahmen der nächsten acht Tage aus der Google-Werbung auf der Startseite dieser Website der Familie geben. Lasst uns gemeinsam dieser Familie helfen. Bitte spendet.

In den folgenden Tagen gingen von den Lesern der Website www.wirhauenab.de 104 Zahlungen von 5 bis 500 Euro ein, eine Einzelspende lag sogar bei 1600 Euro. Wir rundeten auf, konnten so Marlin und seiner Familie 4100 Euro übergeben und hatten noch 1500 Euro übrig, um eine weitere Familie zu unterstützen. Wir zahlten mit dem Geld, welches Susanne uns für den Rest der Reise aus Deutschland mitgebracht hatte, und mussten zusätzlich noch Rupien aus dem Automaten ziehen. Anschließend waren wir wieder so blank wie in der Südsee.

Die Leser unserer Website – und darauf waren wir besonders stolz – hatten zusammengehalten und gemeinsam Menschen in Not geholfen. Wir bekamen viele E-Mails, in denen sich die Leute bedankten, dass sie direkt helfen konnten.

»Wir lesen eure Berichte täglich, sie wurden zu einem festen Bestandteil unseres Tagesablaufes. Ihr führt uns kostenlos um die Welt – eure Abenteuer sind auch unsere geworden. Auch wir möchten helfen. Wir haben 100 Euro überwiesen, bitte grüßt die Familie von uns.«

Am Abend des letzten Tages hatten wir Marlin das Geld beim gemeinsamen Abendessen übergeben. Dann war es Zeit für uns zu gehen. Als wir uns zum Abschied umarmten, fragte ich Marlin: »Warum einen Apfel, Marlin?« Ich dachte, vielleicht gab es eine tiefere Bedeutung, die uns zusammengeführt hatte.

»Was für ein Apfel?« Er verstand nicht.

»Als wir einliefen, gabst du mir einen Apfel, weißt du nicht mehr? Warum ausgerechnet einen Apfel?«

»Ach, der Apfel! Das war mein Frühstück. Ich bekomme morgens manchmal einen auf dem Markt geschenkt. Warum fragst du danach?«

»Ach, nur so.«

Unsere Aufenthaltsgenehmigung war nach einem Monat abgelaufen. Es war an der Zeit, die letzten Vorbereitungen zum Auslaufen zu treffen. Wir hingen unseren Gedanken nach und erledigten routiniert die Arbeit am Schiff. *Business as usual.* Vor uns lagen verführerische Ziele und kurze Etappen ohne Termine, wir verließen den Hafen von Galle ohne weiteres Abschiedsgetue.

»Mensch, wir haben die Nuggets vergessen!« Plötzlich fiel mir ein, dass wir Marlin kein Goldnugget gegeben hatten. Ich hatte noch mit Su und Daniel darüber gesprochen, aber vergaß es dann im Stress der letzten Tage.

»Keine Sorge, ich habe gestern Abend auf dem Tisch einen Brief mit Fotos hinterlassen. In den Umschlag legte ich fünf Goldstücke, für jeden eines. Batu gab ich auch eines.« Mit Batu hatte Daniel auf Anhieb Freundschaft geschlossen.

Gisela und Tom und andere

Nach nur fünf Tagen auf See, einem neuen Rekordetmal von 162 Meilen und – bedingt durch den langen Aufenthalt in Sri Lanka – der ersten Seekrankheit dieser Reise kam Land in Sicht. Das kleine Atoll der Malediven namens Uligamu erreichten wir ohne Bargeld. Alles, was wir hatten, hatten wir in Sri Lanka den bedürftigen Menschen gegeben. Lediglich eine Kreditkarte hatten wir noch an Bord. Ob es auf dem winzigen Eiland, das wir anlaufen wollten, einen Automaten geben würde, blieb zu bezweifeln. Sorgen bereitete uns das jedoch nicht. Schlimmere Dinge lagen hinter uns und schlimmere würden folgen. Irgendwie würde es uns gelingen, uns aus dem Schlamassel rauszutauschen.

Der Anker hatte sich noch nicht ganz eingekuschelt, da kam schon ein offenes 6-Meter-Boot längsseits der NIS RANDERS. Freundlich lächelnde Männer mit glänzenden Knöpfen an den Uniformen baten, an Bord kommen zu dürfen. Ärger befürchteten wir aus zwei Gründen: Wie gesagt, wir hatten kein Geld mehr. Zweitens: Laut Segelführer hätten wir in Male einklarieren müssen. Aber wie so oft lösten sich alle Probleme innerhalb weniger Minuten in Wohlgefallen auf. Das Einklarieren war kein Problem, und die Kosten beliefen sich auf nur vier US-Dollar. Wir bezahlten die Gebühr aus dem Groschenglas.

»Wir brauchen noch einen Stempel für die Papiere«, sagte der Immigrationofficer.

»Wir haben keinen Stempel.« Es war das erste Mal, dass nach einem Stempel der NIS RANDERS verlangt wurde.

Der Uniformierte hielt mir ein Stempelkissen entgegen. »Ist nicht weiter schlimm, dann nehmen wir Ihren Daumen als Stempel.«

In dieser kleinen Ankerbucht im Indischen Ozean trafen wir auf die PERKY PUFFIN mit der Filipina Gisela und dem Engländer Tom an Bord. Die beiden waren auf dem Weg von ihrer Heimat in die seine. Wir kamen ins Gespräch, sie hatten Probleme mit ihrer Windfahnensteuerung. Da wir die gleiche Anlage fuhren, justierten wir ihre Steuerung aus unserer Erfahrung heraus, bis sie einwandfrei arbeitete. Während der anschließenden Probefahrt entdeckten wir, dass unsere Schiffe in etwa gleich schnell waren. Der nächste Teil unserer Weltumsegelung würde wahrscheinlich der gefährlichste werden. Hauen und Stechen im Golf von Aden. Mussten wir dort eigentlich allein durch? Wir fassten einen Plan. Von Uligamu nach Salalah, einer Hafenstadt im Sultanat Oman, im Konvoi! Dort hofften wir auf weitere Segler zu treffen, damit wir gemeinsam durch das berüchtigte Piratengebiet am Horn von Afrika segeln könnten. Herdentrieb und relative Sicherheit im Schwarm. Ob wir zusammenpassen würden? Weder sie noch wir hatten Erfahrung im Flottillensegeln. Trotzdem wollten wir es gemeinsam versuchen.

Nach nur einer Nacht vor Anker brachen wir wieder auf. Malediven – das klingt toll und sieht auf den Luftaufnahmen im Prospekt paradiesisch aus, aber mal ehrlich: Es war todlangweilig. Sand und Palmen, Palmen und Sand. Und Palmen. Und Strand. Die hier lebenden Menschen schienen es ähnlich zu sehen, und die wenigen Einwohner von Uligamu waren in ihren offenen Häusern hauptsächlich mit dem Auskehren von hineingetragenen oder hineingewehten Sandkörnern beschäftigt. Wer nicht fegte, saß am Strand und fertigte aus Palmenblättern neue Besen. Uligamu – für den durchschnittlich abgespannten Karriere-Großstadtmenschen die richtige Location, um in kürzester Zeit von 180 auf 0 herunterzufahren, beim Sundowner zu relaxen. Für uns kam das nicht infrage, wir waren das Gegenteil von abgespannten Großstadtmenschen. Wir wollten wieder auf See. An der konnten wir uns nicht sattsehen. Tatsächlich war es so, dass uns auf See keinesfalls langweilig wurde. Selbst nach wochenlanger Reise war der Blick über die Wellen immer wieder ein neues Erlebnis. Daniel war an der Pinne, ich lichtete den Anker und ließ Wind in das Tuch.

»Wir haben ein Problem, hm?« Tom stand auf dem Vorschiff der PERKY PUFFIN und zeigte auf die Ankerwinsch. »Die Winsch ist kaputt, wahrscheinlich der Motor, hm? Ich muss die Ankerkette von Hand einholen. Fahrt schon mal vor, wir sehen uns auf dem Meer, hm?« Der kleine Engländer hatte die irritierende Angewohnheit, jedem seiner Sätze ein fragendes »hm?« anzufügen.

Langsam liefen wir hinaus aufs offene Wasser. Sollten Tom und Gisela größere Probleme bekommen, könnten wir wieder umdrehen, doch nach einer halben Stunde war auch die PERKY PUFFIN gleichauf.

Es machte Spaß gemeinsam zu segeln. Mal dichter, mal weiter entfernt, spielten wir mit Kurs und Geschwindigkeit, und je nachdem, aus welcher Richtung der Wind kam, war mal das eine, mal das andere Boot schneller. Wir nahmen uns die Zeit zum Experimentieren. Beiliegen zum Beispiel haben wir hier das erste Mal richtig geübt, und einige Male verloren wir uns fast aus den Augen, trafen uns aber nach kurzer Zeit immer wieder.

»Da ist etwas im Wasser.«

Nach langer Zeit auf See wird Ausschau halten zur Selbstverständlichkeit wie Atmen. Immer mal ein Rundblick, hin und wieder genaueres Absuchen des Horizontes mit dem Glas. Ein Blick nach vorn beim Hinabsteigen in den Salon, ein Blick durchs Bulleye beim Kontrollieren des GPS. Einige Meldungen über Kollisionen auf See und Kontakte zu bösen Buben sorgten bei uns nun für eine erhöhte Frequenz der Rundumblicke. Egal, wie weit sie entfernt waren, wir überprüften immer die gesichteten Dinge auf See.

Wie stets mit dem Gedanken im Hinterkopf, es könnte sich um eine Rettungsinsel mit Menschen in Not handeln, änderten wir auch jetzt sofort den Kurs. Eine Rettungsinsel sichteten wir zum Glück nie, dafür Fender, kleine gefüllte Mülltüten, große gefüllte Mülltüten, Holzpaletten, eine vertriebene professionelle Langleinenausrüstung, Baumstämme und Wale.

»Da ist etwas im Wasser«, wiederholte Daniel.

Über Funk riefen wir die PERKY PUFFIN, doch sie antwortete nicht. Wir änderten dennoch den Kurs, und schon von Weitem sahen wir, dass es sich um Möwen handelte, die auf etwas saßen. Aber worauf? Gisela und Tom hatten mittlerweile unseren Ausbruch bemerkt und legten sich auf ihrer Position in Parkstellung. Immer noch kein Funkkontakt. Während wir uns dem Treibgut vorsichtig näherten, flogen die Möwen davon. Unter Motor drehten wir eine Runde um das Ding im Wasser.

»Ein Netz, es ist ein Netz!« Daniel stand am Bugkorb und untersuchte den Gegenstand.

Auf hoher See ist ein Netz keine gute Sache. Bei der langlaufenden Dünung würde es kein Vergnügen sein, tauchen zu müssen, um ein Netz aus der Schiffsschraube zu schneiden. Außerdem bestand Haigefahr. Also nichts wie weg hier! Doch gerade, als wir wieder abdrehen wollten, sah Daniel, wie sich im Netz etwas bewegte. Fische? Irgendetwas stimmte hier nicht. Warum schwamm das Netz an der Oberfläche? Was bewegte sich in seinem Inneren? Wir drehten eine weitere Runde. Dann, mit der Sonne im Rücken, sahen wir sie: vier große Meeresschildkröten, die sich in dem Netz verfangen hatten. Sofort stoppten wir den Motor, um den Tieren aus ihrer Notlage zu helfen. Zuerst sicherten wir sie mit einem Seil an der Mittschiffsklampe, dann versuchten wir, weit über die Bordwand gebeugt, mit dem Tauchermesser die Schildkröten freizuschneiden. Doch sie waren derart mit ihren Extremitäten in den Maschen stranguliert, dass es nicht gelang. An einigen Stellen am Hals und an den Flossen hatte sich das Netz bereits tief in ihr Fleisch geschnitten. Neuer Plan! Mit einem Fockfall und der Ankerwinsch hievten Daniel und ich die schweren

Panzerträger auf das Vordeck. Harte, schweißtreibende Arbeit. Die Schildkröten mussten dann Stück für Stück, Masche für Masche befreit werden. Während Einer von uns mit dem Tauchermesser hantierte, versuchte der Andere, die vorderen Flossen festzuhalten, wo sich scharfe Krallen befanden. Trotzdem wurden Daniel an der Hand und ich am Fuß verletzt. Sofort drängten sich die Erinnerungen an die schmerzhaften Infektionen in Papua-Neuguinea in den Vordergrund, und sofort, wenn eine Schildkröte freigeschnitten war, bugsierten wir sie über die Reling ins Wasser. Wie lange waren sie wohl schon in dem Netz gefangen gewesen?

Hochseefischer bezeichnen Meeresschildkröten als Beifang, ebenso wie sie auf der Jagd nach Thunfisch Delfine als Beifang betrachten. Schildkröten jedoch sind lästiger als Delfine. Die Befreiung kostet Zeit. Aber einige Fischer sind pragmatisch, sie zerschneiden einfach das Netz und werfen es mit den Schildkröten zurück ins Wasser – weil es einfacher und schneller ist, das Fischernetz mit Kabelbindern zu flicken, als die Tiere freizuschneiden.

Drei Stunden brauchten wir für diese Arbeit. Das zerschnittene Fischernetz blieb auf dem Vordeck liegen, es sollte später an Land entsorgt werden. Hin und wieder blickten wir rüber zur PERKY PUFFIN. Sie wunderten sich sicher, was wir so lange zu tun hatten. Warum nur gab es keinen Funkkontakt? Unter Motor drehten sie schließlich langsam eine Runde um unser Schiff, ihr Funkgerät verweigerte weiter den Dienst, und wir liehen ihnen unsere Handfunke, doch bei der Übergabe gab es fast eine Ramming.

Die Fahrt ging weiter. Mal führte die PERKY PUFFIN unseren Mini-Konvoi an, mal die NIS RANDERS, einmal verloren wir uns in leichtem Nebel kurzfristig aus den Augen, aber auf dem Radarschirm sahen wir unsere Partner weiter.

Tom warf am nächsten Morgen eine schriftliche Nachricht in einer leeren Wasserflasche zu uns an Deck: »Ich kann die Handfunke nicht laden, mein Ladegerät ist defekt. Auf Radar kann ich euch auch nicht sehen, mein Radar ist defekt«, lautete die Nachricht. Also bemühten wir uns, fortan in Ruf- oder Schallsignalweite zu segeln, und um die Gefahr einer Kollision zu verringern, fuhren wir zeitweise mit Beleuchtung. Da jedoch auf der PERKY PUFFIN auch die Positionslichter defekt waren, mussten sie sich mit Signalen aus der Taschenlampe helfen.

Tagsüber probierten wir immer wieder die verschiedensten Segelstellungen aus. Hier kam auch zum wiederholten Male unser Spinnaker zum Einsatz – eine Arbeit, die wir uns hätten sparen können. Der Spinnaker war etwa so groß wie die Genua, und wenn wir dieses Segel ausbaumten und mit dem Groß Schmetterling segelten, erzielten wir bessere Ergebnisse. Und das auf dem Vordeck liegende Netz wurde allmählich zur Belastung wegen des Fischgestanks, der den Maschen entfleuchte. Bei achterlichen Winden war es noch zu ertragen, aber bei halbem Wind ...

»Macht es euch etwas aus, in Lee von uns zu gehen?«, rief Tom lachend herüber. »Ihr stinkt, hm?«

Die Überfahrt von den Malediven zum Oman war so ereignislos entspannend, dass wir uns die Zeit nahmen, ein wenig über seemännische Brauchtümer nachzudenken. Im Tagesbericht vom 5. Februar 2006 kann man darüber nachlesen:

> Auf vielen Schiffen ist der Aberglauben an Bord. Es passieren die tollsten Dinge: Da wird zum Beispiel niemals an einem Freitag abgelegt. Angeblich bringt es auch Unglück, wenn man auf See ein Liedchen pfeift. Bei anderen Crews kommen keine Bananen an Bord, Frauen schon gar nicht. Der ewigen Verdammnis kann sich derjenige sicher sein, der sich eine Zigarette an einer Kerze anzündet. Ebenso rettungslos verloren ist man, wenn man nicht den ersten kleinen Schluck Bier oder Wein oder sonstige Alkoholika ins Wasser kippt.
> So ein Unsinn! Ganz tiefes Mittelalter. Bei uns gibt es so etwas nicht, denn wir sind ein modernes Boot mit einer aufgeklärten Besatzung. Wir haben sogar Dinge an Bord, die uns vor solch infantilem Aberglauben beschützen: Da ist zum Beispiel mein Glücks-T-Shirt, das niemals gewaschen werden darf. Um eine Winddrehung herbeizurufen, streicheln wir die Pinne auf der Seite, von der der Wind kommen soll. Und wenn wir mehr Wind brauchen, kratzen wir einfach am Mast. Einen Sturm vermeiden wir ganz einfach dadurch, dass wir nach Sonnenuntergang keine Essensreste über Bord werfen. Das ostentative Nicht-Abbauen des elektrischen Autopiloten bewirkt, dass der Wind nicht nachlässt, mehr noch, nicht nachlassen kann. Vor allen anderen Unbillen schützen die von Freunden gebastelten Glücksbringer und Amulette, die strategisch im Boot verteilt sind. Außerdem liegt da ja noch der Glückspfennig unter dem Mast. Und wenn's mal richtig arg kommt, bitte ich den Mond in langen Nachtgesprächen um Beistand. Natürlich leise, denn ich will ja nicht, dass mich mein Sohn für abergläubisch hält.

Nach 14 wunderschönen und – ausnahmsweise einmal – erholsamen Tagen auf See erreichten wir das Sultanat Oman. Hafenstadt Salalah. Beim Einlaufen in den Hafen sahen wir die ersten Zeichen für ein unruhiges Seegebiet: Ein deutsches Kriegsschiff, die Fregatte EMDEN, lag in einem Nebenbecken, ebenso ein U-Boot, dessen Nationalität wir nicht ausmachen konnten.

Sofort nachdem der Anker gefallen war, wasserten wir unser Beiboot und brachten das Netz, in dem die Schildkröten gefangen waren, an Land, denn der Gestank war kaum noch auszuhalten. Daniel entsorgte es in einem Container, während ich das Deck von den toten kleinen Krebsen befreite, die unter dem Netz mit uns gefahren waren.

Laut unserem Reiseführer erwarteten uns im Oman Kamele, Wüste, Weihrauch (die Omanis lieben Düfte) und verschlagene Taxifahrer. Beim Feilschen durften wir wirklich viel lernen, denn immer, wenn wir dachten, wir hätten mit einem Taxifahrer einen guten Preis ausgehandelt (weil wir nur ein Viertel des ursprünglich verlangten Entgeltes zahlten), verriet uns später Rick, der mit seiner SIR GEORGE schon länger in Salalah lag und entsprechende Erfahrungen gesammelt hatte, dass wir noch immer dreimal soviel wie üblich gelöhnt hatten. Egal, wir hatten's ja ...

Den Oman waren wir nur aus einem einzigen Grund angelaufen: Unser kleiner Konvoi sollte Zuwachs erhalten. Fünf Schiffe hielten wir damals für eine gute Zahl. Mit SIR GEORGE aus Neuseeland, der NIN aus Deutschland und der MARIALENE aus Norwegen wäre unser Team komplett, dachten wir. Die SIR GEORGE und die MARIALENE hatten wir deshalb im Hafen von Salalah einfach angesprochen, und Michael von der NIN hatten wir bereits in Sri Lanka kennengelernt und waren seitdem per E-Mail in Kontakt geblieben. Doch die NIN war noch nicht eingetroffen, per E-Mail erfuhren wir von der Besatzung, dass sie kurz vor dem Landfall der Wind verlassen hatte und nun die letzten Meilen motoren musste.

Zwei Tage Vorbereitungszeit gestanden wir uns noch zu, dann wollten wir zusammen den Wüstenstaat wieder verlassen. Also trafen wir uns auf der SIR GEORGE, um eine Besprechung abzuhalten. An diesem Abend gab es im Cockpit des englischen Seglers nur ein Thema: Wie schützen wir uns effektiv vor Angriffen auf hoher See?

Tom eröffnete die Runde. »Wir müssen versuchen, dicht zusammenzubleiben, um im Fall eines Angriffes zurückschlagen zu können, hm?«

»Womit willst du denn zurückschlagen?«, wollte Rick wissen. »Willst du Angreifer vielleicht mit deinen kaputten Funkgeräten bewerfen?«

»Hab' was Besseres«, entgegnete Tom. »Ich habe Molotowcocktails in Plastikflaschen. Die richten genug Schaden an, hm?«

»Mollies aus Plastik!«, platzte es aus Rick verächtlich heraus. »Das ist nichts Halbes und nichts Ganzes. Das ist wie alkoholfreies Bier oder entkoffeinierter Kaffee ...«

»Wir müssen uns erst einmal auf die Wegepunkte konzentrieren und über den Funkkontakt einigen«, unterbrach Steinar.

»... das ist wie Einradfahren mit Stützrädern ...«, Rick beruhigte sich gar nicht mehr.

»Auf jeden Fall müssen die Positionslichter nachts ausgeschaltet bleiben. Außerdem sollten wir Schallsignale verabreden«, sagte Guro.

»... das ist wie ein Puzzle mit zwei Teilen ...«

»Wir haben heute von einem Leser der Website per E-Mail die Koordinaten für ein besonders gefährdetes Gebiet vor dem Jemen bekommen. Da sollten wir lieber einen Umweg einkalkulieren«, warf Daniel in die Runde.

»... ist wie jonglieren mit nur einem Ball ...«

»Was hast du denn für Waffen an Bord, Rick?«, wollte Tom schließlich wissen.

Ohne ein Wort ging Rick unter Deck und kramte in einem Schapp herum. Neugierig beugten wir uns alle etwas vor, und der Neuseeländer zeigte uns einen Karton mit kleinen Chinaböllern, die er in Indonesien erworben hatte. »Die werfe ich den Piraten zu, wenn sie mir zu nahe kommen«, erklärte er.

Unser Gelächter war bestimmt bis zum Hafenmeister zu hören.

Wir einigten uns schließlich auf fünf Wegepunkte, die einen Streckenverlauf genau in der Mitte des Golfes vorsahen. Das gefährliche Rechteck vor der jemenitischen Küste, in dem es in den vergangenen Monaten häufig zu kriminellen Kontakten gekommen war, wollten wir ohne Beleuchtung im Schutz der Nacht an seinem äußeren Rand passieren. Immer noch mussten wir auf die NIN warten, scharrten aber bereits mit den Hufen, denn die Wetterberichte waren sehr positiv für die nächsten Tage. Natürlich wollten wir auch die Gefahrenzone so schnell wie möglich hinter uns bringen, wollten keine Angst mehr haben und uns auch nicht mit den Reizthemen Waffen und Gewalt länger auseinandersetzen. In unserem Konvoi waren alle, auch Rick, eher pazifistisch eingestellt und setzten auf vorbeugende Sicherheit, und das bedeutete, dass wir uns zumindest von der Küste aus möglichst unsichtbar machen und in der Mitte vom Golf von Aden fahren und auf gegenseitigen Funkkontakt verzichten wollten.

So schrieb Daniel darüber in unserem Tagesbericht vom 18. Februar 2005:

> Gestern Abend noch lief die NIN mit Michael und Bill in den Hafen ein. Kontakte zu anderen Booten sowie das Von-Bord-gehen sind hier verboten, solange die Behördenvertreter noch nicht auf der eingelaufenen Yacht waren. Michael hat seit einigen Tagen keine Zigaretten mehr, Pa fährt entgegen dem Verbot schnell mit dem Dingi rüber und bringt ihm welche aus unserem scheinbar nicht kleiner werdenden Depot, welches wir aus Handels- und Tauschgründen angelegt hatten.
> 09.00Uhr. Die Besatzung der NIN kann das Schiff nicht verlassen, weil die Hafenbehörden nicht kommen.
> 09.30Uhr. Pa paddelt rüber zur NIN, holt ihre Wasserkanister und füllt sie im Duschhäuschen. Gleichzeitig bestellt er für die NIN 200 Liter Diesel bei Mohammed Saad, einem Agenten, der den Seglern diesen Bringdienst anbietet.
> 11.00 Uhr. Funkruf von der SIR GEORGE: »Habe beim Probelauf der Maschine Motorschaden am Generator festgestellt«, teilt er enttäuscht mit. Die Reparatur wird teuer und langwierig, und so sehr der Skipper das auch bedauert, er wird nicht mit uns kommen können. Jetzt sind wir also nur noch zu viert.
> 12.00 Uhr. Pa macht sich auf den Weg zum Ausklarieren. Morgen früh gegen zehn wollen wir los.
> 12.30 Uhr. Pa will für morgen ausklarieren. Im Hafenbüro, 30 Gehminuten entfernt, Mittagshitze. Der Zöllner schnauzt ihn an, weil er es versäumt hätte, irgendein Papier zur Einreise abzugeben: die Zollerklärung. Und weil es sich zu mehreren besser meckern lässt, bekommt er gleich von fünf Uniformierten einen Einlauf. Seine Entschuldigung: »Ähm, hab' ich doch abgegeben. Oder? Ich weiß es jetzt auch nicht mehr so genau«, zieht nicht wirklich. Sie belehren ihn barsch, dass er die Regeln ihres Landes zu befolgen hätte und so weiter und so weiter.
> 13.30 Uhr. Die Zollerklärung wird gefunden. Haben die Beamten nur falsch abgelegt. Mit einem Haste-aber-noch-mal-Glück-gehabt-Bürschchen-Blick schicken sie Pa zur Portcontrol. Was soll er denn da!? Die Portcontrol nimmt eigentlich nur Funkrufe von Schiffen entgegen und hat deshalb eine beeindruckende Zahl von Radarantennen auf dem Dach. So kann er das beeindruckende Gebäude auf dem Berg, ganz oben, ohne Probleme ausmachen. Also auf! 30 Gehminuten! Endlich angekommen, erklärt ihm der Uniformierte im

Office, dass man hier nur Funkrufe von Schiffen entgegennimmt.
14.30 Uhr. Pa wieder zum Hafenbüro. Die Haut von Gesicht und Armen ist mittlerweile von der Sonne schön knusprig gebraten. Die Zöllner haben sich geirrt, er soll nicht zur Portcontrol, sondern zur Portfinance. Nur die Treppe rauf, 30 Gehsekunden.
Die Portfinance will aber gar kein Geld von ihm, denn die NIS RANDERS wiegt unter 20 Tonnen, da werden keine Gebühren fällig. Er wieder runter zum Zoll. Die wollen die Quittung von der Portfinance sehen. Hat er aber keine, hat ja nichts bezahlt. Endloses Telefonieren, großes Tamtam.
15.30 Uhr. Er darf gehen. Wird gnädig entlassen. Soll morgen, eine Stunde vor dem Auslaufen, noch einmal kommen. Dann werden wir auch das für uns so wichtige Papier bekommen: das Clearance Certificate, das Ausreisepapier, das im nächsten Hafen beim Einklarieren verlangt werden wird. Auf dem Rückweg über die staubige Betonpiste schwitzt er nicht mehr, denn er hat keine Flüssigkeit mehr im Körper. Als er wieder an Bord ist und mir die Geschichte erzählt, fülle ich ihn erstmal mit heißem Tee ab ...
16.00 Uhr. Die Hafenbehörde war noch immer nicht auf der NIN und vom Agenten Mohammed Saad und dem Diesel keine Spur.
16.30 Uhr. Es wird ein großes Schiff im Hafen erwartet. Die NIS RANDERS muss verholen. Ich habe den Tag über alles zum Auslaufen klar gemacht.
17.00 Uhr. Für letzte Einkäufe machen wir uns auf den Weg in die Stadt. Wir brauchen Eier, Gemüse, Nudeln, Kartoffeln, Hefe, Zucker und Souvenirs. Am Hafengate will man uns den Pass abnehmen, obwohl wir den Figuren dort hundertmal erklären, dass wir ein Visum haben und uns frei bewegen dürfen. Der Chef ist nicht da. »Keine Chance, ihr kommt hier nur raus, wenn ihr den Pass abgebt«, bekommen wir immer wieder zu hören. Wahrscheinlich ist nur der Stempler nicht da oder der Papierwegleger oder der Schubladenaufzieher – hier im Büro des Hafengates gibt es für jede wichtige Tätigkeit eine qualifizierte Fachkraft. Bestimmt zehn Mann. Wir sind halt gerade an den gelernten Neinsager geraten.
Also schön, nehmen wir hin. Aber wir haben die Pässe nicht dabei, Pa hat sie nämlich in die Ausklarierungsmappe gelegt. Und die ist an Bord. Wir laufen zurück. 15 Minuten. Weiter mit

U-96. Leider ist der Außenborder seit drei Tagen defekt, ich paddle rüber. Dann zurück zum Hafengate (nochmal 15 Minuten), Pässe abgeben. Wir dürfen jetzt raus. Danke.
18.00 Uhr. Wir brauchen ein Taxi, um in die Stadt zu kommen. 20 Minuten verhandeln wir mit dem Fahrer. Weißer, langer Spitzbart und Turban. Wir bleiben hart, werden zu unseren Konditionen einig. Als wir einsteigen wollen, erklärt uns der alte Mann, dass er uns nicht fahren könne, weil er nicht der Erste in der Reihe der wartenden Taxis ist. Er führt uns zu einem anderen Wagen und erklärt dem Fahrer, was wir wollen. Der Mann ist wohl der Erste in der Reihe, aber er spricht kein Wort Englisch. Mit ihm wollen wir nicht fahren. Oh, oh, ach und weh, großes Palaver.
18.30 Uhr. Spitzbart fährt uns. Zuerst ins Internetcafé. Ich sende die Berichte und Fotos des vergangenen Tages zu Udo, unserem Webmaster, damit er sie in die Website stellen kann. Der Browser »spricht« Arabisch. Ich versteh' kein Wort. Fortschrittbalken und auch die Eingabe der Web-Adresse laufen von rechts nach links. Nach 15 Minuten im Netz habe ich es trotzdem geschafft, und der Kassierer erklärt uns, er müsse eine halbe Stunde berechnen, das wäre das Minimum. Pa antwortet, dann soll er das doch machen. Er sagt, das geht nicht, weil wir ja nur 15 Minuten im Netz waren. Darauf fällt uns nichts mehr ein.
Anschließend Großeinkauf bei »Lulu«, dem größten Supermarkt der Stadt. Wir raffen das Nötige zusammen: Thun in Dosen, Kartoffeln, Bananen, Tomaten, Eier, Mineralwasser, Nudeln und Cola. Chips. Und Nutella. Die Zwiebeln vergessen wir leider. Nach dem Bezahlen sind noch einige Rial Omani übrig. Also noch mal rein, mehr Mineralwasser und Cola kaufen. Und Zigaretten! Wir sind Nichtraucher, aber Zigaretten sind immer gut, so haben wir gleich Bakschisch für die Zeit in Ägypten an Bord.
20.00 Uhr. Zurück zum Hafen. Das Taxi darf nicht durch das Gate. Den Uniformierten brauchen wir gar nicht erst zu fragen, der kopfschüttelnde Neinsager hat noch immer Dienst. Also stehen wir mit unseren Einkäufen einen Kilometer vom Boot entfernt auf der staubigen Straße. Im Dunkeln. Wir stoppen einen Pick-up, indem wir uns praktisch vor ihn werfen. Er hat einen Passierschein für den Hafen und fährt uns zur NIS RANDERS.
21.00 Uhr. Die Hafenbehörden waren noch immer nicht bei

der NIN, von Mohammed Saad und dem bestellten Diesel ist weit und breit nichts zu sehen. Skipper Michael wird das alles zu viel und zeitlich zu knapp. Er hat noch jede Menge zu erledigen, braucht wohl noch ein paar Tage und sagt seine Teilnahme am Konvoi ab. Doch inzwischen sind weitere Yachten angekommen, die in der nächsten Woche aufbrechen werden, und so kann die NIN sich dort anschließen. Wir sind jetzt nur noch zu dritt.
21.30 Uhr. Wir besprechen mit der MARIALENE und der PERKY PUFFIN, ob wir trotzdem aufbrechen wollen und verabreden den Start für den nächsten Morgen.
22.30 Uhr. Michael kommt mit einer Flasche Rotwein an Bord. Wir quatschen ein bisschen und schauen »Das Leben des David Gale« mit Kevin Spacey von DVD auf dem Computer.
01.30 Uhr. Tagesbericht verfassen, Fotos sichten, E-Mails schreiben. Ich zieh' noch mal die Wetterprognose für die nächsten Tage. Schwache Winde für die kommenden 72 Stunden, danach monsunt es wieder.

Alles im allem: ein ganz normaler Tag.

Sonntag, 19. Februar 2006, 11.30 Uhr Ortszeit. Die PERKY PUFFIN, die MARIALENE und die NIS RANDERS verlassen den Hafen von Salalah. Kurzer Abschied von Rick, Michael und Bill von der SIR GEORGE und der NIN.

»*Good luck, guys*«, beantwortet der Hafenmeister unsere Abschiedsmeldung über UKW, »*good luck. Over.*«

Auftrieb

Am 20. Februar erhalten wir eine Mail:

Hallo Schatz, hallo Daniel!

Ich habe eure Mail erhalten, ihr seid also unterwegs. Vorher 18 Stunden lang keine Nachricht, ich kann euch sagen, ich sitze mitten in der Hölle, wenn ich nicht weiß, was an Bord los ist. Es ist sehr viel einfacher, auf der NIS RANDERS zu sein, das weiß ich jetzt.

Hätte ich heute nichts von euch gehört, dann wäre ich in Aktion getreten. Ich hätte schon herausgefunden, wo ihr seid. Heute war ich auch an dem Punkt, euch zu sagen: Lauft den nächsten Hafen an, setzt euch in den Flieger und kommt nach Hause, ich halte das nicht mehr aus. Der Nervenkrieg wegen der Gefahren wird zu groß. Ist es das noch wert? Mir kommt es so vor, als würdet ihr in die Höhle des Löwen gehen und hoffen, dass er euch nicht erwischt. Das ist doch Leichtsinn! Bitte, passt auf euch auf!

Gestern Abend um 22 Uhr stand Mike fix und fertig angezogen neben meinem Sofa und wunderte sich, dass ich immer noch vor dem Fernseher saß. Er war noch so aufgeregt wegen des Legoteils, das er am Nachmittag von seinem Taschengeld gekauft hatte, dass er unbedingt noch morgens damit spielen wollte, bevor er in die Schule muss. Armer kleiner Kerl, er war ganz durcheinander und weinte. Also haben wir uns das Teil noch einmal zusammen angeschaut, und er ist dann zu Bett gegangen und schlief weiter.

Schatz, ich drücke dich ganz doll und hoffe, dass alles gut geht, und kommt endlich nach Hause!!!

Ich liebe euch beide, bitte, passt auf euch auf.

Susanne

PS: Könnt ihr die NIS RANDERS nicht zum Fliegen bringen?

Natürlich machte Su sich Sorgen und war nervös. Die Piratensituation am Horn vom Afrika war zu diesem Zeitpunkt omnipräsent. Im Gästebuch der Website und in den E-Mails, die wir von den Lesern bekamen, wurde offen über Waffen, Überfälle, Verteidigung, Strategien zur Abwehr einer Enterung und die vermuteten Standorte der Kriegsschiffe diskutiert. Wir antworteten Su, dass wir uns gut vorbereitet hätten und umsichtig und schnell den Golf von Aden durchqueren würden.

Großartig üben mussten wir nach unserer Verschlankung unter Konvoibedingungen nun nicht mehr, Uneinigkeit herrschte nur über den gewählten Bug, weil die ersten Meilen gekreuzt werden musste. Unser Weg durch den Golf von Aden führte uns vorbei an Somalia und am Jemen. Besonders von somalischen Piraten ging angeblich eine große Gefahr aus. Seit Jahren versinkt das Land im Chaos und wird von Gewalt und Armut beherrscht. Obwohl damals gerade Wahlen vorbereitet wurden und offiziell Friede herrschte, regierten indirekt noch immer die Warlords und Clans das Land, von denen einige ziemlich kriminell und gewaltbereit sind. In Teilen des Landes schlachteten noch immer Kindersoldaten Frauen und Kinder ab, ein Menschenleben war schon lange nichts mehr wert. Der Tsunami hatte hier zwar nicht so viele Tote wie im Indischen Ozean gefordert, aber die an den Küsten lebende somalische Bevölkerung war von den Auswirkungen des Bürgerkrieges stark beeinträchtigt. So waren beispielsweise große Gebiete durch Landminen verseucht, und besonders von der vorgelagerten Insel Sokotra, einem ehemaligen englischen Protektorat, hatten wir schon viel Negatives gehört. Wer der Insel bis auf Sichtweite nahe kommt, riskiert einen Angriff, hieß es. Aufgrund der Berichte über bewaffnete Übergriffe auf See glaubten wir zu wissen, wo es vor der jemenitischen Küste besonders gefährlich werden könnte. An manchen Punkten war es schwerpunktmäßig zu bewaffneten Überfällen und Schießereien gekommen, sodass wir dieses Planquadrat möglichst schnell und unter Motor im Schutz der Dunkelheit durchqueren wollten.

Die Segelgarderobe der Nis Randers besteht aus braunem Tuch, und dunkle Segel sind bei Tag und vor allem in der Dämmerung besonders gut auszumachen. Das ist normalerweise ein erheblicher Vorteil, denn dunkle Segel werden von den Führern anderer Wasserfahrzeuge früher gesehen, und die Gefahr einer Kollision verringert sich. Möchte man aber unbedingt in einem Piratengebiet auf weite Entfernung ausgemacht werden? Natürlich nicht. Taktvollerweise hatten die Besatzungen der Marialene und der Perky Puffin aber das Problem nicht angesprochen, doch die Erleichterung war allen anzumerken, als wir während der Durchfahrt durch den Golf von Aden tagsüber die Segel auf dem Deck liegen ließen und motorten. Nur in der Nacht zogen wir zusätzlich das Tuch hoch.

Unser Konvoi hielt absolute UKW-Funkstille, doch zweimal täglich trafen wir uns auf vorher verabredeten, immer wechselnden Kurzwellenfrequenzen. Diese Gespräche konnten Piraten zwar abhören, aber sie konnten uns nicht ohne Weiteres orten. Unsere Position gaben wir natürlich nicht durch, obwohl wir uns andererseits kaum vorstellen konnten, dass am Strand in irgendwelchen Bretterbuden mordlüsterne Strolche hockten, um mithilfe von modernstem Equipment Jagd auf Yachties zu machen.

Während dieser Zeit lief am Horn von Afrika die NATO-Operation »Enduring Freedom«, eine von den USA geführte Anti-Terror-Maßnahme als Reaktion auf die Anschläge vom 11. September 2001. Per E-Mail wurden uns von einem Leser der Website die Funkfrequenzen der Kriegsschiffe und sogar eine Telefonnummer vom Duty Commander gesteckt. Die MARIALENE hatte ein Satellitenhandy an Bord, und mithilfe dieser Informationen sollte sie versuchen, im Falle eines Überfalls Hilfe herbeizurufen.

Wir versuchten, dicht beieinander zu bleiben, MARIALENE aber war schneller als wir und brach immer wieder aus dem Konvoi aus. Um sie nicht zum Beiliegen zu zwingen, warfen PERKY PUFFIN und wir hin und wieder den Motor an – für uns kein Problem, denn die NIS RANDERS hatte einen 450 Liter fassenden Tank im Bauch. Der Leichtwindsegler MARIALENE verfügte hingegen nur über 180 Liter ...

Als wir in Höhe der gefürchteten Insel Sokotra waren, näherte sich mit hoher Geschwindigkeit ein offenes Holzboot mit drei Männern an Bord. Sie hielten direkt auf uns zu, verringerten ihre Geschwindigkeit auch nicht, während sie immer näher kamen. Mit Booten dieser Art werden die Überfälle in dieser Gegend ausgeführt, das wussten wir aus den Törnberichten anderer Segler und hatten die Hosen so gestrichen voll wie niemals zuvor. Mit Vollgas rasten sie mitten durch unseren Konvoi, winkten wie wild und verschwanden kurze Zeit später wieder unter der Kimm. Eigentlich hätten wir Nerven vom Durchmesser einer Genuaschot gebraucht, hatten wir aber nicht. Eine Stunde später tauchte das nächste Speedboot auf, diesmal mit vier Männern, wieder Vollgas, wieder Gewinke, wieder verschwand es. Vielleicht gehörten die Boote zu einem Fährdienst von der Insel Sokotra zum jemenitischen Festland?

Am nächsten Vormittag machten wir am nördlichen Horizont die Segel einer einzelnen Yacht aus. Zwei Überlegungen gingen uns durch den Kopf: Die Gefahr entdeckt zu werden steigt, sobald das Feld aus mehreren Yachten weit auseinander gezogen wird. Schlimm genug, dass uns die Speedboote gestern entdeckt hatten. Der fremde Segler sollte sich uns also anschließen oder abdüsen. Darauf konnten wir jedoch keinen Einfluss nehmen. Zweitens: Der wird uns doch wohl nicht über Funk rufen! Man ruft Schiffe, deren Namen man nicht kennt, natürlich mit ihrer Position an, und das wäre so ziemlich das Schlimmste, was uns hier passieren könnte. Doch der fremde Segler hielt Funkstille. Vielleicht sah er uns nicht, und auch wir verloren ihn mit einsetzender Dämmerung aus den Augen und atmeten auf.

Der folgende Tag verweigerte uns dann jede Segelbrise, bis endlich totale Flaute herrschte. So dümpelten wir zu dritt vor uns hin, obwohl die NIS RANDERS noch genug Treibstoff hatte, um bis ins Rote Meer zu motoren. Doch mitgefangen mitgehangen – auf der MARIALENE wurden schon besorgte Berechnungen über ihren Dieselverbrauch angestellt. Per Zuruf teilte man uns mit, dass sie auf Wind warten müsste, um während der Nacht und unter Segeln das gefährliche Gebiet zu passieren. Also warteten alle. Kein schönes Gefühl, in so exponierter Lage zu treiben. Um uns die Zeit etwas zu verkürzen, riefen wir uns Fischrezepte zu, die wir auch tatsächlich augenblicklich ausprobierten. Gegessen haben wir zwar wenig, aber das Kochen lenkte uns etwas von der latenten Gefahr ab.

Am Nachmittag war es dann endlich soweit, mit ein paar Delfinen kam auch der Wind, und auf den drei Yachten schossen gleichzeitig die Segel nach oben.

Latte di mare

Kurz nach Mitternacht. Meine Wache. Daniel schlief. Die Sonne war schon vor Stunden unter die Kimm gesunken. Im Dunklen fixierte ich vom Cockpit aus aufmerksam den Horizont, denn in dieser Gegend war nun einmal nicht damit zu rechnen, dass ordnungsgemäße Positionslichter geführt wurden.

Plötzlich wurden auf der Wasseroberfläche große, helle Flecken neben dem Boot sichtbar, als hätte jemand ein Licht in der Tiefe angeknipst. Irgendwie wirkte es wie eine Illumination hinter einer Milchglasscheibe. Ebenso schnell wie sie gekommen waren, verschwanden diese Flecken dann auch wieder. Ich dachte zunächst an Wale, die unter der Wasseroberfläche ihre Bahnen ziehen und das Plankton zum Leuchten bringen. Doch dann tauchten die Flecken wieder auf, breiteten sich aus und wurden so zahlreich, dass schließlich unser ganzes Umfeld erleuchtet wurde. Es konnte sich also nicht um Wale handeln, und ich weckte Daniel.

»Was ist denn los?«, brummte er im Niedergang, denn von seiner Position konnte er das Licht im Wasser noch nicht sehen.

»Erst dachte ich an Wale, aber schau selbst. Wie erklärst du dir das?«

Daniel beugte sich über den Cockpitrand, sah auf das Wasser und war sprachlos, denn in diesem Augenblick wurde das gesamte Meer von einem schier übernatürlichen Licht erhellt.

Erst später sollten wir durch Berichte im Internet erfahren, dass wir in dieser Nacht ein sehr seltenes Naturphänomen gesehen haben. Wir nannten es scherzhaft *latte di mare*, die sagenumwobene, geheimnisvolle Milchsee. Seeleute berichten seit Jahrhunderten darüber, und Jules Verne schrieb in seinem Buch »20 000 Meilen unter dem Meer« über Myriaden von Infusionstierchen und Leuchtwürmchen, die farblos sind, haardünn, nicht länger als ein Fünftel Millimeter, und eine oft meilenweite, gallertartige Schicht bilden. Daniel tat es jedoch als Seemannsgarn ab.

Tage später. Je näher wir Bab el Mandeb, der Einfahrt zum Roten Meer kamen, desto größer wurden die Abstände in unserem Konvoi. Die Funkstille wurde auf-, die Stimmung angehoben. Wir brauchten den Geleitschutz nicht mehr. Also verabschiedeten wir uns voneinander und verabredeten, in Kontakt zu bleiben, um uns in Eritrea, dem Sudan oder in Ägypten noch einmal zu treffen. Später erfuhren wir über Funk, dass die MARIALENE kurz vor der Einfahrt ins Rote Meer auf einen schlafenden Wal lief und es der PERKY PUFFIN vor Eritrea die Segel in einem Sturm zerfetzte.

Im Tagesbericht steht über unsere Einfahrt ins Rote Meer:

> Das Verkehrsaufkommen war enorm. Unglaublich, was hier los ist! Es geht zu wie in einem Bienenstock. Aus dem Verkehrstrennungsgebiet der Meerenge strömen die Berufsschiffe in alle Richtungen. Bevor wir uns westlich entlangschleichen konnten, mussten wir dieses Gebiet erst überqueren. Im Dunkeln. Das Display des Radargeräts sah aus, als hätte es Störungen; ich zählte bis zu 18 Echos im 6-Meilen-Bereich.
> Mit 8,4 Knoten, dreifach gerefftem Groß und ausgebaumten Vorsegeln segelten wir um 23.18 Uhr durch die Straße von El Mandeb. Wir begrüßten das Rote Meer mit einer Mugg Kaffee in der Hand, einem Brot im Backofen und einem Kribbeln im Bauch.

Das Tor der Tränen

Bab el Mandeb, das Tor der Tränen, wurde für uns zum Tor der Freudentränen. Sofort schickten wir eine Mail in die Heimat: »Wir haben den Golf von Aden hinter uns, es geht uns gut.« Es war Nacht, meine Wache, Daniel schlief. Der Radarschirm zeigte eine rekordverdächtige Zahl von Wasserfahrzeugen auf dem Display an. Tanker, Containerschiffe, Stückgutfrachter und Fischerboote schienen alle gleichzeitig ein- und ausfahren zu wollen. Bei besten Segelbedingungen liefen wir durch das nur knapp sechs Seemeilen breite Nadelöhr zwischen Jemen und Djibuti. Uns außerhalb des Verkehrstrennungsgebietes zu halten, gelang nicht, so eng war es. Direkt nach der Meerenge nahm der Wind durch die Düsenwirkung langsam und stetig zu, erreichte bald Starkwindstärke. Ich ließ die ausgebaumten Vorsegel stehen, fuhr die NIS RANDERS an ihre Grenzen. Der Wind nahm weiter zu. Vorsichtig sein, keinen Mastbruch riskieren! Mit der ansteigenden Windstärke baute sich eine immer höher werdende See auf. Die nachlaufenden Wellen brachten unser schweres Schiff fast zum Surfen. Westlich vom Verkehrstrennungsgebiet betrug die Wassertiefe streckenweise nur um 30 bis 40 Meter. Eine kurze, steile Welle, wie wir sie aus der Nordsee kannten, war die Folge. Gegen Morgen, kurz vor Sonnenaufgang, wurde der Wind zu viel für das gesetzte Tuch, und ich musste die Vorsegelfläche verkleinern und das Groß reffen. Wir liefen seit Stunden mit Rumpfgeschwindigkeit, selbst nach dem Reffen verlangsamte sich unsere Fahrt nur geringfügig.

Am 27. Februar 2006 schrieb ich in unserem Tagesbericht:

Sturmfahrt

> Noch in der Nacht erreichten wir die Meerenge, segelten vorbei an den Sieben Brüdern und der Militärinsel Mayyun. Bab el Mandeb, für Daniel und mich nach Gibraltar, dem Panamakanal und der Torresstraße ein weiterer wichtiger Meilenstein dieser Reise. Willkommen Rotes Meer, seid gegrüßt ihr Jinni, Sindbads und Ali Babas. Öffne dich, Land der Märchen, zeig uns die Wunder der arabischen Welt. Verzaubere uns. Führe uns 1200 Meilen durch gefährlich schöne (schön gefährliche) Korallenriffe, Sandstürme, die auf See hinausgetragen werden,

Gegenwinde, kurze hackige Wellen, die weltschönsten Tauchgründe und die Hitze, vorbei an Djibuti, Eritrea, Saudi-Arabien, Sudan und Ägypten bis zum Suezkanal, durch den wir ins Mittelmeer gelangen werden.

Das Rote Meer begrüßt uns mit einem Sturm aus Südsüdost, der gegen zwei Uhr loslegte und bis jetzt (20 Stunden später) nicht nachlässt. Er bläst mit bis zu 42 Knoten, es heult und kracht. Unter der kleinen Sturmfock macht die NIS RANDERS noch über 7 Knoten. Immer wieder steigt grünes Wasser bei uns ein, alle Luken (auch die Steckschotten am Niedergang) sind jetzt geschlossen. Bei einer Wassertiefe von nur 40 Metern sind die Wellen sehr steil und brechen früh. Zweimal bekamen wir den Blanken Hans in den Salon; macht nichts, musste sowieso gewischt werden. Wir sind fasziniert vom Anblick der See, können uns gar nicht sattsehen an den Wellen, an den galoppierenden *white horses.*

Die ersten 100 Meilen steuerten wir auf Eritrea zu, aber sollten wir diesen tollen Wind sausen lassen? Niemals! Im Roten Meer zählen jeder Tag und jede Stunde. Wir ändern den Kurs und steuern jetzt Port Sudan an, 430 Seemeilen entfernt. Wenn der Sturm noch ein Weilchen in Richtung und Stärke anhält, wird er uns eine schnelle – wenn auch ungemütliche – Reise bescheren. Schlafen ist bei dem Seegang schwierig, kochen geht gar nicht. Eine Pause brauchen wir trotzdem noch nicht, Daniel und ich fühlen uns erleichtert nach der »Piratenschleichfahrt« und wollen Gas geben. So ein Galopp ist immer wieder aufregend, macht uns mehr Spaß als jeder Landausflug. Wir mobilisieren noch einmal unsere Kräfte, um den Wind zu nutzen.

Die Navigation im Roten Meer ist – und ich will es mal zurückhaltend ausdrücken – anspruchsvoll. Riffe und Untiefen sind so viele vorhanden, dass auf der Seekarte kaum noch Platz ist für die Einzeichnung unserer Positionsangaben. Einige Ziele, die nur *inshore*, also innerhalb der vorgelagerten Riffe, anzulaufen sind, kann man nur bei Tag mit der Sonne im Rücken bewerkstelligen. Das kennen wir zwar schon aus der Südsee, aber hier sind die Untiefengebiete viel größer. Selbst die neuesten Seekarten sind nicht GPS-kompatibel, man kann sich nicht auf sie verlassen. Dazu kommt die Berufsschifffahrt, hier ist ’ne Menge los.

Während ich schreibe – oder besser: versuche zu schreiben, denn der Seegang ist so stark, dass ich mich kaum noch

> am Rechner halten kann –, nimmt der Wind weiter zu. 46 Knoten, das ist nur knapp unter schwerem Sturm oder Windstärke 10.

Am 28. Februar 2006 fügte Daniel hinzu:

> Was für eine Nacht! Hier hat es aber mal so richtig gekachelt. Die Schleppangel wurde aus dem Wasser gerissen und hing zeitweise waagerecht neben dem Schiff. Fliegendes Wasser überall. Dazu ein Heulen und Pfeifen wie im Bremer Weserstadion beim Einlauf der Bayern.

Diesen Tagesberichten ist im Grunde nichts hinzuzufügen. War das Meer noch vor weniger als zwei Jahren für uns ein unberechenbarer Gegner, so ist es jetzt zu unserem Verbündeten geworden, dem wir uns voll und ganz anvertrauen. Diese Nacht war klasse. Wie im Rausch flogen wir über die Wellen unserem Ziel Suezkanal entgegen. Die Frage, ob wir einen Zwischenstopp in Eritrea einlegen oder nicht, ist eher rhetorisch. Solch einen Superwind lassen wir uns nicht entgehen, selbst für einen Ausflug in ein uns unbekanntes Land nicht. Vorausgesetzt, der Wind kommt aus einer günstigen Richtung und ausreichender Seeraum steht zur Verfügung, machen Daniel und mir zu diesem Zeitpunkt der Reise Sturmfahrten das größte Vergnügen. Wir lieben die langen, nachlaufenden Wellen, auf deren Kämmen NIS RANDERS dank ihres langen Kiels nicht eine Sekunde daran denkt auszubrechen; dank der Windfahne der Selbststeueranlage, die – kräftig vom Sturm angesprochen – uns auf ein Grad genau auf Kurs hält; dank des Windes, der heulend durch das Rigg jagt, und durch das Gebrüll der sich brechenden Wellenberge. Wir fuhren die NIS RANDERS an ihre Grenzen. Es sind diese Momente, diese Herausforderungen, woran wir uns später erinnern werden, im Guten wie im Schlechten.

Vor dem Roten Meer hatten wir den allergrößten Respekt. Nein, stimmt nicht, wir hatten richtig Schiss. Tatsächlich befürchteten wir, auf einer der letzten Etappen noch mächtig was auf die Mütze zu bekommen. Das bezog sich auf das Wetter genauso wie auf die Anrainerstaaten Sudan und Ägypten. Der Sudan war jahrelang der Schauplatz blutiger Rebellionen, und obwohl schon einige Monate ein mühsam ausgehandelter Waffenstillstand eingehalten wurde, waren die Vorkriegsbedingungen noch nicht wieder hergestellt. Was Ägypten anging ... über dieses Land kursierten unter den Seglern die wildesten Gerüchte.

»Bakschisch ist überlebensnotwendig, ohne Bakschisch läuft da gar nichts«, hatte uns ein Weltenbummler bereits in Panama erklärt. »Es gibt Länder, in denen du geben kannst, aber in Ägypten musst du geben, ob du willst oder nicht. Die Lotsen im Suezkanal sind das Letzte, die werden euch richtig ausnehmen«, führte er weiter aus. Sein Weg zurück nach Europa würde ihn um das Kap der Guten Hoffnung führen, denn diese Abzocke wollte er nicht mitmachen und unterstützen. Auf unsere Frage, ob es stimme, dass die Ägypter Einreisenden den ganzen Reisepass vollstempeln, bekamen wir von ihm ein Achselzucken als Antwort. Er wusste es nicht, weil er noch nie dort gewesen war – geballtes Nichtwissen und Vorurteile, die offensichtlich haltbarer sind als die Mumie von King Tut, trafen wir überall. Deine erfundenen Ratschläge, überreicht als Danaergeschenk, kannst du behalten, mein Freund, dachten wir.

Nach dem Sturm färbte sich das Wasser des Roten Meeres grün, denn die Wellenberge hatten die Unterwasserflora gehörig durcheinandergewirbelt. Unser Weg nach Port Sudan führte durch die berühmt-berüchtigten vorgelagerten Riffe, die in den Seekarten auch heute noch nicht komplett eingezeichnet sind. Einige Gebiete treten als weiße Flecken mit einem Warnhinweis auf. Im Indischen Ozean waren Daniel und ich vor mehr als einem Monat das letzte Mal tauchen, nun vermissten wir das Erlebnis der Ruhe und Entspanntheit, das unter der Wasseroberfläche stets auf uns wartete. Hier, in den Riffen vor der Küste, wollten wir das Versäumte nachholen. Die Wasserqualität ist hervorragend. Das Rote Meer verdankt sein klares Wasser den Korallenriffen, die als natürliche Filter arbeiten. Außerdem fließen praktisch keine Flüsse ins Meer. Durch die Bettenburgen in Hurghada sowie den fortschreitenden Tauchtourismus in Ägypten – und neuerdings auch im Sudan – schreitet die Umweltverschmutzung allerdings schnell voran und vernichtet große Teile der Korallenkolonien. Leider ist auch immer wieder zu beobachten, dass Schiffsführer ihren Anker direkt in die Korallen werfen. Was der schwere Anker nicht sofort zerstört, erledigt dann die Kette.

Caretta caretta

Port Sudan, die zweitgrößte Stadt des Landes Sudan, war unser nächstes Ziel. Hier wollten wir auf gute Bedingungen zum Weitersegeln warten. Die ersten 400 Seemeilen bekamen wir praktisch geschenkt, doch es war kaum anzunehmen, dass uns das Glück auf unserem Weg durch das Rote Meer weiterhin so gewogen sein würde. Also steckten wir unseren Kurs ab zu der Sawakin-Gruppe, um eine Tauchpause einzulegen. Schließlich waren wir müde und erschöpft vom Sturm. Die Sawakin-Gruppe ist ein Riffgebiet, das sich bis zu 100 Kilometer vor der Küste erstreckt. Hunderte kleine und kleinste Inselchen und Riffe. Eines davon wollten wir anlaufen, ein bisschen schnorcheln, ein bisschen schlafen, ein bisschen ausruhen. Die Unterwasserwelt wartete.

Doch das in der Seekarte angegebene Owenriff innerhalb der Sawakin-Gruppe war nicht zu entdecken. Selbst vom Masttopp aus ließ sich keine Insel ausmachen. Die Seekarte war neueren Datums, was war passiert? Wenn eine Insel nicht dort liegt, wo sie eigentlich sein soll, kann es dann sein, dass sie gar nicht verschwunden ist, sondern sich einfach nur woanders befindet? Möglicherweise direkt vor dem Bug? An Bord eines Schiffes breitet sich immer mehr als Unbehagen aus, wenn man in einem Revier unterwegs ist, in dem entweder die Seekarten nicht korrekt sind oder das GPS ungenau ist oder beides. Eine Strandung, 30 Seemeilen vor einer Küste – nein, das wäre das Letzte, was uns jetzt noch, so kurz vor der Heimkehr, passieren sollte. Der 400 Seemeilen entfernte Suezkanal ist das Tor ins Mittelmeer, doch wir hatten lange Zeit in Dimensionen gerechnet, in denen das Mittelmeer als mittelgroßer Teich eingestuft wurde. Das bedeutete, wir fühlten uns, als wären wir in 400 Meilen quasi zu Hause.

Mit äußerster Vorsicht manövrierten wir das Schiff von dem Phantomriff zu dem nächst gelegenen Eiland, einer kleinen, unbewohnten Insel namens Hindi Gidir hin. Hier wuchsen die Korallen in einer nie vorher gesehenen Farbenpracht, das Wasser war klarer als an irgendeinem anderen Ort der uns bekannten Welt. Die Insel selbst wirkte auf den ersten flüchtigen Blick ziemlich unspektakulär: flach und sandig. Ein altersschwacher, funktionsuntüchtiger Leuchtturm, der nur von einem Raubvogel zum Nestbau genutzt wurde, stand da. Sonst gab es nur Gestrüpp und Dornen. Um die Korallen nicht zu gefährden, suchten wir lange nach einem sandigen Grund zum Ankern. Endlich entdeckte Daniel einen geeigneten Platz mit drei Metern Wasser unterm Kiel, nahe der Riffkante. Kein Problem, solange der Wind weiterhin schwach ablandig wehte ...

Der bloße Anblick der Riffkante ließ unsere Herzen vor Freude hüpfen. Shorts, Maske und Flossen legten wir innerhalb kürzester Zeit an. Eine Riffkante bedeutet immer freies Tauchen bis zum persönlichen Limit nicht nur von Tauchzeit, sondern auch von Tauchtiefe. An den meisten Ankerplätzen hatten wir Wassertiefen von 10 bis 15, manchmal auch 20 Metern, an einer Riffkante geht es jedoch viel weiter hinab. Das Spannende dabei ist der Anblick, der sich einem bietet, während man langsam an der Wand nach unten gleitet. Da war sie wieder, die Schwerelosigkeit der blauen Tiefe! Ruhe und Erholung im Zeitraffer bei gleichzeitigem Stillstand in Raum und Zeit. Erst als uns kalt wurde, tauchten wir wieder auf.

Das Boot lag sicher und ruhig vor Anker, also konnten Daniel und ich es wagen, gemeinsam zur Insel zu schwimmen. Wir behielten aber unsere Nis Randers immer im Auge, und falls der Wind gedreht hätte, wären wir in einer Minute an Bord gewesen. An der Küste der Insel fand sich allerhand Treibgut. Woher mochten die Kanthölzer, die Gaskartuschen und das Schaumstoffteil, das entfernte Ähnlichkeit mit einer Kojenmatratze hatte, wohl stammen? Welche Geschichten hätten diese Fundstücke erzählen können? Waren sie achtlos als Müll über Bord geworfen worden? Wurden sie angetrieben von entfernten Städten, in denen Umweltschutz ein Fremdwort ist? Oder stammten Teile davon von einem Boot, das der Sturm in die Riffe gedrückt und schließlich zerstört hatte?

Eine Weile vergnügten wir uns auf der Insel mit Spurensuche, bis sie sich als Schildkröteninsel entpuppte. Die Abdrücke der großen Tiere waren deutlich am Strand zu erkennen. Unwillkürlich dachten wir an die Karettschildkröten, die wir aus dem Fischernetz befreien konnten. Ob sie vielleicht gerade auf dem Weg hierher auf diese kleine Insel waren, um ihre Eier abzulegen? Weiter oben am Strand konnte man die großen Nester erkennen, überall im Sand lagen Teile von den Eierschalen der bereits geschlüpften Tiere. Und dann entdeckten wir auch die dazugehörenden Schildkröten, sie streckten ihre Köpfe einen Steinwurf vor der Insel aus dem Wasser und beobachteten uns. Unsere Anwesenheit schien sie zu verunsichern, denn sie paddelten an Ort und Stelle und warteten ab, was passieren würde. Eiligst suchten wir unsere Tauchsachen zusammen, räumten die Insel und beobachteten mit dem Fernglas von Bord aus, wie sie sich langsam dem Strand näherten. Erst in der Nacht würden sie sich durch den Sand schleppen, um ihre 150 bis 200 Eier abzulegen.

Während wir noch überlegten, ob wir hier nicht einen wunderschönen Platz zum Übernachten gefunden hätten, erschienen aus westlicher Richtung zwei Boote am Horizont. Wir machten uns gerade ein Abendessen zurecht, als wir sie bei einem unserer mittlerweile völlig unbewussten Rundumblicke entdeckten. Sie waren etwa sieben Meter lang, hatten kraftvolle Außenborder am Heck, und im ersten saßen drei große Kerle. Einer bediente den Motor, die anderen beiden hockten im Bug. In der Mitte des Bootes war ein großer, würfelartiger Gegenstand, der mit dicken, bunten Tüchern – sie sahen fast wie Teppiche aus – vollständig bedeckt war. Schnell gingen die Ankömmlinge bei uns längsseits. In dem anderen Boot saßen zwei Männer, und auch hier war ein abgedeckter, großer Würfel zu sehen. Langsam fuhr dieses Boot weiter bis dicht unter die Insel, um einen großen Stein, der an einem Tau befestigt war, als Anker in die Korallen zu werfen. Seitdem der Golf von Aden zu einem der gefährlichsten Piratengebiete wurde, spricht kaum noch jemand von den bösen Buben vom Roten Meer, die noch vor ein paar Jahren in jeder Seglerzeitschrift und in jedem Buch erwähnt wurden und beinahe täglich zuzuschlagen schienen. Jetzt fürchtet sie keiner mehr. Uns ging es nicht anders, denn auch wir hatten unser Angstrevier hinter uns und dachten an keine Gefahr. Warum auch, die Männer grüßten freundlich und lächelten, doch machten sie einen heruntergekommenen Eindruck. Fischfang schien in diesem Teil des Landes nicht viel einzubringen. Sudanesisch-Arabisch auf der einen, Deutsch und Englisch auf der anderen Seite – sprachlich konnten wir uns nicht verständigen. Also kommunizierten wir mühsam mit Händen und Füßen.

Sie stammten aus dem 30 Seemeilen entfernten Port Sudan, und offenbar waren hier ihre bevorzugten Fischfanggründe. Wozu die großen Kisten wären, die abgedeckt auf ihren Booten standen, wollten wir wissen. Darin transportierten sie den gefangenen Fisch, erklärten sie. Das kam uns aber ziemlich seltsam vor, und so richtig geglaubt haben wir nichts von dem, was sie uns über das Fischen erzählten. Warum fischten sie nicht dicht unter der Küste? Das Riffgebiet erstreckt sich noch eine ganze Weile zum Sudan hin, und der Weg hier raus kostet viel Benzin und dauert lange. Wo waren ihre Angelsachen? Wir sahen keine. Auch keine Netze, keine Harpunen, nur ein paar Speere. Und warum kamen sie am späten Nachmittag? Sie konnten es gar nicht vor Sonnenuntergang zurück an Land schaffen.

Während unseres Palavers machte sich das Duo auf den Weg zur Insel. Auf dem Kopf trugen sie große Körbe aus Palmblättern, als sie durch das hüfthohe Wasser wateten. Unsere Besucher fragten uns, ob wir eine Taucherbrille hätten. Offensichtlich gab es im Sudan solche

Dinge nicht zu kaufen oder nur zu Preisen, die sich Fischer nicht leisten können. Wir schenkten ihnen zwei ABC-Ausrüstungen – Taucherbrillen, Schnorchel und Flossen. Das war unsere Ersatzausrüstung, die für Gäste bei uns an Bord gedacht gewesen war. Für den letzten Teil der Reise würden wir das alles nicht mehr brauchen, und für die Männer war dieses Geschenk wie der Hauptgewinn einer Samstagsziehung. Dann fragten sie nach Taschenlampen. Hier mussten wir leider passen. Obwohl wir zwei Stück an Bord hatten, gaben wir aus Sicherheitsgründen keine her. Die Männer vom anderen Boot hatten die Insel inzwischen erreicht, gingen in entgegengesetzten Richtungen den Strand entlang. Jeder trug einen großen Flechtkorb, und schon bald waren sie hinter dem Strandbogen verschwunden. Als Dank für die Tauchausrüstungen bekamen wir gespeerten Fisch zum Abendessen. Daniel und ich luden die Männer ein, an Bord zu kommen und mit uns zu essen, aber einer tippte mit dem Finger auf die Stelle am Arm, wo viele Menschen eine Uhr tragen – keine Zeit, wir müssen arbeiten. Sie stießen sich kräftig von der NIS RANDERS ab und warfen ihren Steinanker in Strandnähe. Dann gingen auch sie mit großen Körben an den Strand. Die Dämmerung war inzwischen weiter fortgeschritten, anders als in Äquatornähe konnte man einen Sonnenuntergang in diesen Breiten wieder deutlich länger genießen.

Der geschenkte Fisch lag in der Pfanne, da sah ich im letzten Sonnenlicht durch das Bullauge, wie sich die fünf Männer hinter der spärlichen Uferböschung versammelten und flach auf den Boden legten. Keine 20 Meter vor ihnen im flachen Wasser machten sich die Schildkröten bereit für ihren Weg zur Eiablage am Strand. Was mit den Hunderten von Eiern geschah, mit wessen Fleisch die Kisten auf den Booten gefüllt wurden und was mit dem Schildpatt der Schildkröten in dieser Nacht passieren sollte, versuchten wir aus unseren Gedanken zu verdrängen.

Daniel und ich aber wollten die Nacht nicht mehr vor der kleinen Insel verbringen. Es war schon dunkel, als wir den Anker an Bord nahmen, und langsam fuhren wir den Weg zurück, den wir gekommen waren. Bis zur Nachtwache sprachen wir kein Wort, sondern dachten an John, Paul, George und Ringo, wie wir »unsere« Schildkröten damals getauft hatten. Hoffentlich war diese Insel nicht ihr Ziel ...

Tagesbericht vom 4. März 2006:

> Die nächtliche Ansteuerung auf Port Sudan wurde eine kalte und feuchte Angelegenheit. Eine kräftige Landbrise blies uns ins Gesicht und brachte Kaltluft mit. Die letzten Stunden

zogen sich endlos und machten das Cockpit zu dem einsamsten Ort auf der ganzen Welt. Das grüne Feuer der Hafeneinfahrt war erloschen, die Portcontrol antwortete nicht auf Funkrufe, und ein Berufsschiff kam uns bedenklich nahe. Wir waren müde durch die lange Nacht auf See. Auch hatten wir nach der Sturmfahrt noch keine richtige Erholung einlegen können.

Mit der Sonne kamen am Morgen das Licht und die Wärme. Jetzt war das Einlaufen ganz einfach. Die Portcontrol antwortete zwar noch immer nicht, aber das war uns jetzt egal. Wir motorten in den Hafen, warfen den Anker und legten uns in die Kojen.

Achmed Hamido weckte uns nur ein paar Minuten später durch beharrliches Klopfen an die Bordwand. Er ist Agent und übernimmt den Papierkram. Außerdem besorgt er Diesel und nimmt seinem Boss alle Laufereien ab. Wir einigten uns: Er ist unser Mann im Sudan. Für 50 US-Dollar war sogar eine kleine Stadtführung im Programm.

20 Minuten später tauchte er mit dem Zoll wieder auf. Die Beamten interessierte nicht, was wir an Bord hatten, fragten weder nach Waffen noch nach Alkohol oder Zigaretten. Nein, stimmt nicht ganz, denn sie verlangten Zigaretten. Eine Stange. »Wofür?«, fragten wir zurück, »wir geben hier alles an, schmuggeln nichts.« Sie zogen sich sofort zurück, die Diskussion war ihnen offensichtlich peinlich. Das wiederum war mir unangenehm, und ich wollte ihnen sechs Packungen schenken, diese wollten sie aber nicht annehmen. Mein Gott, was für ein Hickhack! Aber alles auf nett und freundlich mit viel Lachen, es gab keinen Ärger. Am Ende verließen sie das Schiff mit den sechs Schachteln in der Hand.

Der Diesel kam per Tankwagen, deshalb sollten wir mit der Nis Randers am Dingidock festmachen. Das Problem war nur, dass es dort nichts zum Festmachen gab. Weder Ringe noch vernünftige Poller – nichts. Aber starken Wind aus Ost. Irgendwie versuchten wir uns an der Mauer festzuhalten und banden das Boot notdürftig an die schlecht befestigten Eisenwinkel, die neben dem Dingidock an der Kaimauer angebracht waren. Wir wunderten uns noch darüber, dass wir nicht abtrieben, bis wir merkten, dass wir auf den Schlammgrund gelaufen waren.

Der Diesel gluckerte direkt aus dem herbeigerufenen Tankwagen in den Tank unseres Schiffes. Uns ist lieber, wir bekommen

Diesel im Kanister, da kann man nämlich sehen, was sich dort außer Diesel sonst noch alles drin befindet. Schlimme Erfahrungen mit verunreinigtem Diesel im Tank blieben uns bisher gottlob erspart. Im Zweifel ließen wir immer den Treibstoff durch Tücher in den Tank laufen, und die Ausbeute an Sand und Straßendreck war stets erstaunlich hoch gewesen.

Wir legten wieder ab, gingen erneut im Hafen vor Anker. Um an Land gehen zu dürfen, brauchten wir eine Genehmigung. Die kostete 32 US-Dollar pro Nase. Aber wir wollten doch nur für zwei, drei Stunden raus, erst ins Internetcafé (von dort konnte man viel schneller größere Dateien und Bilder senden, als es von Bord aus möglich war), ein paar Kartoffeln einkaufen, Eier und Tomaten. Und Zwiebeln. Und Paprika. Su fragt manchmal über Funk mit strenger Stimme nach, ob wir auch genügend Vitamine zu uns nehmen ...

Nach zähem Ringen zahlten wir 20 Dollar für drei Stunden Ausgang. Ohne Quittung. Achmed führte uns durch staubige Straßen in die Altstadt von Port Sudan. Zwischen den alten Gebäuden stand die Luft, und die Hitze war schier unerträglich.

Im (klimatisierten) »Cyber-Café« bekomme ich zum Pfefferminztee die schnellste Internetverbindung seit Panama City, und auf dem Gemüse- und Fleischmarkt finden wir alles, was wir brauchen. Erstaunt sind wir über die hohen Preise, besonders für Kartoffeln. Wir sollen 18 Dollar für eine Tüte Tomaten, Zwiebeln, Karotten und Kartoffeln bezahlen! Achmed erinnert uns daran, dass wir uns hier in der Wüste befinden und Obst und Gemüse einen sehr langen Weg hinter sich haben, bevor sie auf dem Markt landen. Der Transport treibt die Preise hoch.

Bei einem kurzen, oberflächlichen Eindruck wird es bleiben, denn unser Besuch im Sudan dient hauptsächlich der Proviantierung und dem Tanken. Zwei Tage hatten wir eingeplant. Nach 24 Stunden haben wir bereits alles erledigt. Bleibt morgen ein Extratag zum Tauchen. Und zum Schlafen.

Port Sudan verließen wir nach der ersten Nacht im Hafen wieder, mit dem Einklarieren hatten wir uns auch gleich wieder ausklariert. Im Morgengrauen des zweiten Tages motorten wir vorsichtig zu einem Riff vor der Hafeneinfahrt. Neben uns ankerten Tauchschiffe mit europäischen Touristen, die von den Wracks englischer Schiffe aus dem Zweiten Weltkrieg in diesem Teil des Roten Meeres gehört hatten. Gemeinsam mit den Gerätetauchern gingen Daniel und ich ins Riff und verbrachten den ganzen Tag zwischen den Fischen und Korallen, zwischen Seepferdchen, Seeigeln und Seesternen. Ich machte einige Aufnahmen von leuchtenden Korallen und stellte Meeresbewohnern mit der Unterwasserkamera nach. Bei dieser Gelegenheit besah ich mir auch das Unterwasserschiff der NIS RANDERS genauer. Dort hatten sich seit der letzten Reinigung vor zwei Wochen im Oman schon wieder Muscheln und eine dünne Lage Grünalgen angesiedelt. Es bestand kein Zweifel mehr: Die Abstände, die nötig waren, um den Rumpf vom Bewuchs zu befreien, wurden immer kürzer. Am Anfang, als das Schiff für die große Fahrt vorbereitet worden war, hatte ich mich der vagen Hoffnung hingegeben, dass das Antifouling zwei Jahre wirken würde. Während ich jetzt darüber nachdachte, ob es sich lohnte, die Schaber zu holen, suchte mein Blick Daniel. Ich hatte mich gerade erst von ihm weggedreht, um die Zinkanoden zu untersuchen, und nun konnte ich ihn nicht mehr ausmachen. Ein schneller Rundblick unter Wasser – wo war er? Als ich auftauchen wollte, um zu überprüfen, ob er schon an Bord zurückgekehrt war, entdeckte ich auf dem Grund in 14 Metern inmitten der Korallenköpfe einen circa vier auf fünf Meter großen Sandflecken. Dort lag er scheinbar leblos ausgestreckt auf dem Rücken.

Ich ließ die Kamera los, schoss hinauf zur Wasseroberfläche, holte einmal tief Luft und tauchte ab. Als ich die halbe Strecke geschafft hatte, sah ich, wie er mir im Zeitlupentempo den rechten Arm entgegenstreckte. Dann formte er Daumen und Zeigefinger zu einem Kreis. »Alles okay! Alles okay?«, hieß das in unserer Zeichensprache. Ich antwortete mit einem Kreis aus Daumen und Zeigefinger, und mir fiel ein Stein vom Herzen. Langsam näherte ich mich ihm, und mit ansteigendem Wasserdruck wuchs mein Wohlbefinden. Als ich neben ihm angekommen war, tippte er mit der flachen Hand auf die freie Fläche neben sich. Ein paar Körner Sand wirbelten auf. Ich verstand nicht. Er zeigte mit dem Finger erst auf mich, dann tippte er wieder auf die Sandfläche neben sich. Anschließend wieder Daumen und Zeigefinger. Es hieß wohl: Leg dich in den Sand, schau nach oben. Ich hatte aber nur noch wenig Luft zur Verfügung, also machte ich ihm ein Zeichen, dass ich nach oben müsste. Er folgte mir. Mit langsamen und ruhigen Flossenschlägen stiegen wir entlang der Ankerkette auf. An der Wasseroberfläche angekommen, sogen wir ohne miteinander zu sprechen tief die Atemluft ein und machten uns dann wieder auf den Weg in die Tiefe. Unten legten wir uns dicht nebeneinander auf den Grund.

Wir genossen den Anblick der Sonnenstrahlen, die durch das blaue

Wasser drangen und sich strahlenförmig um uns ausbreiteten. Unsere Blicke folgten einem Schwarm gelb gestreifter Fische, die beschaulich über uns ihre Bahn zogen. Und wir sahen die schwarze Silhouette der NIS RANDERS, wie sie scheinbar schwerelos über uns schwebte. So nahmen wir Abschied vom Freitauchen, denn wir wussten, dass wir auf dieser Reise keine Gelegenheit mehr dazu bekommen würden. Wir blieben noch einen Augenblick, dann stiegen wir auf. Oben angekommen, fiel mir plötzlich die Kamera ein, die noch immer irgendwo auf dem Grund lag.

»Du bereitest den Anker vor, ich hole die Kamera«, entschied ich. Ich fand eigentlich immer einen Grund, um noch ein weiteres Mal abzutauchen. Als ich zurückkehrte und mich an der Bordkante festhielt, sah ich Daniel mit dem Rücken zu mir im Cockpit stehen. Mit der rechten Hand warf er etwas ins Wasser, aber ich konnte nicht sehen, was es war. In seiner linken Hand hielt er das offene Briefchen mit den Goldnuggets, die wir aus Papua-Neuguinea mitgebracht hatten. Seine Art Danke zu sagen: Er hatte ein Goldnugget ins Wasser geworfen, um sich bei der See für das Freitauchen zu bedanken.

Zurück zum Segeln. Wir hatten ja noch ein *unfinished business* mit dem nördlichen Teil des Roten Meeres. Bis hierher war alles gut gegangen, sogar viel besser als gedacht. Ab jetzt würden die Windsysteme eher gegen uns sein, und unser Plan sah vor, nun in kurzen Schlägen entlang der sudanesischen und ägyptischen Küste zu segeln. Durch die starke Sonneneinstrahlung auf das Land entsteht am Tage eine Seebrise, die wir eventuell zum Segeln nutzen könnten. Bei Schwachwind wollten wir motoren oder, wenn möglich, kreuzen. Bei starken Gegenwinden oder Sturm würden wir die NIS RANDERS in Naturhäfen oder Buchten geschützt vor Anker legen. *Step by step*, scheibchenweise in bewährter Salamitaktik, wollten wir uns vorankämpfen.

Ein amerikanischer Funkamateur hatte mir in einer langen Nacht erzählt: »Ich habe das Rote Meer schon dreimal unter Segeln passiert. Zweimal nach Norden, einmal Richtung Süd. Mein Resümee: Das Rote kann wunderschön sein, aber es zählen jede Meile und jede Kabellänge; es zählen jede Stunde und jede Minute. Es gibt nichts geschenkt, und der Skipper hat nichts zu verschenken.«

Zum Abschied gab uns Achmed einen kleinen Witz mit auf die Reise, der uns aber nur ein müdes Lächeln abrang: »Neulich vorm Suezkanal: Der Lotse geht an Bord eines 180 000-Tonnen-Supertankers und fragt den Kapitän, ob er denn auch gut durch das Rote Meer gesegelt sei.

›Wieso?‹, fragt der Kapitän. ›Sieht mein Schiff etwa aus wie ein Segelboot?‹

›Irgendwie schon‹, antwortet der Lotse und führt den Kapitän zum Steuerbordanker des Tankers, an dem der Mast eines Segelbootes samt Rigg und Segel hängt.«

Wir waren gewarnt.

Dann kamen die Sturmmeldungen.

Mit den Ausklarierungspapieren von Port Sudan hatten wir gleichzeitig ein Cruising Permit für die Küstengebiete Sudans erhalten und durften noch einen Monat lang in den Riffen oder Buchten ankern. Die Vorhersagen kündigten einen Sturm aus Nord an, der uns in ungefähr 20 Stunden erreichen sollte. Auf der Seekarte fanden wir einen exzellenten natürlichen Schutzhafen; dass diese Bucht nur wenige Meilen entfernt war, war aber für uns auf den ersten Blick nicht Anreiz genug. Der Wind würde noch mindestens 12 bis 15 Stunden aus östlichen Richtungen kommen und somit auf unserer Seite sein, und es widerstrebte uns eigentlich, Zeiten guten Windes in einer Bucht auf Sturm wartend zu vertrödeln. Als Alternative entdeckten wir eine relativ ungeschützte Bucht, zehn Stunden weiter im Norden. »Es zählen jede Meile und jede Stunde«, hatte der Amerikaner gesagt, und er hatte wahrscheinlich recht, und wie immer, wenn wir zwei Möglichkeiten hatten, entschieden wir uns: Sicherheit gewinnt – und wählten die näher liegende Bucht.

Schon bei der Ansteuerung fiel uns auf, dass die Karten ungenau waren. Es gab keinerlei Schifffahrtszeichen, die Bucht konnte nur bei Tageslicht angelaufen werden. Um eine bessere Sicht zu haben, ging ich in den Mast, so konnte ich Daniel in der engen Fahrrinne den Weg weisen, und der Wahl des richtigen Ankerplatzes opferten wir eine Menge Zeit. Die Vorhersagen sprachen inzwischen von einem schweren Nordsturm, der uns in der kommenden Nacht erreichen sollte. Erst beim dritten Ankerversuch waren wir zufrieden. Nicht zu dicht an der Küste mit voller Kettenlänge, es war Platz zum Schwojen, aber trotzdem lagen wir geschützt hinter einem kleinen Steilufer.

Am Nachmittag bekamen wir Gesellschaft. Ein großer belgischer Katamaran, die Ose, suchte ebenfalls Schutz in der Bucht, an Bord Sophie und Pierre, die wir schon von unserem Aufenthalt im Oman kannten. Sie warfen ihren Anker noch dichter unter der Küste, denn mit dem geringen Tiefgang ihres Kats konnten sie in flacheres und ruhigeres Wasser vordringen als wir.

Mein Tagesbericht vom 9. März 2006:

> Während der Nacht drehte der Wind langsam, aber unaufhaltsam auf Nord. Der Luftdruck stieg und fiel, die Barografenkurve fuhr Achterbahn.
> Daniel bemerkte als Erster die heftigen Böen, die um zwei Uhr morgens über uns hinwegfegten. Stockfinstere Nacht, kein Mond. Um drei Uhr wurde aus vielen einzelnen Böen eine große, die sich gar nicht mehr abschwächen wollte; der Sturm war angekommen!
> Um vier Uhr – der Sturm hatte weiter zugenommen – zog ein kleines Licht an uns vorbei: Der Anker unserer Nachbarn war ausgebrochen, der Kat hatte sich selbstständig gemacht und trieb durch die Bucht. Im Cockpit brannte keine Lampe, doch schlafend bei Sturm auf eine Küste zuzulaufen, ist so ziemlich der sicherste Weg, sein Schiff zu verlieren. Gerade als wir sie mit unserem Schiffshorn wecken wollten, ging das Bordlicht an, und die beiden eilten an Deck. Schnell Kette geben jetzt, orientieren, Motor starten und mitlaufen lassen, Echolot an, Suchscheinwerfer raus, GPS prüfen und am besten alles gleichzeitig. Stress und Aufregung pur! Was sonst geschehen wäre, wir hätten nicht helfen können ... Nach einer dreiviertel Stunde hatten sie die Lage wieder im Griff, der Kat lag sicher und fest in der Bucht. Über UKW meldete sich Sophie und gab Entwarnung, der Pflugscharanker hatte endlich Halt in dem sandigen Grund gefunden.
> Zu Tagesbeginn nahm der Wind weiter zu und erreichte gegen Mittag volle Sturmstärke. In unserer kleinen Bucht bildeten sich Wellen, deren Kämme brachen. Hoffentlich hält unser Anker ... Bei diesen Bedingungen liefern Solarzellen und Windgenerator so viel Energie, dass die Verbraucherbatterien vor Freude fast aus den Halterungen hüpfen.
> Wir richten uns ein für ein paar Tage – hier werden wir so schnell nicht rauskommen. Daniel aktiviert die Nähmaschine und fertigt neue Bezüge für die Cockpitkissen. Die alten waren durch Sonne und Salz löchrig, und der Inhalt aus Kapok verteilte sich seit einigen Tagen im Cockpit. Ich finde endlich wieder Zeit, die Goldschmiedewerkzeuge zum Einsatz zu bringen, um einige der gesammelten Ideen auszuarbeiten.

In der Zeit des Sturms gingen wir normale Wache wie auf See, das heißt, Tag und Nacht Ankerwache. Kein Landgang. Als der Sturm etwas abschwächte, aber noch zu stark zum Weitersegeln war, besuchten wir die OSE. Am darauf folgenden Nachmittag hatte sich der Wind so weit abgeschwächt, dass wir es wagten, mit dem Beiboot an Land zu fahren und Landgänge in das karge Umland zu unternehmen, wobei einer von uns immer an Bord blieb. Feiner roter Wüstensand, wohin man schaute, verdorrte Sträucher, ein paar Kamele in der Ferne. Kein Anzeichen menschlichen Lebens. Das Wasser war durch den Sturm aufgewühlt und trüb, Tauchgänge fielen wegen der schlechten Sicht, aber auch wegen der Haigefahr aus. Die Wartezeit auf eine Winddrehung (alles außer Nord war uns recht) vertrieben wir uns mit Wartungsarbeiten an der Maschine (Filterwechsel, Reinigung vom Wasserabscheider) und den Ausrüstungsteilen (Segel- und Riggkontrolle). Weil der Wind unangenehmerweise Sand und Staub mit sich führte, verbrachten wir die meiste Zeit unter Deck. Zwei Tage goldschmiedete ich im Salon. In dieser Zeit entstanden wunderschöne Unikate in Gold und Silber – frei gestaltete Preziosen, die so ganz anders waren als meine bisherigen Arbeiten, weil Stilelemente der besuchten Kulturen, besonders der aus Papua-Neuguinea, mit in die Arbeiten einflossen. Glanzstücke meiner Kunst, die ich nicht mehr hergeben wollte, jedenfalls nicht für Geld.

Als wir uns zum Aufbruch entschlossen, hatte die See sich noch nicht beruhigt. Trotzdem streckte NIS RANDERS ihre Nase um die schützende Huk, um Witterung aufzunehmen nach dem günstigsten Kurs, und dicht unter der Küste hangelten wir uns weiter. Die Vorhersagen wurden besser, der Wind drehte günstig.

»Wir sehen uns spätestens im Suezkanal«, riefen wir Sophie und Pierre zu.

»Bleibt vorsichtig!«

Am 12. März 2006 überquerten wir den 22. Breitengrad. Nur eine imaginäre Linie auf der Seekarte – dennoch: Ägypten. In Ägypten sollte sich emotionsmäßig der Kreis schließen, den wir vor knapp zwei Jahren begonnen hatten zu ziehen. Ein Gefühl von Heimat und Geborgenheit umfing uns. Hart am Wind und die Schoten dicht, standen Daniel und ich auf dem Vordeck, um mit Hochachtung und Respekt dieses Land zu begrüßen.

Wir hatten es wohl dem Glück zu verdanken, dass wir ohne Probleme in Ägypten einklarieren konnten, denn unsere erste Station machten wir in Port Ghalib, ehemals Marsa Mubarak. Dieser noch junge Yachthafen hatte von der Regierung die Lizenz erhalten, die von Fahrtenseglern dringend benötigten Cruising Permits auszustellen. Und das für einen Bruchteil der Kosten, die an anderen Stationen anfielen.

Das letzte Stück vom Roten Meer, das sogenannte *bottleneck*, konnten wir fast in einem Stück und ohne nennenswerten Gegenwind absolvieren. Lediglich auf den letzten Meilen ging es hart gegenan. Zum Kreuzen stand kaum Seeraum zur Verfügung. Das Verkehrstrennungsgebiet reichte teilweise bis zu einer Meile an die Küste heran, und in der Fahrrinne ging es zu wie auf der Autobahn. Die Schiffe hier waren gigantisch und viel größer als die, die wir im Panamakanal gesehen hatten. Es ist wirklich beeindruckend, wenn man in der Dämmerung einen 180 000-Tonnen-Supertanker in nächster Nähe passiert. So klein und verwundbar hatten wir uns auf der NIS RANDERS noch nie gefühlt.

Vor der Einfahrt in den Kanal ankerten viele der Dicken. Ganz am Rande des ausgewiesenen Ankerfeldes warfen auch wir den Anker. Als die Nachtbeleuchtung eingeschaltet und unser Motorgeräusch verstummt waren, spürten wir das Wummern der gewaltigen Schiffsdiesel von den umliegenden Schiffen körperlich. Sie schlugen den Rhythmus unseres Abschiedsliedes vom Roten Meer.

In der Nacht konnte ich nicht schlafen und schrieb eine lange Mail an Susanne. Seit einigen Tagen dachten wir über die Möglichkeiten eines weiteren Treffens nach. Doch für einen Besuch, mussten wir uns mit den Schulferien in Deutschland abstimmen. In wenigen Tagen hatten Susanne und ich unseren 20 Hochzeitstag, es musste also einfach klappen, dass wir uns sahen. Was Susanne damals noch nicht wusste: Ich hatte die Tickets für meinen Flug nach Deutschland längst in der Tasche. In zehn Tagen würde mich ein Flieger von Kairo nach Deutschland bringen.

Prince Of The Red Sea

Daniels Tagesbericht
vom 25. März 2006:

Sechs Uhr. Erstes Sonnenlicht. Das eklige Wetter der letzten Nacht ist vorbei und vergessen, hey, wir haben Sonne, Licht, wir können in den Hafen von Suez einfahren! Im Osten sehen wir Schiffe, die sich langsam auf den Weg in den Kanal machen – der erste Konvoi des Tages.
Es ist kalt und wir frieren, das Thermometer zeigt 16 Grad. Wir denken an Deutschland. Dort hatte es einen langen und harten Winter gegeben, und jeder ging wahrscheinlich noch dick eingemummelt durch die Gegend, und keiner musste frieren. Alles, was uns an Bord warm halten könnte, ist schon lange als Geschenk unterwegs von Bord gegangen oder ist so weit unten in den Schapps verschwunden, dass wir es nicht mehr finden können.
Der Suez Canal Yacht Club liegt praktisch schon im Suezkanal. Dort muss man sich zunächst als Sportboot melden, und dort nimmt man auch einen Lotsen an Bord. Um den Yachtclub zu erreichen, müssten wir uns in den Morgenkonvoi der Dicken einreihen. Wir rufen Port Suez über Funk an. Keine Antwort. Wir rufen den Yachtclub über Funk an. Keine Antwort. Auf die Frage, was wir machen sollen, geben wir uns dann selbst eine Antwort: Ankerauf, wir fahren ein in den Kanal und biegen dann in den kleinen Yachthafen! Mal gucken, was passiert.
Zwischen zwei Tankern ist genug Platz, um in den Kanal zu schlüpfen. Ein letzter Blick zurück auf das Rote Meer, dann wieder Blick nach vorn, um mit Vollgas in den Kanal einzufahren. Nach drei Meilen biegen wir nach Backbord ab und laufen in den Yachtclub von Suez ein. Begrüßt werden wir von einem alten Mann im Ruderbötchen. Sein Name ist Said. Er nimmt uns die Leinen ab und verkauft uns für ein paar Ägyptische Pfund Gemüse, Äpfel und Brot. Wir sprechen Englisch miteinander. Ob wir einen Agenten hätten, will er wissen. Nö, sagen wir, suchen wir noch. Ich besorg' euch einen, sagt er. Mach mal, sagen wir. Bin in 30 Minuten wieder bei euch, sagt er. Bis dann, sagen wir und erwarten ihn in fünf bis acht Stun-

den zurück, denn natürlich haben wir gelernt, dass in diesem Land zuverlässige Zeitangaben in Bezug auf Termine und Verabredungen nicht zu existieren scheinen.
20 Minuten später kommt Said in Begleitung eines Mannes ans Boot gerudert. Der Mann kommt an Bord, schaut Pa an, gibt ihm die Hand und sagt: »*Prince Of The Red Sea.*« Pa fühlt sich natürlich geschmeichelt. Okay, ja, es stimmt, wir sind schon toll gesegelt, aber dafür gleich geadelt zu werden ... Der Mann schaut etwas irritiert und erklärt, dass er nicht Pa meint, sondern sich selbst. Er ist der Agent, heißt Mr Heebi und kommt von der Firma Prince Of The Red Sea. Ach so.

Themawechsel

»Wann können wir durch den Kanal?«, wollen wir wissen.
»Morgen, wenn ihr wollt.«
Wir sind überrascht. So schnell geht das hier?
»Ihr seid die erste nordgehende Yacht in diesem Jahr, alles hier wartet auf euch, wir sind bereit«, erklärt er.
Normalerweise passieren durchschnittlich 250 Yachten jedes Jahr den Kanal von Süd nach Nord. Durch den Golfkrieg und die Piraten ist diese Zahl im letzten Jahr auf 190 zurückgegangen. Engländer und Amis fahren jetzt lieber um das Kap der Guten Hoffnung nach Norden. Eigentlich beginnt die Saison Ende Februar, März ist Hauptsaison. Dass wir Ende März die Ersten sind, liegt am verrückten Wetter im Indischen Ozean im November, Dezember und Januar. Davon können wir ja ein Lied singen. Die Passage soll 300 US-Dollar kosten.
»Bisschen viel für uns, wir geben dir 150«, sagen wir. Nach einigem Hin und Her werden wir uns einig: Für 200 Dollar bekommen wir die Durchfahrt. Komplettpreis inklusiv Lotse, den sogenannten Tonnage-Gebühren, von denen wir bis heute nicht genau wissen, wie diese sich zusammensetzen, behördliche Gebühren, Gebühren der Kanalgesellschaft und dem Honorar des Agenten.
Pa lässt sich das schriftlich geben. Können wir wirklich morgen schon durch den Kanal? So Gott will, lautet die Antwort. Ich wusste, die Sache hat einen Haken. Auch Pa scheint alles ein bisschen zu einfach zu sein, zu billig und zu schnell.
Um elf Uhr kommt der Mann mit dem Zollstock. Das Schiff wird vermessen. Aber nicht etwa die Länge, Breite oder der Tiefgang des Schiffes, sondern der Decksaufbau, die Tiefe und

Breite des Motorraumes und die innere Breite des Salons. Was soll denn das werden? Nach diesen Maßen werden die Suez-Tonnen berechnet, danach wird von der Kanalgesellschaft der Preis für die Durchfahrt festgelegt. Der Vermesser kommt auf 15 Suez-Tonnen, was immer das heißen mag.
Gegen zwei Uhr soll der Mann von der Kanalgesellschaft kommen, der die Sicherheitsmittel überprüft: Schwimmwesten, Lifebelts, Signalraketen, Suchscheinwerfer und so weiter. Kein Problem, alles ist an Bord und in Ordnung, nur bei unserer Rettungsinsel ist das Wartungsintervall überschritten.
Zwei Uhr, der Sicherheitsmann kommt nicht. Wir wollen von Bord, im Internet Bilder hochladen, frische Lebensmittel einkaufen und die Stadt sehen. Ein Anruf von Mr Heebi, dem Prinzen, reicht, um dem Sicherheitsmenschen abzusagen. Dann eben keine Überprüfung – sie wurde damit endgültig abgesagt. Scheint wohl nicht so wichtig zu sein
Der alte Said bringt uns mit seinem Ruderkahn an Land. Er quält sich gegen den Wind, aber unsere Hilfe lehnt er stolz ab. Said führt uns durch die Stadt Suez. In Suez gibt es keine Touristen, und da wir die erste Segelyacht in diesem Jahr sind, sind wir auch die ersten Nordeuropäer hier. »Hier bei uns gibt es keine Probleme mit den verschiedenen Religionen«, erklärt Said etwas eilfertig. »Hier leben Christen und Moslems friedlich miteinander, sogar Hindus leben in der Stadt.« Said scheint eventuell vorhandene Vorurteile, bei den Moslems handele es sich allesamt um Fundamentalisten, von Anfang an zerstreuen zu wollen.
Nächster Tag, früh am Morgen – viel zu früh, Pa und ich schlafen noch –, klopft es an der Bordwand.
»*Hey, Captain, hey, Captain, good morning, Captain!*« Said liegt mit seinem Ruderboot längsseits, um uns die Neuigkeiten des Tages zu bringen: »*You go today, the pilot will come at ten.*«
»Said«, sagt Pa, »bitte, ich kann jetzt noch nicht denken, *come back please in a few minutes.*«
Und Said verschwindet tatsächlich und kommt kurze Zeit später zurück, bringt noch einmal die gute Nachricht: Wir können tatsächlich schon heute durch den Kanal, welch ein Glück!
Said hat einen kaputten Rücken. Bandscheibe, Operation, neun Schrauben im Kreuz und was weiß ich nicht noch alles. Er rudert sein Boot seit seinen Jugendjahren zu den Yachten, um seine Dienste anzubieten. Sein Lohn: »*It's up to you!*« Okay,

er hat uns gut geführt, war nett und freundlich, also bekommt er von uns zehn Dollar, Zigaretten und unseren Außenborder, den »Kleinen Tijer«. Diesen Namen bekam er, weil er nie versagt hat, auch wenn er schon öfter tauchen war. Wird ewig laufen, muss nur hin und wieder geschmiert werden. Wie die meisten lebenden Wesen. Der kleine alte Außenborder ist für uns ein Glücksbringer gewesen, ein Symbol für das Weiterkommen, für nicht aufgeben, für Wenn-etwas-kaputt-ist-dann-repariert-man-es-einfach-und-es-geht-weiter. Herrje, der Motor ist öfter baden gegangen als eine japanische Schwammtaucherin, und nun übergeben wir unseren 3,5-PS-Yamaha an Said. Unser »Kleiner Tiijer« wird es hier besser haben als irgendwo in Deutschland auf unserem Dachboden oder in einer Garage, und Said braucht sich nicht mehr gegen den Wind abzumühen.
Um elf Uhr kommt Mohammed-Al Hamy, unser Lotse, an Bord. 30 Sekunden später sind wir leinenfrei und laufen mit dem Morgenkonvoi ein in den Suezkanal.
Suezkanal. Öffnung 1869. Einer der Höhepunkte unserer Reise. Ein rund 90 Meilen langer Höhepunkt. Keine Schleusen, zwei Tage Fahrtzeit. Der Lotse ist obligatorisch. Das Fahrwasser: 300 Meter breit, 20 Meter tief. Drei Konvois am Tag: Zwei, die nach Süden gehen, und einer fährt nach Norden. 100 Schiffe täglich, bis zu 200 000-Tonnen-Schiffe. Am Kanal wird gearbeitet, es wird vermessen und gebaggert, er soll zukünftig Schiffen der neuen 250 000-Tonnen-Generation die Durchfahrt ermöglichen. Im Kanal herrscht Einbahnverkehr, Begegnungen sind nur an vier Bypässen möglich. Neben dem Öl und dem Tourismus ist der Kanal Ägyptens fleißigste *cash machine.*
Der Kanal wird vom Militär bewacht. Im Osten, im Sinai, werden gut sichtbare Übungen mit Panzerwagen abgehalten. Im Westen ist grünes Farmland, und Pa und ich sehen seit langer Zeit die ersten Nadel- und Laubbäume. Dazwischen immer wieder zerstörte Panzerfahrzeuge.
Wir passieren den ersten Teil und die Bitterseen. Um 19.00 Uhr, nach acht Stunden Fahrtzeit, laufen wir in Ismailia ein, einer Stadt, die genau auf der Hälfte der Strecke liegt. Wir sind das erste und einzige Schiff im Yachthafen.

Unser Lotse wird auch zu unserem Fremdenführer. Mohammed-Al Hamy ist hauptberuflich Schlepperkapitän und arbeitet für die

Kanalgesellschaft. Er verriet uns viele Informationen über den Kanal, die wir in keinem Buch und auch nicht im Internet fanden. So berichtete er zum Beispiel über einen Beinahezusammenstoß zweier Ozeanriesen, der auf Unachtsamkeit eines Lotsen zurückzuführen war. Im Suezkanal ist uns das Fotografieren aus Gründen der militärischen Geheimhaltung verboten. Ihm aber nicht. Also schießt er mit unserer Kamera einige interessante Motive von den Soldatenlagern beiderseits der Ufer. Mohammed-Al Hamy ist in seiner Freizeit Lotse auf Sportbooten, die durch den Kanal möchten. Er wird weder von dem Agenten noch von der Kanalgesellschaft bezahlt. Den Lotsenjob macht er, weil er auf ein »Geschenk« von den Besatzungen hofft. Es ist genau umgekehrt, wie es in Funkrunden und Führern erzählt wird: Man muss nicht geben, man *kann!*

Wie üblich haben wir nur wenig Bargeld an Bord. Lediglich zwölf Dollar in Klimpergeld. Das erschien uns zu wenig. Darum gaben wir ihm Kinderspielsachen, Dosen-Cola, T-Shirts, Sonnenschutzkappen, Zigaretten, Buntstifte, Malbücher und Süßigkeiten für seine drei Kinderchen.

»Hier ist meine Telefonnummer. Bitte ruft mich an, wenn ihr einen Lotsen nach Port Said benötigt«, sagt Mohammed-Al Hamy, nachdem wir im Yachthafen von Ismailia angelegt hatten zum Abschied.

»Aber du wohnst in Suez, das sind 80 Kilometer. Dann fährst du mit uns noch nach Port Said und musst wieder zurück. Das sind noch einmal 160 Kilometer ...«

»Ruft mich einfach an.« Er nimmt seine Tüten und geht von Bord.

Der Liegeplatz ist sehr billig, Wasser und Strom sind sogar kostenlos. Der Hafenmeister ist ebenfalls sehr nett und lässt uns seine Waschmaschinen kostenlos benutzen. Die Duschen sind nur 20 Meter entfernt. Unsere NIS RANDERS ist sehr verdreckt von dem Sandsturm im Sudan. Stundenlang reinigen und waschen wir das Boot, sogar die Leinen säubern wir in einer großen Wassertonne. Endlich kommt auch der große Bodenstaubsauger zum Einsatz. Hier gibt es einen 220-Volt-Anschluss, und so können wir zu guter Letzt Ecken aussaugen, wo wir sonst nur mit erheblichem körperlichem Einsatz hingelangen könnten. Susanne hat also doch recht behalten. Es war richtig, dass wir das Ding um die Welt geschleppt haben, es war richtig, den Kameraden nicht irgendwo unterwegs zu entsorgen oder zu verschenken.

Nach neun Tagen Aufenthalt in Ismailia fliege ich von Kairo nach Deutschland. Zwanzigster Hochzeitstag. Daniel bleibt als *boatsitter* an Bord. Aus den kleinen Fenstern im Flieger sehe ich verwundert den

Schnee auf der schwarzen Erde. Nach der Landung fahre ich mit modernsten Bussen und Bahnen nach Oldenburg. Ich fühle mich seltsam isoliert und einsam während dieses Intermezzos, dessen Takt so gar nicht mit meinem inneren Rhythmus harmonieren will. Ich mustere meine Heimat wie durch das Vergrößerungsglas eines Gemmologen, der vor der Aufgabe steht, einem von ihm neu entdeckten Edelstein einen Namen zu geben. Nach nunmehr zwei Jahren Abwesenheit betrachte ich Deutschland mit den Augen eines Außenstehenden. Dass sich hier alles um ein paar Grade kühler anfühlt als an anderen Orten, liegt möglicherweise nicht nur an den Außentemperaturen. Als ich in Köln nach dem Weg frage, bekomme ich die Antwort: »Hau ab, lass mich in Ruhe.« Als ich einen Busfahrer frage, ob ich seinen Bus bis zum Bahnhof benutzen könne, brummt er: »Weiß ich doch nicht, ob du das kannst!« Andere Länder, andere Sitten – diese Aussage trifft unter bestimmten Umständen selbstverständlich auch für die eigene Heimat zu.

Wirklich zu Hause fühlte ich mich erst bei Susanne, Mike und Maria. Susanne hatte zwischenzeitlich eine neue Wohnung gemietet, unweit unseres alten Hauses, eine Überraschungsfeier organisiert und unsere besten Freunde eingeladen. Doch selbst hier fühlte ich mich merkwürdig isoliert. Ich wurde herzlich empfangen, aber um wirklich anzukommen, brauchte es noch Zeit. Am liebsten hätte ich meine kleine Familie in meinen Armen festgehalten und nie wieder losgelassen. Simple Dinge wie Schwimmbad, Kino, Erdbeeren wurden zu etwas Besonderem. Wir verbrachten eine wunderschöne Zeit miteinander, die viel zu schnell wieder vorüber war.

Als ich nach zehn Tagen wieder an Bord kam, verloren Daniel und ich keine Zeit. Das erste Wetterfenster wollten wir nutzen, um den zweiten Teil des Suezkanals zu passieren. Gerne hätten wir wieder Mohammed als Lotsen gehabt, aber er hatte Dienst auf einem Schlepper und konnte nicht kommen. Zwischenzeitlich waren auch Tom und Gisela auf ihrer PERKY PUFFIN eingetroffen und lagen neben uns an der Hafenmauer. Sie hatten in dem schweren Sturm an der Einfahrt zum Roten Meer in den Riffen vor Eritrea Schutz gesucht und durch die anschließende Winddrehung drei Wochen verloren.

Tom erinnerte sich: »Uns sind in einer Böe die Segel zerfetzt, hm?«

»Wir wurden durch den Sturm in Riffgebiete gedrückt, die als weiße Flächen in der Seekarte gekennzeichnet waren. Es war schrecklich«, ergänzte Gisela.

Gemeinsam erreichten wir am späten Abend ohne Probleme Port Said und das Mittelmeer und verabschiedeten uns über Funk.

»Bleibt vorsichtig und passt auf euch auf, hm?«
»Wir sehen uns bestimmt wieder, irgendwo auf diesem Planeten.«
Dann waren Daniel und ich wieder allein.

Mare Nostrum

Es gab eine Zeit, in der hatten die Römer das gesamte europäische Mittelmeer umschlossen. Sie nannten es *mare nostrum,* wörtlich: unser Meer. Auch Daniel und ich machten das Mittelmeer gefühlsmäßig zu »unserem« Meer, denn es lag praktisch direkt vor unserer deutschen Haustür. Wir ahnten schon, bevor wir den Suezkanal verließen, dass uns im Mittelmeer etwas fehlen würde – nämlich die Bordroutine, die sich auf einem Schiff erst nach einigen Tagen auf hoher See einspielt, denn nun kamen, subjektiv gesehen, relativ kurze Segeletappen auf uns zu. Seltsam, vor weniger als zwei Jahren hatte sich der Törn durch die Biskaya wie eine Reise zum Mond und zurück angefühlt. Nun segelten wir zum Beispiel zwischen Kreta und Sizilien größere Entfernungen am Stück und knabberten dabei nicht einmal am Pausenbrot. Die Aussicht auf ein baldiges Wiedersehen mit unseren Lieben zu Hause beflügelte uns außerordentlich, trotzdem waren die bevorstehenden Wegepunkte verlockend: Kreta, Sizilien, Sardinien und schließlich Frankreich mit seinen Strömen, Flüssen und Kanälen – alles Stationen, die irgendwie mit der Heimat verbunden waren, aber denen wir nachlässigerweise bei der Planung vor zwei Jahren kaum Beachtung geschenkt hatten. Erst jetzt beeindruckten uns die von ihnen ausgehenden Reize, weil wir sie nicht mehr nur als »das Mittelmeer«, sondern als Anlaufpunkte einer zu Ende gehenden Weltumseglung ansahen.

Tagesbericht vom 19. April 2006:

> Wir sind im Mittelmeer! Das müssen wir erst mal realisieren, irgendwie ging alles ganz schnell in den letzten Tagen. Wir sind wieder in Europa und damit schon ein klitzekleines Bisschen zu Hause, oder? Es fühlt sich jedenfalls so an, und es fühlt sich verdammt gut an.
> Zunächst müssen wir die inneren Uhren umstellen, alte Gewohnheiten müssen über Bord, denn im Mittelmeer scheint es uns nicht mehr vertraute Sitten zu geben: In weiten Gebieten wird im *med-style* mit dem Heck zur Pier angelegt, auch römisch-katholisch genannt, an Moorings oder mit Buganker. Wir haben zwar ohnehin seit einer kleinen Ewigkeit keine Fender mehr benutzt, aber sollten wir es hier wagen, mit Fen-

dern auf See zu gehen, hätte das den sofortigen und ewig währenden Ausschluss aus – ja woraus eigentlich? – zur Folge, so was macht man hier einfach nicht. Werden einheimische Fischer ans Boot kommen, um Fisch gegen Mitbringsel zu tauschen? Natürlich nicht.

Europa = Euroland, kein Tauschen, Umrechnen und Wechseln mehr. Keine Suche nach dem günstigsten Juwelier oder Goldschmied, der unter dem Ladentisch ein Bündel einheimisches Geld hervorzaubert, um sie gegen die beliebten Devisen Dollar und Euro zu tauschen. In Sri Lanka, Papua-Neuguinea und in Panama war der Wechselkurs günstiger, wenn man beim »Kollegen Juwelier« Devisen tauschte. Und, wegen der niedrigeren Temperaturen, ab sofort: Kakerlakengefahr adieu!

Mittelmeer heißt zu dieser Jahreszeit: Es ist kalt und feucht. In der Nacht halten wir Wache in dickem Segelzeug. Es regnet zwar nicht, aber durch die Verdunstungskälte läuft das Wasser, das mit der feuchten Luft herangetragen wird, an den Segeln und Aufbauten herunter. Während ich über den Seekarten brüte und die Führer studiere, um den günstigsten Weg nach Nordwesten abzustecken, ruft Daniel mich nach draußen ins Cockpit.

»Pa, lass die Seekarten, komm her und schau lieber nach oben!«

Was soll da sein? Nichts! Es ist Nacht. Es ist kalt, und ich bin müde.

»Schau doch mal ganz genau hin«, fordert er mich auf. »Siehst du es nicht? Die Sterne! Lass die Karten liegen, komm, wir schalten GPS und Kompassbeleuchtung aus und navigieren, wie im Pazifik, nur nach den Sternen. Wer weiß, wann wir das wieder können.«

Recht hat er. Kommt es jetzt auf ein oder zwei Grad an? Wir müssen eh gegenan, und da wir Nordwest erwarten, fahren wir hoch am Wind. Auch wenn die See nicht gerade zum Kuscheln einlädt, unsere letzten Meilen werden wir besonders genießen.

Am 4. Juli 2004 starteten wir unsere Weltumseglung von der Position in Oldenburg auf 53°08'25 nördlicher Breite und 008°13'26 östlicher Länge. Knapp zwei Jahre später befanden wir uns auf hoher See, als wir in der Nacht vom 11. auf den 12. Mai 2006 exakt den gleichen Längengrad kreuzten. Daniel schlief, ich saß im Cockpit und las im Schein der kleinen Lesefunzel, und es interessierte mich nicht, dass ich in dieser Nacht Weltumsegler geworden bin. Um ehrlich zu sein, ich habe es erst zwei Tage später zufällig auf der Seekarte entdeckt. Es war völlig unwichtig für mich geworden. Daniel, der damals erst im holländischen Den Helder an Bord gekommen war, überquerte einige Tage später in der Rhône »seinen« Längengrad auf 004°46'55 östlicher Länge. Auch das wurde erst später durch Berechnungen bestätigt. Neben den äußeren Einflüssen, wie Seemannschaft, Wetter und Navigation schrumpften diese »Titel« zu Marginalien. Es war uns völlig gleichgültig geworden.

Wir hatten uns von Anfang an nie gestattet, die Wetterbedingungen im Mittelmeer auf die leichte Schulter zu nehmen. Im Mittelmeer, rund um die Inseln Elba und Korsika, machten Susanne und ich vor zehn Jahren unsere ersten Segelscheine. Jahre später charterten Daniel und ich eine kleine Segelyacht, um die französische Küstenregion an der Côte d'Azur unsicher zu machen. Damals wurden wir vom Mistral überrascht und durften unseren ersten richtigen Sturm abreiten.

Sturm erlebten wir auf unserem Rückweg (genau genommen befindet man sich bei einer Weltumsegelung bereits kurz nach dem Ablegen im Heimathafen auf dem Rückweg) im Mittelmeer zweimal. Beide Male verloren wir fast das Boot. Folgendes war passiert: In dem kleinen Hafen von Erapetra auf Kreta überraschten uns außerordentlich starke Fallböen in Sturmstärke, und nur durch ein beherztes Ablegen von der Hafenmauer ging diese Überraschung, die von keinem Wetterbericht angekündigt worden war, glimpflich aus. Aber vor Sardinien wurde es dann richtig knapp. Wir ankerten in einer Bucht ganz im Norden Siziliens, um einen angekündigten Sturm abzuwettern. Der Mistral kam über Nacht und brachte eine Winddrehung von 180 Grad mit sich. Daniel und ich lagen in den Kojen, der empfindlichst eingestellte Ankeralarm des GPS, der schon bei einer Positionsänderung von weniger als 10 Metern laut und vernehmlich Pieptöne von sich gibt, sollte uns wecken, falls wir abtreiben würden. Doch Daniel stellte aus Versehen durch das Drücken falscher Knöpfe den Ankeralarm außer Funktion. Dann brach durch eine nächtliche Winddrehung der Anker aus und schlurfte über Seegras, ohne sich erneut einzugraben. Die NIS RANDERS schleppte ganz langsam 50 Meter Kette über den Grund der Bucht. Auflandiger Wind, was sonst? Schroffe Felsenküste, war ja klar. Geweckt wurden wir schließlich durch das Heulen des Windes im Rigg und ein sanftes Einrucken der Kette. Von den Felsen an der Küste waren wir nur noch 20 Meter entfernt.

»Daniel! Raus aus der Koje und Motor an! Ich geh' an die Kette.«

Wenn der Anker rutscht, gibt man normalerweise mehr Kette, in der Hoffnung dass der Anker doch noch greift oder das Gewicht der

Kette samt Anker das Schiff wenigstens kurzfristig allein hält. Unsere Kette war jedoch schon auf ganzer Länge im Wasser. Wenn der Motor nicht sofort angesprungen wäre, dann ... Wir brauchten den halben Vormittag, ehe sich ein geeignetes Sandplätzchen für den Anker finden ließ. Der Wind legte immer mehr zu und erreichte am Nachmittag volle Sturmstärke. Ich tippte auf den Tasten des GPS herum. Einen Fehler konnte ich nicht entdecken.

»Warum meldete das Ding keinen Alarm, als wir auf Trebe gingen?«, sagte ich mehr zu mir selbst.

»Ich fürchte, daran bin ich Schuld«, antwortete Daniel. »Gestern Abend gab ich die neuen Wegepunkte für Frankreich ein. Ich muss vergessen haben, den Alarm wieder zu aktivieren.«

Kann passieren. Gebrochenes Seeventil, schadhafter Guss eines Schäkelbolzens, undichte Toilette, lecke Gasleitung, eine kleine Nachlässigkeit bei der Navigation – es sind in den meisten Fällen Kleinigkeiten, deretwegen Schiffe verloren gehen. Seit zwei Jahren lebten wir schon mit solchen Gefahren und hatten uns an sie gewöhnt. Nur keine Aufregung! Auch dieser Sturm verhielt sich nicht anders als alle anderen, denen wir unterwegs begegneten – er ebbte nach einem Tag wieder ab, und nach zwei Tagen Aufenthalt in der Schutzbucht konnten wir auslaufen und in See gehen.

In den Kanälen

»Da kannst du nich' durch, mein Junge, das geht nich'.«

»Und wieso nicht?«

»Na, weil du 'n Kielschiff hast, ein K-i-e-l-schiff, verstehst du? Den kannst du nich' einfach so mal eben abschrauben. Da kannst du nich' durch, das geht nich', so glaub mir das doch, Junge.«

So oder so ähnlich waren die Kommentare einiger Segler, als sie hörten, dass wir durch die französischen Kanäle nach Hause wollten. Wir waren unsicher und wollten nicht riskieren, einen Teil des Weges durch die Kanäle zu fahren, nur um dann wieder umzudrehen, weil für die NIS RANDERS die Wassertiefe nicht ausreichte. Die Aussagen waren allerdings widersprüchlich, und die Meinungen gingen auseinander. In einigen Segelführern war von einem Tiefgang von bis zu 1,80 Meter die Rede, in anderen von 1,50 Meter. Im Internet kursierten Reiseberichte von Kanalfahrern mit Segelbooten, die einen Tiefgang bis zu 1,80 Meter hatten und durchgekommen waren. Die NIS RANDERS hat im Süßwasser einen Tiefgang von 1,75 Meter. Auf jeden Fall wollten Daniel und ich es versuchen. Auf eine Rückreise über Gibraltar, Biskaya und Ärmelkanal, so wie ursprünglich geplant, hatten wir schlicht keine Lust mehr. Man muss sich bezüglich der Segelei auch keinen allzu romantischen Illusionen hingeben. Es kann auf See immer wieder richtig hart werden, und da hielten wir eine Süßwassertuckerfahrt für eine verdiente Belohnung für unsere erfolgreiche Fahrt durchs Rote Meer. Erst spät, quasi im letzten Moment in Ägypten, hatten wir die Möglichkeit in Betracht gezogen, durch die Kanäle nach Deutschland zurückzutuckern. Die Reise via Rhône, Saône, Mosel und Rhein sollte landschaftlich reizvoll sein, hörten wir. Besonders interessant fanden wir aber auch, dass sich durch die Kanalroute unsere Kiellinie das erste Mal in unserer Heimatstadt Oldenburg kreuzen würde. Das Allerbeste daran war, dass Su und die Kinder während der Sommerferien an Bord kommen könnten.

In Frankreich, genauer im Golfe du Lion, noch genauer in der Navy-Service-Marina von Port Saint Louis du Rhône angekommen, stellten Daniel und ich das Boot an Land und flogen nach Deutschland. Die Navy-Service-Marina bietet rund 1000 Booten einen Liegeplatz, oder besser gesagt: einen Standplatz, denn Liegeplätze gibt es nur an einer maroden Spundwand, und auch dort darf man nur liegen, wenn man einen Krantermin vereinbart hat. Das Kranen und die

Lagerung des Schiffes an Land waren deutlich billiger als die Liegegebühren in irgendeiner Mittelmeer-Marina. Außerdem hielten wir es für sicherer. Schließlich wollten Daniel und ich vier Wochen in Deutschland bleiben, und es kam für uns ganz und gar nicht infrage, unsere NIS RANDERS ohne Aufsicht im Wasser zu lassen.

In Deutschland gab es viel vorzubereiten. Ein neuer Laden für die Goldschmiede musste her, und Daniel musste sich darum kümmern, welche Schulen er besuchen könnte, müsste, dürfte ... Was kosteten sie, und wir lange würde er brauchen, um die erforderlichen Abschlüsse zu bekommen? Wie zu Beginn der Reise schon angenommen, hatte die Bundeswehr schriftlich bei Daniel angeklopft – sie hätten ihn gern einmal gemustert, schrieben sie sinngemäß. Su mailte ihm das an Bord, als wir uns noch im südlichen Teil des Roten Meeres befanden. Daraufhin sendete er eine E-Mail an das Kreiswehrersatzamt und erläuterte seine Situation. Die gaben sich entspannt und schlugen vor, er solle sich melden, nachdem er wieder in Deutschland angekommen wäre. In Oldenburg tagte der Familienrat. Um mit der ganzen Familie Kurs durch die Straße von Gibraltar zu nehmen, reichten die Sommerferien nicht. Durch die Wasserverdunstungen, hervorgerufen vom heißen Jahrhundertsommer 2006, war eine Fahrt durch die Kanäle mit einem Kielboot, das einen Tiefgang von 1,75 Meter hat, höchst risikoreich. Auch ein Abbruch der Reise kurz vor dem Heimathafen stand zur Disposition, denn genauso wenig, wie es mir noch etwas bedeutete, Weltumsegler zu sein, war mir das siegreiche Einlaufen in den Heimathafen wichtig. Nur die Familie zählte noch. Unsere NIS RANDERS konnte in Frankreich verkauft werden, wenn es sein musste, kein Problem.

»Du willst jetzt aufgeben? Wirst du das nicht irgendwann bereuen?«, fragte Susanne.

»Das glaube ich nicht. Ich möchte mich nicht wieder von euch trennen müssen.«

Abschied nehmen und Heimweh gehörten zu dieser Reise wie das Ankommen. Die Begegnungen mit fremden Menschen waren meist kurz, aber auch sehr intensiv gewesen. Wie oft hatten wir wohl »Adieu!« gesagt, wie oft »Lebt wohl, passt auf euch auf«? Es kam immer von Herzen, wenn Daniel und ich zu jemandem sagten: »Wir wünschen dir ein schönes Leben.«

Der Familienrat beschloss: Wir bringen die NIS RANDERS über die Kanäle in den Sommerferien gemeinsam nach Hause. Punkt. Eine gute Entscheidung. Wir kauften Revierführer und Karten von Rhône, Saône, Mosel und Rhein. Auch aus dem Internet bekamen wir einen Vorgeschmack auf die Schönheit dieser Route.

Nach sechs Wochen in Deutschland (ein neuer Laden war angemietet, und Daniel war in einem Kurs zur Vorbereitung des Realschulabschlusses angemeldet) flogen wir beide zurück nach Frankreich, um die NIS RANDERS nach einem neuen Unterwasseranstrich mit gelegtem Mast zu wassern und die Rhône in Richtung Norden in Angriff zu nehmen. Susanne und die Kinder sollten 14 Tage später mit dem Beginn der Sommerferien zusteigen, wir fuhren ihnen quasi entgegen. Dadurch gewannen wir mehr gemeinsame Zeit und brauchten nicht durch die schönsten Gebiete zu hetzen, sondern könnten die letzten Etappen genießen.

Der große Holzmast lag längs auf hölzernen Böcken, ohne dass er beim normalen Fahrbetrieb störte. Etwas ungewohnt waren die Geschwindigkeitsangaben auf dem GPS. Im Binnenland rechnet man in Kilometern pro Stunde, während wir von der See Knoten, also Seemeilen pro Stunde, gewöhnt waren. Daniel hatte das GPS auf Kilometer umgestellt und rief mir nun die Geschwindigkeit in km/h zu: »10,2 jetzt 10,5«. Anfangs hielt ich das gewohnheitsmäßig für eine Angabe in Knoten und war irritiert. Auf den Strömen und Kanälen gilt ein Nachtfahrverbot. Jeden Abend machten wir an einem anderem Ort Halt.

Tagesbericht vom 11. Juli 2006:

> Avignon: von der UNESCO zum Weltkulturerbe und im Jahre 2000 sogar zu einer der Kulturhauptstädte Europas erklärt.
> An Bord macht uns die Hitze zu schaffen. 34 und mehr Grad bei Windstille und gnadenloser Sonne. Selbst einfache Dinge wie Dieselfilterwechsel und Ölkontrolle fallen schwer und sind schweißtreibend.
> John ist Australier. Er ist Architekt, Mosaikkünstler, und er interessiert sich für Nuklearphysik. Vor acht Jahren wurde er von der Stadt Avignon eingeladen, um seine Kunst in einer Ausstellung zu präsentieren. Die Stadt hat er seit dieser Zeit nicht mehr verlassen. Mit seiner Frau Elvira und seinem Hund lebt John auf einem alten, 39 Meter langen, ehemaligen Handelsschiff, das er in jahrelanger Arbeit zu einem exklusiven Charterboot umgebaut hat. Es liegt direkt vor uns an der Pier.
> Seit sechs Jahren fertigt er in Avignon wundervolle, großflächige Mosaiken, die aus Keramiken und manchmal sogar aus Edelsteinen bestehen. Die Mosaiken kann man besichtigen – sie liegen direkt vor seinem Schiff an der Pier.
> John ist 68 Jahre alt. Seine Zeit in Avignon geht langsam zu

> Ende, er möchte seinen Flussdampfer nun verkaufen. John besaß bisher neun höchst unterschiedliche Schiffe, und er will sich nun in Holland ein 20 Meter langes Stahlboot bauen, mit dem er und Elvira zurück nach Australien segeln können. Er ist in seinem Leben bereits dreimal um die Welt gesegelt ...

Susanne und die Kinder waren von Udo, unserem Webmaster, mit dem Auto nach Frankreich kutschiert worden, Daniel und ich hatten die NIS RANDERS seit Tagen an einem idyllischen Plätzchen an der Böschung der Saône, etwa zehn Kilometer südlich von Auxonne, geparkt und auf sie gewartet. Die Wiedersehensfreude war gewaltig, wie lange hatten wir uns nicht gesehen? Nur drei Wochen? Uns kam es wie eine Ewigkeit vor.

Bis Oldenburg warteten nun 174 Schleusen auf uns. Die gewaltigen Schleusen an der Rhône werden von Schleusenmeistern betrieben, später würden wesentlich kleinere Schleusen folgen, die zum Teil noch von Hand betätigt werden. Besonders Mike und Maria freuten sich darauf, denn bei den kurzen Fahrtstrecken von Schleuse zu Schleuse war immer was los, und sie konnten aktiv bei diesem Prozedere mithelfen. Die folgenden Wochen wurden überhaupt die schönsten der gesamten Weltumseglung, weil wir völlig entspannt waren und ein Höhepunkt den anderen jagte. Von Lesern der Website wurden wir eingeladen und in Booten begleitet. Wer hätte gedacht, dass sich auf solch wunderbare Weise immer noch eine neue Tür öffnen könnte?

Zu guter Letzt beendeten wir also die Weltumseglung, wie wir sie begonnen hatten: gemeinsam, als Familie. Es gibt Schätze, die sollte man auf gar keinen Fall gering schätzen. Damit sind die ganz besonderen, die seltenen gemeint. Die, für die es sich lohnt, Risiken einzugehen. Woran man diese besonderen Schätze erkennt? Das spürt man. Und wir spürten das besonders auf dieser im Grunde simplen Motorfahrt.

Tagesbericht vom 23. Juli 2006:

> Die gesamte Familie ist wieder an Bord. Mikey und Maria bringen alles durcheinander. Alle optischen, technischen und/oder elektronischen Geräte, deren korrekte Einstellungen mich sehr viel Zeit gekostet hatten, wurden heute beim Spielen von ihnen verstellt und/oder unbrauchbar gemacht. Folgende Dinge verwendeten die beiden, um auf und im Schiff Stolperfallen, Fallstricke und Seilbahnen für Puppen und Ted-

dys zu fertigen: Taue, Leinen, Festmacher und Angelschnur. Folgende Sachen liegen im Boot herum: Malbücher, Buntstifte, Angeln, Scheren, Klebstofftuben, Unterhöschen, Rucksäcke, Kaugummis, Kartoffelchips, Springseile, Gummibänder, Zeichenschablonen, Wachsmaler, Wassertiere, halb aufgeblasene Luftmatratzen, Haarspangen, Reißzwecken, Schminkzeug, Matchboxautos, Comics, Flugzeugmodelle, Kleidchen, Sonnenbrillen, Butterbrote, Wasserspritzpistolen und Zahnspangen. Und dieses Chaos find' ich richtig gut. Mikey und Maria mischen den Laden hier mal so richtig auf. Su mischt mit.

Die NIS RANDERS motort weiter nach Norden. Wir legen einen kurzen Stopp in Auxonne ein, um Brot und frisches Fleisch und Gemüse zu kaufen, vorher hatten wir die ersten Automatikschleusen zu bewältigen: An einem über das Wasser gespannten Stahlseil hängt ein Schlauch vertikal über der rechten Fahrwasserseite, der bis kurz über die Wasseroberfläche reicht. Wenn man im Vorbeifahren an diesem Schlauch dreht, betätigt man gleichzeitig einen Schalter, der an das Stahlseil geklemmt ist. Dadurch wird die Schleuse für das Schleusen vorbereitet, das heißt, die Schotte in den Toren öffnen beziehungsweise schließen sich, grünes Licht signalisiert die Einfahrterlaubnis. In der Schleuse festgemacht, hebt man eine blaue Eisenstange, die mit einem Schalter verbunden ist, der die Tore wieder schließt und die Schotten in den beiden Bergtoren öffnet. Sollte es während der Schleusung Probleme geben, kann man die Prozedur mittels einer roten Alarmstange, die direkt neben der blauen Stange angebracht ist, durch Anheben stoppen. All das funktioniert problemlos und geht schnell.

Der Tag führt uns heute durch eine Landschaft mit idyllischen Wäldern und Wiesen. Den Großschifffahrtsweg haben wir in Auxonne verlassen, die Saône wird deutlich enger, kurvenreicher, gemütlicher, aber auch anstrengender. Abends fahren wir einfach wieder rechts ran und legen den Anker in den Schlick. Den Kindern gefällt es prima an Bord. Noch besser gefällt es ihnen aber im Wasser.

Gewässer: Saône
Von Saône-Kilometer 208 bis 243
Schleusen heute: 3. Schleuse Auxonne, Poncey und Heuilley
Schleusen gesamt seit dem Mittelmeer: 21
Zurückgelegte Kilometer heute: 35
Grundberührung: 2 x harmlos beim Ankerplatzsuchen
Komplette Familien an Bord: 1

»Seid ihr glücklich?«

Nach vier wundervollen gemeinsamen Wochen auf den Kanälen und Flüssen in Frankreich bogen wir in den Rhein-Marne-Kanal, die Mosel, den Rhein, den Wesel-Datteln-Kanal, den Dortmund-Ems-Kanal und in den Küstenkanal und führten die NIS RANDERS am 17. August 2006 zurück an den Liegeplatz an der Spundwand im Oldenburger Stadthafen, wo wir vor zwei Jahren gestartet waren. Damit endete die Weltumseglung höchst offiziell. Interessierte, Freunde, Bekannte und Verwandte begrüßten uns herzlich. Schon am nächsten Tag begannen Daniel und ich, die NIS RANDERS auseinanderzunehmen: Sämtliche persönlichen Ausrüstungsgegenstände und Souvenirs mussten von Bord. Dann wurde sie auf Schäden untersucht und bekam einen neuen Farbanstrich, um sie so schnell wie möglich verkaufsfertig zu machen. Schließlich ließen wir sie noch gründlich von einem Sachverständigen prüfen, um eventuelle, von uns übersehene Schäden und Mängel zu beheben. Für den Wiederaufbau und Neuanfang unserer Goldschmiede benötigten wir das Geld vom Verkauf der Yacht dringend, und unser Haus, aus dem die Mieter nun wieder auszogen, wurde von uns ebenfalls renoviert und bezogen. Dafür gingen drei anstrengende und nervenaufreibende Monate drauf. Gut ging es uns nicht wirklich damals. Wir hatten wirklich außerordentlich viel Arbeit in sehr kurzer Zeit zu bewältigen, der daraus resultierende Stress war enorm und nur schwer ertragbar. Die neue Goldschmiede aber lief sofort großartig an, wenigstens brauchten wir uns um unsere finanzielle Zukunft keine großen Sorgen zu machen.

»Und ... habt ihr euch schon eingelebt?«

Diese Frage versuchten wir nicht übel zu nehmen, auch wenn sie zum hundertsten Mal gestellt wurde. Man hätte ja davon ausgehen können, dass eine gewisse Bodenständigkeit nach drei oder vier Monaten Einzug gehalten hat. Dem war aber nicht so. Es war für Daniel und mich an Land zunächst äußerst schwierig, zum Beispiel in einem aufkommenden Unwetter nicht sofort eine existentielle Bedrohung zu sehen; wir waren es außerdem gewohnt, anstehende Arbeiten selbst zu erledigen und mussten uns – insbesondere bei der Ladeneröffnung – erst wieder ans Delegieren der vielen Aufgaben gewöhnen, da wir ohne die Mitwirkung unserer Freunde nicht so erfolgreich hätten sein können. Erst Ende Januar 2007, vier Monate nach unserer Rückkehr, kehrte allmählich die Ruhe ein, die wir benötigten, um darüber nachzudenken, ob wir auch an Land wieder glücklich sind oder nicht. Wir zogen eine positive Bilanz.

Das liebe Geld

Während wir mit der gesamten Familie unterwegs waren, hatten sich die Ausgaben im Schnitt auf ziemlich genau 50 Euro pro Tag belaufen. Darin enthalten waren Hafen- und Marinakosten, Lebensmittel, Seekarten und Revierführer, Treibstoff, Telefongebühren, Einklarierungskosten, Ersatzteile, Ausflüge. Obwohl wir damals ziemlich sparsam lebten, wissen wir in der Rückschau, dass wir problemlos noch weniger hätten verbrauchen können. Heute würden wir öfter ankern und seltener die teuren Marinas anlaufen. Außerdem würden wir größere Seetappen einteilen, um dann länger vor Ort zu verweilen, statt immer nur kurz zu bleiben. Letztlich wirkte sich unser Reisestil natürlich auch aufs Geldausgeben aus. Nach einer Woche Aufenthalt wussten wir nämlich meist erst, wo es Dieses oder Jenes billiger gab. Wir bereuten es nicht, wenig von den besuchten Ländern gesehen zu haben, denn das Sightseeing-Programm, so sagten wir uns immer wieder, könnten wir auch später als Touristen mit dem Flieger »abarbeiten«. Wir aber waren als Seeleute unterwegs und verhielten uns entsprechend.

Daniel und ich bewältigten allein stets weite Strecken auf See, und an den Plätzen, wo wir Station machten, war das Leben immer sehr billig. Sechs Wochen Galapagos kosteten uns nicht einmal 400 Dollar (nicht gerechnet den Zoll für die Ersatzteile). Ägypten war ebenfalls sehr preiswert. Im zweiten Jahr der Weltumseglung hatten wir sogar nur noch einen Bruchteil der Summe des ersten Jahres ausgegeben. Dass unsere Kreditkarten nach Galapagos gesperrt waren, war allerdings sehr hilfreich beim Geldzusammenhalten. Wer nichts hat, kann auch nichts ausgeben. Trotzdem hat es uns nie an etwas gefehlt, im Gegenteil, wir haben viel dabei gewonnen, denn wir lernten, aus dem Wenigen, was wir hatten, das Meiste rauszuholen – durch Tausch, Handel und Eigenarbeit. Genau genommen sahen wir unseren Reichtum umso mehr, je weniger wir besaßen.

Geld verdienen unterwegs ist ein ewiges Thema, bei dem verständlicherweise viele Segler an den Erfahrungen Anderer interessiert sind. Aber die, die etwas darüber sagen könnten, zucken meist nur mit den Schultern. Einfach weil es schwierig ist, darauf zu antworten. Wir trafen so gut wie keine Segler, denen es gelang, irgendwo gut bezahlte, legale Arbeit zu bekommen. Man muss schon länger an einem Ort bleiben, um in einem fremden Land Geld zu verdienen. Nach unserer Erfahrung verdient man das meiste Geld dadurch, nichts auszugeben und so sparsam wie möglich zu leben. Ein Großteil der Nahrung kann aus dem Meer kommen, und man kann Tauschhandel mit den Dingen treiben, die an Bord sind. Reparaturen kann man selbst machen oder sich helfen lassen, indem man als Gegenleistung eigene Fertigkeiten anbietet. Geld und Arbeit betreffend, scheint man jedenfalls all die Berichte in den Segelbüchern vergessen zu müssen, die vor dem Einfluss der Globalisierung geschrieben wurden.

Wir hatten das Glück, mit etwas Werbung auf der Website Einnahmen zu erzielen. Dazu kamen zwei Fotokalender, die im deutschen Buchhandel, in Geschäften und über die Website vertrieben wurden. Außerdem erhielten wir Honorare für Interviews und Fernsehdokumentationen, die vom NDR (Mare-TV) und von RADIO BREMEN gesendet wurden. Auch bekamen wir Honorare für eine DVD und einige Fotos, die in der Zeitschrift YACHT veröffentlicht wurden. Davon reich werden kann man nicht. Einen Teil der Einnahmen aus der DVD und den Kalendern spendeten wir UNICEF, dem Kinderhilfswerk der Vereinten Nationen, weil wir schließlich in Sri Lanka gesehen hatten, wie wichtig Hilfe für Bedürftige ist. Um nicht kompromittiert zu werden, nahmen wir Geschenke von Lesern der Website nicht an. Tatsächlich wurde uns, als wir die Probleme in der Bucht von Panama hatten, sogar einmal ein neuer Schiffsmotor angeboten. Wir lehnten aber dankend ab und erklärten, dass wir uns das Geld lieber verdienen wollten. Unser Gönner versprach daraufhin, uns eine »erhebliche Anzahl« an Fotokalendern abzunehmen und in seinen Kiosken in der Schweiz zu verkaufen. Als er jedoch las, dass Daniel und ich die Reise allein fortsetzten, zog er sich unter fadenscheinigen Vorwänden zurück, denn er hatte offensichtlich nie etwas anderes gewollt, als mit seinem Geld eine Fortführung unserer Reise nach seinen Vorstellungen zu »kaufen«. Spätestens da erkannten wir, dass wir für viele unserer Websiteleser als Stellvertreter unterwegs waren, quasi als Projektionsfläche für ihre eigenen Wünsche, Hoffnungen und Pläne dienten. Dem konnten und wollten wir aber nicht gerecht werden.

Die ständigen Fragen nach dem lieben Geld haben uns oft genervt. Wir hätten lieber die Frage beantwortet, was so eine Reise, so ein Ausstieg, so ein neues, anderes Leben kostet, denn das trifft es eher. Wir haben unterwegs segelnde Millionäre über die Einklarierungspreise in einem Schwellenland, wie zum Beispiel Sri Lanka, lamentieren hören, während wir froh und glücklich waren, dieses überhaupt zu erreichen. Es ist im Grunde egal, ob man viel Geld hat oder weniger, ob man reich ist oder Normalverdiener. Wer bereit ist, viel zu geben, wird viel bekommen. Eine solche Reise sollte vielleicht sogar ein kleines Bisschen mehr kosten, als man hat. Und damit ist nicht nur das Geld gemeint, denn wenn man ausschließlich in monetären Kategorien denkt, verflüchtigt sich alsbald jeder einzelne vernünftige Grund, sich ein Segelboot zu kaufen und einen Törn zu planen und durchzuführen. Es finden sich immer, egal in welcher Phase des Lebens, viele Gründe, eine solche Reise nicht zu machen. Was aber auch immer bleibt, ist der Traum, und das ist alles, was zählt. Wir jedenfalls werden nie wieder eine Reise vom Geld abhängig machen, sondern vom erreichbaren Gegenwert – und das ist etwas, was jeder, der von der See träumt, für sich selbst umsetzen muss.

Ohne euch

Würden wir an dieser Stelle alle Personen aufführen, denen wir zu Dank verpflichtet sind, wäre alles bisher Geschriebene der erste Teil einer Trilogie. Stellvertretend möchten wir hier besonders folgende Personen erwähnen: Udo, Annette, Nils, Julia, Micha, Insa, Gerhard, Martina, Harry, Ilona, John, Gottfried Hagedorn, Jayatissa, Georg, Sang Hee Lee, Luke-Andi, Christa, Rumas, Hannes, Emman, John, Bobby, Fabian, Dr. Chris Evans, Susanne, Robert, Dave, Abbie, Mohammed, Jeff, Pierre, Bruce, Arvind, Peter, Guro, Steinar, Berndt, Capt. Sililia Rayam, Juan, Sven, Pedro, Anton, Brain, Damien, Ravi, Thede, Wolfgang, Heni, Harry, Sylvia, Rani, Theresa, Norbert, Jana, David, Rainer, Boris, Tina, Pedro, John, Fathi, Mona, Moni, Jürgen, Steven, Sabine, Jock, Stefan, Leel, Kerstin, Michael, Ramana, Jean, Dumesh, Olve, Hakoon, Carsten, Tom Bennett, John-John, Gisella, Klaus, Mayuri, Roswitha, Tobi, Pjotr, Martin, Sebastian, Harry & Ich, Antonio, Mitchie, Edwin, Susanne, Goohapeenuwala Medhananda, Steffen, Mohemd-Al Hamy, Uwe, Sven, Rolf, Ines, Tim, Sudhir, Sabine, Roswitha, Sonja, Klaus, Marlin, Uday, Martin, Sue, Gerhard, Mohammed Saad, Andreas, Arndt, Pablo, Elisabeth, Karin, Petra, Juan, Stefan, Maggy, Olga, Steven, Christoph, Peter, Martina, Jürgen, Ermi, Hans, Sjef, Hans, Thomas, Michael, Gaby, Batu, Stefan, DeeDee, Ulrike, Andrea, Karl-Heinz, Hans-Helmut, Albert, Knut, Iko, Maret, Maik, Michel, Imke, Svenja, Gaby, James, Jens, David, Darlenne, Jens, Thorsten, Sönke, Holger, Manuela, Johan, Edith, Ute, Wilfried, Winfried, Habarakada Somarathana, Dieter, Beate, Dimalsha, Harald, Wolfgang, Susanne, Hans und Oliver, Monika, Wolf und die vielen anderen, die wir hier nicht mehr nennen können. Jeder von ihnen hat seinen Teil zu diesem wundervollen Unternehmen beigetragen und hat es dadurch zu etwas Unvergleichlichem gemacht. Alle haben uns vor, während und nach dieser Reise nach Kräften geholfen und unterstützt, und ohne sie wäre dieses Abenteuer nicht so wunderbar geworden. Dafür bedanken wir uns.

Unsere NIS RANDERS

Auch bei unserem Boot müssen wir uns bedanken, unserer toppgetakelten Stahlslup von der Hamburger Feltz-Werft. Dort fertigte man den Kasko, Modell Skorpion 1000, 1991. Länge: 10,07 m, Breite 3,30 m. Wenn's sein muss, hat das Boot 6 Kojen, bequemer ist es zu fünft an Bord. Gewicht: ca. 10 Tonnen. Ausgerüstet für Langfahrt darf man ruhig noch das eine oder andere Tönnchen dazupacken. Unsere NIS RANDERS nahm uns die Zuladung nie krumm. Mit dem Motor, einem 33-PS-Vetus-Diesel, waren wir sehr zufrieden, nur die Wasserpumpe machte Probleme ... Der Dieseltank fasst 450 Liter Treibstoff. Eine ordentliche Menge, wenn man bedenkt, dass der Schiffsdiesel bei Schleichfahrt nur etwas mehr als einen Liter pro Stunde verbraucht. Der Wassertank erscheint dagegen mit 180 Liter ziemlich klein. Für uns aber war er immer ausreichend. Als wir noch zu fünft unterwegs waren, hatten wir hin und wieder den Wassermacher laufen, doch Daniel und ich kamen immer gut klar mit dem Tank. Auch ohne Wassermacher. Als Reserve und für den Notfall hatten wir Trinkwasser in Plastikflaschen in der Bilge gestaut. Der Petroleumtank fasst 50 Liter. Wir würden auch in der Rückschau kein Gas an Bord haben wollen. Zugegeben, wir hatten unsere Anlaufschwierigkeiten mit dem Vorheizen der Brenner und der Reinigung der Düsen. Nach einiger Zeit allerdings war das ein Klacks. Unser ganz persönliches Fazit: besser zwanzigmal eine Düse reinigen, als einmal in die Luft fliegen. Und unser 3-PS-Yamaha-Außenborder, der »Kleine Tiijer«: klein, aber nicht schlecht. Er war schon alt, als wir losfuhren. Unterwegs versenkten wir ihn noch ein paar Mal, und mit ihm waren wir häufiger beschäftigt, aber es gelang immer wieder, ihn mit Bordmitteln zu reparieren.

Warum hatten wir keine Radsteuerung? Weil eine Pinnensteuerung nur drei Teile hat, die – guter Zustand vorausgesetzt – nicht kaputt gehen können: die Pinne, den Ruderkoken und das Ruder. Wie viele anfällige Teile dagegen eine hydraulische Ruderanlage hat, wissen wir nicht und wollten es auch nie erfahren müssen.

An Bord hatten wir fünf Vorsegel, die wir fleißig einsetzten. Erstens: die kleine Sturmfock; dickes, derbes, weißes Tuch, fast einem Blech nicht unähnlich. Zweitens: die große Sturmfock; etwas größer als ein Strandtuch, sie ließ sich prima ausbaumen und bei mittlerem Sturm fahren. Außerdem: Arbeitsfock, kleine Genua und große Genua.

Als wir ihn das erste Mal sahen, rümpften wir die Nase: den Holzmast. Gekauft hatten wir die Nis Randers »trotz dieses Makels«, und wir kapierten erst später, welch einen Glücksgriff wir auch damit getan hatten. Nordische Tanne, Spruce aus Kanada, ist das Baumaterial dieses hohlen Mastes, und er erwies sich flexibler als ein Alumast – wir würden immer wieder einen Holzmast vorziehen.

Lazy-Jacks waren mal als Auftuchhilfe des Großsegels angeschlagen, irgendwann wurden sie im Sturm abgerissen und nie erneuert. Vermisst haben wir sie nicht. Die Kuchenbude wurde auf dem Schiff fast ungenutzt um die Welt transportiert, im holländischen Den Helder fand sie das letzte Mal Verwendung. Unsere Sprayhood bestand aus Persenningstoff, der über einen Edelstahlrahmen gespannt war. Der Stoff selbst hielt den Belastungen von Wind und Wetter bis zum letzten Tag stand, lediglich die Nähte mussten unterwegs nachgestochen werden. Dadurch entstanden Löcher, durch die es ins Cockpit tropfte.

Unser Anker: CQR Pflugschar 16 kg an 50 m 8 mm-Edelstahlkette. Theoretisch wirkt dieser Anker klein für ein Boot dieser Größe, rechnerisch und optisch. Aber was sollen wir sagen – wir haben im Sturm allein mit diesem Ankergeschirr sicher und ruhig gelegen. Auf Sand und Schlick hat er sich meist beim ersten Anlauf eingegraben, aber das Ding versagte komplett bei Kelp und Seegras, lehnte es ebenfalls ab, sich in Korallenschotter zu betten. Hier wäre ein Gewichtsanker besser gewesen. Sei's drum. Wir hatten zwei Reserveanker. Einen Pflugschar und einen Danforth. Den Danforth hatten wir einmal versuchsweise in der Karibik als Heckanker eingesetzt, um dem Rollen am Ankerplatz zu begegnen. Nach stundenlanger Arbeit und bescheidenem Resultat verholten wir das Schiff in eine andere, ruhigere Bucht.

Das doppelte Vorstag erleichterte die Arbeit beim Wechseln der Vorsegel erheblich, wir mussten nicht immer ein Segel komplett abschlagen. In der Theorie. In der Praxis machten wir doch diese Mehrarbeit, weil wir nicht wollten, dass die Stagen aneinander rieben. Wenn man sich aber an die Maloche beim Segelwechseln erst einmal gewöhnt hat, kann man mit den Stagreitern gut leben. Doch sicherer und schneller wäre vermutlich ein Rollreff.

Die Windfahnensteuerung PACIFIC von Windpilot steuerte die Nis Randers in fast jeder Situation, unser Autopilot war der Autohelm 4000 von Raytheon, und er war zu klein dimensioniert für eine Yacht dieser Größe, um bei hohem Seegang zu steuern. Das hatte den Vorteil, dass wir öfter die Windfahnensteuerung verwenden mussten und so Energie sparten. Der vollkardanische Kompass von Sestrel war kompensiert und wurde auf der Fahrt zwischendurch immer wieder mit den Angaben des GPS und dem Sonnenstand am Schiffsmittag kontrolliert. Die Ablenkungstabelle zeigte auf einem Kurs nur ein Grad Abweichung, was für ein Stahlschiff ein ausgezeichneter Wert ist, und belegt, wie sorgfältig der Kompasskompensierer gearbeitet hat.

Die Seewasserentsalzungsanlage von LIVOL lieferte uns 30 Liter in der Stunde bei nur acht Ampere Stromentnahme, Probleme machte aber die Hochdruckpumpe, die das Salzwasser in die Membrane drückte.

Bei eBay hatten wir vor der Reise eine Rettungsinsel von Autoflug für fünf Personen ersteigert, und obwohl über 20 Jahre alt, bekam sie vom Leiter unseres TÜVs noch sehr gute Noten. Für den Notfall reicherten wir die Ausrüstung für große Fahrt an, inklusive Kartenspiel für die Kinder, und haben sie glücklicherweise nie gebraucht. Dafür war U-96 umso häufiger im Einsatz. Keiner von uns hat gezählt, wie viele zerstörte Schlauchboote wir in den Buchten sahen, von ihren genervten Besitzern aufgegeben, nachdem alle Versuche, sie zu flicken, fehlschlugen. Also: Dank an U-96.

Sehr wichtig zu erwähnen sind noch: Radar – Furuno MK61. Es erkannte Küsten und Schiffe, lange bevor wir es konnten. Besonders während der Nächte bei der Konvoifahrt im Golf von Aden war dieser Helfer unverzichtbar; und Windgenerator – Aero4Gen mit fünf Windrädern, er lieferte zuverlässig und vor allem unhörbar Strom; 2 Solarzellen à 55 Watt – heute würden wir nicht mehr ohne mindestens vier Zellen ablegen, besser noch wären fünf oder sechs. 2 Starterbatterien à 55 Ampere von Vetus waren schon an Bord, als wir den Kaufvertrag unterschrieben, und blieben an Bord, als wir die NIS RANDERS verkauften. Die ersten beiden Verbraucherbatterien à 120 Ampere waren nach zwölf Monaten verbraucht. Das lag einerseits an schlechter Pflege, andererseits an dem 12-V–220-V-Konverter 800 W. Dieses Gerät betrieb Küchengeräte (Stabmixer, Rührgerät), Bohrmaschine und Ladestationen für die Kameras.

Beim Kochen half unser Primus/Optimus Petroleumkocher mit kardanischer Aufhängung. Ihn haben wir nach der Reise ausgebaut, denn trotz seiner Eigenarten in Bezug auf Reinigung der Düsen hatten wir ihn lieb gewonnen, und er wird eines Tages wieder zum Einsatz kommen. 2 Fußpumpen sorgten für Frischwasser und Salzwasserzulauf in der Pantry: Den Salzwasserzulauf hatten wir erst auf Gran Canaria eingebaut. Mit dem Zulauf spülten wir Geschirr oder pumpten Kühlwasser in den Motor. Unser WC ohne Fäkalientank mit einer Jabsco-Pumpe, klar, musste mal gereinigt werden, war aber ansonsten zuverlässig. GPS – Furuno GP-31 als Festgerät, 2 Garmin GPS-Handys fuhren als Ersatz mit, falls der »Große« ausfallen sollte; ein Sextant von Cassens & Plath war an Bord mit PUB 249 Tafeln und Tabellen, ein Laptop für das Erstellen und Versenden von E-Mails und Bildern. Besonders wichtig war für uns das Amateurfunkgerät Yaesu FT-897 100 Watt, der Pactor-Controler PTC-IIe für PactorIII von SCS in Hanau, der SG-230 Smartuner für hochohmige Antennen. Unsere montierte 8 Meter lange Kurzwellen-Peitschenantenne aus der Berufsschifffahrt war eine Fehlinvestition, denn schon bald stellte sich das isolierte Achterstag als bessere Antenne zum Senden und Empfangen heraus. Wir hatten ein UKW-See-Funkgerät von Robertson an Bord, und wie wichtig die erst spät montierten Mastsprossen waren, merkten wir, als ausgerauschte Fallen auf hoher See wieder eingefangen werden mussten. Wie hätten wir das ohne Maststufen machen sollen?

Statistik

Auf unserer Reise um die Welt legten wir 29 483 Seemeilen in 774 Tagen zurück. Im Durchschnitt ließen wir 100 Seemeilen in 24 Stunden im Kielwasser. Das höchste Etmal war 162 sm auf dem Weg von Sri Lanka zu den Malediven, das geringste Etmal waren 9 sm auf dem Indischen Ozean.

Im Gepäck hatten wir 22 Gastlandflaggen. 44 100-mal wurde auf den Auslöser der Kamera gedrückt und 20 Stunden lang auf den der Videokamera. Wir erhielten und beantworteten insgesamr 5933 E-Mails an Bord sowie 16 407 E-Mails an wirhauenab.de Unsere Website wurde über eine Million mal besucht – mit 16 Millionen Seitenaufrufen.

Licht und Schatten

Als wir uns Anfang 2004 noch inmitten der Vorbereitungen befanden, gingen wir mit der Website www.wirhauenab.de online und somit an die Öffentlichkeit. Das taten wir, um Freunde und Bekannte an unserem Abenteuer Weltumseglung teilhaben zu lassen. Die Website sollte für uns ein Tagebuch sein und die literarische Lücke schließen zwischen den Vorbereitungen und der Durchführung eines solchen Törns. Im ersten Monat hatten 214 Leser diese Seite besucht. 11 Monate später interessierten sich mehr als 29 000 Leser monatlich für die Einträge. 2005 hatten wir 39 943 Besucher durchschnittlich im Monat. Bis zu unserer Ankunft im August 2006 besuchten mehr als eine Million Leser aus 29 Ländern unsere Website, und 2046 trugen sich in das Gästebuch ein. An einem Tag in 2006 interessierten sich mehr als 2874 Menschen für den Inhalt. Der Monat mit den meisten Besuchern war der April 2006 mit 53 707 Besuchern. Obschon viele Segler vor uns große Reisen unternahmen, erregte unsere »Weltumseglung im Familienpack« und die Art der Berichterstattung Aufsehen und war medienwirksam. In diesen zwei Jahren erreichten uns Tausende E-Mails, in denen man uns Glück wünschte, Ratschläge erteilte, Hilfe in schwierigen Situationen und auch geschäftliche Beziehungen anbot, und immer wieder wurde unser Mut zu einem derartigen Schritt bewundert. Doch es gab nicht nur Lob und Unterstützung, denn mit dem gesteigerten Bekanntheitsgrad kam auch vereinzelte Kritik. Zum Beispiel an unserem Reisestil. Ein Begleiter der Website meinte, wir würden ja nur um die Welt hetzen. Eine Leserin glaubte gar, wir holten nicht das Letzte aus dem Boot heraus, und wir würden viel zu langsam segeln. Ein Gästebucheintrag meinte, einhand-nonstop wäre das Nonplusultra, worauf eine Mail an Bord kam, zwei Jahre für einen Round-the-World-Törn wären noch viel zu wenig. Dem Einen, der seine Meinung im Gästebuch kundtat, fuhren wir im Indischen Ozean zu dicht an Indonesien vorbei, dem Anderen, der den ersten als Tastatursegler titulierte, konnten wir nicht weit genug auf den Indik hinaus fahren. Anfangs antworteten wir ernsthaft auf solche Äußerungen, aber als ein Leser fragte, warum wir denn an den schönsten Stellen der Welt vorbeisegeln würden, denn er selbst würde immer nur Kurs auf die Orte nehmen wollen, wo man ausschließlich mit dem Boot hingelangen könnte, da erkannten wir: Wir können nicht aller Herren Diener sein. Tatsächlich war für uns immer der schönste Ort auf dem Rücken eines Ozeans, egal ob bei Flaute oder Sturm. Auf derart Widersprüchliches zu antworten gaben wir dann auf, denn Eines wurde ganz deutlich: Wer sich in die Öffentlichkeit begibt, der wird auch in allem, was er tut oder lässt, öffentlich kritisiert. Anfangs versuchten wir immer in unseren Berichten zu verdeutlichen: Jeder macht seine eigene Reise, der Eine so, der Andere so! Niemand kann stellvertretend für die Wünsche und Träume Anderer um die Welt segeln. Solange man auch einen Bobby Schenk oder einen Wilfried Erdmann für ihre großartigen Leistungen kritisiert, befinden wir uns in bester Gesellschaft und gehen weiterhin unseren eigenen Weg – vor, während und nach unserer Reise um die Welt.

Epilog

»Und? Werdet ihr eine Weltumseglung noch einmal machen?« Erwartungsvoller Glanz leuchtet aus den Augen der Fragesteller.

»Nein«, lautet unsere Antwort. »Die Erlebnisse sollen in dieser Form einmalig bleiben und nicht wiederholt werden. Das heißt aber nicht, dass wir in Zukunft nicht mehr segelnd auf den Ozeanen kreuzen werden, im Gegenteil.«

Die NIS RANDERS hatte im Anschluss an die Reise unsere ganze Aufmerksamkeit bekommen. Wir haben sie liebevoll wiederhergestellt, haben sie in einen neuen Anstrich gesteckt und schließlich verkauft – wie es unser Plan vorsah. Klingt einfach, war es aber nicht. Während der dreiwöchigen Arbeiten nahmen Daniel, Susanne und ich Abschied von unserer Begleiterin, die uns so treu und zuverlässig durch jede Unbill getragen hat. Es war ein langsamer und behutsamer Abschied, dem auch etwas Trauriges anhaftete. Als wir zum Beispiel die kleine Beule ausgespachtelt hatten, die wir als Andenken an eine nicht ganz gelungene Schleusung in der Rhône mit nach Hause brachten. Oder als der treue Petroleumkocher demontiert wurde, die Notizzettel verschwanden, die an der Wand in der Navi-Ecke festgepinnt waren, die Frequenzlisten mit den Rufzeichen der Funkamateure auf der ganzen Welt, die Boardcards der Segelfreunde, die Souvenirs aus den besuchten Ländern, die Mobiles und Malereien von Mikey und Maria ...

Für Mikey war die Zeit auf See nicht abträglich, im Gegenteil. Sein Selbstbewusstsein wurde stärker, das Sensible tiefer. Er wurde ein ausgezeichneter Schwimmer und wird sich immer an seine Begegnung mit einem Rochen sechs Meter unter dem Rumpf der NIS RANDERS erinnern.

Obwohl Maria zu Beginn der Reise erst vier Jahre alt war, erinnert sie sich noch sehr gut an viele Abenteuer. Den Start über den Atlantik zum Beispiel. Sie weiß heute noch, dass sie bei den Flamingos auf Aruba schwimmen gelernt hat, und erinnert sich gern an die Cuna-Indianer auf den San-Blas-Inseln. Wer hat schon seinen fünften Geburtstag unter Indianern gefeiert?

»Oh, wie schön ist Panama« – hin und wieder lese ich ihr ein Stück aus Janoschs Kinderbuch vor und hoffe, sie vergisst niemals: Panama ist überall. Manchmal fragt sie mich ganz unvermittelt, ob wir irgendwann noch zu den Riesenschildkröten nach Galapagos fahren. Ich antworte ihr dann mit einem Lächeln, das meint: Worauf du dich verlassen kannst, meine Kleine!

Von der Familie hat Daniel die größte Veränderung durchgemacht und wahrscheinlich auch am meisten profitiert – wenn dieses Wort in diesem Zusammenhang überhaupt angebracht ist. Sicher, es ist schwierig zu sagen, welchen Teil dieser Veränderung im direkten Bezug zu der Reise steht und welchen er auch in Deutschland vollzogen hätte. Wie dem auch sei, Daniel entwickelte sich vom Schulverweigerer (Abgang 2004 ohne jeden Abschluss) zu einem engagierten und aufmerksamen Schüler. Noch bevor die NIS RANDERS bei ihrer Rückkehr in Oldenburg die Leinen festmachte, hatte er sich schon an einer Schule angemeldet, und nach einigen Wochen Unterricht übersprang er eine ganze Klasse. Das erste Halbjahreszeugnis hatte einen Notenschnitt von 1,5, mit Riesenschritten marschiert er nun auf das Abitur zu, anschließend steht ein Studium außer Frage. Daniel hat unterwegs nicht nur gesehen, in welch einem Wohlstand wir in Deutschland leben dürfen, er hat es auch verinnerlicht. Jetzt kann er die Bildung besser wertschätzen und beurteilen. Er kennt auch den Wert, den die Freiheit hat. Die Einstellungen und Wertbegriffe eines Heranwachsenden wurden in einer entscheidenden Entwicklungsphase massiv beeinflusst. Und zwar positiv.

Er, der am Anfang diese Reise erst gar nicht antreten wollte, blieb als Einziger bis zur letzten Sekunde an Bord. Mehr als einmal ermunterte er mich, wenn ich am Boden war – besonders im Indischen Ozean: »Komm, Pa, wir schaffen das.« Möglichkeiten und Gelegenheiten unterwegs von Bord zu gehen, hatte er genug. Wenn unser Leben auf dem Boot immer einfach gewesen wäre, würde ich sagen, toller Urlaub und ... Spaß gehabt? Es war aber nicht immer einfach, im Gegenteil. Mit Disziplin und Durchhaltevermögen hat er den Stürmen und Flauten dieser Welt getrotzt, hat sich durchgebissen und ist dabei gewachsen. Mit ihm bin ich durch alle Höhen und Tiefen gegangen. Ich habe jetzt reißfeste Bande zu meinem Sohn – wir haben gemeinsam diesen Planeten umrundet, das Erlebnis wird uns keiner mehr nehmen.

Susanne und ich arbeiten heute wieder als Gold- und Silberschmiede. Der Wiederaufnahme der Arbeit am Werktisch haben wir regelrecht entgegengefiebert; Schmuckstücke zu kreieren, mit Edelsteinen, Gold und Silber zu arbeiten ist ein gelungener Mix aus Passion und Profession. Während einiger Nachtwachen auf See sind Schmuckstücke auf dem Papier entstanden, die nun ungeduldig darauf warten, verwirklicht zu werden. Dafür verwenden wir Silber aus Panama, Gold aus Papua-Neuguinea, Perlen aus der Südsee, Smaragde aus Venezuela, Samenkapseln aus der Karibik, Saphire und Mondsteine aus Sri Lanka sowie Muscheln von den Malediven. Unser Handwerkszeug ist mit uns um die Welt gesegelt.

Die vergangenen zwei Jahre haben zu einer Veränderung unserer Wahrnehmung gegenüber unseren Mitmenschen geführt. Wir sind sensibler für die Bedürfnisse der Anderen geworden, und wenn es mal stressig wird, insbesondere innerhalb unserer Familie, reicht oft ein signalisierender Blick, der Stopp sagt und meint: »Hey, wir haben schon Schlimmeres erlebt«, und dann halten wir inne, lächeln, und es geht gemeinsam weiter. Über die Auswirkungen für die Zukunft können wir verständlicherweise noch nichts sagen. Was uns auf jeden Fall bleibt, ist aber ein anderer Blick zum Himmel als vor zwei Jahren, bei Vollmond in der Nacht, eine flüchtige Kontrolle, ob die Plejaden auch dort sind, wo sie hingehören – und natürlich Kleinigkeiten, wie die Nase in den Wind zu drehen, um seine Richtung und Stärke abzuschätzen.

Nis Randers

Krachen und Heulen und berstende Nacht,
Dunkel und Flammen in rasender Jagd –
Ein Schrei durch die Brandung!

Und brennt der Himmel, so sieht man's gut:
Ein Wrack auf der Sandbank! Noch wiegt es die Flut;
Gleich holt sich's der Abgrund.

Nis Randers lugt – und ohne Hast
Spricht er: »Da hängt noch ein Mann im Mast;
Wir müssen ihn holen.«

Da fasst ihn die Mutter: »Du steigst mir nicht ein!
Dich will ich behalten, du bliebst mir allein,
Ich will's, deine Mutter!

Dein Vater ging unter und Momme, mein Sohn;
Drei Jahre verschollen ist Uwe schon,
Mein Uwe, mein Uwe!«

Nis tritt auf die Brücke. Die Mutter ihm nach!
Er weist nach dem Wrack und spricht gemach:
»Und seine Mutter?«

Nun springt er ins Boot und mit ihm noch sechs:
Hohes, hartes Friesengewächs;
Schon sausen die Ruder.

Boot oben, Boot unten, ein Höllentanz!
Nun muss es zerschmettern ...! Nein: es blieb ganz! ...
Wie lange? Wie lange?

Mit feurigen Geißeln peitscht das Meer
Die menschenfressenden Rosse daher;
Sie schnauben und schäumen.

Wie hechelnde Hast sie zusammenzwingt!
Eins auf den Nacken des andern springt
Mit stampfenden Hufen!

Drei Wetter zusammen! Nun brennt die Welt!
Was da? – Ein Boot, das landwärts hält –
Sie sind es! Sie kommen! –

Und Auge und Ohr ins Dunkel gespannt ...
Still – ruft da nicht einer? – Er schreit's durch die Hand:
»Sagt Mutter, 's ist Uwe!«

*Otto Ernst**

* Ernst, Otto: Siebzig Gedichte. Leipzig 1907.

N
GRÖNLAND
ALASKA
NORDATLANTIK
Brest
Lissabon
Sturm
Kanarische Inseln
NORD-AMERIKA
Karibische Inseln
Mit 200 Schiffen der ARC über den Atlantik
Panamakanal
Galapagos
Kleines Südsee-atoll Takaroa
Sturm
Sturm
Piratengefahr
32 Tage auf See
SÜD-AMERIKA
SÜDATLANT
NORDAMERIKA
ATLANTISCHER
OZEAN
Guadeloupe
Dominica
Martinique
St. Lucia
Los Roques
Cuna-Indianer
Barbados
Grenada
Panamakanal
PAZIFISCHER
OZEAN
Piraten-gefahr
Probleme auf See
SÜDAMERIKA
Galapagos
Daniels Verletzung

Fiche de lecture

Document rédigé par Maria Puerto Gomez
docteure en littérature espagnole
(Université de Pau)

La Petite Fille de Monsieur Linh

Philippe Claudel

lePetitLittéraire.fr

Philippe Claudel
Écrivain et réalisateur français

- **Né en 1962 à Dombasle-sur-Meurthe**
- **Quelques-unes de ses œuvres :**

  Les Âmes grises (2003), roman

  Le Rapport de Brodeck (2007), roman

  Il y a longtemps que je t'aime (2008), film

Écrivain et réalisateur français né en 1962, Philippe Claudel est maitre de conférences à l'université de Nancy et donne des cours à l'Institut européen du cinéma et de l'audiovisuel. Il a également enseigné dans les prisons et auprès de personnes handicapées. Il est l'auteur d'une vingtaine de livres, traduits dans une trentaine de langues et souvent primés, dont *Les Âmes grises* (2003), *La Petite Fille de Monsieur Linh* (2005) ou encore *Le Rapport de Brodeck* (2007). Son premier film en tant que réalisateur, *Il y a longtemps que je t'aime*, est sorti en 2008. La thématique de la guerre et de ses conséquences se retrouve dans plusieurs de ses œuvres.

La Petite Fille de Monsieur Linh
Une amitié porteuse d'espoir

- **Genre :** roman
- **Édition de référence :** *La Petite Fille de Monsieur Linh*, Paris, Stock, 2005, 159 p.
- **1re édition :** 2005
- **Thématiques :** solitude, mémoire, amitié, espoir, vieillesse

Dans *La Petite Fille de Monsieur Linh*, roman publié en 2005 et qui a obtenu le prix européen Euregio, Philippe Claudel raconte une histoire d'amitié entre M. Bark et M. Linh. Le premier vit dans la solitude depuis la mort de sa femme, le second est un vieil homme maladroit en exil, son pays – on ignore lequel – étant ravagé par la guerre. En perte de repères et ne parlant pas la même langue, ils se servent de la musique des mots et de la pudeur des gestes pour raviver la flamme de la vie qui s'est quelque peu éteinte en eux, créant un ilot de tranquillité et de chaleur humaine dans une ville en perpétuel mouvement et où les anonymes ne font que se croiser.

RÉSUMÉ

UN HOMME DÉRACINÉ

M. Linh abandonne à contrecœur son pays, dévasté par la guerre. Son village a été détruit et sa famille décimée, à l'exception de ce qu'il croit être sa petite fille, qu'il nomme Sang Diû, âgée de six semaines, qu'il emmène avec lui. En réalité, il s'agit d'une poupée qui symbolise le souvenir de sa patrie. Arrivé à destination, dans le froid, il se sent perdu dans un pays où tout est nouveau. Il vit dans un dortoir et attend que le bureau des réfugiés examine son cas pour l'attribution d'un logement définitif.

Le vieil homme accepte de sortir pour le bien de sa petite fille. Mais il a peur de cette ville immense, étrangère et si différente de son petit village aux rues de terre où tout le monde se connaissait. Il se sent perdu et apeuré lorsqu'une femme qu'il a bousculée par mégarde, distrait par ses souvenirs, le lui reproche en criant. Seule la vieille chanson avec laquelle il berce sa petite fille le calme en le plongeant dans son passé. Tandis que M. Linh songe à son pays assis sur un banc, il fait la connaissance de M. Bark, lequel vient tous les jours s'asseoir au même endroit, car c'était là qu'il avait l'habitude d'attendre sa femme, à présent décédée. Malgré la barrière de la langue, ils retrouvent dans cette compagnie improbable un peu de chaleur humaine.

À partir de ce moment, il s'y rend tous les jours et cherche à établir des liens avec M. Bark. La fréquentation des mêmes endroits permet à M. Linh de ne plus se sentir aussi désorienté et isolé, mais il pense souvent à sa famille disparue. Peu à peu, les deux hommes se livrent et M. Bark fait part à M. Linh du projet qu'il avait nourri avec sa femme : partir vivre dans un petit village accueillant, loin de cette ville bruyante et impersonnelle.

Après avoir vu avec frayeur les enfants du dortoir se passer Sang Diû de bras en bras et entendant l'éclat d'une bagarre, le vieil homme sort se promener, un peu déprimé. Le fait de retrouver M. Bark, qui l'amène dans un café, lui redonne un peu de joie. Il lui offre ses cigarettes. Désormais, les promenades font partie du quotidien des deux hommes. Ils partagent même leurs souvenirs avec les photographies de leurs épouses. Une complicité inattendue commence à les lier.

Les deux amis visitent le port. M. Bark se rappelle être allé à la guerre dans le pays de M. Linh. Souffrant d'avoir dû participer à la destruction de ce paradis, il demande pardon à M. Linh, lequel le serre dans ses bras. M. Bark emmène son ami au restaurant et lui offre une robe pour Sang Diû. M. Linh est heureux.

LE POIDS DE LA SOLITUDE

Un jour, M. Linh est emmené chez le médecin, à contrecœur, car il va manquer son rendez-vous avec son ami. Tout lui semble étrange : la voiture, le médecin et ses questions sur son âge et ses maladies. Au village, ils n'avaient pas de médecin. Le lendemain, il doit quitter le dortoir, et s'inquiète pour sa petite fille et pour son ami.

Il est conduit dans une maison de retraite, loin du dortoir, où tout lui semble triste et mort : sa chambre est pour lui une grande cage où il se sent perdu sans son ami. Il sombre alors dans la dépression. Dans le silence de la maison de retraite, personne ne fait attention à lui et personne ne parle sa langue. Il porte la robe de chambre bleue qu'on lui impose et ressemble aux autres âmes vides qui errent dans la maison. Il en vient même à regretter l'ambiance du dortoir.

Alors, il décide de quitter la maison de retraite pour partir à la recherche de M. Bark, qui lui manque tant. Mais, devant la porte, un surveillant l'empêche de sortir : M. Linh résiste, mais des infirmières arrivent et lui administrent un calmant. Sous l'effet des médicaments, il rêve qu'il est dans son pays avec M. Bark. Il imagine qu'il lui montre son village, la forêt, sa maison, et qu'ils passent une agréable journée, jusqu'au moment où M. Bark rentre dans une grotte et disparait, happé par l'obscurité.

Les jours suivants, sachant qu'il est étroitement surveillé, il se fait discret, mais il n'a qu'une idée en tête : sortir pour retrouver son ami et offrir à sa petite fille un autre endroit pour grandir. Il parvient d'ailleurs à s'enfuir en escaladant un mur. En pantoufles et en robe de chambre, il arpente les rues de l'immense ville qu'il a eu le temps d'étudier depuis sa fenêtre. Il est convaincu qu'il arrivera à trouver son ami, mais les heures passent, la fatigue le gagne et il finit par penser qu'il est perdu.

M. Linh est fatigué, sa pantoufle est cassée et ses habits mouillés sentent mauvais. Il se laisse gagner par le désespoir et la culpabilité d'imposer cette longue marche à sa petite fille. Les gens le prennent pour un clochard, mais il continue d'avancer jusqu'à qu'il arrive devant le banc sur lequel est assis M. Bark. Fou de joie, il ne peut que crier « bonjour » à tue-tête.

De son côté, M. Bark pense beaucoup à son ami. Il l'a cherché partout, même au bureau des immigrés. Soudain, il le voit se diriger vers lui tellement euphorique qu'il en oublie de regarder en traversant. Une voiture le percute de plein fouet, M. Linh cherchant à protéger sa petite fille. Le voyant étendu par terre, M. Bark s'approche et lui tend la poupée. Le vieil homme ouvre les yeux et M. Bark sent la joie l'envahir. Ils attendent les secours, contents de s'être enfin retrouvés.

ÉTUDE DES PERSONNAGES

M. LINH

M. Linh est un vieil asiatique maladroit qui a décidé de partir à jamais de son pays dévasté par la guerre. De son ancienne vie il ne lui reste presque rien : son village a disparu, et sa famille, ses amis et ses connaissances sont morts, ce qui fait de lui un inconnu pour tout le monde. Il n'emporte qu'une petite poche pleine de terre de sa patrie, une vieille photo de sa femme et celle qui est présentée tout au long du roman comme étant sa petite fille, Sang Diû, mais qui est en réalité une poupée. Consterné et plein de tristesse face à la mort des siens, il part avec comme seule raison d'exister et de se battre l'espoir d'offrir un avenir meilleur à cet enfant, se laissant « guider sans rien dire » (p. 10).

Loin des rizières de son pays, des buffles et des maisons sur pilotis, M. Linh se sent isolé dans une ville froide et anonyme qui ne sent rien, où les rues sont asphaltées et les voitures légion, où les maisons s'étendent à perte de vue, où les gens sont pressés, indifférents et parlent une langue méconnue : « Rien ne ressemble à ce qu'il connaît. C'est comme de venir au monde une seconde fois. » (p. 21) Cet isolement est aggravé par l'insouciance des autres familles avec lesquelles il partage le dortoir et qui ne se soucient de son sort que parce que la tradition de leur pays veut que l'on s'occupe des personnes âgées.

Cloitré dans le dortoir, « il a peur de sortir, d'aller dans cette ville inconnue, dans un pays inconnu, peur de croiser des hommes et des femmes dont il ne connaît pas les visages et ne comprend pas la langue » (p. 17). Mais petit à petit, M. Linh veut échapper à l'ambiance du dortoir et, soucieux de bien s'occuper de sa petite fille, il commence à s'approprier la nouvelle ville en faisant « plusieurs fois le tour du pâté de maisons » (p. 55), où il trouve un banc face à un parc. « Revêtu de tous les vêtements que la femme du quai lui a donnés » (p. 18), il commence à se créer une routine en allant tous les jours s'assoir sur ce banc. Ce lieu devient un « endroit familier, un morceau de bois flotté auquel il se serait accroché au beau milieu d'un large torrent » (p. 40). Entourés d'une foule pressée et face à la verdure, c'est là que M. Linh et M. Bark se lient d'une forte amitié, au-delà des barrières du langage. Un paquet de cigarettes, une robe pour Sang Diû, un « bonjour » comme seul mot connu des deux et le réconfort de trouver une âme sœur dans la solitude suffiront à établir un lien invisible.

Pour un homme qui a connu l'infini des prairies et des terrains marécageux, la ville est comme « une immense cage, sans barreaux ni gardien, et [dont] il ne pourra plus jamais [...] sortir » (p. 45). Un enfermement qui devient plus insupportable encore quand il perd aussi sa liberté d'aller et venir puisqu'il est interné dans une maison de retraite où « les autres convives ne lui prêtent pas attention » (p. 110) car ils ne regardent rien et ne parlent guère. Abandonné, oublié, plus isolé que jamais, il trouve le courage de s'échapper et de traverser une forêt de bâtiments pour essayer de retrouver le chemin qui le conduira vers le banc et lui permettra de retrouver son seul repère, son ami M. Bark.

M. Linh représente la simplicité face à la vie haletante des citadins, la compassion et la noblesse des sentiments face à la méfiance des autres, ceux-là mêmes qui le prennent bien souvent pour un mendiant et l'écartent de leur chemin.

SANG DIÛ

Sang Diû est censée être la petite fille de M. Linh, âgée d'à peine 6 semaines lorsqu'ils abandonnent le pays. Décrite comme un bébé placide qui « ne pleure jamais, ne crie pas davantage » (p. 16), elle fait en quelque sorte partie de M. Linh. Logée dans le creux de ses bras, elle lui apporte le souvenir de sa patrie, d'un temps perdu : par exemple, son « visage d'un beau rose tendre [...] lui rappelle les boutons de nénuphars » (p. 20). Elle représente, comme son nom l'indique (« Matin doux »), la pureté et l'espoir d'une nouvelle vie.

Mais elle incarne aussi la folie ou le traumatisme de M. Linh car on découvre à la fin du roman que ce n'est pas une petite fille mais une poupée. À la vue des siens morts, on comprend qu'il a pris la poupée pour sa petite fille en un ultime réflexe de survie : elle lui donne une raison de continuer à vivre car « s'il avait été seul, [il] ne serait même pas là » (p. 31).

M. BARK

M. Bark est « plus grand, plus gros, et porte moins de vêtements » (p. 24) que M. Linh. Il a un « visage triste et chaleureux » (p. 29), les « yeux à la fois graves et rieurs » (p. 39), les lèvres « épaisses et fatiguées » (p. 43), et des « mains de géant, aux doigts énormes, calleux, blessés, striés de crevasses » (p. 26) dont « les dernières phalanges ont pris une couleur jaune orangé » (p. 45) car il fume sans arrêt. Il a « les épaules un peu voûtées comme ceux qui ont toute leur vie porté de lourdes charges sur leur palanche » (p. 64).

Veuf depuis deux mois, il vient souvent s'assoir sur le même banc que M. Linh, car c'est là qu'il avait l'habitude d'attendre sa femme à la sortie du travail. En perdant sa femme, M. Bark a aussi perdu ses rêves et ses illusions. À travers la douleur, « une sorte de blessure que la voix souligne, qu'elle accompagne au-delà des mots et du langage » (p. 46), il arrive à lier une profonde amitié avec M. Linh, basée sur la compassion, la noblesse des sentiments et le partage.

Ces deux âmes solitaires se retrouvent sur le banc et, tandis que M. Linh offre de la compagnie et une écoute à M. Bark qui a besoin de parler, celui-ci aide M. Linh à apprivoiser la ville en lui faisant découvrir d'autres quartiers, en l'amenant au restaurant ou en lui offrant un café. M. Bark se sent heureux de trouver quelqu'un avec qui partager sa peine, et pour M. Linh, cet ami c'est « comme [...] retrouver un signe sur un chemin alors qu'on est perdu » (p. 42-43), un être familier et protecteur dans la foule.

D'ailleurs, quand un passant dévisage le vieil homme, M. Bark « dévisage à son tour le curieux, fronce les sourcils, ferme ses traits » (p. 74), ce qui rassure M. Linh qui d'ordinaire se sent tel un étranger rejeté par la foule.

Preuve que cette amitié arrive à les sortir de la mélancolie et de la tristesse, M. Linh commence à apprécier le gout citronné de la boisson que M. Bark commande dans le bistro ou encore l'odeur de la cigarette qui est à ses yeux « un parfum, le premier que le pays nouveau lui donne » (p. 45). et M. Bark aime quant à lui les cigarettes mentholées que son ami lui offre.

M. Bark devient une personne cruciale pour M. Linh, un être très proche, au point de lui rappeler sa patrie car sa voix « paraît se frotter à des pierres et à des rochers énormes, comme les torrents qui dévalent la montagne, avant d'arriver dans la vallée » (p. 87). Mais les liens qui les unissent deviennent encore plus forts, car tous les deux ont été victimes de la guerre. M. Linh a perdu sa terre natale, sa famille et la raison ; M. Bark, quant à lui, est devenu plus sage et se sent coupable d'avoir fait partie de ceux qui ont contribué à détruire la patrie de son ami. Il demande en larmes des excuses à M. Linh : « Je vous demande pardon Tao-laï, pardon... pour tout ce que j'ai fait à votre pays, à votre peuple. Je n'étais qu'un gamin, un sale con de gamin qui a tiré, qui a détruit, qui a tué sans doute... Je suis un salaud, un vrai salaud... » (p. 84) Tous les deux se serrent dans les bras et « Monsieur Linh redit le nom de son pays, qui sonne soudain comme un espoir et non plus comme une douleur » (p. 85).

CLÉS DE LECTURE

LA SOLITUDE ET LA MÉMOIRE

Les deux personnages principaux se définissent par leur solitude, symbole et manifestation de leur souffrance. Maintenant qu'ils ont perdu les êtres qui leur étaient chers – sa femme dans le cas de M. Bark et sa famille dans le cas de M. Linh –, leur existence leur semble dénuée de sens et se réduit à cet isolement que seule leur rencontre viendra rompre.

La solitude, dans le cas de M. Linh, est synonyme de perte d'identité, parce qu'« il est seul à savoir qu'il s'appelle ainsi car tous ceux qui le savaient sont morts » (p. 9). Il ne lui reste que le souvenir du passé et des paysages : « Penser au village, même au passé, c'est un peu y être encore, alors qu'il n'en reste rien » (p. 22), sauf « des morceaux de souvenirs et de songes qui ne surviennent que dans sa tête de vieil homme fatigué » (p. 58). M. Linh sait qu'il n'appartiendra jamais à cette terre « qui n'est pas la sienne, qui ne sera jamais la sienne, et sur laquelle il est pourtant contraint d'avancer » (p. 146). Il se réfugie dans cette époque disparue à jamais en chantant une chanson que chantait autrefois sa mère, tel « un baume qui adoucit ses lèvres, ainsi que son âme » (p. 35), ou en récitant une incantation pour faire rejaillir du passé les paysages, son village, les chemins de terres, la mélodie de sa langue, bref, tout ce qui constituait son identité.

Cette solitude s'accroit lorsqu'il est enfermé dans la maison de retraite, où « tout paraît mort » (p. 104) chez ceux qui l'entourent. Il y perd le peu d'identité qu'il lui restait puisqu'il est dépossédé de ses vêtements, remplacés par la même robe de chambre que portent tous les pensionnaires. Il est noyé dans l'uniformité, il n'est plus qu'un individu de plus dans cette foule sans parole et apathique. Ainsi « le temps passe et creuse en lui un vide douloureux » (p. 114) au point que M. Linh se demande : « Pourquoi la fin de sa vie n'est-elle que disparition, mort, enfouissement ? » (p. 110)

Aux deux hommes, M. Linh et M. Bark, « la mort [...] a tout pris » (p. 38), et leur condition est métaphoriquement exprimée par la cigarette :

> « Il laisse tomber à terre son mégot de cigarette dont la braise rouge éclabousse le sol de quelques étoiles qui s'éteignent très vite. Avec son talon il écrase soigneusement le mégot. Ne restent plus qu'une trace noirâtre de cendres, de fins débris de tabac et de papier qui absorbent bien vite l'humidité du sol et bougent alors un peu, comme dans un dernier râle. (p. 44)

L'accumulation des drames qu'ils ont vécus – l'atrocité de la guerre et la perte des êtres aimés – les écrase peu à peu, faisant du temps un ennemi : « Mais le temps est là, qui blesse l'âme du vieil homme, ronge son coeur et abrège son souffle. » (p. 114) Ils ne vivent que pour le passé, entourés de morts, jusqu'à ce qu'ils se rencontrent : leur intérêt pour le présent et pour la vie est alors ravivé.

L'AMITIÉ ET L'ESPOIR

Tant M. Linh que M. Bark trouvent dans l'amitié un moyen de se projeter à nouveau dans l'avenir et de garder espoir. En effet, leurs rencontres apportent un peu de lumière et de gaité dans leur quotidien, comme le prouve le fait que, pour M. Linh, la foule qui « passe, comme un troupeau aveugle et sourd » (p. 33) n'a pas la même allure les jours où il est avec son ami sur le banc. Le temps qu'il fait symbolise les états d'âme de M. Linh ; c'est pour cela que, pendant les moments qu'il passe auprès de son ami, « le jour déchir[e] un peu sa grisaille » (p. 62) et « le soleil perce les nuages » (p. 26). M. Linh parvient alors à s'évader d'un univers qui l'étouffe, mais ce n'est que passager, car lorsqu'il ne voit pas son ami, la foule reprend « sa course frénétique » (p. 61), et le jour devient gris et pluvieux, tout comme lors de son arrivée dans ce pays ou lors de son évasion de la maison de retraite.

Bien que les deux hommes ne parlent pas la même langue, ils partagent leur tristesse à travers des intonations, des gestes et diverses petites attentions. Par exemple, lorsque M. Bark parle de sa femme, M. Linh écoute attentivement et pose sa main sur l'épaule de M. Bark (p. 46). Quand M. Linh perçoit la mélancolie de son ami, il lui chante la chanson que lui-même chante pour s'apaiser (p. 70). En outre, quand les deux hommes vont au port, et que M. Bark avoue être allé à la guerre dans le pays de son ami et qu'il s'excuse de ses actes, M. Linh est empli de nostalgie et les deux hommes finissent par se réconforter mutuellement, loin de la société indifférente et pressée qui les entoure :

> « Monsieur Linh regarde son ami. Un grand sanglot le secoue, interminable, comme né du dernier mot qu'il vient de prononcer. Cela ne se calme pas. Tout le corps du gros homme tremble, on dirait un navire mis à mal par une tempête. Monsieur Linh essaie d'entourer de son bras l'épaule de son ami, sans y parvenir car son bras est trop petit pour la grande épaule. Il lui sourit. Il s'efforce de mettre beaucoup de choses dans ce sourire, plus de choses que n'importe quel mot ne pourra jamais contenir. (p. 84-85)

Un geste que M. Bark ne pourra jamais oublier, car « cela n'a pas de prix » (p. 88).

Ainsi, Philippe Claudel démontre qu'il est possible de s'aimer sans se parler, simplement à travers le contact physique, l'échange de regards et une sensibilité qui permet de déceler la tristesse de la voix ou la souffrance de l'autre. D'ailleurs, le fait de ne pas pouvoir communiquer verbalement leur permet de ne pas se blesser l'un l'autre :

> « Peut-être d'ailleurs aime-t-il entendre cette voix parce que précisément il ne peut comprendre les mots qu'elle prononce, et qu'ainsi il est sûr qu'ils ne le blesseront pas, qu'ils ne lui diront pas ce qu'il ne veut pas entendre, qu'ils ne poseront pas de questions douloureuses, qu'ils ne viendront pas dans le passé pour l'exhumer avec violence et le jeter à ses pieds comme une dépouille sanglante. (p. 27-28)

Ils partagent leur peine à travers une photo, symbole de leur intimité, et construisent ainsi petit à petit une amitié si forte qu'ils n'auront de cesse de se retrouver lorsqu'ils seront un temps séparés : M. Linh s'échappe de la maison de repos et M. Bark s'informe auprès du bureau des immigrés car il pense au vieil homme sans cesse : « Il l'aimait tant. Il aimait son sourire, ses attentions, son silence respectueux, la chanson qu'il fredonnait, ses gestes aussi. Le vieil homme était son ami. Ils se comprenaient tous les deux, pas besoin de longs discours. » (p. 150)

Cet espoir se manifeste timidement par petites touches tout au long du récit, que ce soit dans le choix du prénom de la petite fille, dans l'apparition du soleil à travers les nuages ou dans la chanson que M. Linh fredonne à sa petite fille : « *Toujours il y a le matin/ Toujours revient la lumière/ Toujours il y a un lendemain/ Un jour c'est toi qui seras mère.* » (p. 34)

PISTES DE RÉFLEXION

QUELQUES QUESTIONS POUR APPROFONDIR SA RÉFLEXION…

- Quels bouleversements l'exil provoque-t-il chez M. Linh et comment tente-t-il de le surmonter ?
- Quel est l'intérêt d'avoir gommé tous les repères spatiaux ?
- Qu'est-ce qui permet à M. Linh et M. Bark, au-delà de leurs différences, de tisser une amitié ?
- L'amitié apparait comme un remède à la solitude. Comment cela se manifeste-t-il tout au long du roman ?
- La symbolique du banc : pourquoi le banc où se retrouvent les deux hommes est-il défini comme un « endroit familier, un morceau de bois flotté auquel [M. Linh] se serait accroché au beau milieu d'un large torrent » ?
- En quoi la maison de retraite représente-t-elle l'ultime degré de perte d'identité pour M. Linh ?
- Quels sont les indices disséminés par l'auteur tout au long du roman pour faire comprendre que la petite fille de M. Linh n'est pas un bébé comme les autres ?
- L'auteur considère *La Petite Fille de Monsieur Linh* comme une partie d'une trilogie formée également par *Les Âmes grises* et *Le Rapport de Brodeck*, car il aborde les grandes tragédies du xxe siècle. Lesquelles ?

POUR ALLER PLUS LOIN

ÉDITION DE RÉFÉRENCE

- Claudel P., *La Petite Fille de Monsieur Linh*, Paris, Stock, 2005.

SUR LEPETITLITTÉRAIRE.FR

- Fiche de lecture sur *Les Âmes grises* de Philippe Claudel
- Fiche de lecture sur *Le Rapport de Brodeck* de Philippe Claudel

Retrouvez notre offre complète sur lePetitLittéraire.fr

- des fiches de lectures
- des commentaires littéraires
- des questionnaires de lecture
- des résumés

Anouilh
- Antigone

Austen
- Orgueil et Préjugés

Balzac
- Eugénie Grandet
- Le Père Goriot
- Illusions perdues

Barjavel
- La Nuit des temps

Beaumarchais
- Le Mariage de Figaro

Beckett
- En attendant Godot

Breton
- Nadja

Camus
- La Peste
- Les Justes
- L'Étranger

Carrère
- Limonov

Céline
- Voyage au bout de la nuit

Cervantès
- Don Quichotte de la Manche

Chateaubriand
- Mémoires d'outre-tombe

Choderlos de Laclos
- Les Liaisons dangereuses

Chrétien de Troyes
- Yvain ou le Chevalier au lion

Christie
- Dix Petits Nègres

Claudel
- La Petite Fille de Monsieur Linh
- Le Rapport de Brodeck

Coelho
- L'Alchimiste

Conan Doyle
- Le Chien des Baskerville

Dai Sijie
- Balzac et la Petite Tailleuse chinoise

De Gaulle
- Mémoires de guerre III. Le Salut. 1944-1946

De Vigan
- No et moi

Dicker
- La Vérité sur l'affaire Harry Quebert

Diderot
- Supplément au Voyage de Bougainville

Dumas
- Les Trois Mousquetaires

Énard
- Parlez-leur de batailles, de rois et d'éléphants

Ferrari
- Le Sermon sur la chute de Rome

Flaubert
- Madame Bovary

Frank
- Journal d'Anne Frank

Fred Vargas
- Pars vite et reviens tard

Gary
- La Vie devant soi

Gaudé
- La Mort du roi Tsongor
- Le Soleil des Scorta

Gautier
- La Morte amoureuse
- Le Capitaine Fracasse

Gavalda
- 35 kilos d'espoir

Gide
- Les Faux-Monnayeurs

Giono
- Le Grand Troupeau
- Le Hussard sur le toit

Giraudoux
- La guerre de Troie n'aura pas lieu

Golding
- Sa Majesté des Mouches

Grimbert
- Un secret

Hemingway
- Le Vieil Homme et la Mer

Hessel
- Indignez-vous !

Homère
- L'Odyssée

Hugo
- Le Dernier Jour d'un condamné
- Les Misérables
- Notre-Dame de Paris

Huxley
- Le Meilleur des mondes

Ionesco
- Rhinocéros
- La Cantatrice chauve

Jary
- Ubu roi

Jenni
- L'Art français de la guerre

Joffo
- Un sac de billes

Kafka
- La Métamorphose

Kerouac
- Sur la route

Kessel
- Le Lion

Larsson
- Millenium I. Les hommes qui n'aimaient pas les femmes

Le Clézio
- Mondo

Levi
- Si c'est un homme

Levy
- Et si c'était vrai...

Maalouf
- Léon l'Africain

Malraux
- La Condition humaine

Marivaux
- La Double Inconstance
- Le Jeu de l'amour et du hasard

Martinez
- Du domaine des murmures

Maupassant
- Boule de suif
- Le Horla
- Une vie

Mauriac
- Le Nœud de vipères

Mauriac
- Le Sagouin

Mérimée
- Tamango
- Colomba

Merle
- La mort est mon métier

Molière
- Le Misanthrope
- L'Avare
- Le Bourgeois gentilhomme

Montaigne
- Essais

Morpurgo
- Le Roi Arthur

Musset
- Lorenzaccio

Musso
- Que serais-je sans toi ?

Nothomb
- Stupeur et Tremblements

Orwell
- La Ferme des animaux
- 1984

Pagnol
- La Gloire de mon père

Pancol
- Les Yeux jaunes des crocodiles

Pascal
- Pensées

Pennac
- Au bonheur des ogres

Poe
- La Chute de la maison Usher

Proust
- Du côté de chez Swann

Queneau
- Zazie dans le métro

Quignard
- Tous les matins du monde

RABELAIS
- Gargantua

RACINE
- Andromaque
- Britannicus
- Phèdre

ROUSSEAU
- Confessions

ROSTAND
- Cyrano de Bergerac

ROWLING
- Harry Potter à l'école des sorciers

SAINT-EXUPÉRY
- Le Petit Prince
- Vol de nuit

SARTRE
- Huis clos
- La Nausée
- Les Mouches

SCHLINK
- Le Liseur

SCHMITT
- La Part de l'autre
- Oscar et la Dame rose

SEPULVEDA
- Le Vieux qui lisait des romans d'amour

SHAKESPEARE
- Roméo et Juliette

SIMENON
- Le Chien jaune

STEEMAN
- L'Assassin habite au 21

STEINBECK
- Des souris et des hommes

STENDHAL
- Le Rouge et le Noir

STEVENSON
- L'Île au trésor

SÜSKIND
- Le Parfum

TOLSTOÏ
- Anna Karénine

TOURNIER
- Vendredi ou la Vie sauvage

TOUSSAINT
- Fuir

UHLMAN
- L'Ami retrouvé

VERNE
- Le Tour du monde en 80 jours
- Vingt mille lieues sous les mers
- Voyage au centre de la terre

VIAN
- L'Écume des jours

VOLTAIRE
- Candide

WELLS
- La Guerre des mondes

YOURCENAR
- Mémoires d'Hadrien

ZOLA
- Au bonheur des dames
- L'Assommoir
- Germinal

ZWEIG
- Le Joueur d'échecs

Et beaucoup d'autres sur lePetitLittéraire.fr

www.lepetitlitteraire.fr

ISBN version imprimée : 978-2-8062-4155-9
ISBN version numérique : 978-2-8062-4132-0
Dépôt légal : D/2013/12.603/169